Hamburger Rechtsstudien

herausgegeben von Mitgliedern der Rechtswissenschaftlichen Fakultät der Universität Hamburg

HEFT 51

Die Entstehung des Griechischen Zivilgesetzbuches

von

Dr. GEORGIOS J. PLAGIANAKOS

Landgerichtsrat in Athen

Hamburg
Cram, de Gruyter & Co.
1963

Gedruckt mit Unterstützung der Joachim Jungius-Gesellschaft der Wissenschaften e. V., Hamburg, der Universitätsgesellschaft, Hamburg, und des Max-Planck-Instituts für ausländisches und internationales Privatrecht, Hamburg

 Gesamtherstellung: Gustav Peters, Lüneburg.
Printed in Germany.

Meinen Eltern
gewidmet

VORWORT

Das griechische Zivilgesetzbuch von 1940 gehört zu den modernsten Kodifikationen des Zivilrechts. Es ist das Ergebnis einer längeren Rechtsentwicklung in Griechenland, die sowohl für den Rechtshistoriker als auch für den Rechtsvergleicher von besonderem Interesse ist. Die Geschichte dieser schon mit dem Beginn des griechischen Freiheitskampfes gegen die türkische Herrschaft (im Jahre 1821) einsetzenden und mit dem Zivilgesetzbuch schließlich zum Abschluß gekommenen Kodifikationsbestrebungen ist, wie einer der führenden griechischen Juristen, Herr Professor Dr. K. Triantaphyllopoulos, gesagt hat, nichts anderes als die Geschichte der griechischen Rechtswissenschaft dieser Periode in Verbindung mit der gleichzeitigen gesetzgeberischen Bewegung. Die geschichtliche Entwicklung, auf die eine moderne Rechtsordnung zurückblickt, ist aber nach der neueren Lehre von den Rechtskreisen zugleich einer der wichtigsten Faktoren für ihre Zuweisung zu einem bestimmten Rechtskreis. Auf diesem Grundgedanken beruht die vorliegende Schrift, die sich zunächst mit dem Wege befaßt, den Griechenland im Rahmen der Privatrechtsgeschichte der Neuzeit zurücklegen mußte, um zur Zivilrechtskodifikation zu gelangen, und sodann versucht, das Zivilgesetzbuch von 1940 unter rechtsvergleichenden Gesichtspunkten zu untersuchen und Schlüsse daraus zu ziehen. Dabei sind aus der grossen Menge der Einzelprobleme jene hauptsächlich hervorgehoben worden, die für den Rechtsvergleicher besonderes Interesse haben können. Zum Abschluß der Untersuchung wird die Frage geprüft, welchem Rechtskreis dieses Zivilgesetzbuch zuzurechnen ist.

Bei meinen Bemühungen um die vorliegende Arbeit sah ich mich insbesondere zwei Schwierigkeiten gegenüber. Einmal hatte ich unter Zeitdruck zu arbeiten; im Rahmen eines begrenzten Studienurlaubs habe ich die ganze Arbeit innerhalb einer Zeitspanne von vierzehn Monaten abfassen müssen. Zum anderen war mir in Hamburg, wo sie geschrieben wurde, die einschlägige griechische Literatur nicht immer zugänglich. Aus diesen beiden Gründen erklärt es sich, wenn manche Teile der Arbeit hie und da noch einiges zu wünschen übrig lassen.

Meinem verehrten Lehrer, Herrn Professor Dr. Konrad Zweigert, dem ich die Anregung zu der vorliegenden Schrift verdanke und dessen rechtsvergleichendes Seminar mir weitere wertvolle Hinweise vermittelt hat,. möchte ich auch an dieser Stelle meinen herzlichen Dank aussprechen

Ebenso bin ich sehr zu Dank verpflichtet

a) dem Direktor des Max-Planck-Instituts für ausländisches und internationales Privatrecht, Herrn Professor Dr. Hans Dölle, für die mir gewährte Möglichkeit, diese Arbeit im Institut zu schreiben,

b) den Herausgebern für die Aufnahme der Arbeit in ihre bewährte Schriftenreihe,

c) der Joachim-Jungius-Gesellschaft der Wissenschaften (Hamburg), der Universitätsgesellschaft (Hamburg) und dem Max-Planck-Institut für ausländisches und internationales Privatrecht, die durch großzügige finanzielle Unterstützung die Drucklegung der vorliegenden Schrift ermöglicht haben und

d) der Griechenland-Referentin des Max-Planck-Instituts, Fräulein Gisela von der Trenck, für ihre Hilfe bei der Vorbereitung der Drucklegung.

Hamburg, im Februar 1962

Georgios J. Plagianakos

Inhaltsverzeichnis

Abkürzungsverzeichnis

ABGB	Allgemeines Bürgerliches Gesetzbuch
AcP	Archiv für die civilistische Praxis
AID	Archeion Idiotikou Dikaiou [Archiv für Privatrecht, griechische Zeitschrift]
AP	Entscheidung des Areopag mit Nummer und Jahr
Arch. bürg. Recht	Archiv für bürgerliches Recht
Arm.	Armenopoulos [griechische Zeitschrift]
BayObLG	Bayerisches Oberstes Landesgericht
BGB	Bürgerliches Gesetzbuch
BGH	Bundesgerichtshof
BGHZ	Entscheidungen des Bundesgerichtshofes in Zivilsachen
C. c.	Code civil
Dik.	Dikastiki [Justiz, griechische Zeitschrift]
DVO	Durchführungsverordnung
EAK	Ellinikos Astikos Kodix tou 1945 [Griechisches Zivilgesetzbuch von 1945]. Amtliche Ausgabe des Justizministeriums. Athen 1946
EAllgT	Entwurf des Allgemeinen Teils des GZGB
EEAN	Ephimeris Ellinikis kai Allodapis Nomologias (Nebentitel: Journal de jurisprudence hellénique et étrangère)
EEN	Ephimeris Ellinon Nomikon [Griechische Juristenzeitung]
EErb.	Entwurf des Erbrechts des GZGB
EFam.	Entwurf des Familienrechts des GZGB
EG BGB	Einführungsgesetz zum BGB
EG GZGB	Einführungsgesetz zum GZGB
EheG	Ehegesetz
ELE	Engyklopaidikon Lexikon Elevtheroudaki [Enzyklopädisches Lexikon, hrsg. von Elevtheroudakis]. Athen 1927 ff.
EPers.	Entwurf des Personenrechts des GZGB
ErmAK	Ermineia tou Astikou Kodikos [Kommentar zum GZGB]
ESach.	Entwurf des Sachenrechts des GZGB
ESch.	Entwurf des Schuldrechts des GZGB
GZGB	Griechisches Zivilgesetzbuch
HGB	Handelsgesetzbuch
IPR	Internationales Privatrecht
JG	Jus Graecoromanum hrsg. von I. und P. Zepos. Athen 1931
JW	Juristische Wochenschrift
KTh	Kodix Themidos [Gesetzessammlung der Zeitschrift Themis]
LG	Landgericht
MEE	Megali Elliniki Engyklopaidia [Große griechische Enzyklopädie]. Athen 1926 ff.

NB	Nomikon Bima [Juristische Tribüne, griechische Zeitschrift]
ND	Neon Dikaion [Neues Recht, griechische Zeitschrift]
NJW	Neue Juristische Wochenschrift
ÖstJZ	Österreichische Juristenzeitung
OLG	Oberlandesgericht
RabelsZ	Zeitschrift für ausländisches und internationales Privatrecht
RG	Reichsgericht
RGZ	Entscheidungen des Reichsgerichts in Zivilsachen
RHDI	Revue Hellénique de Droit International
RIDC	Revue Internationale de Droit Comparé
RSFSR	Russische Sozialistische föderative Sowjet-Republik
RvglHWB	Rechtsvergleichendes Handwörterbuch
SchwJZ	Schweizerische Juristenzeitung
SchwOR	Schweizerisches Obligationenrecht
SchwZGB	Schweizerisches Zivilgesetzbuch
StGB	Strafgesetzbuch
Them.	Themis [griechische Zeitschrift]
ZAkDR	Zeitschrift der Akademie für deutsches Recht
ZHR	Zeitschrift für das gesamte Handelsrecht
ZSS	Zeitschrift der Savigny-Stiftung für Rechtsgeschichte (Romanistische Abteilung)
ZStW	Zeitschrift für die gesamte Strafrechtswissenschaft
	Sonstige Abkürzungen sinngemäß

ERSTER TEIL

GESCHICHTLICHE ENTWICKLUNG DER GRIECHISCHEN ZIVILRECHTSKODIFIKATION

Erstes Kapitel

Die ersten Versuche zur Ausarbeitung eines Zivilgesetzbuches

§ 1. GRUNDZÜGE DES GRIECHISCHEN ZIVILRECHTS WÄHREND DER TÜRKISCHEN HERRSCHAFT (1453—1821)

I. Geschichtlicher Überblick

Im 15. Jahrhundert mußten die Grenzen des byzantinischen Reiches unter dem Druck der von Osten nach Westen drängenden Türken immer mehr zurückgenommen werden. Im Jahre 1453 wurde seine Hauptstadt Konstantinopel von den Türken erobert. Mit dem Fall Konstantinopels begann die türkische Herrschaft über Griechenland, die fast vier Jahrhunderte dauerte (1453—1821).

Der Charakter des byzantinischen Reiches zur Zeit seines Untergangs war griechisch. Obwohl es verschiedene Volksstämme umfaßte, überwog die Zahl der Angehörigen der griechischen Nation. Die Griechen hatten ein eigenes nationales Bewußtsein, und es gelang ihnen, dem byzantinischen Reich griechische Färbung zu geben. Die amtliche Sprache, in der die Basiliken und die späteren Novellen der byzantinischen Kaiser abgefaßt waren, war die griechische Sprache und alle Sektoren der inneren Verwaltung des byzantinischen Reiches waren stark griechisch geprägt[1]. Die Eroberung des byzantinischen Reiches wurde deshalb von den Griechen als Unterwerfung der griechischen Nation betrachtet, und der Wille zum Wiederaufbau des byzantinischen Reiches wurzelte tief in der volkstümlichen Tradition der Griechen[2].

---

[1] «À l'époque des Paléologues», schreibt der Historiker A. A. Vasiliev, «on assiste à un phénomène des plus intéressants: la renaissance du patriotisme dans la population grecque, qui tourne ses regards vers l'Antiquité hellénique classique. Officiellement, les empereurs continuent à porter le titre ordinaire de ‹basileus et autocrator des Romains›; mais certains hommes éminents de cette époque persuadent le basileus de prendre le nouveau titre d'empereur des Hellènes. On sent que l'ancien Empire vaste et disparate est devenue un État modeste par son étendue territoriale et grec par sa composition. Dans cette manifestation de patriotisme hellénique, dans ce penchant pour le passé glorieux des Hellènes, on peut voir, non sans quelque fondement, un des principes d'où sortira au XIXe siècle la renaissance de la Grèce moderne.» Vasiliev II, 255 f.

[2] Diese Tendenz gipfelte in folgendem Satz eines griechischen Volksliedes, das vom Fall Konstantinopels handelt und mit den Worten endet: „Πάλι μὲ χρόνους, μὲ καιρούς, πάλι δικά σας θάεῖναι“ (nach Jahren und nach Zeiten wird sie wieder Euch gehören). N. Politis, Auswahl aus den Liedern des griechischen Volkes (griechisch), Athen 1914, 1. Aufl., 4—5.

Bevor das Nationalitätsprinzip in Westeuropa deutlich zutage trat, waren die Griechen sich ihrer eigenen Nationalität bewußt und versuchten wiederholt, das türkische Joch abzuschütteln und einen eigenen Staat aufzubauen. Das nach dem Fall Konstantinopels erwachsene und während der türkischen Herrschaft stets lebendig gebliebene Sehnen der griechischen Nation nach Wiederauferstehung des byzantinischen Reiches hat auch auf die Entwicklung des griechischen Zivilrechts Einfluß gehabt[3].

Nach der Eroberung des byzantinischen Reiches hat Sultan Mohammed II. der griechisch-orthodoxen Kirche einige „Privilegien" eingeräumt[4]. Er zeigte sich tolerant und unterstützte aus politischen Erwägungen das ökumenische Patriarchat Konstantinopels und die orthodoxe Geistlichkeit. Der Patriarch hatte eine absolute Gewalt über die Kirchen, über die Klöster und über die orthodoxe Geistlichkeit, er konnte Priester weihen oder degradieren und den Christen Recht sprechen. Die kirchlichen Liegenschaften wurden als ungestörter und steuerfreier Besitz anerkannt, und ihre Verwaltung wurde dem Patriarchen überlassen. Durch diese und andere Privilegien wurde der Patriarch nicht nur der religiöse, sondern auch der nationale Führer (Ἐθνάρχης wurde er genannt) der unter türkischer Herrschaft stehenden Griechen[5]. Die Griechen lebten unter der Führung und dem Schutz der griechisch-orthodoxen Kirche, der unter anderem auch die große Aufgabe zufiel, das nationale Gefühl in ihnen lebendig zu halten und den Befreiungskampf vorzubereiten[6]. Auf diese Weise erwarb die orthodoxe Kirche ein großes moralisches Prestige unter den Griechen. Es gelang ihr außerdem, Einfluß auf das griechische Zivilrecht, in besonderem Maße auf das Familienrecht zu gewinnen, wie im folgenden zu zeigen sein wird (unten II S. 5 ff.).

Seit Anfang des 17. Jahrhunderts hatte das ökumenische Patriarchat seinen Sitz in einem Stadtteil Konstantinopels namens „Phanari". Der religiöse und politische Charakter des ökumenischen Patriarchats zog die Abkömmlinge vornehmer byzantinischer Familien an. Die Honoratioren des byzantinischen Reiches nahmen ihren Wohnsitz in Phanari. Sie zeichneten sich durch ihre aristokratische Herkunft, durch ihre Bildung und Sprachkunde aus. Mit der Zeit entwickelte sich eine neue griechische Aristokratie, die sog. „Phanarioten", deren Namen von jenem Stadtteil abgeleitet ist. Die Phanarioten standen seit der Mitte des 17. Jahrhunderts in türkischen Diensten und nahmen seit dieser Zeit hohe Ämter im Hof- und Verwaltungsdienst ein (dennoch haben sie sich lebhaft am griechischen Befreiungskampf von 1821 beteiligt). Seit Anfang des 18. Jahrhunderts wählten die Sultane auch die Fürsten der Donauländer aus den Phanarioten und ernannten sie zu Statthaltern der rumänischen Provinzen Walachei und Moldau[7]. Auf diese Tatsache sind

---

[3] Vgl. unten §§ 2 und 3.

[4] Über die „Privilegien" der griechisch-orthodoxen Kirche während der türkischen Herrschaft siehe das Werk von Tzelepidis; vgl. auch Pantazopoulos, AID 1943, 449 ff und Sontis, ZSS 78 (1961) 468 ff.

[5] Vgl. Sontis, ZSS 78 (1961) 370.

[6] Siehe Gogos S. V.

[7] Vgl. Daskalakis, MEE XXIII, 815 f.

die in den Donauländern am Ende des 18. und Anfang des 19. Jahrhunderts erschienenen griechischen Zivilrechtskodifikationen zurückzuführen (s. dazu unten III).

II. Das Zivilrecht der Griechen unter der türkischen Herrschaft

1. Allgemeines

Während der türkischen Herrschaft (1453—1821) war in erster Linie der türkische Richter (Kadi) zuständig für die Entscheidung der Rechtsstreitigkeiten zwischen den Griechen. Zwar galt das „statutum personale“ und war der türkische Richter verpflichtet, das Recht der Parteien, nämlich das römisch-byzantinische Recht anzuwenden[8]; tatsächlich jedoch wandten die türkischen Richter türkisches Recht an, sei es wegen ihrer juristischen Unwissenheit, sei es aus nationalem Fanatismus. Die türkischen Richter standen außerdem bei den Griechen im Verdacht, bestechlich zu sein[9]. Die Griechen zogen es deshalb vor, die Entscheidung ihrer Rechtsstreitigkeiten den griechischen Kommunalbehörden (Δημογέροντες)[10] oder der griechisch-orthodoxen Kirche anzuvertrauen, denen der Sultan diese Zuständigkeit als Privilegium überlassen hatte.

Das Patriarchat von Konstantinopel war das oberste griechische Gericht, und seine Gerichtsbarkeit erstreckte sich nicht nur auf Zivilsachen, sondern auch auf einige Strafsachen[11]. Bei ihm konnten die von den ihm unterstellten griechischen bischöflichen Gerichten gefällten Entscheidungen angefochten werden. Die so geartete Gerichtsbarkeit der griechischen Kommunalbehörden und der griechisch-orthodoxen Kirche und die weitgehende Selbstverwaltung der Griechen hatten zur Folge, daß deren Rechtsbeziehungen untereinander zum größten Teil nach den Rechtsvorschriften der byzantinischen Kaiser geregelt wurden. Dieser Zuständigkeit der Kirche ist vielfach schiedsgerichtlicher Charakter beigelegt worden[12]. Es ist jedenfalls erwiesen, daß die Griechen die von den griechischen bischöflichen Gerichten und vom Patriarchat von Konstantinopel ergehenden Entscheidungen annahmen, ohne von den gegen diese Entscheidungen etwa zugelassenen Rechtsmitteln vor den türkischen Behörden Gebrauch zu machen[13]. Auf diese Weise gelang es der griechischen Nation, die Tradition des byzantinischen Rechts auch während der türkischen Herrschaft fortzusetzen und ein ununterbrochenes eigenständiges juristisches Leben durch Anwendung der Gesetze der byzantinischen Kaiser zu entfalten, was später nach der Befreiung Griechenlands von der türkischen Herrschaft einen wichtigen Einfluß auf die Gestaltung der zivilrechtlichen Gesetzgebung des neugebildeten griechischen Staates gehabt hat.

---

[8] P. Vallindas 10 ff.
[9] Petropoulos, Geschichte, 263.
[10] Heimbach 34; vgl. Bizoukides 16.
[11] Petropoulos, Geschichte 264; vgl. Seremetis 23 ff.
[12] G. L. von Maurer I, 93 ff.
[13] Petropoulos, Geschichte 264 f.

Der stark religiöse Charakter des türkischen Staates und des islamischen Rechts brachte es mit sich, daß die türkischen Behörden sich mit den Familien- und Erbrechtsstreitigkeiten der Griechen nicht gern beschäftigten. Diese Ehesachen wurden von den Metropoliten entschieden[14], welche insoweit nicht bloße Schiedsrichter waren[14a].

Die Einwirkungen der Kirche auf die privatrechtlichen Verhältnisse der Griechen untereinander hatte ein erhebliches Wachsen ihres Ansehens zur Folge. Die von den bischöflichen Gerichten gefällten Entscheidungen wurden unter dem Druck einer moralischen Gewalt vollstreckt, den die griechisch-orthodoxe Kirche auf ihre Gläubigen ausübte. Die Kirche konnte über ihre Gläubigen moralische Strafen verhängen, deren wirksamste der Ausschluß aus der Kirche war[15]. Auf diese Weise ist es der Kirche gelungen, religiöse Disziplin und Gehorsam gegenüber ihren Entscheidungen zu erreichen und die Anwendung der byzantinischen zivilrechtlichen Vorschriften fortzusetzen.

Diese Tätigkeit der griechisch-orthodoxen Kirche während der türkischen Herrschaft und ihr großer Beitrag zur Vorbereitung und Durchführung des griechischen Befreiungskampfes von 1821 hatten eine engere Verbindung zwischen der Kirche und dem Staat zur Folge. Das Ansehen der Kirche blieb auch nach der Befreiung Griechenlands bestehen. Darauf ist der erhebliche Einfluß zurückzuführen, den die griechisch-orthodoxe Kirche auch noch auf die Gestaltung einiger familienrechtlicher Institutionen des GZGB von 1940 in einem konservativen Sinne ausgeübt hat.

Quelle des griechischen Zivilrechts während der Türkenherrschaft war hauptsächlich die Hexabiblos des Armenopoulos[16]. Daneben wurden auch andere byzantinische Gesetzessammlungen (wie z. B. das alphabetische Handbuch des Kirchenrechts, verfaßt von dem Mönch Matthaeus Blastares im Jahre 1335) als Quellen des griechischen Rechts benutzt[17].

Für manche Fragen des Familien- und Erbrechts wurde jedoch damals in Griechenland ein volkstümliches, vom römischen verschiedenes Recht entwickelt, das aus dem hellenistischen und altgriechischen Recht stammte und im Bewußtsein des Volkes lebte[18]. Sooft dieses Gewohnheitsrecht in Gegensatz zu dem gesetzten römisch-byzantinischen Recht trat, änderte es das gesetzte Recht ab[19]. Das Gewohnheitsrecht war jedoch von Ort zu Ort verschieden und trug meist keinen nationalen, sondern einen stark lokalen Charakter. Es war unbeständig und flüssig[20]. In einigen griechischen Provinzen, wie z. B. auf einzelnen Inseln des Ägäischen Meeres, wurden Kodifizierungen des Gewohnheitsrechts in der griechischen Umgangssprache unter-

---

[14] Triantaphyllopoulos, Griechisches Privatrecht 7; Papapanos, RvglHWB I, 74,

[14a] G. L. von Maurer I, 94.

[15] Petropoulos, Geschichte 264 f; Sontis, ZSS 78 (1961) 366.

[16] G. L. von Maurer I, 109.

[17] Petropoulos, Geschichte 266 f.

[18] Papapanos, RvglHWB I, 74.

[19] Pantazopoulos, Zivilgesetzbuch 15, N. 18.

[20] Petropoulos, Geschichte 266.

nommen[21]. Das während der türkischen Herrschaft entwickelte Gewohnheitsrecht wurde unter dem Einfluß der Lehre der historischen Rechtsschule den ersten zivilrechtlichen Kodifikationsversuchen nach der Befreiung Griechenlands zugrunde gelegt.

2. Die Hexabiblos des Armenopoulos

Konstantinos Armenopoulos, griechischer Richter in Thessaloniki, hat im Jahre 1345 eine Gesetzessammlung des damals geltenden römisch-byzantinischen Rechts in griechischer Sprache ausgearbeitet. Diese Gesetzessammlung, die keine amtliche, sondern eine private war, ist unter dem Namen „Hexabiblos" bekannt, den sie der Tatsache verdankt, daß sie aus sechs Büchern besteht[22].

Die Hexabiblos war eine kurzgefaßte, summarische und daher allgemein gebräuchliche Gesetzessammlung. Hauptsächlich darauf ist die Tatsache zurückzuführen, daß sie in Griechenland während der türkischen Herrschaft volkstümlich geworden ist[23]. Zwar ist die Frage strittig, ob Armenopoulos zur Ausarbeitung der Hexabiblos unter anderem auch die Basiliken als Quelle gebraucht hat[24]; es ist jedoch sicher, daß diese Gesetzessammlung das im 14. Jahrhundert in Griechenland geltende römisch-byzantinische Recht enthält[25].

In der systematischen Anordnung des Stoffes findet sich bei Armenopoulos eine Neuerung, die in mancher Hinsicht an das System der Unterteilung der neueren Zivilgesetzbücher erinnert. Das erste Buch der Hexabiblos enthält allgemeine Rechtsgrundsätze und Personenrecht, das zweite bezieht sich auf die dinglichen Rechte, das dritte enthält schuldrechtliche Vorschriften, das vierte ist dem Familienrecht gewidmet, das fünfte behandelt Erbrecht und im sechsten Buch sind Bestimmungen über die Schäden und die Strafen enthalten. Die systematische Ordnung des Stoffes kann jedoch nicht als völlig geglückt angesehen werden. Es sind z. B. im zweiten Buch, welches die dinglichen Rechte behandelt, auch Bestimmungen über die Adoption enthalten. Die Hexabiblos hat zudem empfindliche Lücken. Sie enthält z. B. keine Bestimmungen über die Abtretung, über die Bedingungen und einige andere Rechtsinstitute. Ferner weist die Hexabiblos einige Widersprüche auf. Obwohl z. B. Bestimmungen über die Höhe der Zinsen im dritten Buch (Titel 7)

---

[21] Kodifiziertes griechisches Gewohnheitsrecht siehe in I. und P. Zepos, JG VIII, 499 ff.

[22] Vgl. Festschrift Konstantinos Armenopoulos zur 600-Jahr-Feier seiner Hexabiblos (1345—1945), herausgegeben von der Universität Thessaloniki (griech.); dazu Sinogowitz, ZSS 71 (1954) 505 ff. Über das geistige Milieu, in dem die Hexabiblos entstanden ist, siehe Triantaphyllopoulos, Arm. 1960 765 ff., 829 ff.; vgl. auch Sontis, ZSS 78 (1961) 366.

[23] Sakellariadis, AID 1945, 208 f.

[24] E. Herzog bejaht in seiner Untersuchung über die Hexabiblos die Frage (43—45); C. E. Zachariae in seiner Schrift Αἱ ῥοπαί verneint sie. Vgl. auch Sontis, ZSS 78 (1961) 366.

[25] Vgl. Petropoulos, Geschichte 341.

enthalten sind, wird gleichzeitig eine Novelle von Basilios Makedon erwähnt, durch die die Zinsen aufgehoben wurden.

Die Hexabiblos war über die Grenzen Griechenlands hinaus bekannt. Sie wurde in Frankfurt am Main im Jahre 1564 in deutscher Sprache unter dem Titel „Handbuch und Auszug Kayserlicher und Bürgerlicher Rechte" von J. Göbler herausgegeben und im 16. Jahrhundert von deutschen Gerichten wahrscheinlich auch angewandt[26]. Ihr Ruf war derart, daß Racine in seinem Werk „Les Plaideurs" sie erwähnt[27].

Die Hexabiblos war während der türkischen Herrschaft das Zivilgesetzbuch der Griechen[28], in dem das Ergebnis der Entwicklung des byzantinischen Rechts enthalten war und als geltendes griechisches Recht angewandt wurde.

III. Griechische Zivilrechtskodifikationen in den Donauländern

1. Allgemeines

Die Phanariotische Periode, in der die von der Pforte ernannten griechischen Fürsten die Donauländer regiert haben, begann im Jahre 1711 für das Fürstentum der Moldau und im Jahre 1716 für das Fürstentum der Walachei. Sie dauerte mehr als ein Jahrhundert, nämlich bis ins erste Viertel des 19. Jahrhunderts[29]. Unter dem Einfluß der griechischen Fürsten hat die Einführung des byzantinischen Rechts und byzantinischen Gedankengutes im allgemeinen in Rumänien einen so starken Aufschwung genommen, daß die Phanariotenzeit geradezu als Periode der Wiederbelebung der byzantinischen Kultur bezeichnet wurde[30].

Die Kodifikationen des Zivilrechts, die in dieser Periode ausgearbeitet wurden, waren ein Ausfluß der Tätigkeit der griechischen Fürsten. Das einheimische rumänische Recht hat in diesen Zivilgesetzbüchern einen zweiten Platz eingenommen[31]. Sie wurden in griechischer Sprache ausgearbeitet, die

---

[26] G. L. von Maurer I, 104 N. 92.

[27] Die Verse lauten:

DANDIN
«Au fait, au fait, au fait
L'Intimé
Harmenopul, in Prompt . . .
DANDIN
Oh! je te vais juger
L'Intimé
Oh, vous êtes si prompt!»

J. Racine, Les plaideurs (Acte III, scène III). „Prompt" ist hier Abkürzung des Wortes „Promptuarium"; so wurde die griechische Vokabel „Πρόχειρον" ins Lateinische übertragen.

[28] Pratsikas, Them. 1941, 407.

[29] Berechet: Mnemosyna Pappoulia 36; Triantaphyllopoulos, JG VIII, S. IX.

[30] Vgl. Jorga 11 f. und 184 ff. Über den Einfluß des byzantinischen Rechts auf die rumänische Gesetzgebung der Phanariotenzeit siehe: P. Zepos: Studi in Memoria di Paolo Koschaker II, 427 ff.

[31] Sontis, AID 1938, 76.

auch als die amtliche Sprache galt[32]; der rumänische Wortlaut dieser Gesetzbücher war eine Übersetzung aus dem griechischen Originaltext[33]. Daher nehmen diese Kodifikationen eine besondere Stellung in der Geschichte des griechischen Zivilrechts ein als die ersten Zivilrechtskodifikationen griechischer Sprache in der Neuzeit.

2. Das „Syntagmation Nomikon" des Fürsten Alexander Ypsilantis

Das Syntagmation Nomikon trägt den Namen des Fürsten Alexander Johannes Ypsilantis, der von Geburt Grieche war und einer Phanariotenfamilie entstammte. Er wurde von der türkischen Pforte im Jahre 1774 zum Fürsten von Ungarn und der Walachei ernannt und war der Großvater jenes Alexander Ypsilantis, der als Vorkämpfer im griechischen Befreiungskampf von 1821 gegen die türkische Herrschaft angesehen wird[34].

Um die durch viele örtlich verschiedene Gewohnheitsrechtsnormen bewirkte Rechtsunsicherheit zu beseitigen, hat Fürst Ypsilantis 1780 das Syntagmation Nomikon geschaffen. P. Zepos nimmt in der seiner Ausgabe des Syntagmation vorangestellten Abhandlung im Gegensatz zu einigen, vor allem rumänischen Autoren an, daß es zuerst in griechischer Sprache herausgegeben und später ins Rumänische übersetzt wurde[35]. Das Syntagmation Nomikon enthält sachen-, schuld-, familien-, erb- und prozeßrechtliche Vorschriften.

Die meisten Bestimmungen sind eindeutig byzantinischer Herkunft, einige erinnern jedoch an das örtliche Recht der Walachei oder an griechisches Gewohnheitsrecht. So erinnert z. B. § 3 des Titels XX, nach dem bei gesetzlicher Erbfolge das väterliche Landgut oder das väterliche Haus den männlichen Abkömmlingen vorzugsweise zufallen soll, an das schon seit dem Mittelalter in einigen griechischen Provinzen (z. B. in der Provinz Mani auf der Peloponnes) geltende und in Griechenland im Jahre 1841 durch gerichtliche Entscheidung anerkannte Gewohnheitsrecht (den sog. „väterlichen Herd", πατρική ἑστία), nach dem die Liegenschaften stets den männlichen Abkömmlingen zufallen sollten, während die Töchter entweder von den zum Nachlaß gehörenden beweglichen Sachen erbten oder von ihren Brüdern ausgestattet werden mußten[36].

3. Das Moldauische Zivilgesetzbuch von 1817

Das Zivilgesetzbuch der Moldau von 1817, das als „Kodex Kallimachis" bekannt ist, trägt den Namen des gelehrten Fürsten Skarlatos Kallimachis, der

---

[32] Trantaphyllopoulos, JG VIII, S. X f; Sontis, AID 1938, 76.
[33] Sontis, AID 1938, 76, und ZSS 78 (1961) 361.
[34] Triantaphyllopoulos, JG VIII, S. XI.
[35] P. Zepos, Syntagmation Nomikon 33 ff. Vgl. die Besprechung von Baltatzis: RabelsZ 10 (1936) 1016.
[36] P. Zepos, Syntagmation Nomikon 117 N. 2 und 3; Sontis, AID 1938, 139.

ebenfalls Grieche und Phanariot war. Es wurde innerhalb von vier Jahren ausgearbeitet und am 1. Juli 1817 veröffentlicht[37]. Es war in griechischer Sprache abgefaßt und wurde im Jahre 1831 ins Rumänische übersetzt[38]. Es hat in der Moldau bis zum Jahre 1864 gegolten, als das rumänische Zivilgesetzbuch (Codul Civil), das zum größten Teil dem französischen Code civil von 1804 nachgebildet war, in Kraft trat[39]. Verfasser des Zivilgesetzbuches der Moldau waren der griechische Rechtsgelehrte Ananias Kouzanos, der aus der Gegend von Trapezunt stammte, und der Siebenbürger Sachse Christian Flechtenmacher[40].

Der Kodex Kallimachis besteht aus 2032 Artikeln und ist in eine Einführung und drei Teile gegliedert. Das in ihm enthaltene Familien- und Erbrecht ist eine geglückte Kodifikation des byzantinischen Rechts. Im übrigen aber stützen sich seine Bestimmungen zum größten Teil auf das österreichische ABGB von 1811 nebst dem Zeillerschen Kommentar hierzu[41]. Einigen seiner Bestimmungen hat auch der französische Code civil von 1804 als Vorbild gedient. Fürst Kallimachis hat jedoch seinem Moldauischen Zivilgesetzbuch ein so trügerisches „byzantinisches Gewand" gegeben, daß selbst Zachariä von Lingenthal sich geirrt und die Ansicht vertreten hat, dieses Werk sei die letzte Entwicklungsstufe des byzantinischen Rechts[42]. Das Studium dieses Gesetzbuches hat vielmehr bewiesen, daß nur ungefähr ein Fünftel seines ganzen Stoffes byzantinischer Herkunft ist[43]. Die rechtshistorischen Forschungen bewiesen ferner, daß Fürst Kallimachis seinem Zivilgesetzbuch dieses byzantinische Gewand gegeben hat, um seine Einführung in der Moldau zu erleichtern. Die konservativen Geistlichen und Honoratioren in der Moldau fürchteten Neuerungen des Zivilrechts, die ihre wirtschaftlichen Interessen mindern und für ihre zivilrechtliche und politische Stellung nachteilig sein könnten. Es wäre deshalb eine ablehnende Haltung dieser führenden Gesellschaftsklassen gegenüber dem neuen Zivilgesetzbuch zu erwarten gewesen, wenn sie gewußt hätten, daß es Bestimmungen der damals neuesten, fortschrittlichen Zivilgesetzbücher, des ABGB und des zudem aus einer Revolution hervorgegangenen Code civil, in der Moldau einführen sollte. Diese Reaktion suchte Fürst Kallimachis zu vermeiden[44]. In seinem Einführungsdekret (chrysobullon) erwähnt er als Quellen, denen angeblich die Bestimmungen des Moldauischen Zivilgesetzbuches ausschließlich entnommen seien, die Basiliken und andere byzantinische Gesetzessammlungen[45].

---

[37] Triantaphyllopoulos, JG VIII, S. XI.
[38] Triantaphyllopoulos, JG VIII, S. XI.
[39] Vgl. D. Gerota, RvglHWB I, 188.
[40] Mantzoufas, Kodex Kallimachis 28 ff., Nr. 37 und 38; vgl. die Besprechungen von G. von der Trenck: RabelsZ 23 (1958) 338 ff. und von A. Steinwenter: ZSS 73 (1956), 494 ff.
[41] Trianaphyllopoulos: Revista Istorică Română 1931, 32 ff.; Mantzoufas, Kodex Kallimachis 10 ff.
[42] Zachariae von Lingenthal, Geschichte S. XVI.
[43] Triantaphyllopoulos: Revista Istorică Română 1931, 21 ff.
[44] Triantaphyllopoulos, JG VIII, S. XIV.
[45] Siehe dieses Chrysobull sowie den gesamten Text des Moldauischen Zivilgesetzbuches JG VIII, 3—235. Vgl. auch die zweisprachige Ausgabe der rumänischen Volksrepublik „Codul Calimache, Editie critică", Bukarest 1958.

Zwar ist das Moldauische Zivilgesetzbuch weitgehend dem österreichischen ABGB und dem französischen Code civil nachgebildet, jedoch enthält es auch Vorschriften, die in seinen ausländischen Vorbildern nicht enthalten waren und ihnen gegenüber einen Fortschritt darstellten. Es kennt bereits das gesetzliche Rücktrittsrecht bei einem Vertrag (Art. 1236), wie es von dem im Jahre 1916 revidierten österreichischen ABGB (Art. 919 in der Fassung vom Jahre 1916) gestaltet wurde[46]. Es läßt ferner die Nachforschung nach der unehelichen Vaterschaft zu und spricht den unehelichen Kindern ein Unterhalts- und Erbrecht dem Vater gegenüber zu[47].

Der Kodex Kallimachis ist außerdem das erste der neueren Zivilgesetzbücher, das die bedingungslose Gleichstellung der Ausländer mit den Inländern in bezug auf den Genuß der bürgerlichen Rechte vorschreibt (Art. 45), ohne diesen Genuß von der Gegenseitigkeit abhängig zu machen[48]. Dieselbe Gleichstellung, d. h. ohne Reziprozität, wurde später auch im griechischen Zivilgesetz vom 29. 10. 1856 ausgesprochen (Art. 13). Der italienische Codice civile von 1865 (Art. 3) ist also nicht das erste der neueren Zivilgesetzbücher, das die Gleichstellung der Ausländer und der Inländer unabhängig von der Voraussetzung der Gegenseitigkeit bestimmt, wie der italienische Rechtsgelehrte M. Rotondi meint[49].

Im übrigen ist der Art. 10 des Moldauischen Zivilgesetzbuches erwähnenswert, der in gewisser Weise der späteren Bestimmung des Art. 1 Abs. 2 des SchwZGB von 1907 entspricht und in Anlehnung an den § 7 des österreichischen ABGB bestimmt: Kann der Richter die Lösung einer Rechtsfrage durch die gewöhnlichen Auslegungsregeln nicht finden, so hat er „nach den Grundsätzen des Natürlichen Rechts" („κατὰ τὰ ἀξιώματα τοῦ Φυσικοῦ Νομίμου") Recht zu sprechen.

4. Andere Zivilrechtskodifikationen

Im Jahre 1765 wurde in der Walachei vom Fürsten Stephan Michael Rakovitza ein Zivilgesetzbuch in Kraft gesetzt, das der Grieche Michael Photinopoulos, der aus Chios stammte, ausgearbeitet hatte[50]. Den Bestimmungen dieses Zivilgesetzbuches haben byzantinische Vorschriften als Vorbild gedient; seine wichtigsten Quellen sind die Basiliken und die Hexabiblos des Armenopoulos[51].

Im Jahre 1818 hat der Grieche Johann Karatzas, der Statthalter der Walachei war, ein Zivilgesetzbuch in griechischer Sprache erlassen, in dem eben-

---

46 Triantaphyllopoulos, JG VIII, S. XII.

47 Ramos, 47 f.

48 P. Vallindas: Festschrift für Rudolf Laun, 689 ff.

49 Rotondi: Enciclopedia Italiana X, 682.

50 Vgl. die Textausgabe von P. Zepos (= AID 17, 1954—1959); ferner Petropoulos, Geschichte 277.

51 P. Zepos AID 1942, 54 ff.; Petropoulos, Geschichte 277. Vgl. Isele AcP 158 (1959/1960), 538.

falls byzantinischer Einfluß offenbar ist[52]. Verfasser dieses Zivilgesetzbuches war der Grieche Athanasios Christopoulos, der auch als Dichter Geltung hatte[53]. Sein Gesetzeswerk beruht hauptsächlich auf Natur- und Gewohnheitsrecht, es bietet jedoch auch „Anklänge an das byzantinische Recht"[54].

IV. Bedeutung der behandelten Kodifikationen

Historisch gesehen sind sowohl die griechische zivilrechtliche Gesetzgebung in den Donauländern als auch die Hexabiblos des Armenopoulos für die späteren griechischen Versuche zur Kodifikation des Zivilrechts von Bedeutung.

Das „Syntagmation Nomikon" des Fürsten Ypsilantis, das im Jahre 1780 in griechischer Sprache veröffentlicht wurde, wurde in Griechenland mit Recht als „das erste amtliche griechische Zivilgesetzbuch der Neuzeit" bezeichnet[55].

Ein griechisches Gesetzbuch ist auch das Moldauische Zivilgesetzbuch von 1817 (Kodex Kallimachis), das zugleich das erste Zivilgesetzbuch der Neuzeit darstellt, welches in neugriechischer Sprache abgefaßt ist, die nach der Befreiung Griechenlands von der türkischen Herrschaft die amtliche griechische Sprache wurde[56]. Während des griechischen Befreiungskampfes von 1821 wurde das Moldauische Zivilgesetzbuch auch von griechischen Gerichten angewandt, weil es als griechisches Zivilgesetzbuch betrachtet wurde[57], und eben deshalb sah man es auch im weiteren Verlauf des 19. Jahrhunderts als sehr geeignet an, im jungen Königreich Griechenland in Kraft gesetzt zu werden. Selbst Zachariae von Lingenthal vertrat diese Ansicht und empfahl, das Moldauische Zivilgesetzbuch in Griechenland einzuführen[58]. Ebenso wurde auch in Griechenland die Ansicht vertreten, daß es der Ausarbeitung des Ionischen Zivilgesetzbuches von 1841 zugrunde gelegt werden sollte[59]. Seine Bestimmungen werden ferner in den Vorbereitungsarbeiten zum GZGB von 1940 häufig erwähnt[60].

Die starke Hinneigung der Griechen zu der Gesetzgebung der byzantini-

---

[52] Vgl. die Textausgabe in JG VIII 357 ff. sowie die zweisprachige Ausgabe der Akademie der rumänischen Volksrepublik «Leguirea Caragea, Editie critică», Bukarest 1955; ferner Petropoulos, Geschichte 277.

[53] Triantaphyllopoulos, JG VIII, S. XIV.

[54] Zachariae von Lingenthal, Geschichte, S. XV.

[55] Maridakis, Verh. der Akademie Athen 22 (1947) 311.

[56] Triantaphyllopoulos, JG VIII, S. XIII.

[57] Vizvizis, Die Zivilrechtspflege während des griechischen Befreiungskampfes bis Kapodistrias; so die Besprechung von Triantaphyllopoulos AID 1942, 373 f.

[58] „Und auch jetzt noch", schreibt Zachariae von Lingenthal in dem Vorwort der im Jahre 1877 herausgegebenen zweiten Auflage seines klassischen Werkes „Geschichte des griechisch-römischen Rechts" (S. XVI), „möchte den Gesetzgebern in Griechenland das Moldauische Gesetzbuch als Grundlage für das erwartete neue Zivilgesetzbuch zu empfehlen sein, da es sich weit mehr als der Code civil oder irgendein anderes abendländisches Zivilgesetzbuch zu diesem Zwecke eignen dürfte."

[59] P. Zepos, AID 1938, 558.

[60] Siehe z. B. EAllgT 116 f; ESch. 196.

schen Kaiser, die schließlich die griechische Rechtswissenschaft unter dem Einfluß der griechischen Romanisten zum Pandektenrecht führte[61], aber auch der Einfluß des französischen Rechts auf das griechische während des 19. Jahrhunderts[62] hatten jedoch zur Folge, daß das Moldauische Zivilgesetzbuch bei den griechischen Kodifikationsversuchen nicht entsprechend berücksichtigt wurde.

Die Gesetzessammlung aber, die eine wesentliche Rolle im Rechtsleben Neugriechenlands gespielt hat, ist die Hexabiblos des Armenopoulos. Ihre Bedeutung ist um so größer, als sie bis zum Jahre 1946 als das geltende Zivilgesetzbuch Griechenlands betrachtet wurde. Die Hexabiblos war die wichtigste Quelle des griechischen Rechts während der türkischen Herrschaft. Ihr hauptsächlich ist die ununterbrochene Anwendung des römisch-byzantinischen Rechts während jener Epoche zu verdanken. Und wenn die verschiedenen Verfassungen während des griechischen Befreiungskampfes gegen die türkische Herrschaft auf die „Gesetze unserer byzantinischen Kaiser" als geltendes Recht verweisen, so ist vor allem die Hexabiblos des Armenopoulos darunter zu verstehen[63]. Durch die vom Regierungschef Kapodistrias erlassenen Dekrete vom 16. Dezember 1828 und vom 12. August 1830 wurde die Hexabiblos des Armenopoulos ausdrücklich zur Quelle des geltenden griechischen Rechts bestimmt. Und die königliche Verordnung vom 23. 2. 1835 bestimmt: „Die bürgerlichen Gesetze der byzantinischen Kaiser, welche in der Hexabiblos des Armenopoulos enthalten sind, sollen gelten, bis das bürgerliche Gesetzbuch, dessen Abfassung Wir bereits angeordnet haben, publiziert wird." Diese letztere Bestimmung hat in Griechenland bis zum Jahre 1946 gegolten, als das Zivilgesetzbuch von 1940 in Kraft trat. Nach dessen Veröffentlichung wurde ein „Nachruf" auf die Hexabiblos des Armenopoulos geschrieben, der auf das Paradoxon ihrer jahrhundertelangen Geltung hinwies[64].

§ 2. VERSUCHE ZUR AUSARBEITUNG EINES GZGB WÄHREND DES GRIECHISCHEN BEFREIUNGSKAMPFES (1821—1827)

I. Geschichtlicher Überblick

Während des 18. Jahrhunderts versuchten die Griechen wiederholt, das türkische Joch abzuschütteln und ihre nationale Freiheit zu erreichen. Obwohl diese Versuche, die mitunter von russischen Zaren unterstützt wurden, mißlangen, haben sie doch den Kampfgeist des griechischen Volkes gestärkt und zur Vorbereitung des griechischen Befreiungskampfes von 1821 beigetragen.

Im Jahre 1821 kam die griechische Revolution gegen das türkische Joch zum Ausbruch. Der nun einsetzende Befreiungskampf war hart und opferreich, wurde aber erfolgreich zu Ende geführt. Er dauerte fast zehn Jahre. Im

[61] Vgl. unten §§ 2, 3, 4 und 12.
[62] Vgl. unten § 5 II.
[63] Pantazopoulos, Von der „gelehrten Tradition", 153—155.
[64] Pratsikas, Them. 1940, 270.

Jahre 1830 wurde ein kleiner Teil Griechenlands endgültig von der türkischen Herrschaft befreit und ein neuer griechischer Staat geschaffen.

Der griechische Befreiungskampf von 1821 war ein Ausfluß zweier Strömungen, nämlich des nationalen Gedankens einerseits und der Proklamationen der Französischen Revolution von 1789 andererseits. Seit dem 16. Jahrhundert, noch ehe der Nationalitätsgedanke in Westeuropa deutlich zutage trat, verstärkte sich bei den Griechen das Nationalbewußtsein und hatte eine starke Tendenz zur Gründung eines unabhängigen Staates zur Folge. Später haben die Freiheits- und Gleichberechtigungsideale, welche die Französische Revolution von 1789 proklamierte, die griechische Befreiungsbewegung beeinflußt; sie fanden bei den Griechen einen begeisterten Widerhall, der die nationale Freiheitsbewegung noch verstärkte[65]. Es ist jedoch zu betonen, daß die Französische Revolution auf den griechischen Befreiungskampf nicht im Sinne einer Klassenkampftendenz, sondern im Sinne der Tendenz zur nationalen Freiheit eingewirkt hat. Der griechische Befreiungskampf unterscheidet sich eben dadurch von der Französischen Revolution, daß er keine soziale, sondern eine nationale Revolution war. Allein in diesem Sinne hat das Gedankengut der „Liberté-Égalité" die bereits vorhandene griechische nationale Freiheitsbewegung verstärkt.

Diese beiden Strömungen ließen auch starke Spuren in der gesetzgeberischen Konstruktion des wiedergeborenen Griechenlands zurück[66]. Der Einfluß der Proklamationen der Französischen Revolution von 1789 machte sich hauptsächlich in den revolutionären Verfassungen und im griechischen Handelsrecht bemerkbar, jedoch auch im griechischen Zivilrecht sind französische Rechtseinflüsse zu finden. Der nationale Gedanke hat dagegen die griechische zivilrechtliche Gesetzgebung stärker beeinflußt und hat sie an das byzantinische Zivilrecht gebunden, welches die Griechen für ihre nationale juristische Erbschaft hielten.

II. Die Verfassungen und das Kodifikationsproblem

Während des griechischen Befreiungskampfes wurden wiederholt konstitutionelle Nationalversammlungen zur Ausarbeitung von Verfassungen und zur Abstimmung über sie einberufen. Alle diese Verfassungen haben unter dem Einfluß der Proklamationen der Französischen Revolution von 1789 gestanden; sie gehen von dem Prinzip der Gewaltenteilung aus, nämlich der Trennung zwischen der gesetzgebenden, der ausführenden und der rechtsprechenden Gewalt, und tragen deutlich demokratischen Charakter[67]. Sie enthalten auch Bestimmungen über die Kodifizierung des Privatrechts, und zwar im besonderen des Zivilrechts. Daraus erhellt, daß die Bedeutung der Kodifizierung des Zivilrechts in Griechenland bereits während des griechischen Befreiungskampfes erkannt wurde.

---

[65] Bizoukides, 23.
[66] Triantaphyllopoulos, Griechisches Privatrecht 14 f.
[67] Triantaphyllopoulos, vgl. vorige Note.

Die Verfasung des kontinentalen Ostgriechenlands von Salona vom 15. November 1821 bestimmte, daß eine Kommission zur Ausarbeitung eines Zivilgesetzbuches bestellt werden sollte[68]. Die ausführende Gewalt sollte eine Sammlung von Zivilgesetzen aus den Basiliken in neugriechischer Sprache besorgen. Bis zur Ausarbeitung dieser Gesetzessammlung sollten „die Gesetze der byzantinischen Kaiser" gelten. Was das Handelsrecht betraf, sollte der französische Code de commerce von 1807 in Kraft treten[69].

Die von der Nationalversammlung von Epidauros gebilligte „provisorische Verfassung Griechenlands" vom 1. Januar 1822 sah die Zusammensetzung von Kommissionen zur Ausarbeitung eines Zivil-, eines Straf- und eines Handelsgesetzbuches vor und bestimmte: „Bis zur Publikation jener Gesetzbücher wird in den Zivil- und Strafsachen auf Grund der Gesetze unserer christlichen Kaiser ewigen Andenkens und der noch von den gesetzgebenden Körperschaften zu erlassenden Gesetze Recht gesprochen; in den Handelssachen gilt das französische Handelsgesetzbuch."[70]

Auch die von der Nationalversammlung von Astros gebilligte „Verfassung Griechenlands" vom 29. März 1822 verkündete in Art. 80 den Willen der kämpfenden Nation zur Ausarbeitung eines griechischen Zivilgesetzbuches und wiederholte die entsprechenden Bestimmungen der „provisorischen Verfassung" von Epidauros.

Die von der Nationalversammlung von Trözen ausgearbeitete „politische Verfassung Griechenlands" vom Mai 1827 bestimmte in Art. 99: „Das Parlament . . . soll dafür Sorge tragen, daß Gesetzbücher verfaßt werden, und zwar ein Zivil-, ein Straf- und ein Militärgesetzbuch, die hauptsächlich die französische Gesetzgebung als Grundlage haben sollen." Ferner sah Art. 142 dieser Verfassung vor, daß die byzantinischen Gesetze bis zum Inkrafttreten der von Art. 99 vorgesehenen Gesetzbücher gelten sollten[71].

Aus den erwähnten Bestimmungen der zitierten Verfassungen geht hervor, daß die griechische Nation, obwohl ihre ganzen Kräfte dem Kampf um die Befreiung von der türkischen Herrschaft gewidmet waren, auf die Kodifikationsbewegung, die am Anfang des 19. Jahrhunderts in Europa eingesetzt hatte, sehr empfindlich reagierte. Die jeweiligen konstitutionellen Nationalversammlungen hielten die Ausarbeitung eines Zivil- und eines Strafgesetzbuches für eine ihrer wichtigsten Aufgaben, und sie verkündeten diese Entscheidung nicht durch ein einfaches Gesetz, sondern durch das Grundgesetz der kämpfenden Nation, nämlich durch die Verfassung.

Es ist charakteristisch, daß alle politischen Verfassungen, die während des griechischen Befreiungskampfes von 1821 ausgearbeitet wurden, einstimmig von „den Gesetzen unserer christlichen byzantinischen Kaiser ewigen Andenkens" sprechen. Damit wollten die verfassunggebenden Nationalversammlungen die Verbindung zwischen dem byzantinischen Reich und dem

---

[68] Gogos S. V.
[69] Pantazopoulos, Von der „gelehrten Tradition" 132 ff.
[70] Vgl. Sontis, ZSS 78 (1961) 371.
[71] Siehe den Wortlaut der betreffenden Artikel der zitierten Verfassungen bei Pratsikas, Them. 1940, 245 Nr. 4 und 5.

wiedergeborenen griechischen Staat betonen und die Kluft des durch die türkische Herrschaft unterbrochenen Lebens der Nation überbrücken. Diese Stellungnahme der Nationalversammlungen, welche die im Volk herrschenden Auffassungen wiedergab, war für die zivilrechtlichen Kodifikationsversuche von großer Bedeutung. Sie wurden im Rahmen des byzantinischen Rechts vorgenommen, und jeder Versuch, sich von diesem Recht zu entfernen, ist immer wieder auf Widerstand, besonders seitens des Klerus gestoßen.

Der Klerus war, wie wir sahen (oben § 1 II), während der türkischen Herrschaft durch seine geistige, soziale und politische Stellung als symbolischer Nachfolger der byzantinischen Kaiser die führende Klasse unter den Griechen geworden[72]. Diese Macht der Geistlichkeit, die sich während des griechischen Befreiungskampfes noch verstärkt hatte, begann erst nach der Ankunft von Kapodistrias in Griechenland nach und nach zu sinken. Doch hat die Tätigkeit des Klerus sowohl den Befreiungskampf als auch die Gesetzgebung der kämpfenden Nation beeinflußt. Kirchliche Würdenträger wurden während des Befreiungskampfes zu Justizministern und Innenministern ernannt. Die Verfassung des kontinentalen Ostgriechenlands von Salona im Jahre 1821 wurde hauptsächlich von Geistlichen verfaßt, denen es im Jahre 1823 auch gelang, ein Strafgesetzbuch auszuarbeiten[73].

Der Klerus erstrebte die Weiteranwendung der Hexabiblos des Armenopoulos. Diese Gesetzessammlung war der griechisch-orthodoxen Kirche besonders sympathisch, da die kirchliche Rechtspflege sich während der türkischen Herrschaft hauptsächlich auf diese Gesetzessammlung gestützt hatte. Obwohl die Hexabiblos von den Verfassungen der Revolutionszeit nicht ausdrücklich erwähnt wird, war unter der Verweisung dieser Verfassungen auf „die Gesetze unserer byzantinischen Kaiser“ in erster Linie sie zu verstehen. Daß sie nicht ausdrücklich erwähnt wurde, ist darauf zurückzuführen, daß man die Nation nicht an die türkische Herrschaft erinnern wollte[74], während welcher sie von der Kirche angewandt wurde.

Dem griechischen Gewohnheitsrecht war der Klerus nicht günstig gesonnen, denn dieses wich meistens von dem byzantinischen Recht ab, dessen ausschließliche Weiteranwendung er verfolgte[75]. Diese Richtung wurde auch von der Auffassung verstärkt, daß das griechische Gewohnheitsrecht Ergebnis der durch die türkische Herrschaft eingetretenen Gestaltung der sozialen Beziehungen sei[76]. Deshalb wurde das Gewohnheitsrecht von den Verfassungen ebenfalls nicht erwähnt und im Jahre 1823 sogar durch eine ausdrückliche Bestimmung als Rechtsquelle verboten[77].

Die Kennzeichen der zivilrechtlichen Kodifikationsversuche während des griechischen Befreiungskampfes waren also einerseits die stete Tendenz zur Anknüpfung an das byzantinische Recht, und zwar in der Form der in der

---

[72] Pantazopoulos, Von der „gelehrten Tradition“ 121 f, 151.
[73] Pantazopoulos a. a. O. 121, 135—136 und 146.
[74] Pantazopoulos a. a. O. 153—155.
[75] Pantazopoulos a. a. O. 151 f.
[76] Vgl. Triantaphyllopoulos, ELE V, 69.
[77] Pantazopoulos, Zivilgesetzbuch 15.

Hexabiblos enthaltenen byzantinischen Gesetzgebung, und andererseits der Ausschluß des Gewohnheitsrechts. Erst gegen Ende des Befreiungskampfes herrschte in der konstitutionellen Nationalversammlung von Trözen (im Jahre 1827) die Absicht vor, einer Zivilrechtskodifikation die französische Gesetzgebung zugrunde zu legen.

III. Konkrete Kodifikationsversuche

Während des griechischen Befreiungskampfes wurde die Kodifikation des Zivilrechts von den politischen Verfassungen nicht nur theoretisch gefordert, sondern es wurden auch konkrete Versuche dazu unternommen. Während aber die Ausarbeitung eines Strafgesetzbuches gelang, das allerdings ganz skizzenhaft gehalten ist, ist es zur Ausarbeitung eines Zivilgesetzbuches nicht gekommen.

Die zweite konstitutionelle Nationalversammlung von Astros hat im Jahre 1823 einer neunköpfigen Redaktionskommission die Ausarbeitung eines Strafgesetzbuches übertragen. Die Notwendigkeit hierzu war dringlicher als die der Ausarbeitung eines Zivilgesetzbuches. Nachdem die bis dahin bestehende türkische politische Ordnung gestürzt war, fehlte es durchaus an strafrechtlichen Bestimmungen, denn die byzantinischen Strafrechtsnormen wurden als nicht anwendbar betrachtet. Diese Redaktionskommission, die sich hauptsächlich aus Geistlichen zusammensetzte, hat innerhalb von 15 Tagen nach dem Vorbild des französischen Code pénal ein Strafgesetzbuch (sog. Ἀπάνθισμα Ἐγκληματικῶν) bestehend aus 82 Artikeln ausgearbeitet. Ihr Werk, das als das erste Strafgesetzbuch Neugriechenlands angesehen wird, zeigt viele Mängel und ist als gesetzgeberisches Werk in keiner Weise beispielhaft, da ja seine Verfasser keine Fachleute waren[78].

Was die zivilrechtliche Kodifikation angeht, sind vor allem zwei Versuche zu erwähnen, die dem englischen Juristen und Philosophen Jeremy Bentham und dem griechischen Rechtsgelehrten Theodoros Negris zu verdanken sind.

Der Befreiungskampf, den die Griechen zum Sturz der türkischen Herrschaft führten, ihr Heroismus und ihr fester Glaube an die Ideale der Freiheit, hatten die Entstehung einer philhellenischen Bewegung in den Ländern Westeuropas zur Folge. Philhellenen wie z. B. der Italiener Santarosa und der englische Dichter Lord Byron kamen nach Griechenland, um der kämpfenden griechischen Nation zu ihrer nationalen Freiheit zu verhelfen, und viele von ihnen ließen für diese Ideale im griechischen Befreiungskampf ihr Leben. Diese philhellenische Bewegung hat auch auf dem Gebiet des Rechts einen Einfluß ausgeübt, denn Philhellenen bemühten sich, zur Lösung der gesetzgeberischen Aufgabe der kämpfenden Nation beizutragen. Auf dem Gebiet des Zivilrechts ist der Kodifikationsversuch des englischen Juristen und Philosophen Jeremy Bentham zu erwähnen.

Jeremy Benthams System ist in seinem Werk „Introduction to the principles of morals and legislation“ enthalten, das vor dem Ausbruch des grie-

---

[78] Vgl. Pantazopoulos, Von der „gelehrten Tradition“, 146.

chischen Freiheitskampfes, nämlich im Jahre 1780, in erster Auflage erschien[79]. Ausgehend von den Grundsätzen der französischen und englischen Empiristen begründete Bentham den sog. Utilitarismus[80]. Sein ethisches und rechtsphilosophisches Grundprinzip ist das größtmögliche Glück der größtmöglichen Zahl. Im Jahre 1821 nahm der Staat New York ein zum Teil nach Benthams Schriften ausgearbeitetes Gesetzbuch an, welchem Beispiel 1826 Carolina und 1830 Louisiana folgten[81].

Jeremy Bentham hatte Verbindung mit griechischen Juristen aufgenommen und ihnen Ratschläge für die Abfassung eines Zivilgesetzbuches gegeben. Während des griechischen Befreiungskampfes von 1821 war der englische Oberst Stanhope, ein Anhänger der Theorien Benthams, als Vertreter des Londoner philhellenischen Komitees nach Griechenland gekommen. Oberst Stanhope, der Griechenland für gesetzgeberisches Neuland und daher für geeignet zur Anwendung der Theorien Benthams hielt, empfahl den Griechen, statt des byzantinischen Rechts Gesetze anzunehmen, die auf den Prinzipien Bacons beruhten oder auf den Genfer Gesetzen, die dem System Benthams verwandt seien, bis das von Bentham auszuarbeitende griechische Zivilgesetzbuch vollendet wäre. Bentham arbeitete nämlich damals bereits an einem Zivilgesetzbuch, das er für Griechenland bestimmt hatte. Im Gegensatz zu einer Minderheit, die die Abfassung eines zeitgenössischen Zivilgesetzbuches vorzog und deshalb bereit war, den Ratschlägen Stanhopes Folge zu leisten, lehnte jedoch die große Mehrheit der Griechen jedes Zivilgesetzbuch ab, das nicht byzantinisches Recht zum Inhalt habe[82].

Zum Versuch des griechischen Rechtsgelehrten Theodoros Negris, ein Zivilgesetzbuch auszuarbeiten, ist folgendes zu erwähnen: Theodoros Negris war höherer Beamter am Hof des Fürsten Kallimachis in der Moldau, als das Moldauische Zivilgesetzbuch im Jahre 1817 dort ausgearbeitet und veröffentlicht wurde. Wäre Negris nicht so früh gestorben (im Jahre 1824), hätte er wahrscheinlich großen Einfluß auf die Gestaltung der Gesetzgebung des wiedergeborenen Griechenlands ausgeübt, und Griechenland hätte vielleicht schon damals ein Zivilgesetzbuch erhalten; denn Th. Negris arbeitete an dem Entwurf eines Zivilgesetzbuches, dessen Vollendung sein Tod verhinderte.

Ein charakteristisches Kennzeichen der während des griechischen Befreiungskampfes herrschenden juristischen Auffassungen liegt hauptsächlich darin, daß die Griechen zunächst jeder Übernahme eines ausländischen Zivilgesetzbuches feindlich gegenüberstanden. In den ersten beiden Nationalversammlungen überwog die Mehrheit derjenigen, die in der Befreiung Griechenlands den Wiederaufbau des byzantinischen Reiches erblickten. Zu den Vertretern dieser Denkungsart gehörten hauptsächlich die Geistlichen, die in der Versammlung von Salona (15. 11. 1821) sich das Recht zur Revision und zur Billigung des künftigen griechischen Zivilgesetzbuches vorbehalten

---

[79] Ziegenfuss-Jung, 101 f.

[80] Eisler 1633 f.

[81] Der Große Brockhaus II (15. Aufl. Leipzig 1929) 530.

[82] Über den Versuch Benthams, ein griechisches Zivilgesetzbuch auszuarbeiten, siehe Triantaphyllopoulos, AID 1937, 435; vgl. Petropoulos, Geschichte 355.

hatten[83], dessen Bestimmungen, wie gesagt, den Gesetzen der byzantinischen Kaiser entnommen werden sollten. Entgegengesetzter Meinung war Theodoros Negris. Dieser scharfsinnige Rechtsgelehrte vertrat die Ansicht, daß die meisten Gesetze der byzantinischen Kaiser mehr als ein juristisch-historischer Gegenstand denn als geltendes Recht zu betrachten seien, da sie den juristischen und sozialen Notwendigkeiten des neuen griechischen Staates nicht entsprechen könnten. Deshalb hatte er sich dafür eingesetzt, daß in das griechische Zivilgesetzbuch Bestimmungen aus den damals neuesten Zivilgesetzbüchern, nämlich dem französischen Code civil von 1804 und dem österreichischen ABGB von 1811 übernommen werden sollten. Auf dieser Basis arbeitete er in Salona den Entwurf eines griechischen Zivilgesetzbuches aus. Er wußte jedoch, daß sein Versuch zur Einführung von Bestimmungen ausländischer Zivilgesetzbücher in Griechenland auf den Widerstand der in den jeweiligen Nationalversammlungen herrschenden Vorliebe für das byzantinische Recht stoßen und schließlich daran scheitern mußte. Er war deshalb bemüht, dem von ihm ausgearbeiteten Entwurf eines griechischen Zivilgesetzbuches ein „byzantinisches Gewand" zu geben, wie er dies schon am Hofe des Fürsten Kallimachis erlebt hatte, als dieser das Moldauische Zivilgesetzbuch von 1817 einführte. Der englische Oberst Stanhope war über diesen „juristischen Betrug" sehr erstaunt, als Negris ihm seine Pläne mitteilte. Seine Überraschung wäre nicht so groß gewesen, wenn er gewußt hätte, daß die Gesetzgeber oft dieser Methode gefolgt sind, um nicht gegen die juristische und soziale Tradition zu verstoßen und die konservativen Auffassungen nicht direkt zu verletzen[84]. Der frühe Tod Negris' hat jedoch, wie schon gesagt, sein Kodifikationswerk unterbrochen.

§ 3. BESTREBUNGEN ZUR KODIFIKATION DES ZIVILRECHTS NACH DER BEFREIUNG GRIECHENLANDS BIS ZUM JAHRE 1834

I. Geschichtlicher Überblick

Auf Grund der während des griechischen Befreiungskampfes gesammelten Erfahrung beschloß die Nationalversammlung von Trözen im März 1827, die Ausübung der Staatsgewalt einem Staatschef zu überlassen, und wählte Johannes Kapodistrias zum Regierungschef, dem weitgehende Befugnisse verliehen wurden.

Johannes Kapodistrias stammte aus Korfu und war Abkömmling einer der edlen Familien dieser Insel. Er war in den Dienst der russischen Regierung getreten und zeichnete sich durch seine große politische Erfahrung aus. Der Zar hatte ihm verantwortungsvolle Aufgaben anvertraut und ihn schließlich sogar zum Außenminister Rußlands ernannt. Deshalb besaß Kapodistrias ein großes Prestige, als er im Januar 1828 nach Griechenland kam und die Regie-

---

[83] Triantaphyllopoulos AID 1937, 437; Pantazopoulos, Von der „gelehrten Tradition", 132 ff.

[84] Die Darstellung dieser Rolle Theodoros Negris' findet sich bei Triantaphyllopoulos, AID 1937, 435—437.

rung übernahm. Er war Anhänger des „despotisme éclairé" und glaubte, daß das parlamentarische System für Griechenland noch nicht geeignet sei. Seine Maßnahmen zur Schaffung eines zeitgenössischen Staates und zur Einschränkung der sozialen und politischen Macht der „Potentaten", die sich dem Gesetz nicht unterwerfen wollten, hatte das Entstehen einer Opposition gegen ihn zur Folge. Im September 1831 wurde er von seinen politischen Gegnern ermordet[85].

Diesem Mord folgte eine politische Anarchie. Die sog. „Schutzmächte" Griechenlands (England, Frankreich und Rußland) befürworteten die Proklamation Griechenlands zum Königreich, um eine politische Stabilität zu sichern. Im Mai 1832 wurde das Londoner Abkommen geschlossen, kraft dessen der minderjährige bayerische Prinz Otto, Sohn des Königs Ludwig I. von Bayern, König von Griechenland wurde. Die Nationalversammlung von Pronoia ratifizierte die Wahl Ottos. Da er erst 17 Jahre alt war, wurde die Staatsgewalt bis zu seiner Volljährigkeit von einer Regentschaft ausgeübt. Diese setzte sich aus bayerischen Politikern und Juristen zusammen, was für die griechische Gesetzgebung und für die Kodifizierung des griechischen Rechts von Bedeutung sein sollte. Zur Regentschaft gehörte auch der Professor für Rechtsgeschichte an der rechtswissenschaftlichen Fakultät in München Georg Ludwig von Maurer, der sich die Erneuerung der Gesetzgebung und die Kodifizierung des griechischen Rechts zur Aufgabe stellte.

II. Versuche Kapodistrias' zur Kodifikation des Zivilrechts

Nach seiner Ankunft in Griechenland hatte Kapodistrias eine dreiköpfige Kommission zur Ausarbeitung eines Zivil- und eines Strafgesetzbuches, einer Zivilprozeß- und einer Strafprozeßordnung eingesetzt. Es ist aber nicht genau bekannt, auf welcher Basis die griechischen Juristen während der Regierung Kapodistrias' am Entwurf eines GZGB arbeiteten[86].

Am 4. Februar 1830 wurde von Kapodistrias das Dekret Nr. 64 erlassen, veröffentlicht im Regierungsblatt vom 26. März 1830, das damals auf der Insel Ägina erschien[87]. In diesem Dekret wurde die Notwendigkeit der Ausarbeitung eines Zivilgesetzbuches betont und der Justizminister beauftragt, eine Sammlung und eine systematische Ordnung der byzantinischen Gesetze zu besorgen. Das Dekret sah ferner Sammlungen des Gewohnheitsrechts vor. Unter dem Einfluß der Lehre der historischen Rechtsschule hat es die Gleichstellung von Gewohnheits- und Gesetzesrecht anerkannt[88].

Diese Rechtssammlungen hielt jedoch Kapodistrias nicht für den Endzweck seiner gesetzgeberischen Tätigkeit auf dem Gebiet des Zivilrechts, sondern

---

[85] Vgl. Kambanis; MEE XIII, 762 ff.
[86] Triantaphyllopoulos, AID 1937, 435—436.
[87] Pratsikas, Them. 1941, 404.
[88] Siehe Wortlaut und Auslegung dieses Dekrets bei Pantazopoulos, Von der „gelehrten Tradition" 165 ff.

für eine Übergangsstation auf dem Wege zur Ausarbeitung eines eigenständigen griechischen Zivilgesetzbuches, welches den gesamten zivilrechtlichen Stoff in Artikeln enthalten sollte. Ein Kennzeichen des gesetzgeberischen Werkes Kapodistrias' war der provisorische Charakter; es sollte durch die Ausarbeitung eines Zivilgesetzbuches zu Ende geführt werden[89]. Man kann mit Sicherheit annehmen, daß Kapodistrias, der allen Zweigen der staatlichen Tätigkeit neuen Impuls gegeben hat, die Aufgabe der Ausarbeitung eines solchen Zivilgesetzbuches zu Ende geführt hätte, wenn der Tod sein Werk nicht unterbrochen hätte. Auch Kapodistrias waren Kodifikationsbestrebungen nicht fremd, da der Entwurf des Zivilgesetzbuches von Bessarabien, den der griechische, aus Epirus stammende Rechtsgelehrte Petros Manegas in den Jahren 1820—1825 ausgearbeitet hatte, unter der Aufsicht Kapodistrias' abgefaßt worden war, der damals Statthalter dieses russisch verwalteten Gebietes war[90].

Während Art. 38 des von Kapodistrias erlassenen Dekrets vom 15. 12. 1828 der Hexabiblos des Armenopoulos Gesetzeskraft zugelegt hatte, wurde ihr durch das später von ihm erlassene Dekret vom 15. 8. 1830 nur eine konsultative Kraft gegeben. „Bis zur Publikation der in Arbeit befindlichen Sammlung von kaiserlichen Gesetzen", heißt es hier, „können die Gerichte die in der Hexabiblos des Armenopoulos enthaltenen Gesetze der byzantinischen Kaiser konsultieren." Die Ausarbeitung einer Sammlung von kaiserlichen Gesetzen hatte also schon begonnen, und sie sollte mit der Abfassung eines Zivilgesetzbuches zu Ende geführt werden[91].

Während der Periode der Regierung Kapodistrias' (1828—1831) wurde in Korfu, seiner Heimatstadt, die Ausarbeitung des Ionischen Zivilgesetzbuches begonnen, das im Jahre 1841 auf den Ionischen Inseln in Kraft getreten ist[92]. Es ist jedoch nicht bekannt, ob er die Absicht hatte, dieses Zivilgesetzbuch oder den unter seiner Aufsicht abgefaßten Entwurf eines Zivilgesetzbuches von Bessarabien in Griechenland einzuführen[93]. Er wollte offenbar die zivilrechtliche Kodifikation im wesentlichen im Rahmen des byzantinischen Rechts vornehmen. Diese gesetzgeberische Richtung Kapodistrias' ist insbesondere darauf zurückzuführen, daß er getreuer Vollstrecker der von den konstitutionellen Nationalversammlungen gefaßten Beschlüsse sein wollte, welche ja während des Befreiungskampfes die Kodifikation des Zivilrechts im Rahmen des byzantinischen Rechts angeordnet hatten. Von diesem Wunsch der Nation wollte er nicht abweichen. Persönlich aber war Kapodistrias dem volkstümlichen Gewohnheitsrecht, welches vom byzantinischen Recht abwich, günstig gesonnen. Der unter seiner Aufsicht abgefaßte, weitgehend auf dem Code civil beruhende Entwurf des Zivilgesetzbuches von Bessarabien stützte sich auch in erheblichem Umfang auf das einheimische

[89] Pratsikas, Them. 1940, 245—246; Pantazopoulos, Von der „gelehrten Tradition" 165 ff.

[90] Triantaphyllopoulos, JG VIII, S. XVI.

[91] Petropoulos, Geschichte 339.

[92] Vgl. unten § 6 II.

[93] Triantaphyllopoulos, Griechisches Privatrecht 20; sowie Seremetis 243 ff.

Gewohnheitsrecht[94]. Durch das Dekret 64 vom 4. Februar 1830 hat Kapodistrias dem Gewohnheitsrecht und dem Gesetz Gleichstellung zuerkannt, und sein Bestreben war, das griechische Zivilgesetzbuch auch auf das volkstümliche Gewohnheitsrecht zu stützen. Dieser Versuch mußte jedoch fehlschlagen, denn er mußte unter anderem auch auf die Ablehnung durch die politischen Gegner Kapodistrias' stoßen[95].

Unter der Regierung Kapodistrias' wurden auch andere Kodifikationsarbeiten vorgenommen, die eine zivilrechtliche Kodifikation vorbereiteten. Im Jahre 1828 wurde ein Gerichtsverfassungsgesetz ausgearbeitet, das in Kraft getreten ist[96]. Am 6. 5. 1829 wurde ferner eine Strafprozeßordnung veröffentlicht, die nach dem Vorbild des französischen Code de procédure pénale ausgearbeitet wurde. Sie übernahm jedoch nicht das Rechtsinstitut der Geschworenen und sprach der Staatsanwaltschaft nur beschränkte Zuständigkeiten zu. Der Justizminister Gennatas war bemüht, die Mängel dieses Gesetzes zu heilen, und hat im Jahre 1830 zu diesem Zweck eine Strafprozeßordnung veröffentlicht, die aus 370 Artikeln besteht und nach dem Vorbild der Lehren der italienischen Rechtsgelehrten Crenani und Filangieri ausgearbeitet war[97]. Am 15. August 1830 wurde schließlich eine Zivilprozeßordnung veröffentlicht, die aus 562 Artikeln besteht[98].

III. Maurers Kodifikationswerk

Der zum Mitglied der Regentschaft des Königs Otto ernannte Georg Ludwig von Maurer war in Bayern als Staatsmann und als Rechtshistoriker bekannt. Im Jahre 1826 wurde er Professor für deutsche und französische Rechtsgeschichte an der Universität München. Er war gleichzeitig Geheimer Hofrat und Staatsrat[99]. Das gesetzgeberische Werk Maurers in Griechenland ist vielseitig und sein Beitrag zur Kodifizierung des Rechts umfangreich gewesen. Er hat Gesetze ausgearbeitet, die in Griechenland mehr als ein Jahrhundert gegolten haben und von denen einige noch heute gelten, und zwar innerhalb von zwei Jahren (1833—1834) die folgenden Gesetzbücher, die gleichzeitig in deutscher und in griechischer Sprache veröffentlicht wurden:

a) Gerichts- und Notariatsordnung vom 21. 1. 1834. Sie gilt, inzwischen durch andere Gesetze in vielen Punkten abgeändert, noch heute in Griechenland. Durch dieses Gesetz erhielt der griechische Kassationshof den Namen „Areopag“ (Ἄρειος Πάγος). Diese Bezeichnung erinnert an das höchste Gericht des alten Athen[100].

---

[94] Triantaphyllopoulos, JG VIII, S. XVI.

[95] Vgl. G. L. von Maurer I, §§ 171 ff.

[96] P. Zepos, Griechisches Recht 7 f.

[97] P. Zepos, a. a. O. 8.

[98] P. Zepos, a. a. O. 8.

[99] Der Große Brockhaus XII (15. Aufl. Leipzig 1932), 272.

[100] Vgl. die Verse von Äschylos in den Eumeniden (Verse 685 ff):
„πάγον δ' Ἄρειον τόνδ', Ἀμαζόνων ἕδραν σκηνάς θ', ὅτ' ἦλθον Θησέως κατὰ φθόνον στρατηλατοῦσαι, καὶ πόλιν νεόπτολιν τήνδ' ὑψίπυργον ἀντεπύργωσαν τότε, Ἄρει δ' ἔθυον, ἔνθεν ἔστ' ἐπώνυμος, πέτρα πάγος τ' Ἄρειος.“ Siehe A. Wagner, Der Richter, Karlsruhe 1959, 40.

b) Das Strafgesetzbuch vom 18. 12. 1833, welches am 19. 4. 1834 in Kraft getreten ist. Es wurde nach dem Vorbild des bayerischen Strafgesetzbuches von 1813 ausgearbeitet, das damals das neueste Strafgesetz war und ein Werk des berühmten Rechtsgelehrten Paul Anselm von Feuerbach ist. Das bayerische Strafgesetzbuch hatte jedoch Mängel, nämlich die strengen Strafen und eine erschöpfende Kasuistik[101]. Zur Heilung dieser Mängel wurden in den Jahren 1822, 1827 und 1831 in Bayern strafrechtliche Gesetzentwürfe abgefaßt, die Maurer bei der Ausarbeitung des griechischen Strafgesetzbuches berücksichtigt hat[102]. Er gliederte dieses in drei Bücher mit insgesamt 708 Artikeln; es wurde von den griechischen Juristen Polizoidis und Schinas ins Griechische übertragen. Dieses Strafgesetzbuch, das mehrfach erheblich geändert wurde, hat in Griechenland so lange gegolten, bis am 1. Januar 1951 das neue griechische Strafgesetzbuch (Gesetz Nr. 1492 vom 17. 8. 1950) in Kraft getreten ist.

c) Die Strafprozeßordnung vom 10. 3. 1834, die am 25. 1. 1835 in Kraft getreten ist. Sie wurde nach dem Vorbild des französischen Code de procédure pénale und einiger deutscher strafprozeßrechtlicher Gesetzentwürfe abgefaßt[103]. Diese Strafprozeßordnung, welche inzwischen wiederholt modifiziert wurde, hat in Griechenland bis zum Inkrafttreten der neuen Strafprozeßordnung (Gesetz Nr. 1493 vom 17. 8. 1950) am 1. Januar 1951 gegolten.

d) Die Zivilprozeßordnung vom 2. 4. 1834, die am 25. 1. 1835 in Kraft getreten ist. Sie wurde nach dem Vorbild des französischen Code de procédure civile und einiger bayerischer zivilprozeßrechtlicher Gesetzentwürfe von 1831 ausgearbeitet[104]. Sie ist in fünf Bücher gegliedert und besteht aus 1101 Artikeln. In der Zivilprozeßordnung wurden auch Bestimmungen aufgestellt, welche zum Stoff des materiellen und nicht des prozessualen Rechts gehören (z. B. einige Vorschriften betr. die Vormundschaft über Minderjährige). Dies ist darauf zurückzuführen, daß sich die Ausarbeitung eines griechischen Zivilgesetzbuches, in dem die betreffenden Bestimmungen enthalten sein sollten, verzögerte. „Daß das Zivilprozeßgesetzbuch so weitläufig ausgefallen ist“, schreibt G. L. von Maurer, „hat seinen Grund darin, daß es Materien behandelt, die streng genommen nicht in ein Gesetzbuch über das Verfahren, sondern mehr in ein Zivilgesetzbuch gehören. Da aber ein Zivilgesetzbuch nicht improvisiert werden konnte und sollte, so fand sich dazu keine geeignete Stelle als gerade in diesem Gesetzbuch über das Zivilverfahren.“[105] Viele Bestimmungen der Zivilprozeßordnung von 1835, welche noch heute in Griechenland gilt, wurden inzwischen abgeändert. Der Entwurf einer

---

[101] Vgl. Philippides ZStW 70 (1958) 59.

[102] Triantaphyllopoulos, Griechisches Privatrecht 21; P. Zepos, Griechisches Recht 17 f; Phillipides, ZStW 70 (1958) 57. „Ich glaube nicht zu irren“, so schreibt Maurer, „wenn ich das griechische Strafgesetzbuch für das vollständigste und mildeste unter allen bis jetzt vorhandenen Strafgesetzgebungen erkläre“; Maurer II, 362.

[103] Vgl. die in der vorigen Note angegebene Literatur.

[104] Triantaphyllopoulos, Griechisches Privatrecht 21 ff.; P. Zepos, Griechisches Recht 18 ff.

[105] G. L. von Maurer II, 469.

neuen griechischen Zivilprozeßordnung liegt bereits vor; sie soll bald in Kraft treten und die Zivilprozeßordnung von 1835 ersetzen.

Maurer hatte die Absicht, diese Kodifikationsarbeit auch auf dem Gebiet des Handelsrechts fortzusetzen, und hatte zu diesem Zweck eine Kommission eingesetzt, die eine genaue Übersetzung des französischen Code de commerce von 1807 herstellen und eine Sammlung griechischer Handelsbräuche ausarbeiten sollte[106]. Diese Arbeit ist aber nach Maurers Abberufung aus Griechenland im Jahre 1834 nicht weiter fortgesetzt worden.

Obwohl Maurer diese vier Gesetze abgefaßt hat, glaubte er, daß es noch zu früh sei für ein griechisches Zivilgesetzbuch. Seine Bedenken sind hauptsächlich darauf zurückzuführen, daß er Anhänger der historischen Rechtsschule war[107]. Er vertrat die Ansicht, daß ein Zivilgesetzbuch nur das Recht wiedergeben darf, das der Seele des Volkes entspringt; die Kodifizierung des Zivilrechts in Griechenland setzte infolgedessen die Sammlung der in Griechenland geltenden Gewohnheitsrechtsnormen voraus. Seiner Meinung nach sollte das griechische Gewohnheitsrecht, wie es sich während der türkischen Herrschaft entwickelt hatte, der Ausarbeitung eines griechischen Zivilgesetzbuches zugrunde gelegt werden, und es sollte auch den Vorrang vor dem römisch-byzantinischen Recht haben. Deshalb beabsichtigte er eine Sammlung des griechischen Gewohnheitsrechts und richtete zu diesem Zweck an alle Gerichte und Verwaltungsbehörden Anfragen über das in jeder einzelnen Provinz geltende Gewohnheitsrecht hinsichtlich der Erbfolge aus Testament und der gesetzlichen Erbfolge, ferner Anfragen über die Mitgift, die Vormundschaft über Minderjährige, die väterliche Gewalt, den Besitz, das Eigentum, die Grunddienstbarkeiten und die Hypothek[108]. Das Material, das Maurer den Antworten auf diese Anfragen entnahm, veröffentlichte er in seinem dreibändigen Werk mit dem Titel „Das griechische Volk in öffentlicher, kirchlicher und privatrechtlicher Beziehung vor und nach dem Freiheitskampf bis zum 31. 7. 1834“ in deutscher Sprache. Er wollte auf dieser Grundlage eine Darstellung des Gewohnheitsrechts ausarbeiten, die der Abfassung eines griechischen Zivilgesetzbuches dienen sollte, konnte jedoch dieses Vorhaben nicht vollenden, da er infolge von Streitigkeiten zwischen den Mitgliedern der Regentschaft in Bayern aus Griechenland abberufen wurde[109].

---

[106] P. Zepos, Griechisches Recht 19.

[107] Triantaphyllopoulos, Griechisches Privatrecht 22. P. Zepos, Griechisches Recht 22. — Gogos, AcP 29 (1944) 79 Nr. 1. Maurer war Germanist; dies war wesentlich für seine Einstellung gegenüber dem römisch-byzantinischen Recht und dem Gewohnheitsrecht; siehe darüber Sontis, ZSS 78 (1961) 373 ff.

[108] Kyriakopoulos, MEE XVI, 656. Über die Versuche zur Sammlung von Sätzen des Gewohnheitsrechts in Griechenland siehe Seremetis, Arm. 1959, 653 ff. und 774 ff.

[109] Man kann mit Sicherheit annehmen, daß Maurer die Zivilrechtskodifikation zu Ende geführt hätte, wenn er aus Griechenland nicht abberufen worden wäre. In einem Brief an den Griechen N. Karatzas schreibt er: „Ja, ich habe viel für Griechenland getan, wurde aber verhindert, mehr zu tun, insbesondere den bürgerlichen Kodex zu verabfassen, wie ich beabsichtigte.“ Zitiert nach Sontis ZSS 78 (1961) 375 N. 46.

Maurers Kodifikationswerk stieß in Griechenland auf die Kritik einiger Juristen: Es sei ausländischen Gesetzgebungen entnommen und daher nicht als originales Werk anzusehen. In mancher Hinsicht sei es für die griechischen Sitten und Gebräuche nicht geeignet, und die eingeführten neuen Institutionen seien oft schwer zu verstehen und anzuwenden. Maurer habe die damals in Griechenland herrschenden sozialen und privatrechtlichen Beziehungen nicht berücksichtigt und eine Gesetzgebung geschaffen, welche eine regelmäßige Entwicklung des Rechtslebens, das in Griechenland durch die türkische Herrschaft unterbrochen worden sei, und einen gut organisierten Staat voraussetze[110].

Der deutsche Historiker Karl Mendelssohn Bartholdy schreibt über Maurers Kodifikationswerk: „Jetzt stellte sich der entscheidende Übelstand heraus, daß die Sprache dieser Gesetzgebung, die zahlreichen aus dem deutschen und französischen Gerichtsgebrauch entlehnten oder neu erfundenen Ausdrücke weder vom Volk noch vom Justizpersonal verstanden wurden und konsequentermaßen unbrauchbar waren. Allein andererseits läßt sich nicht verkennen, daß Maurers Gesetzgebung mehr einen idealen als einen praktischen Wert darstellte, daß sie mehr mit Rücksicht auf die abstrakte Zukunft, auf ein großes und kräftiges Griechenland erlassen zu sein scheint. Man hatte einen leichtfaßlichen, der Bildungsstufe des Volkes angemessenen Rechtskodex erwartet. Die Wirklichkeit stand aber in allzu grellem Gegensatz gegen die Ideale, die in Maurers Gesetzbüchern erstrebt wurden."[111]

Dieser Kritik ist nicht zuzustimmen. Maurers Kodifikationswerk darf nicht unterschätzt werden. Er hat die Fundamente für die Gesetzgebung Neugriechenlands gelegt. Die Tatsache, daß seine Gesetzgebung mehr als ein Jahrhundert in Griechenland gegolten hat und zum Teil noch heute gilt, läßt ihre große Bedeutung für das Rechtsleben Neugriechenlands klar erkennen[112].

---

[110] Kyriakopoulos, MEE XVI, 656.

[111] Mendelssohn Bartholdy II, 464 ff.

[112] „Was Maurer in der kurzen Zeitspanne seiner gesetzgeberischen Tätigkeit in Griechenland für die Gesetzgebung des neuen Staates geleistet hat", so schreibt Sontis, „findet nicht seinesgleichen in der Rechtsgeschichte der Neuzeit." Sontis, ZSS 78 (1961) 373.

Zweites Kapitel

Die Problematik der griechischen Zivilrechtskodifikation während des 19. Jahrhunderts (1835—1909)

§ 4. DIE KÖNIGLICHE VERORDNUNG VOM 23. FEBRUAR 1835 IHRE BEDEUTUNG IN DER KODIFIKATIONSFRAGE

I. Allgemeines

Im Jahre 1835 wurde von der Regentschaft im Namen des Königs Otto die königliche Verordnung vom 23. 2./7. 3. 1835 erlassen. Diese Verordnung, die bis zum Inkrafttreten des GZGB im Jahre 1946 in Geltung war, hat die Richtung des griechischen Zivilrechts im allgemeinen wie auch insbesondere in der Kodifikationsfrage entscheidend beeinflußt. Sie wurde der Ausgangspunkt der griechischen zivilrechtlichen Kodifikation und zunächst die gesetzgeberische Grundlage der Entwicklung des Zivilrechts in Griechenland während des 19. Jahrhunderts. Diese Verordnung, die im Regierungsblatt gleichzeitig in griechischer und in deutscher Sprache veröffentlich wurde[1], lautet folgendermaßen:

„Verordnung
Das Gesetzbuch des Armenopoulos betr.
Otto
von Gottes Gnaden
König von Griechenland.

Auf den Antrag Unseres Staatssekretariats der Justiz und nach Vernehmung Unseres Ministerrates haben Wir beschlossen und verordnen wie folgt:

I

Die bürgerlichen Gesetze der byzantinischen Kaiser, welche in der Hexabiblos des Armenopoulos enthalten sind, sollen gelten, bis das bürgerliche Gesetzbuch, dessen Abfassung Wir bereits angeordnet haben, publiziert wird.

Jedoch haben Gewohnheitsrechte, welche langjähriger und ununterbrochener Gebrauch, oder richterliche Entscheidungen geheiligt haben da, wo sie vorkommen, den Vorzug.

---

[1] Siehe den griechischen Wortlaut dieser Verordnung in Them. 1940, 270 f.

II.

Unser Staatssekretär der Justiz ist mit der Bekanntmachung und dem Vollzuge des vorliegenden Gesetzes, welches durch das allgemeine Regierungsblatt zu verkünden ist, beauftragt.

Athen, den 23. Februar/7. März 1835.

Im Namen des Königs
Die Regentschaft
Graf v. Armansberg, v. Kobell, v. Heideck
Die Staatssekretäre
J. Colletis, G. Praidis, N. G. Theocharis,
J. Rizo, v. Lesuire."

Aus dieser königlichen Verordnung geht also hervor, daß die Hexabiblos des Armenopoulos provisorische Gesetzeskraft haben sollte, daß aber andererseits — unter dem starken Einfluß der historischen Rechtsschule — dem Gewohnheitsrecht der Vorrang eingeräumt wurde. Eine Kommission zur Ausarbeitung eines GZGB war bereits eingesetzt worden. Diese provisorische Regelung sollte, wie die Verordnung selbst vorsieht, nur bis zum Inkrafttreten eines griechischen Zivilgesetzbuches gelten. Nachdem aber der Versuch zur Ausarbeitung eines GZGB durch die dazu eingesetzten Kommissionen mißlungen war, „entwickelte sich die als vorläufig gedachte Lösung zu einer endgültigen, und die Verordnung vom 23. Februar/7. März 1835 hat weiter als das formelle Einführungsgesetz des römisch-byzantinischen Privatrechts in Griechenland gegolten"[2].

II. Zur Auslegung der königlichen Verordnung vom 23. Februar 1835

Die Frage, die in Griechenland in bezug auf die Auslegung dieser Verordnung entstand, war die: Welches Recht wurde durch die Verordnung eingeführt? Hieraus ist ein wissenschaftlicher Streit unter den griechischen Juristen entstanden. Die Ansicht der griechischen Romanisten, die in ihm schließlich siegte, hinterließ starke Spuren in der Entwicklung des griechischen Zivilrechts, deren Folgen sich im GZGB 1940 ausgeprägt haben.

Die eine Ansicht nahm an, daß sowohl die von Kapodistrias erlassenen Dekrete als auch die königliche Verordnung vom 23. 2. 1835 die Kluft zwischen der juristischen Gegenwart und der juristischen Vergangenheit überbrücken sollten. Unter Vergangenheit sei aber der Augenblick zu verstehen, in dem das Leben der griechischen Nation unterbrochen wurde. Es sei nämlich durch die königliche Verordnung vom 23. 2. 1835 jenes Recht wieder in Kraft getreten, das am Vorabend des Untergangs des byzantinischen Reiches, als dessen Fortsetzung das neuere Griechenland angesehen werden sollte, gegolten habe. Dieses Recht seien weder das Corpus juris civilis Justinians noch die Basiliken des Basilios Makedon, sondern die byzantinischen Ge-

---

[2] Gogos, AcP 29 (1944) 79 f.

setze der letzten Jahrhunderte vor der Eroberung, deren summarische Sammlung die Hexabiblos des Armenopoulos sei[3].

Die zweite Ansicht, die vor allem der Verfasser des GZGB 1940, Professor G. Balis, vertrat, nahm an, daß die byzantinischen Gesetze nicht ohne weiteres wieder hätten in Kraft treten können, denn der griechische Staat sei staatsrechtlich gesehen nicht Fortsetzung des byzantinischen Reiches. Die durch die türkische Herrschaft eingetretene Auflösung des byzantinischen Reiches habe die Vernichtung der byzantinischen Gesetzgebung zur Folge gehabt. Daraus ergebe sich, daß deren Gesetze und Verordnungen im neuen griechischen Staat nur dann verbindlich geworden sein könnten, wenn sie gemäß den Bestimmungen der königlichen Verordnung vom 1. 2. 1833 im Regierungsblatt veröffentlicht worden wären. Die durch die königliche Verordnung vom 23. 2. 1835 eingeführten byzantinischen Gesetze seien aber niemals im Regierungsblatt veröffentlicht worden und deswegen niemals in Kraft getreten. Das geltende Recht also sei nicht die byzantinische Gesetzgebung, und zwar weder das Corpus juris civilis noch die Basiliken oder die späteren Novellen, sondern die Hexabiblos des Armenopoulos. Da die in der Hexabiblos enthaltenen Gesetze aber ebenfalls nicht im Regierungsblatt veröffentlicht worden seien, könnten sie nicht als Gesetzesrecht, sondern nur als allgemeines griechisches Gewohnheitsrecht gelten. Denn die Hexabiblos sei in Griechenland während der türkischen Herrschaft und des griechischen Befreiungskampfes bis zum Jahre 1835 ununterbrochen fast vier Jahrhunderte angewandt worden. Durch diese ununterbrochene Anwendung habe das in der Hexabiblos (die ja eine private Gesetzessammlung war) enthaltene Recht einen allgemein nationalen Charakter erworben, und daraus sei ein allgemeines griechisches Gewohnheitsrecht entwickelt worden. Das geltende Recht in Griechenland sei also kein Gesetzesrecht, sondern ein Gewohnheitsrecht, und zwar das in der privaten Gesetzessammlung des Armenopoulos enthaltene Recht, welches als Gewohnheitsrecht und nicht als Gesetzesrecht gelten sollte. „Wenn", schreibt Balis, „diese Ansicht in Griechenland von Anfang an geherrscht hätte, daß nämlich Griechenland von Gewohnheitsrecht regiert wird, hätte der griechische Gesetzgeber viel früher seine Verheißung über die Ausarbeitung eines griechischen Zivilgesetzbuches erfüllt."[4]

Die erwähnten Ansichten weichen hinsichtlich der Auslegung der königlichen Verordnung vom 23. 2. 1835 voneinander ab und führen zu verschiedenen Konsequenzen, haben jedoch ein gemeinsames negatives Kennzeichen. Beide nämlich stimmen darin überein, daß weder das Corpus juris civilis noch die Basiliken in Griechenland durch die königliche Verordnung vom 23. 2. 1835 als geltendes Recht eingeführt wurden. Trotzdem wurde die entgegengesetzte Ansicht vertreten, welche in Griechenland unter dem Einfluß der deutschen Juristen, die im Gefolge König Ottos nach Griechenland

---

[3] Diese Ansicht vertritt Petropoulos, Geschichte 341 ff.
[4] Balis, Studien 163.

gekommen waren, und der Schule der griechischen Romanisten herrschend gewesen ist.

In der Zeit, in der die königliche Verordnung vom 23. 2. 1835 erlassen wurde, hatte Griechenland sich erst kurze Zeit der Freiheit von 400jähriger türkischer Herrschaft erfreuen können. Die Texte der byzantinischen Gesetze waren in Griechenland nicht vorhanden, und die byzantinische Gesetzgebung war deshalb den griechischen Juristen nicht zugänglich. Ferner gab es überhaupt keine systematischen Lehrbücher für das byzantinische Recht. Die griechischen Juristen dieser Periode, denen die notwendige Vorbildung zur Abhandlung und systematischen Auslegung des byzantinischen Rechts fehlte, wählten den leichteren Weg. Unter dem Einfluß der deutschen Juristen, die als Mitglieder der Regentschaft oder als juristische Berater nach Griechenland gekommen waren und denen es nahelag, die Rechtswissenschaft ihrer Heimat nach Griechenland zu verpflanzen, sind die griechischen Juristen dieser Periode der Auslegung gefolgt, daß das durch die königliche Verordnung vom 23. 2. 1835 eingeführte Recht auf den Basiliken und auf dem Corpus juris civilis beruhe. Sie waren sich der Unrichtigkeit dieser Auslegung bewußt, haben sich jedoch dieser Auslegung angeschlossen, weil sie so die Möglichkeit hatten, das in Deutschland bereits ausgearbeitete wissenschaftliche Material zum Pandektenrecht zu benutzen und die dringenden Notwendigkeiten der juristischen Praxis zu befriedigen[5].

Zur Vorherrschaft dieser Ansicht hat die sog. Schule der griechischen Romanisten beigetragen. Die griechischen Rechtsgelehrten G. Rallis und M. Renieris haben im Jahre 1838 das Werk „Handbuch des heutigen römischen Rechts" von Ferdinand Mackeldey in die griechische Sprache übertragen. Im Vorwort führten sie als Grund für diese Übersetzung an, daß sie beabsichtigten, damit eine empfindliche Lücke in den Hilfsmitteln zum Studium des in Griechenland noch geltenden römischen Rechts zu füllen[6].

Derjenige aber, dem der Vorrang des römischen Rechts in Griechenland hauptsächlich zu verdanken ist, ist der führende griechische Rechtsgelehrte des 19. Jahrhunderts und Professor an der Universität Athen Paul Kalligas, der in Deutschland studiert hatte. Zur Begründung seiner Ansicht hat er die „Theorie der Urquellen" aufgestellt. Er vertrat die Ansicht, daß die Hexabiblos des Armenopoulos, deren Bestimmungen durch die königliche Verordnung vom 23. 2. 1835 in Kraft getreten waren, sich auf „die älteren Quellen", nämlich auf die Basiliken stütze. Die Basiliken seien jedoch eine Übertragung des Corpus juris civilis in die griechische Sprache. Das bedeute, daß das Corpus juris civilis die „Urquelle" des durch die königliche Verordnung vom 23. 2. 1835 eingeführten Rechts sei. Die Auslegung des in der Hexabiblos enthaltenen Rechts sollte also auf das Corpus juris civilis zurückgehen[7].

---

[5] Petropoulos, Geschichte 346 und Beitrag 3.

[6] Rallis-Renieris I, S. XI und VIII f.

[7] Pantazopoulos, Von der „gelehrten Tradition" 255 ff.; Sontis ZSS 78 (1961) 376 Nr. 49.

Die Anhänger dieser Ansicht beriefen sich auch auf einen technischen Grund, daß nämlich die Basiliken schwer zu finden seien, denn nur zwei Exemplare der Basiliken seien zur Zeit des Erlasses der königlichen Verordnung vom 23. 2. 1835 in Griechenland vorhanden gewesen, während die zahlreichen in Deutschland erschienenen Lehrbücher des Pandektenrechts der Auslegung und Anwendung der „Urquellen", nämlich des Corpus juris civilis, in Griechenland dienen könnten[8]. Dieses Argument war jedoch nicht völlig stichhaltig, denn eine ausgezeichnete Ausgabe der Basiliken war bereits im Jahre 1833 in Leipzig von Heimbach begonnen worden[9].

Mit der angeführten Argumentation hat sich in Griechenland die von der Schule der Romanisten vertretene Ansicht durchgesetzt. Die Vorherrschaft dieser Ansicht präjudizierte dann die weitere Rechtsentwicklung. Der erhebliche Einfluß der deutschen Pandektistik auf die Gestaltung des griechischen Zivilrechts während des 19. Jahrhunderts und später der Einfluß des deutschen BGB zunächst auf die griechische zivilrechtliche Gesetzgebung auf einzelnen Rechtsgebieten und dann auf das GZGB von 1940, wie weiter unten näher darzulegen sein wird, haben ihre Wurzeln in der von der Schule der griechischen Romanisten vertretenen und schließlich vorherrschend gewordenen Auslegung der königlichen Verordnung vom 23. 2. 1835.

III. Das Gewohnheitsrecht

Die in der königlichen Verordnung vom 23. 2. 1835 enthaltene Bestimmung über den Vorrang des Gewohnheitsrechts vor dem gesetzten Recht war Ausfluß einer längeren Rechtsentwicklung, welche die Versuche zur Kodifikation des Zivilrechts nicht nur während des 19. Jahrhunderts, sondern auch während der Ausarbeitung des GZGB von 1940 beeinflußt hat. Obwohl wir auf dieses Thema im vierten und fünften Kapitel wieder eingehen werden, halten wir es für notwendig, anläßlich der Erwähnung der königlichen Verordnung vom 23. 2. 1835 einen kurzen Blick darauf zu werfen.

Während der türkischen Herrschaft wurde in Griechenland neben dem Gesetzesrecht ein Gewohnheitsrecht entwickelt, das aber von Ort zu Ort verschieden war und daher nur lokale Bedeutung gewinnen konnte[10]. Es gab jedoch einige gewohnheitsrechtliche Vorschriften, die fast in ganz Griechenland als allgemeines Gewohnheitsrecht galten[11]. Der Entwicklung des griechischen Gewohnheitsrechts, die hauptsächlich auf wirtschaftliche Gründe zurückzuführen war, stand die strenge und treue Anwendung des byzantini-

---

[8] Pantazopoulos, Von der „gelehrten Tradition" 256 ff.; Sermentis 87 Nr. 9.

[9] Heimbach, Basilicorum libri, Lipsiae 1833—1850. Vgl. dazu Pantazopoulos, Von der „gelehrten Tradition" 258 ff.

[10] Petropoulos, Geschichte 266.

[11] Solche allgemeinen Gewohnheitsrechtssätze waren z. B.: die Zulassung der unmittelbaren Vertretung; die Zulassung der Veräußerung von Dotalgrundstücken, die keine „dos aestimata venditionis causa" waren, durch den Mann mit Zustimmung der Ehefrau; der Ausschluß der ausgestatteten Töchter vom Erbrecht am väterlichen Nachlaß; P. Zepos, MEE X, 646.

schen Rechts seitens der Kirche im Wege. Daraus entstand mit der Zeit ein Gegensatz zwischen dem beim Volk herrschenden Gewohnheitsrecht und dem von der Kirche angewandten byzantinischen Recht.

Am Anfang des 17. Jahrhunderts machten Handel und Seefahrt in Griechenland größere Fortschritte. Das hatte eine Besserung und eine Verstärkung der politischen und sozialen Stellung einer griechischen Honoratiorenschicht zur Folge. Die neuen Rechtsverhältnisse, die sich hieraus entwickelt hatten, forderten eine neue, den wirtschaftlichen Notwendigkeiten entsprechende Regelung. Das von der griechisch-orthodoxen Kirche angewandte byzantinische Recht war zur Lösung der Rechtsstreitigkeiten nicht mehr ausreichend. Es wurde deswegen ein Gewohnheitsrecht entwickelt, das parallel zum byzantinischen Recht galt. Dieses Gewohnheitsrecht wurde in einigen Provinzen, wie z. B. in Epiros und auf den Inseln Syros, Thera, Anaphe, Naxos, Hydra, kodifiziert[12]. Es ist charakteristisch, daß die kodifizierten lokalen Gewohnheitsrechte oft ausdrückliche Bestimmungen darüber enthalten, daß die Geistlichen sich in die Rechtsstreitigkeiten nicht einmischen dürften[13]. Diese Bestimmungen spiegeln im Grunde den Kampf zwischen dem volkstümlichen Gewohnheitsrecht und dem byzantinischen Gesetzesrecht wider. Dieser Kampf wurde nicht nur während des griechischen Freiheitskampfes von 1821, sondern auch nach der Befreiung Griechenlands von der türkischen Herrschaft fortgesetzt und hat auch die zivilrechtlichen Kodifikationsversuche beeinflußt.

Die Verfassungen aus der Zeit des Befreiungskampfes erwähnen das Gewohnheitsrecht überhaupt nicht als Rechtsquelle, obwohl sie das Inkrafttreten der Gesetze der byzantinischen Kaiser vorsehen. Nur die im Juli 1821 abgefaßte Verfassung für den Peleponnes erkennt ausdrücklich das Gewohnheitsrecht als Rechtsquelle an. Diese ausdrückliche Erwähnung des Gewohnheitsrechts ist hauptsächlich darauf zurückzuführen, daß der starke Einfluß des Klerus, der die Weiteranwendung des byzantinischen Rechts verfolgte und dem Gewohnheitsrecht ungünstig gesonnen war, noch nicht zutage getreten war[14]. Das während des Befreiungskampfes herrschende Mißtrauen dem Gewohnheitsrecht gegenüber ist unter anderem aber auch, wie schon gesagt, darauf zurückzuführen, daß das Gewohnheitsrecht als Ausfluß der während der türkischen Herrschaft entstandenen wirtschaftlichen und sozialen Beziehungen angesehen wurde[15].

Nach der Befreiung Griechenlands von der türkischen Herrschaft wurde das Gewohnheitsrecht zum ersten Mal durch das von Kapodistrias erlassene Dekret vom 4. Februar 1830 als Rechtsquelle anerkannt.

Georg Ludwig von Maurer wollte, wie bereits erwähnt, das griechische Gewohnheitsrecht der Zivilrechtskodifikation zugrunde legen. Ihm ist

---

[12] Pantazopoulos, Von der „gelehrten Tradition" 122 ff.; vgl. auch oben § 1 zu N. 21.

[13] Pantazopoulos, Von der „gelehrten Tradition" 105 ff.

[14] Pantazopoulos (s. vorige Note) 122 ff.

[15] Triantaphyllopoulos ELE V, 69; vgl. Pantazopoulos, Zivilgesetzbuch 15.

hauptsächlich die Initiative zur Sammlung des griechischen Gewohnheitsrechts zu verdanken, die der Abfassung eines griechischen Zivilgesetzbuches dienen sollte. Hier ist besonders das im März 1833 unter dem Einfluß Maurers von dem Justizminister Chr. Klonaris, der später der erste Präsident des Areopag (des griechischen Kassationshofes) wurde, an die griechischen Behörden gerichtete Rundschreiben zu erwähnen, in dem es unter anderem heißt: „Um den Inhalt eines griechischen Zivilgesetzbuches mit Gerechtigkeit und Moral in Übereinstimmung zu bringen, ist es zuvor nötig, daß die Regierung die lokalen Gewohnheitsrechte konsultiert, die in den verschiedenen Provinzen des Staates bis heute entstanden sind."[16] Die auf dieser Basis von Maurer geplante Kodifikation kam jedoch wegen seiner Rückberufung nach Bayern nicht zustande.

In der Frage des Gewohnheitsrechts ist auch noch einmal auf die königliche Verordnung vom 23. 2. 1835 einzugehen. „Gewohnheitsrechte", heißt es in ihr, „welche langjähriger und ununterbrochener Gebrauch oder richterliche Entscheidungen geheiligt haben, haben da, wo sie vorkommen, den Vorzug." Die gesetzgebende Kommission, die den Entwurf dieser königlichen Verordnung ausgearbeitet hat, schlug die folgende Formulierung vor: „Die allgemeinen Gewohnheitsrechte sollen weiter gelten."[17] Aus der Formulierung „die allgemeinen Gewohnheitsrechte" geht hervor, daß die lokalen Gewohnheitsrechte keine Kraft mehr haben sollten. Es war der Einfluß der historischen Rechtsschule, die das Recht aus dem Volksgeist ableitete und darum dem Gewohnheitsrecht den Vorrang einräumte, der zu der erwähnten Formulierung der königlichen Verordnung führte. So wurde nicht nur eine volle Gleichstellung von Gesetzesrecht und Gewohnheitsrecht durchgesetzt, sondern auch die sog. derogatorische Kraft des Gewohnheitsrechts wurde anerkannt. Das Gewohnheitsrecht konnte das durch die Verordnung vom 23. Februar 1835 eingeführte römisch-byzantinische Recht nicht nur unterstützen oder ergänzen, sondern auch brechen. Aus der Begründung zu dieser Verordnung geht hervor, daß nur die bei ihrem Inkrafttreten geltenden Gewohnheitsrechte solche derogatorische Kraft erworben haben[18]. Diese Begründung blieb den griechischen Juristen lange Zeit unbekannt. Daß sie im Jahre 1927 der Öffentlichkeit zugänglich gemacht wurde, ist den rechtshistorischen Forschungen von K. Triantaphyllopoulos zu verdanken[19]. Wegen der unklaren Formulierung der Verordnung selbst war die Frage strittig, ob nur die bei Inkrafttreten dieser Verordnung bestehenden oder auch die später entstehenden Gewohnheitsrechte derogatorische Kraft hätten[20]. Der Vorrang des Gewohnheitsrechts gegenüber dem gesetzten Recht entfiel dann, als das Zivilgesetz Nr. TϟA von 1856 in Kraft trat, das bestimmte:

---

[16] Paschalis, AID 1939, 217.

[17] Pantazopoulos, Von der „gelehrten Tradition" 206.

[18] Vgl. P. Zepos, MEE IX, 719 f.

[19] Triantaphyllopoulos, Protokolle 286 ff. Vgl. Pratsikas, Them. 1930, 274 Nr. 1.

[20] Vgl. die Entscheidung 863/1934 des OLG Athen und die Anmerkung von P. Zepos, AID 1935, 282 f.

„Das Gesetz gilt, solange nicht ein anderes Gesetz es ausdrücklich oder stillschweigend aufhebt" (Art. 2 Halbsatz 2). Möglicherweise unter dem Einfluß dieser Entwicklung hat der Verfasser des GZGB 1940, Professor G. Balis, dessen Art. 1 und 2 formuliert: „Die Rechtsnormen sind in den Gesetzen und Gewohnheiten enthalten. Das Gesetz ... gilt, solange nicht eine andere Rechtsnorm es ausdrücklich oder stillschweigend aushebt."[21]

§ 5. AUSLÄNDISCHE RECHTSEINFLÜSSE AUF DAS GRIECHISCHE ZIVILRECHT WÄHREND DES 19. JAHRHUNDERTS

I. Allgemeines

Zahlreiche Institutionen des GZGB 1940 sind Bestimmungen ausländischer Zivilgesetzbücher, besonders denen des deutschen BGB, des französischen Code civil und des Schweizer ZGB nachgebildet. Das ist nicht Zufall, sondern die Folge einer längeren Rechtsentwicklung, die ihre Wurzeln im Rechtsleben Griechenlands während des 19. Jahrhunderts hat.

In dieser Zeit wurde in Griechenland ein wahrer Kampf zwischen dem französischen und dem deutschen Rechtseinfluß geführt. Die Ursachen dieses juristischen Kampfes sind jedoch nicht auf einen vorbedachten Versuch der ausländischen Rechtswissenschaft, ihren Einfluß auf Griechenland auszudehnen, sondern auf die zwiespältige Rechtsauffassung der griechischen Juristen des 19. Jahrhunderts zurückzuführen.

Fast vier Jahrhunderte (1453—1821) dauerte die türkische Herrschaft über Griechenland, welche eine eigenständige griechische Gesetzgebung verhinderte. Daher konnten im Zuge der sich ständig entwickelnden und Veränderungen in sich schließenden Gestaltung der sozialen Beziehungen in Griechenland die Gesetze den jeweiligen Erfordernissen nicht angepaßt werden. Als sich Griechenland von der türkischen Herrschaft befreit hatte, gab es nur die alte byzantinische Gesetzgebung, die während der türkischen Herrschaft gegolten hatte. Es fehlten neuere, angemessenere Rechtsnormen. Die neue Gestaltung der sozialen Beziehungen bedurfte jedoch einer neuen gesetzlichen Regelung[22]. Die griechischen Juristen wandten sich daher bewährten ausländischen Rechtsnormen zu, um diese Lücke vorläufig auszufüllen. Diese Tendenz setzte sich fort, und sie hat das GZGB 1940 stark beeinflußt.

II. Französischer Rechtseinfluß

Der Einfluß der französischen Rechtswissenschaft auf das griechische Recht während des 19. Jahrhunderts ist bedeutsam gewesen. Schon während des griechischen Befreiungskampfes von 1821 war ein starker Einfluß des französischen Rechts auf die Gestaltung der griechischen Gesetzgebung zu bemerken, der aber mit der Zeit immer geringer wurde und schließlich dem

---

[21] Vgl. zur weiteren Entwicklung dieser Frage unten § 23 II 2.
[22] Vgl. Seremetis 93 Nr. 25.

immer mehr zunehmenden Einfluß der deutschen Rechtswissenschaft wich. Dennoch blieben französische Rechtseinflüsse im griechischen Privatrecht erhalten.

Das gilt zunächst auf dem Gebiet des Handelsrechts. Schon vor dem Ausbruch des Befreiungskampfes von 1821 waren zwei griechische Übersetzungen des französischen Code de commerce von 1807 im Umlauf, und seine Bestimmungen wurden von den griechischen Kaufleuten zur Regelung ihrer handelsrechtlichen Beziehungen angewandt[23]. Alle Verfassungen des griechischen Befreiungskampfes bestimmten übereinstimmend, daß der französische Code de commerce auf dem Gebiet des Handelsrechts gelten soll[24]. Die Rezeption des Code de commerce war der in Griechenland herrschenden juristischen Wirklichkeit angemessen. Einige Handelsbräuche, die sich im Mittelmeer entwickelt hatten, wurden später durch die Ordonnance sur le commerce (1673) und durch die Ordonnance sur la marine (1681) in das französische Recht eingeführt und im wesentlichen vom Code de commerce übernommen[25]. Dieses Recht wandten die griechischen Kaufleute seit langem an, die sich deshalb mit dem Geist des französischen Code de commerce ohne Schwierigkeiten hatten vertraut machen können[26]. Er wurde dann im Jahre 1835 im befreiten Griechenland eingeführt und zum Teil gilt er noch heute.

Der oben (§ 2 I) schon geschilderte Einfluß der Prinzipien der Französischen Revolution von 1789 auf den griechischen Befreiungskampf hat nicht nur auf die griechischen Verfassungen dieser Zeit, sondern auch auf das Gebiet des Zivilrechts eingewirkt. Der Code civil hatte als Erzeugnis der französischen Revolution ein besonderes Prestige bei den griechischen Juristen. Das Handelsgericht der Insel Syros z. B. wandte ihn während des griechischen Befreiungskampfes als „subsidiäres Recht" an[27]. Die im Jahre 1827 ausgearbeitete Verfassung von Trözen bestimmte ausdrücklich, daß sich das künftige griechische Zivilgesetzbuch auf die französische Gesetzgebung stützen sollte (Art. 99). Die im Jahre 1836 eingesetzte Kommission zur Ausarbeitung eines griechischen Zivilgesetzbuches hat schließlich den Code civil ihren Kodifikationsarbeiten zugrunde gelegt[28]. In den Jahren 1836—1838 wurden in Griechenland zwei amtliche Übersetzungen davon herausgegeben[29]. Die Idee zur Rezeption der französischen Gesetzgebung war so reif, daß der Verfasser des im Jahre 1838 herausgegebenen „Lexikons der griechischen Gesetzgebung", ein Rechtsanwalt G. Vikis, die französische juristische Terminologie der entsprechenden griechischen Terminologie gegenübergestellt hat[30].

Diese Zuflucht der griechischen Juristen zur französischen Zivilgesetz-

---

[23] Triantaphyllopoulos, AID 1943, 361 ff.
[24] Vgl. oben § 2 II.
[25] Vgl. dazu Escarra 14; Petimezas 17 ff.
[26] Pantazopoulos, Von der „gelehrten Tradition" 157.
[27] Triantaphyllopoulos, AID 1943, 376. Pantazopoulos, Von der „gelehrten Tradition" 235 Anm. 10.
[28] Vgl. unten § 7.
[29] Petropoulos, Geschichte 343.
[30] Pantazopoulos, Von der „gelehrten Tradition" 236 Nr. 11.

gebung ist nicht nur auf den Einfluß der Prinzipien der Französischen Revolution von 1789, sondern auch darauf zurückzuführen, daß die Ausarbeitung eines griechischen Zivilgesetzbuches auf technische Schwierigkeiten stieß und einen längeren Zeitraum erforderte, andererseits aber das byzantinische Recht, welches hauptsächlich unter dem Einfluß der Geistlichen den Sieg gegenüber dem im Volk herrschenden Gewohnheitsrecht davongetragen hatte, nicht ausreichte, um den dringenden Notwendigkeiten des Rechtslebens gerecht zu werden[31].

Ferner hatten die meisten griechischen Rechtsgelehrten, die im Jahre 1837, als die Universität Athen gegründet wurde, zu Professoren an ihr ernannt wurden, französische juristische Bildung[32]. Die rechtswissenschaftliche Fakultät der Universität von Paris hat damals die griechischen Juristen stark angezogen, die dann bei ihrer Rückkehr in die Heimat die französische Rechtslehre in Griechenland einzuführen versuchten. Bei der Gründung der Universität Athen wurde ein Lehrstuhl für den Unterricht des französischen Rechts geschaffen, und griechische Professoren lasen in Athen das französische Recht[33], das auch am Gymnasium von Nauplion gelesen wurde[34]. Eine Rolle spielte ferner, daß der geistige Führer der kämpfenden griechischen Nation, Adamantios Korais, der als der Fichte Griechenlands bezeichnet wurde, seit Jahrzehnten in Paris lebte und von der französischen Kultur und den demokratischen Ideen durchdrungen war; er übte von der Ferne durch sein großes Ansehen einen mächtigen Einfluß auf die Gestaltung der inneren Verhältnisse des kämpfenden griechischen Volkes aus[35].

Trotzdem gelang es dem französischen Rechtseinfluß nicht, eine endgültige Vorherrschaft zu erringen. Er ist vor allem auf den starken Widerstand der Schule der griechischen Romanisten gestoßen, die in Deutschland das Pandektenrecht studiert hatten und die deutsche Rechtslehre in Griechenland einzuführen strebten. Dennoch sind die meisten griechischen Zivilgesetze, die während des 19. Jahrhunderts erlassen wurden, entweder französischer Herkunft oder stark vom französischen Recht beeinflußt. So sind z. B. die Gesetze „über Hypotheken“ vom 11. 8. 1836, „über Pfandrecht“ vom 1. 12. 1836, „über Unterscheidung von Sachen“ vom 21. 6. 1837, „über Transkription des Eigentums und anderer dinglicher Rechte an Grundstücken“ vom 29. 10. 1856, „über Vormundschaft über Minderjährige“ vom 17./23. 8. 1861, welche später weitgehend der Formulierung entsprechender Bestimmungen des GZGB von 1940 als Vorbild gedient haben, französischen Zivilgesetzen nachgebildet. Das Ionische Zivilgesetzbuch von 1841 wurde zum größten Teil dem Code civil von 1804 nachgebildet[36]. Jedoch wurde die Bedeutung des französischen Rechtseinflusses unter dem starken Druck des Einflusses der griechischen Romanistenschule immer geringer und wich dem zunehmen-

---

[31] Pantazopoulos, Zivilgesetzbuch 25 Nr. 39; Triantaphyllopoulos, ELE V, 69.
[32] P. Zepos, Geschichte 2 f.
[33] Vgl. P. Zepos (vorige Note); Petropoulos, Geschichte 344.
[34] Pantazopoulos, Zivilgesetzbuch 24—25 Nr. 38.
[35] Bizoukidis 23.
[36] Vgl. unten § 6 II.

den deutschen Rechtseinfluß. Lediglich auf dem Gebiet des Verwaltungs- und Handelsrechts ist der Einfluß des französischen Rechts vorherrschend geblieben.

III. Deutscher Rechtseinfluß

Die ersten deutschen Rechtseinflüsse auf das griechische Recht gehen auf die Regierungsform des neugebildeten griechischen Staates zurück. Als der bayerische Prinz Otto im Jahre 1833 den Thron des neuen Königreichs Griechenland bestieg, kamen mit ihm deutsche „juristische Berater" nach Griechenland, um dem neuen Staat eine zeitgemäße Gesetzgebung zu geben und sein juristisches Leben an die neuen politischen und sozialen Notwendigkeiten anzupassen. Der Regentschaft, die bis zur Volljährigkeit des Königs Otto die Staatsgewalt ausübte, gehörte Georg Ludwig von Maurer an, von dessen gesetzgeberischem Werk schon die Rede war (oben § 3 III) und das den Stempel der deutschen Rechtslehre und insbesondere der bayerischen Gesetzgebung trägt.

Zu den deutschen Juristen, die mit Otto I. nach Griechenland gekommen waren, gehörten ferner die Universitätsprofessoren G. Feder und Emil Herzog. Der erste war Bayer, der zweite Preuße. Von der Gründung der Universität von Athen im Jahre 1837 bis zu der im Jahre 1843 eingetretenen politischen Umgestaltung haben Gottfried Feder und Emil Herzog an der rechtswissenschaftlichen Fakultät gelesen, Feder Zivilprozeßrecht und Herzog Römisches Recht[37]. Durch diese Tätigkeit deutscher Professoren hat der deutsche Rechtseinfluß auf das griechische Zivilrecht an Stärke gewonnen. Ergebnis dieses Einflusses ist auch die schon erwähnte (oben § 4 II) Übersetzung des „Handbuchs des heutigen römischen Rechts" von Mackeldey durch griechische Juristen.

Trotzdem gelang es dem deutschen Rechtseinfluß nicht ohne weiteres, sich dem französischen gegenüber durchzusetzen; vor allem gelang es zunächst nicht, die juristische Orientierung von der französischen auf die deutsche Rechtswissenschaft zu lenken. Die französische Gesetzgebung übte eine unwiderstehliche Anziehungskraft auf die Griechen aus. Die im Jahre 1843 eingetretene politische Umgestaltung[38] bedeutete unter anderem auch eine Befreiung der griechischen Rechtswissenschaft von dem bayerischen Einfluß. Der französische Rechtseinfluß, dem die an der Universität von Athen lehrenden griechischen Professoren, die damals meist französische juristische Bildung hatten, Vorschub leisteten, blieb ohne Gegner. Man konnte also damit rechnen, daß die französische Rechtslehre und dadurch die französische Gesetzgebung nach und nach in Griechenland eingeführt werden würde. Eine solche Rechtsentwicklung zeigt sich in der Tat in den meisten griechischen zivilrechtlichen Gesetzen des 19. Jahrhunderts.

---

[37] P. Zepos, Geschichte 3.

[38] Im Jahre 1843 wurde im Anschluß an eine Revolte die absolute Monarchie König Ottos in eine konstitutionelle umgewandelt. Damit verringerte sich der Einfluß der bayerischen Politiker und Juristen zusehends.

Daß sich dennoch der deutsche Rechtseinfluß allmählich in Griechenland durchgesetzt hat, ist hauptsächlich dem schon erwähnten Paul Kalligas zu verdanken. Er hatte an den Universitäten von München, Heidelberg und Berlin studiert und war Schüler von Savigny gewesen[39]. Er war der erste griechische Jurist, der an der rechtswissenschaftlichen Fakultät der Universität Athen Pandektenrecht nach deutschem Stil las[40]. Dadurch, daß er für die Auslegung der königlichen Verordnung vom 23. 2. 1835 die „Theorie der Urquellen" aufstellte, hat er die Einführung der damals in Deutschland blühenden Pandektistik in Griechenland erleichtert[41]. Seitdem begann der französische Rechtseinfluß zurückzugehen. Den zunehmenden deutschen Einfluß stärkten außer ihm auch die Professoren P. Paparrigopoulos und Basilios Oikonomidis[42], die ebenfalls in Deutschland studiert hatten. Sie waren bemüht, die Lehren ihrer deutschen Lehrer in Griechenland einzuführen. Paul Kalligas, Petros Paparrigopoulos und Basilios Oikonomidis galten während des 19. Jahrhunderts als das Dreigestirn des Zivilrechts in Griechenland, und sie waren die Spitzen der Schule der griechischen Romanisten, denen es gelang, die Strömung von der französischen auf die deutsche Rechtswissenschaft hinzulenken[43]. Ihre systematischen Werke über das römische Recht, ihre Studien und Gutachten, die starke Spuren der deutschen Rechtswissenschaft tragen, bildeten lange Zeit in Griechenland die Grundlage für das Studium des geltenden Zivilrechts. Es sei hierzu eine Äußerung des berühmtesten griechischen Justizministers Nikolaos Dimitrakopoulos wiedergegeben: „Als zivilrechtliche Gesetzgebung galten in Griechenland für ganze Jahrzehnte die Gutachten zweier oder dreier Professoren und vor allem von Kalligas, wie auch nach der Veröffentlichung griechischer Werke über römisches Recht diese die in Griechenland ganz unbekannten und nicht vorhandenen Gesetzestexte ersetzten"[44].

Auf solche Weise wurden während des 19. Jahrhunderts die Fundamente zu dem immer mehr zunehmenden deutschen Rechtseinfluß auf das griechische

---

[39] Petropoulos, Geschichte 348. Erwähnenswert ist, daß der griechische Romanist und vormalige Justizminister Konstantin Schinas, der die königliche Verordnung vom 23. Februar 1835 aus der deutschen in die griechische Sprache übersetzte, die Tochter Savignys geheiratet hatte. Schinas, auch Schüler und Anhänger Savignys, verstärkte den Einfluß der historischen Rechtsschule in Griechenland; Maridakis: Studi in Memoria P. Koschaker II, 165; Pratsikas, Them. 1940, 271.

[40] P. Zepos, Geschichte 4.

[41] Vgl. oben § 4 II. Zwar war Kalligas von der deutschen Pandektistik stark beeinflußt, er versuchte jedoch, diese den in Griechenland herrschenden Verhältnissen und der griechischen juristischen Tradition anzupassen, und beschäftigte sich auch mit dem griechischen Gewohnheitsrecht; vgl. P. Zepos, Zivilrechtswissenschaft 23 f.

[42] Basilios Oikonomidis ist u. a. die Gestaltung der neueren griechischen Rechtssprache zu verdanken; seine Lehrbücher (über das bürgerliche Recht und über das Zivilprozeßrecht) sind in klassischem griechischem Stil geschrieben; vgl. P. Zepos, Zivilrechtswissenschaft 27 Nr. 26.

[43] P. Zepos, Geschichte 4; Petropoulos, Geschichte 348 f.

[44] Siehe ein Schreiben von N. Dimitrakopoulos, Them. 1930, 283 ff. Vgl. auch Sontis, ZSS 78 (1961) 381.

Zivilrecht gelegt. Diese Entwicklung, die an den gewaltigen Einfluß der deutschen Juristen bei der Rezeption des römischen Rechts in Deutschland erinnert[45], hat starke Spuren im GZGB von 1940 zurückgelassen[46].

IV. Italienischer Rechtseinfluß

Der Einfluß des italienischen Rechts auf das griechische ist im Bereich des Zivilrechts nicht von Bedeutung[47].

Die ersten Einflüsse des italienischen, genauer gesagt, des venetianischen Zivilrechts haben sich im Zivilrecht der Ionischen Inseln bemerkbar gemacht. Dieser Rechtseinfluß ist auf historische Gründe, und zwar auf die venetianische Herrschaft über die Ionischen Inseln zurückzuführen[48]. Der italienische Codice civile von 1865 hat dann in mancher Hinsicht das griechische Zivilrecht beeinflußt. Die Verfasser des griechischen Gesetzentwurfes von 1874, des Zivilgesetzbuches von Samos von 1899 und des Zivilgesetzbuches von Kreta von 1903 haben unter anderem auch den italienischen Codice civile berücksichtigt. Zu Anfang des 20. Jahrhunderts schwächte sich jedoch der italienische Rechtseinfluß ab und wurde auf das Gebiet des Handelsrechts beschränkt[49]. Daher ist ein italienischer Rechtseinfluß auf die griechische zivilrechtliche Gesetzgebung und auf das GZGB 1940 nur an einigen ganz wenigen Stellen zu bemerken; so z. B. in den Gesetzen ΓΨΠ von 1911 „über Testamente" und 1340 von 1918 „über Veräußerung von Dotalgrundstücken" sowie in den Bestimmungen der Art. 1029 f. des GZGB 1940 über die Durchleitung durch ein fremdes landwirtschaftliches Grundstück, denen die Art. 598 f. des italienischen Codice civile von 1865 zum Vorbild gedient haben[50].

§ 6. DIE DREI LOKALEN ZIVILGESETZBÜCHER

I. Allgemeines

In den Rahmen der griechischen Kodifikationsbestrebungen auf dem Gebiete des Zivilrechts gehören auch die drei sog. lokalen Zivilgesetzbücher, nämlich das Ionische Zivilgesetzbuch von 1841, das Kretische Zivilgesetzbuch von 1903 und das Zivilgesetzbuch von Samos aus dem Jahre 1899. Zwar

---

[45] Vgl. Below 148; Mitteis 175 ff.; Sontis, ZSS 78 (1961) 374 ff.

[46] Siehe dazu unten §§ 9, 12. Der große Einfluß der genannten drei Professoren auf die Richtung des griechischen Zivilrechts bringt die folgenden Worte von Andreas B. Schwarz in Erinnerung: „So besteht denn auch der bei weitem größte, alles andere weit überragende Einfluß des abendländischen juristischen Professorentums darin, daß es die Romanisierung des Rechtslebens in großen Gebieten des Westens vermittelt und damit die Rechtsentwicklung Europas und darüber hinaus eines großen, ja immer noch im Wachsen begriffenen Teiles der Welt bis auf den heutigen Tag entscheidend bestimmt hat." A. B. Schwarz, Acta 421.

[47] Petropoulos, Geschichte 347.

[48] Vgl. unten § 6 II.

[49] Vgl. Zepos, Griechisches Recht 7 f.

[50] Vgl. Kavkas, Zivilgesetzbuch I, 390 und unten § 14, II und IV.

galt jedes von ihnen nur innerhalb des Bereiches einer bzw. einiger griechischer Inseln, sie nehmen jedoch eine wichtige Stellung in der griechischen Kodifikationsgeschichte ein, und ihre Bedeutung ist um so größer, als sie bis zum Inkrafttreten des GZGB 1940 gegolten haben. Zum besseren Verständnis der Entstehung dieser Zivilgesetzbücher ist ein kurzer Überblick über die Geschichte dieser Gebiete unerläßlich.

Während des 14. Jahrhunderts wurden die Inseln Korfu und Paxos und später sämtliche Ionischen Inseln[51] von den Venetianern besetzt; ihre Herrschaft dauerte bis gegen Ende des 18. Jahrhunderts. In den Jahren 1800—1815 wurden die Ionischen Inseln nacheinander ganz oder teilweise von den Franzosen, den Russen und den Türken besetzt. Im Jahre 1815 wurde kraft des Pariser Abkommens der sog. „Vereinigte Staat der Ionischen Inseln" unter dem „Schutz" Englands gegründet. Damit begann die englische Herrschaft über die Ionischen Inseln, die bis zum Jahre 1864 dauerte, in welchem diese Inseln mit Griechenland vereinigt wurden[52].

Die Insel Kreta wurde zu Anfang des 13. Jahrhunderts von den Venetianern besetzt. Diese Besetzung dauerte bis zum Ende des 17. Jahrhunderts, als Kreta von den Türken erobert wurde. Unter dem Druck wiederholter Befreiungskämpfe hat der Sultan im Jahre 1878 durch das Abkommen von Chalepa den Kretern einige „Privilegien" eingeräumt. Die Verletzung dieses Abkommens seitens der Pforte hatte die Intervention der Westmächte und Rußlands zur Folge. Im Jahre 1898 hat Kreta eine weitgehende Autonomie erlangt, und der griechische Prinz Georg wurde zum obersten Statthalter der Insel ernannt. Im Jahre 1912 hat sich Kreta mit Griechenland vereinigt[53].

Als im 15. Jahrhundert das byzantinische Reich zerschlagen wurde, hatten die Türken auch die Insel Samos erobert. Samos beteiligte sich lebhaft am griechischen Befreiungskampf von 1821, konnte jedoch seine Freiheit nicht sofort erlangen. Im Jahre 1832 wurde die Insel Samos durch einen Firman zu einem dem Sultan unterworfenen Fürstentum. Sie erlangte damit eine Art Autonomie, und der griechische Fürst der Insel wurde jeweils vom Sultan ernannt. Im Jahre 1912 wurde auch Samos mit Griechenland vereinigt[54].

II. Das Ionische Zivilgesetzbuch von 1841

In dem 1815 gegründeten selbständigen vereinigten Staat der Ionischen Inseln sollte auf Wunsch des ionischen Volkes eine der ersten Aufgaben die Einführung einer neuen Gesetzgebung sein, die den Fortschritten des 19. Jahrhunderts entsprechen sollte. Auf den Ionischen Inseln galten damals sowohl

---

[51] Unter dem Namen „Ionische Inseln" sind sieben Inseln im Ionischen Meer zu verstehen: Korfu, Leukas, Kephallenia, Ithaka, Paxos, Zakynthos und Kythera.

[52] Über die Geschichte der Ionischen Inseln siehe das entsprechende Werk von Chiotis.

[53] Über die Geschichte der Insel Kreta siehe das Werk von Xanthoudidis.

[54] Über die Geschichte der Insel Samos siehe das Werk von Stamatiadis, Athen 1862 und Samos 1881, 1882 (4 Bände) sowie die deutsche Diss. über die Rechtsverhältnisse von Georgiadis.

die venetianischen Zivilgesetze, die sog. „Leggi Venete Statutari" und „Leggi dell'Alto e Basso" als auch lokale Gesetze (Leggi Municipali). Daneben galt das sog. „Statuto Veneto", das im Jahre 1729 erlassen worden war[55].

England als „Schutzmacht" der Ionischen Inseln versprach, durch die Verfassung von 1817 dem ionischen Staat eine neue Zivilgesetzgebung zu geben. Zu diesem Zweck wurde im Jahre 1828 eine Kommission eingesetzt, die mit einer Ausnahme aus Rechtsgelehrten der Ionischen Inseln bestand[56]. Diese Kommission arbeitete einen Entwurf des Ionischen Zivilgesetzbuches in italienischer Sprache aus, die damals als amtliche Sprache auf diesen Inseln galt. Der Entwurf wurde dem obersten Rat beim Justizministerium vorgelegt, und dieses Organ stellte im April 1836 den endgültigen Entwurf des Ionischen Zivilgesetzbuches fertig. Er wurde unter dem Titel „Progetto di Codice civile degli Stati Uniti delle isole Ionie" veröffentlicht. Später billigte das ionische Parlament diesen Entwurf „ohne Debatte und unter Beifallsrufen"[57]. Das Ionische Zivilgesetzbuch ist am 1. 5. 1841 in Kraft getreten; es ist in 3 Bücher nebst einem kurzen Eingangskapitel „Allgemeine Vorschriften" gegliedert und besteht aus 2111 Artikeln.

Es war, wie gesagt, in italienischer Sprache ausgearbeitet worden. Als aber im Jahre 1852 die griechische Sprache als amtliche Sprache des ionischen Staates eingeführt wurde, wurde es ins Griechische übertragen. Die ionische Regierung hat jedoch diese Übersetzung nicht dem Parlament zur Ratifizierung zugeleitet; daher galt der griechische Text nur subsidiär[58].

Als im Jahre 1828 die Kommission zur Ausarbeitung des Entwurfs eingesetzt wurde, lagen ihr der französische Code civil von 1804 und das österreichische ABGB von 1811 vor; das letztere wurde nur in sehr geringem Umfang bei der Formulierung der Bestimmungen des Ionischen Zivilgesetzbuches benutzt, obwohl es schon bei der Ausarbeitung eines anderen Zivilgesetzbuches in griechischer Sprache, des Moldauischen Zivilgesetzbuches von 1817, zugrunde gelegt worden war und in Griechenland die Ansicht vertreten wurde, daß dieses Gesetz als Grundlage des Ionischen Zivilgesetzbuches dienen sollte. Aber die Juristen der Ionischen Inseln waren über das gesetzgeberische Werk der Donauländer, das den Stempel eines starken griechischen Einflusses trug, gänzlich ununterrichtet. Aus diesem Grund wandten sie sich nicht dem Osten zu, mit welchem die Inseln durch nationale und historische Bande verknüpft waren, sondern dem Westen, der ihnen seit vier Jahrhunderten die jeweiligen Eroberer beschert hatte[59]. Die meisten Juristen der Ionischen Inseln hatten an französischen und besonders an italienischen Universitäten studiert, deren Lehren sie dann in ihre Heimat brachten. Das

---

55 Mylonopoulos, MEE XIII, 88.

56 Mitglieder dieser Kommission waren: A. Phokas, D. Phlabouriaris, Mantzaros (Vater des Komponisten, der die griechische Nationalhymne komponiert hat), Kondaris, Paschalis, Karoussos und der englische Jurist Smidt; Maridakis, Hauptmerkmale 11. Triantaphyllopoulos, AID 1937, 437.

57 Maridakis, Hauptmerkmale, 11.

58 Mylonopoulos, MEE XIII, 88; Dyovouniotis 4,

59 P. Zepos, AID 1938, 558.

ionische Volk hatte jahrzehntelang unter Gesetzen westeuropäischer Herkunft gelebt. Unter solchen Umständen ist die Vorliebe der dortigen Juristen für die französische Gesetzgebung leicht zu verstehen, und das von ihnen geschaffene Ionische Zivilgesetzbuch, das weitgehend auf dem Code civil beruht, wurde in Griechenland als ein Ergebnis des französischen Rechtseinflusses betrachtet[60]. Zu seiner Auslegung wurden daher auch die französischen Lehrbücher benutzt[61].

Als die Ionischen Inseln im Jahre 1864 mit Griechenland vereinigt wurden, war das Ionische Zivilgesetzbuch von 1841 die fortschrittlichste zivilrechtliche Rechtsquelle in Griechenland und dem komplizierten, unkodifizierten römisch-byzantinischen Recht klar überlegen. Trotzdem forderten viele Abgeordnete der Ionischen Inseln seine Aufhebung und die Einführung der Zivilgesetzgebung, die im übrigen Griechenland galt. Dieser Forderung, die mehr von einem romantischen nationalen Gefühl als von einer realistischen Betrachtung der Rechtswirklichkeit ausging, ist das Parlament, vor allem unter dem Einfluß der Erkärungen des Justizministers Kalligas, daß ein einheitliches griechisches Zivilgesetzbuch vorbereitet werde und in kurzer Zeit in Kraft treten solle, nicht gefolgt[62].

Die Bedeutung des Ionischen Zivilgesetzbuches wurde jedoch in Griechenland mit der Zeit immer geringer, was hauptsächlich auf den immer mehr zunehmenden deutschen Rechtseinfluß zurückzuführen war. Doch hat es bis zum Inkrafttreten des GZGB 1940 als „lokales Recht" gegolten. Es wurde durch Art. 5 Nr. 2 EG GZGB aufgehoben.

III. Das Zivilgesetzbuch von Samos aus dem Jahre 1899

Auf der Insel Samos galten die zivilrechtlichen Vorschriften des römischbyzantinischen Rechts, die in der Hexabiblos des Armenopoulos enthalten waren[63]. Am Ende des 19. Jahrhunderts waren die griechischen Fürsten der Insel Samos bemüht, die Gesetzgebung an die damaligen Verkehrsbedürfnisse anzupassen.

Im Jahre 1888 ist auf der Insel Samos eine Zivilprozeßordnung in Kraft getreten. Ferner erließ Fürst Karatheodoris eine Verordnung, durch die eine Kommission zur Ausarbeitung eines Zivilgesetzbuches der Insel Samos eingesetzt wurde[64]. Ein Schreiben, das der Präsident dieser Kommission, E. Phrangoulis, an den Fürsten richtete, stellt fest, daß die Kommission ihren

---

[60] P. Zepos, AID 1938, 559.

[61] Mylonopoulos, MEE XIII, 88.

[62] Triantaphyllopoulos, AID 1937, 439; P. Zepos, AID 1938, 560.

[63] Bemerkenswert ist, daß das Gesetz IA vom 4. Mai 1851 „über Gesetze und Gewohnheiten", durch das die Hexabiblos auf der Insel Samos eingeführt wurde, bestimmt: „Bei den Rechtsstreitigkeiten werden die Gewohnheitsrechte den in der Hexabiblos enthaltenen Gesetzen gegenüber den Vorrang haben"; Sevastakis 74 f.

[64] Zu Mitgliedern dieser Kommission wurden ernannt: E. Phrangoulis, Präsident des OLG Samos, S. Ioannidis, Staatsanwalt am OLG Samos, und D. Georgiadis, Oberlandesgerichtsrat am OLG Samos; Sevastakis 76 Nr. 64.

Kodifikationsarbeiten den griechischen Gesetzentwurf von 1874 zugrunde gelegt hat und ihr Werk hauptsächlich darin bestand, die erforderlichen Abänderungen an diesem vorzunehmen[65].

Das Zivilgesetzbuch von Samos ist im Jahre 1899 in Kraft getreten und besteht aus 1929 Artikeln. Was die Gliederung des Stoffes angeht, ist es zum größten Teil dem System des Code civil gefolgt, weicht jedoch von ihm dadurch ab, daß es dem Erbrecht ein besonderes Buch widmet. Es ist in vier Bücher gegliedert. Die ersten 8 Artikel enthalten allgemeine Bestimmungen und Kollisionsnormen. Das erste Buch (Art. 9—457) trägt die Überschrift „Über Personen" und enthält Bestimmungen über die Staatsangehörigkeit der Person, über die Verschollenheit und das Familienrecht. Das zweite Buch (Art. 458—873) ist dem Sachenrecht gewidmet. Das dritte Buch (Art. 874—1170) enthält das Erbrecht und das vierte Buch (Art. 1171—1929) das Recht der Schuldverhältnisse.

Das Zivilgesetzbuch zeichnet sich nicht durch Originalität aus[66], es ist vielmehr eine neue Ausgabe des griechischen Gesetzentwurfes von 1874, der seinerseits den Code civil und den italienischen Codice civile von 1865 als Vorlage verwendet hatte. Darauf sind die erheblichen Einflüsse dieser beiden ausländischen Gesetze auf das Zivilgesetzbuch von Samos zurückzuführen[67]. Dieses hat dann bis zum Jahre 1946 gegolten und wurde durch Art. 5 Nr. 6 des EG GZGB 1940 außer Kraft gesetzt.

IV. Das Kretische Zivilgesetzbuch von 1903

Prinz Georg, der oberste Statthalter auf Kreta, erließ am 1. 10. 1902 eine Verordnung, kraft derer eine gesetzgebende Kommission eingesetzt wurde, welche Entwürfe eines Zivilgesetzbuches, einer Zivilprozeßordnung und einer Strafprozeßordnung ausarbeiten sollte. Die Kommission überließ die Ausarbeitung der einzelnen Entwürfe weiteren Unterkommissionen. Zur Ausarbeitung des Zivilgesetzbuches wurde eine aus zwei Mitgliedern bestehende Redaktionskommission eingesetzt, die aus den Juristen Johannes Skaltzounis und Stamos Papaphrangos bestand. Am 23. 9. 1903 wurden die Zivilprozeßordnung und das Zivilgesetzbuch von Kreta veröffentlicht und bald darauf in Kraft gesetzt.

Das Zivilgesetzbuch von Kreta besteht aus 1357 Artikeln und ist in drei Bücher gegliedert. Im ersten Buch wurden Bestimmungen über die natürlichen und juristischen Personen, über Rechtsgeschäfte, Verträge, Bedingungen und Fristen und über die Vertretung und Vollmacht aufgestellt. Im zweiten Buch ist das Sachenrecht und im dritten Buch das Schuldrecht enthalten.

Das Zivilgesetzbuch enthält kein Familien- und Erbrecht. Das ist darauf zurückzuführen, daß in der Redaktionskommission die Ansicht herrschte, die Bestimmungen der damals geltenden byzantinischen Gesetzgebung auf dem

---

[65] Siehe dieses Schreiben bei Phrangoulis, S. V ff.
[66] Vgl. Sevastakis 76.
[67] Vgl. die Begründung zum Zivilgesetzbuch bei Phrangoulis, S. XI ff.

Gebiete des Familien- und Erbrechts müßten wegen ihres nationalen Charakters und ihrer nationalen Tradition unberührt bleiben[68].

Wie in der Begründung zum Zivilgesetzbuch von Kreta erwähnt wird, hat die Redaktionskommission ihrem Werk ebenfalls den griechischen Gesetzentwurf von 1874 zugrunde gelegt, sie hat jedoch gleichzeitig Bestimmungen aus dem französischen Code civil von 1804 nebst dem Avant-Projet de révision du code civil des belgischen Professors Laurent sowie aus dem italienischen Codice civile von 1865 und vor allem aus dem deutschen BGB übernommen[69]. Der Verfasser des Zivilgesetzbuches von Kreta, Stamos Papaphrangos, hatte sich, ehe er mit der Ausarbeitung des kretischen Gesetzes begann, an einige griechische Rechtsgelehrte gewandt mit der Bitte um eine Stellungnahme zur Frage des materiellen Inhalts eines kretischen Zivilgesetzbuches; er richtete im Jahre 1902 Schreiben an den späteren Justizminister N. Dimitrakopoulos, den Professor für Zivilrecht A. Krassas, an den späteren Staatsanwalt am Areopag D. Tzivanopoulos und den späteren Präsidenten des Staatsrats[70] K. Raktivan, in denen er unter anderem auch ihre Ansichten darüber erbat, ob und — wenn ja — inwieweit das deutsche BGB der Ausarbeitung des kretischen Zivilgesetzbuches als Vorbild dienen solle. Darüber entstand eine Meinungsverschiedenheit, die hinsichtlich des Einflusses des deutschen BGB in Griechenland sehr bezeichnend ist. Dimitrakopoulos setzte sich für die Rezeption des deutschen BGB ein. Tzivanopoulos riet zum Inkraftsetzen des griechischen Gesetzentwurfes von 1874. Raktivan schlug die Ausarbeitung eines der griechischen Tradition entsprechenden Zivilgesetzbuches vor und lehnte die Idee der Übernahme des deutschen BGB ebenso ab wie die der Einführung des griechischen Gesetzentwurfes von 1874, den er als eine Mischung von Bestimmungen fremder Zivilgesetzbücher bezeichnete. Gegen die Einführung des deutschen BGB äußert sich auch Professor Krassas[71].

Als die Insel Kreta sich im Jahre 1912 mit Griechenland vereinigte, wurde die im übrigen Griechenland geltende Gesetzgebung durch die Gesetze 147 vom 5. 1. 1914 und 262 vom 12. 5. 1914 (abgeändert durch das Gesetz 291 vom 29. 9. 1914) in Kreta eingeführt. Das Zivilgesetzbuch und die Zivilprozeßordnung von Kreta blieben jedoch in Kraft. Das Zivilgesetzbuch hat bis zum Inkrafttreten des GZGB 1940 gegolten; es wurde durch Art. 5 Nr. 3 des EG GZGB 1940 aufgehoben.

---

[68] S. Kostogiannis, MEE XV, 200. Auf Kreta galten bis zum Inkrafttreten des GZGB 1940 einige besondere familienrechtliche Vorschriften, so z. B. das Gesetz 276/1900 „Über die Verfassung der orthodoxen Kirche auf Kreta", dessen Art. 51 und 53 bis 59 die Ehescheidung regelten und erst durch Art. 82 des EG GZGB aufgehoben wurden; vgl. Phiorakis, Dik. 1936, 258 ff.

[69] Vgl. die Begründung zum Zivilgesetzbuch von Kreta bei Benakis 217 ff.; P. Vallindas, RabelsZ 7 (1933) 161 Nr. 1. Papaphrangos wurde im Jahre 1930 zum Mitglied der Revisionskommission des GZGB und später im Jahre 1936 zum Vorsitzenden der Redaktionskommission gewählt, vgl. unten § 16 Nr. 25 und § 17.

[70] Der griechische Staatsrat entspricht dem französischen Conseil d'état.

[71] Siehe die vier Antwortschreiben in Them. 1930, 281 ff.

V. Einfluß der lokalen Zivilgesetzbücher auf das GZGB 1940

Die lokalen Zivilgesetzbücher haben zahlreiche Bestimmungen des GZGB 1940 beeinflußt und die bei ihrer Anwendung gesammelte Erfahrung hat der Gestaltung einiger seiner Institutionen gedient. Die Mitglieder der zur Ausarbeitung des GZGB im Jahre 1930 eingesetzten Redaktions- und Revisionskommission haben sich oft auf die Bestimmungen der lokalen Zivilgesetzbücher gestützt, um durch sie ihre Argumentation zu verstärken. Auch die von den Referenten ausgearbeiteten Begründungen zu den Teilentwürfen des GZGB erwähnen wiederholt die entsprechenden Bestimmungen der lokalen Zivilgesetzbücher[72]. Das GZGB 1940 läßt z. B. in folgenden Punkten Einflüsse der drei lokalen Zivilgesetzbücher erkennen:

Das Rechtsinstitut des Stockwerkseigentums verdankt in mancher Hinsicht den lokalen Zivilgesetzbüchern seine weitere Erhaltung und seine Auslegung. Die Art. 343—346 des Kretischen Zivilgesetzbuches und die Art. 596—598 des Zivilgesetzbuches von Samos, die den entsprechenden Bestimmungen des italienischen Codice civile von 1865 (Art. 563—566) nachgebildet wurden, sowie Art. 544 des Ionischen Zivilgesetzbuches, der dem Art. 664 C. c. entsprach, haben dem Gesetz Nr. 3741 von 1929 über das Stockwerkseigentum als Vorbild gedient[73] und in der Revisionskommission (im Jahre 1930) die Argumentation zugunsten der Beibehaltung dieses Rechtsinstituts verstärkt. Die in dieser Kommission erhobenen Bedenken hinsichtlich der Zweckmäßigkeit seiner Beibehaltung konnten sich nicht durchsetzen. Das GZGB 1940 enthält die Bestimmungen über das Stockwerkseigentum in den Art. 1002 und 1117.

Die lokalen Zivilgesetzbücher enthielten, dem französischen System folgend, eine Generalklausel über die unerlaubten Handlungen nach dem Vorbild der berühmten Bestimmung des Art. 1382 C.c. Die Zweckmäßigkeit dieses Systems ergab sich aus den bei der praktischen Anwendung gesammelten Erfahrungen im Geltungsbereich der drei lokalen Zivilgesetzbücher. Darauf ist es unter anderem zurückzuführen, daß das GZGB im Kapitel über die unerlaubten Handlungen (Art. 914 ff.) sich sowohl dem System des Code civil (Generalklausel) als auch dem System des deutschen BGB (Enumerationssystem) angeschlossen hat[74].

Der Gestaltung des Rechtsinstituts der Gläubigerbenachteiligung (Art. 939—946 GZGB 1940, actio Pauliana) haben unter anderem auch die entsprechenden Bestimmungen des Kretischen Zivilgesetzbuches (Art. 1328—1331) als Vorlage gedient[75]. Die Vorschrift des Art. 946 GZGB über die fünfjährige Verjährungsfrist für die Anfechtungsklage wurde ebenfalls dem kretischen Zivilgesetzbuch (Art. 1337) entnommen[76].

---

[72] Siehe z. B. EAllgT 54 und 71, ESch 32.
[73] Vgl. unten § 14 VII.
[74] ESch. 56.
[75] Vgl. Kavkas, Zivilgesetzbuch I, 350—352.
[76] ESch. 56.

Der Formulierung der Art. 639 f. GZGB 1940 „über die Viehpacht", die auch dem griechischen Gewohnheitsrecht bekannt war[77], haben die Bestimmungen der Art. 1014—1016 des Kretischen Zivilgesetzbuches als Vorbild gedient[78].

Die im Entwurf des Allgemeinen Teils des GZGB (Art. 1) enthaltene Bestimmung über die Ausfüllung von Gesetzeslücken[78a], die an den berühmten Art. 1 Abs. 2 des SchwZGB erinnert, läßt in mancher Hinsicht den Einfluß des Art. 9 Abs. 4 des Ionischen Zivilgesetzbuches erkennen[79].

Das Ionische Zivilgesetzbuch und das Zivilgesetzbuch von Samos hatten, dem Code civil folgend, für die Regelung des Pflichtteils das System der „réserve" angenommen. Sie erklärten auch die Erbverträge für nichtig. Bezüglich beider Rechtsinstitute haben die lokalen Zivilgesetzbücher als Argument für die vom GZGB 1940 gewählte Lösung gedient[80].

Die von den lokalen Zivilgesetzbüchern getroffene Regelung, nach der der zum Schadenerstaz Verpflichtete diesen in der Regel in Geld und nur ausnahmsweise in natura zu leisten hat (anders im deutschen BGB, § 249), hat zu einer entsprechenden Regelung des GZGB 1940 (Art. 297) beigetragen[81].

In der Begründung zum Entwurf des Allgemeinen Teils des GZGB, die von Professor G. Maridakis ausgearbeitet wurde, wird ausdrücklich erwähnt, daß die Fassung des Art. 38 des Entwurfes, der die Gleichstellung der Ausländer mit den Inländern vorschreibt (ebenso Art. 4 GZGB 1940), dem Art. 13 des Zivilgesetzes TϟA von 1856 und dem entsprechenden Art. 9 des kretischen Zivilgesetzbuches folgt[82].

Auch die juristische Terminologie des GZGB 1940 läßt Einflüsse der lokalen Zivilgesetzbücher erkennen. Die aus dem altgriechischen („ἡ ὠνὴ καὶ ἡ πρᾶσις') und römischen („emptio-venditio") Recht stammende Bezeichnung ἀγοραπωλησία[83] wurde z. B. im GZGB durch die einfachere Vokabel πώλησις (Kauf, Art. 513 GZGB) ersetzt, welche die lokalen Zivilgesetzbücher bereits verwandt hatten[84].

---

[77] Vgl. Georgakas, AID 1941, 191—193.

[78] Vgl. Kavkas, Zivilgesetzbuch I, 241—242.

[78a] Vgl. darüber unten § 23 II 1.

[79] EAllgT 54 und 117; Art. 9 Abs. IV des Ionischen Zivilgesetzbuches lautet: „Wenn eine Frage nicht entschieden werden kann, weil sie vom Gesetz nicht vorbedacht ist, soll der Richter in folgender Reihenfolge vorgehen:
1. . . .
4. schließlich soll er, wenn die ihm vorliegende Frage durch keines der erwähnten Mittel entschieden werden kann, so billig und angemessen als irgend möglich nach den allgemeinen Grundsätzen [des Rechts] urteilen . . ."

[80] EErb. 6; vgl. unten § 27 II 4.

[81] ESch. 176.

[82] EAllgT 153. G. Maridakis, RabelsZ 11 (1937), 130.

[83] Vgl. Petropoulos, Geschichte 817 Anm. 2.

[84] Triantaphyllopoulos, AID 1934, 220. ESch. 206.

§ 7. KOMMISSIONEN ZUR AUSARBEITUNG EINES GZGB WÄHREND DES 19. JAHRHUNDERTS

Zwar hatten die Verfassungen während des griechischen Befreiungskampfes den Wunsch der kämpfenden Nation nach der Ausarbeitung eines Zivilgesetzbuches verkündet; es wurde jedoch, abgesehen von den Kodifikationsarbeiten Th. Negris' und denen des englischen Philosophen Jeremy Bentham, kein ernsthafter Kodifikationsversuch unternommen. Später unterbrachen der Mord an Kapodistrias und die Abberufung Maurers deren Vorhaben auf dem Gebiet des Zivilrechts. In der nach Maurers Abberufung erlassenen königlichen Verordnung vom 23. 2. 1835 heißt es, daß die Abfassung eines Zivilgesetzbuches bereits angeordnet sei. Schon vorher war eine elfköpfige Kommission zur Ausarbeitung eines Zivilgesetzbuches eingesetzt und zu ihrem Präsidenten der erste Präsident des Areopag, Chr. Klonaris, ernannt worden[85]. Sie hat den Entwurf der königlichen Verordnung sowie die Begründung dazu abgefaßt und sollte ein griechisches Zivilgesetzbuch nach dem Vorbild des französischen Code civil von 1804 ausarbeiten; das Justizministerium hat ihr am 12. 9. 1836 ausdrücklich empfohlen, Veränderungen an den Bestimmungen des Code civil möglichst zu vermeiden[86]. Der italienische Emigrant Alerino Palma, Jurist und Mitglied dieser Kommission, gab im Jahre 1837 ein dreibändiges Werk heraus, in dem er auf notwendige Modifikationen des Code civil hinwies[87], durch welche seine Bestimmungen der griechischen Rechtswirklichkeit angepaßt werden sollten. Diese Tendenz zur Rezeption der französischen Zivilgesetzgebung stand mit der Tatsache in Zusammenhang, daß während der Jahre 1836—38 zwei amtliche Übersetzungen des Code civil in griechischer Sprache herausgegeben wurden. Es war noch die Zeit, in der der französische Rechtseinfluß in Griechenland vorherrschte. Jedoch fehlte es nicht an Gegnern dieser Arbeitsmethode der Kommission. Als im Jahre 1839 angekündigt wurde, daß die Kommission die Ausarbeitung des Zivilgesetzbuches nach dem Vorbild des französischen Code civil bald beendet haben werde, schrieb der damals noch junge Jurist Paul Kalligas ironisch zu dieser Ankündigung: „Ich erfahre,

---

[85] Zu Mitgliedern dieser ersten Kommission nach der Befreiung Griechenlands wurden ernannt: Chr. Klonaris, Präsident dieser Kommission, J. Paikos, Staatsanwalt am Areopag, J. Polizoidis, G. Athanasiou, Gottfried Feder, alle Richter am Areopag, D. Soutzos, Präsident des OLG Athen, G. Rallis, Staatsanwalt am OLG von Athen, A. Provelegios, später Staatsanwalt am Areopag, die deutschen Juristen Berg und Wellhof, beide Ministerialbeamte, und der italienische Jurist Alerino Palma; siehe Triantaphyllopoulos, Protokolle 296; vgl. auch EAK 1. (Die Angabe „D." Feder bei Triantaphyllopoulos ist vermutlich ein Druckfehler, es handelt sich um den Bayern Gottfried Feder, vgl. Pratsikas, Them. 1941, 404, und MEE XXIII, 886.) Es ist nicht genau bekannt, ob die Mitglieder dieser Kommission später ausgewechselt wurden; Pratsikas berichtet, daß im Jahre 1835—1836 eine neue vierköpfige Kommission eingesetzt wurde und daß Mitglieder dieser Kommission waren: I. Polizoidis, Mitglied des Areopag, K. Schinas, vormals Justizminister, G. Vellios und P. Pipitzios; Them. 1941, 404 ff.

[86] Triantaphyllopoulos, AID 1937, 438.

[87] Vgl. Pantazopoulos, Von der „gelehrten Tradition" 241—245.

daß der größte Teil des Zivilgesetzbuches fertig ist, d. h. es wurde schneller abgefaßt, als es mit Schnellschrift geschrieben werden könnte. Ich erinnere mich nicht daran, welcher Dichter jeden Tag tausend Verse schrieb. Wie kann die französische Gesetzgebung Griechenland befriedigen, ohne daß Griechenland eine Kolonie Frankreichs ist?"[88] Es gelang dieser Kommission jedoch schließlich nicht, ihr Werk zu Ende zu führen.

Der Versuch wurde im Jahre 1849 wiederholt und eine dreizehnköpfige Kommission zu diesem Zweck eingesetzt[89]. Sie zeigte sich zwar gegenüber der Rezeption fremder Gesetze grundsätzlich zurückhaltend, legte jedoch ihren Arbeiten wiederum den Code civil zugrunde. Ein Zeichen des französischen politischen und juristischen Einflusses ist es, daß der damalige französische Botschafter in Griechenland großes Interesse an den Arbeiten dieser Kommission zeigte. Der Präsident dieser Kommission, Georg Rallis, übertrug die bereits abgefaßten Teile des Zivilgesetzbuches ins Französische und arbeitete einen Aufsatz über die Kodifikationsarbeiten aus, um den Botschafter durch das griechische Justizministerium über den Stand der Kodifikationsarbeiten zu unterrichten[90]. Frucht der Arbeiten dieser Kommission waren das Gesetz Nr. TϞ vom 29. 10. 1856 und das Gesetz „über die Vormundschaft über Minderjährige" Nr. XIIΘ von 1861. Beide Gesetze waren zum größten Teil dem französischen Code civil nachgebildet und haben später der Formulierung entsprechender Bestimmungen des GZGB 1940 gedient[91]. Das Kodifikationswerk der Kommission wurde durch politische Ereignisse, die im Jahre 1862 zum Exil des Königs Otto I. führten, unterbrochen. Die im Jahre 1863 einberufene Nationalversammlung hat sich jedoch für die Vollendung des Gesetzentwurfes eingesetzt. Darauf berief sich der Justizminister Professor Kalligas, um die im Jahre 1864 von vielen Abgeordneten der Ionischen Inseln geforderte Aufhebung des Ionischen Zivilgesetzbuches zu verhindern[92].

Im Jahre 1866 wurde wiederum eine Kommission zur Abfassung des Zivilgesetzbuches eingesetzt, die sich aus sieben Mitgliedern zusammensetzte[93]. Sie hat den unvollendeten Entwurf ergänzt und zu einem vollständigen Gesetzentwurf ausgearbeitet, der am 10. 1. 1870 dem Justizministerium vorgelegt wurde[94].

Im Mai 1874 wurde eine neue siebenköpfige Kommission „zur Revision"

---

[88] Zitiert nach Pantazopoulos (a. a. O. S. 245 N. 28) und nach Triantaphyllopoulos AID 1937, 442.

[89] Zu Mitgliedern dieser Kommission wurden ernannt: G. Rallis, M. Potlis, P. Kalligas, P. Paparrigopoulos, B. Oikonomidis, S. Pilikas, Chr. Klonaris, M. Renieris, G. Vellios, D. und J. Soutzos, K. Provelegios, D. Kyriakos; EAK 1.

[90] Triantaphyllopoulos AID 1937, 442. Die von G. Rallis ausgearbeitete Schrift ist unter dem Titel «Code civil de la Grèce, avec l'exposé des motifs, traduit du grec par G. A. Rally» in Athen (im Jahre 1857) erschienen.

[91] Vgl. unten § 8 IV und VII.

[92] Vgl. oben § 6 II.

[93] Zu Mitgliedern wurden ernannt: G. Rallis, P. Kalligas, B. Oikonomidis, P. Paparrigopoulos, T. Phorestis, N. Zambelis und A. Lazaratis; EAK 2.

[94] Triantaphyllopoulos, AID 1937, 439; EAK 2.

dieses Entwurfes eingesetzt[95]. Der von ihr revidierte Entwurf des Zivilgesetzbuches wurde am 22. 8. 1874 dem Justizminister Basilios Nikolopoulos eingereicht, der ihn dem Parlament vorlegte. Es gelang jedoch nicht, darüber eine Abstimmung im Parlament herbeizuführen. Das ist hauptsächlich auf die Schwerfälligkeit des in der Verfassung von 1864 vorgesehenen Verfahrens zur Abstimmung über Gesetze zurückzuführen. Denn danach mußte artikelweise über sie abgestimmt werden, und es war keine Ausnahme zugunsten einer Abstimmung über eine Kodifikation als Ganzes vorgesehen. So verzögerte sich die Abstimmung über den Gesetzentwurf von 1874 und unterblieb schließlich ganz[96]. Die nunmehr in Deutschland einsetzende Bewegung zur Kodifikation des bürgerlichen Rechts und die Veröffentlichung des ersten Entwurfes des deutschen BGB im Jahre 1888 haben in den Kreisen der griechischen Juristen erhebliche Unruhe hervorgerufen und eine aufschiebende Wirkung auf die griechischen Kodifikationsversuche gehabt[97].

Der griechische Entwurf eines Zivilgesetzbuches von 1874 besteht aus 2025 Artikeln. Bei seiner Abfassung haben hauptsächlich der französische Code civil und der italienische Codice civile von 1865 als Vorbild gedient; das heimische griechische Gewohnheitsrecht wurde ebenfalls in mancher Hinsicht berücksichtigt.

Die folgende Periode bis zum Jahre 1909 ist vom Standpunkt der Gesetzgebung aus unfruchtbar gewesen. Kein ernsthafter Kodifikationsversuch wurde unternommen. In den Jahren 1891—1909 wurden insgesamt neun Kommissionen zur Ausarbeitung eines Zivilgesetzbuches eingesetzt, deren Tätigkeit aber sehr beschränkt gewesen und ohne Ergebnis geblieben ist[98].

So ist das 19. Jahrhundert unter wiederholten Versuchen zur Kodifizierung des Zivilrechts verlaufen, ohne daß es gelungen wäre, ein griechisches Zivilgesetzbuch zu schaffen und in Kraft zu setzen.

§ 8. DIE WICHTIGSTEN GRIECHISCHEN GESETZE AUF DEM GEBIETE DES ZIVILRECHTS IM 19. JAHRHUNDERT

I. Übersicht

Während des 19. Jahrhunderts wurden in Griechenland auf dem Gebiet des Zivilrechts eine Reihe von Gesetzen erlassen, die sich hauptsächlich auf das Sachen- und das Familienrecht bezogen. Diese Gesetze tragen den Stempel des damals in Griechenland vorherrschenden französischen Rechtseinflusses. Sie sind zum größten Teil französischen Gesetzen nachgebildet und haben ihrerseits später bei der Formulierung entsprechender Bestimmungen des GZGB 1940 als Vorbild gedient. Auf diesem Wege hauptsächlich hat

---

[95] Zu Mitgliedern dieser Kommission wurden ernannt: G. Rallis, P. Kalligas, P. Paparrigopoulos, B. Oikonomidis, A. Krassas, N. Damaskinos und D. Stefanou; EAK 2.

[96] Triantaphyllopoulos, Griechisches Privatrecht 25.

[97] Vgl. unten § 12.

[98] Triantaphyllopoulos, AID 1937, 439; vgl. auch Vasiliou.

die französische Gesetzgebung das GZGB beeinflußt, und es seien daher hier die wichtigsten dieser Gesetze kurz dargestellt.

II. Gesetze über Pfandrecht und über Hypotheken

Das Gesetz vom 1. 12. 1836 über das Pfandrecht an Mobilien, Forderungen und Mobiliarrechten ist fast eine Wiedergabe der Art. 2073—2084 C.c.[99]. Das Gesetz vom 11. 8. 1836 „über die Hypotheken" ist ebenfalls dem Code civil (Art. 2114 f.) nachgebildet. Es läßt aber auch Einflüsse des bayerischen Hypothekengesetzes vom 1. 6. 1822 erkennen[100]. Diese Gesetze haben der Formulierung der das Pfandrecht (Art. 1209 ff.) und die Hypothek (Art. 1257 ff.) betreffenden Bestimmungen des GZGB 1940 als Vorbild gedient. Sie wurden durch Art. 66 und 70 des EG GZGB aufgehoben.

III. Gesetz vom 21. 6. 1837 „über Unterscheidung von Sachen

Das Gesetz vom 21. 6. 1837 „über Unterscheidung von Sachen" hat eine vom römischen Recht abweichende Regelung der Abgrenzung der Sachen eingeführt[101]. Es versuchte, in mancher Hinsicht der französischen Lehre vom „domaine public" folgend und weitgehend auf die Art. 516 ff. C.c. gestützt[102], das öffentliche Eigentum vom privaten zu trennen[103]. Die meisten seiner Bestimmungen finden sich im GZGB wieder, so entsprechen z. B. die Art. 947 Abs. 1, 949, 950, 958, 959, 960, 966, 967, 968 GZGB den Art. 2, 12, 4, 11, 8 Abs. 3, 13—17 des Gesetzes vom 21. 6. 1837[104], welches durch Art. 49 EG GZGB aufgehoben wurde.

IV. Gesetz vom 29. 10. 1856 „über Transkription"

Das Gesetz Nr. Tϟ vom 29. 10. 1856 „über die Transkription des Eigentums an Immobilien und der anderen (dinglichen) Rechte an ihnen" (abgeändert durch das Gesetz 330/1914) ist dem französischen Recht, und zwar der „loi sur la transcription en matière hypothécaire" von 1855[105] nachgebildet, doch ist abweichend vom französischen Recht die Transkription für den Eigentumserwerb selbst von konstitutiver Bedeutung[106]. Die Bestimmungen der die Transkription betreffenden Artikel 1192 ff. GZGB 1940 sind wiederum zum größten Teil dem Gesetz Tϟ von 1856 nachgebildet[107], das durch Art. 66 EG GZGB aufgehoben wurde.

---

[99] ESch. 246.
[100] Papapanos, RvglHWB I, 75.
[101] Petropoulos, Geschichte 449.
[102] Papapanos, RvglHWB I, 75.
[103] Vgl. Stasinopoulos, AID 1940, 449 Nr. 1.
[104] Vgl. Kavkas, Zivilgesetzbuch I, 448 f.
[105] Siehe über dieses Gesetz E. de Chapeaurouge 12 ff.
[106] Papapanos, RvglHWB I, 75.
[107] Vgl. Kavkas, Zivilgesetzbuch I, 459—464.

V. Das Zivilgesetz vom 29. 10. 1856

Frucht der Arbeiten der im Jahre 1849 eingesetzten Kommission zur Ausarbeitung eines GZGB war die im Jahre 1856 erfolgte Veröffentlichung eines Gesetzes Nr. TϟA vom 29. 10. 1856, das als Zivilgesetz von 1856 bekannt ist. Es besteht aus 94 Artikeln und enthält allgemeine Vorschriften über das Inkrafttreten der Gesetze, den Wohnsitz, die Personen und die Personenstandsakte, die sich weitgehend an den Code civil anlehnen[108]. Es enthält ferner Bestimmungen über das internationale Privatrecht, die der Formulierung zahlreicher Kollisionsnormen des GZB 1940 (Art. 3—33) zum Vorbild gedient haben[109]. Es ist vor allem hervorzuheben, daß dieses Gesetz die unbedingte Gleichstellung der Ausländer mit den Inländern in bezug auf den Genuß der bürgerlichen Rechte vorschreibt (Art. 13), ohne diesen Genuß von der Gegenseitigkeit abhängig zu machen[110].

VI. Gesetz von 1861 „über Mischehen"

Im Jahre 1861 wurde zum ersten Mal in Griechenland auf dem Wege der Gesetzgebung die viel umstrittene Frage der Mischehen, d. h. der Ehen zwischen den Angehörigen der griechisch-orthodoxen Kirche und denen anderer christlicher Konfessionen, geregelt. Nach dem im Jahre 1054 eingetretenen Schisma zwischen der östlichen und westlichen Kirche wurden die Angehörigen der römisch-katholischen Kirche als Schismatiker und Sektierer angesehen. Ehen zwischen griechisch-orthodoxen und römisch-katholischen Christen waren grundsätzlich verboten[111]. Ein Gesetz Nr. XOZ von 1861 bestimmte nun, daß Mischehen in Zukunft nur dann rechtsgültig seien, wenn sie vor einem Priester der orthodoxen Kirche geschlossen werden und der Ehegatte, der der römisch-katholischen Kirche angehört, vor dem Friedensrichter versprochen hat, daß die Kinder nach den Dogmen der griechisch-orthodoxen Kirche getauft und erzogen werden. Dieses Gesetz hat eine scharfe Reaktion der griechisch-orthodoxen Kirche ausgelöst, welche die Mischehen weiterhin verboten wissen wollte. Ferner protestierte die französische Regierung gegen dieses Gesetz, denn sie betrachtete sich als Schutzmacht der Katholiken im östlichen Mittelmeer[112]. Infolge dieser Reaktionen wurde ein neues Gesetz Nr. XϟΣT von 1861 „über Mischehen" erlassen. Es bestimmte, daß Mischehen rechtsgültig sind, „sofern das, was von der östlichen orthodoxen Kirche über die Mischehen angeordnet wird, beachtet wurde". Die absichtliche Unbestimmtheit dieses Gesetzes hat einen weiteren Streit entfacht, der im Jahre 1932 durch eine Plenarentscheidung des

---

[108] Papapanos, RvglHWB I, 75.
[109] Vgl. Kavkas, Zivilgesetzbuch I, 2—14. Vgl. unten § 23 II 3 Nr. 72.
[110] Vgl. hierzu schon oben § 1 III 3.
[111] Chatzidakis, AID 1945, 122 ff.; vgl. auch Laskaris, Them. 1920—1921, 509, 525 und 541.
[112] Chatzidakis, AID 1945, 125.

Areopag beigelegt wurde[113], nach welcher solche Mischehen ohne eine kirchliche Trauung durch einen Priester der orthodoxen Kirche nicht bestehen. Dieser Ansicht folgte auch das GZGB 1940 (Art. 1367), obgleich der Entwurf des Familienrechts von 1933 keine entsprechende Vorschrift enthielt. Die Frage der Mischehen sollte nach den Bestimmungen des Entwurfes des Familienrechts von 1933 bedeutungslos werden[114]. Die dargestellte Entwicklung in der Frage der Mischehen ist ein typisches Beispiel für den Einfluß, den die griechisch-orthodoxe Kirche auf die Gestaltung der familienrechtlichen Institutionen ausgeübt hat.

VII. Gesetz von 1861 „über Minderjährige, ihre Vormundschaft, Emanzipation und Kuratel"

Im Jahre 1861 ist ferner das Gesetz Nr. ΧΠΘ in Kraft getreten, welches das Vormundschaftsrecht regelte. Dieses Gesetz ist zum größten Teil den entsprechenden Bestimmungen des Code civil (Art. 389 ff.) nachgebildet[115] und beruht daher nicht auf dem Gedanken der staatlichen Obervormundschaft (System des deutschen BGB), sondern auf dem Familienprinzip, d. h. auf dem Prinzip der Obervormundschaft der Familie, und zwar als gesetzlicher Vormundschaft. Die Vormundschaft fällt kraft Gesetzes an den nächsten Verwandten des Mündels. Dem Familienrat, der sich kraft Gesetzes aus den nächsten Verwandten des Mündels zusammensetzt, wurden weitgehende Befugnisse zugewiesen. Die Einsetzung des Familienrates, der fast ausschließlich die Aufsicht über den Vormund führt, ist im Gegensatz zum deutschen BGB bei jeder Vormundschaft obligatorisch. Die wichtigsten Merkmale dieses Systems der Obervormundschaft der Fammlie waren schon im griechischen Gewohnheitsrecht zu finden. Während der türkischen Herrschaft bestand kein griechischer Staat und daher lag die Vormundschaft über Minderjährige in den Händen der griechischen Familie[116]. Auch das vom Gesetz von 1861 eingeführte Vormundschaftsrecht wurde vom GZGB fast unverändert beibehalten, das Gesetz selbst durch Art. 89 EG GZGB aufgehoben.

VIII. Gesetz von 1882 „über Verzugszinsen"

Im Jahre 1882 wurde das Gesetz Nr. ϠΞΕ „über Verzugszinsen" erlassen, bis zu dessen Inkrafttreten die Verzugszinsen durch das Gewohnheitsrecht geregelt wurden[117]. Das Gesetz bestimmte nach dem Vorbild des Art. 1153 C.c., daß der Zinsfuß der Verzugszinsen jeweils durch Gesetz festgesetzt

113 AP 280/1932, Them. 1932, 692.

114 Vgl. unten § 26 II 2.

115 EFam. 645. Vgl. die Begründung zum Gesetz von 1861 in Krassas-Pratsikas 495 ff.

116 Vgl. Sontis, AID 1938, 136.

117 Triantaphyllopoulos: Les transformations du droit I, 221.

wird. Entsprechend Art. 1154 C. c. bestimmt es ferner, daß Zinseszinsen bei Zinsen jeder Art nur dann geschuldet werden, wenn sie vereinbart oder durch Klage verlangt werden, in beiden Fällen jedoch nur für geschuldete Zinsen von mindestens einem ganzen Jahr. Diese Bestimmungen wurden von Art. 293 Abs. 2 und 296 GZGB (vgl. auch Art. 109 EG GZGB) übernommen, das Gesetz von 1882 wurde durch Art. 21 Abs. 1 EG GZGB aufgehoben.

§ 9 RICHTUNGSGEGENSÄTZE IN DER GRIECHISCHEN JURISPRUDENZ DES 19. JAHRHUNDERTS

Im vergangenen Jahrhundert haben sich im Rechtsleben des neuentstandenen griechischen Staates eine Fülle gegensätzlicher Strömungen herausgebildet, die sich großenteils in allerdings allmählich abnehmender Intensität bis in die ersten Jahrzehnte unseres Jahrhunderts erhalten haben und die für die Versuche zur Kodifizierung des Zivilrechts von großer Bedeutung gewesen sind. Obgleich derartige Gegensätze im Verlaufe dieser Untersuchung immer wieder zutage treten werden, bedarf es zum Verständnis ihrer Bedeutung doch eines kurzen zusammenfassenden Überblicks.

Aus der Zeit der türkischen Herrschaft über Griechenland datiert ein Gegensatz zwischen der sog. „gelehrten Tradition“ und der sog. „volkstümlichen Tradition“. Als „gelehrte Tradition“ ist hierbei die Tendenz zu verstehen, die Elemente des nationalen Lebens nach fremden oder längst der Vergangenheit angehörenden Vorbildern auf eine Weise zu gestalten, die deren organische innere Fortentwicklung und Vervollständigung hemmt oder schlechthin verhindert. Im Gegensatz dazu tritt die „volkstümliche Tradition“ dafür ein, daß auf kulturellem, sozialem und politischem Gebiet die ursprünglichen, fundamentalen Bestandteile des nationalen Lebens auf natürliche Weise fortlaufend der sozialen Wirklichkeit entsprechend weiterentwickelt werden[118]. Dieser Gegensatz der „gelehrten“ und der „volkstümlichen“ Tradition hat sich unter anderem auch im Bereich der Sprache ausgewirkt[119].

Auf dem Gebiet des Rechts ist dieser Gegensatz als Gegensatz zwischen dem staatlich gesetzten byzantinischen Recht (Reichsrecht) und dem volkstümlichen Gewohnheitsrecht in Erscheinung getreten, und zwar schon vor und während der türkischen Herrschaft; er hat nach der Befreiung Griechenlands zu einem wahren Kampf zwischen dem gesetzen byzantinischen Recht und dem volkstümlichen Gewohnheitsrecht geführt. Die griechische orthodoxe Kirche, die seit der türkischen Herrschaft eine große moralische Macht unter den Griechen erlangt hatte, identifizierte das byzantinische Reich mit

---

[118] Näheres über die Begriffe „gelehrte Tradition“ und „volkstümliche Tradition“ siehe bei Pantazopoulos, Von der „gelehrten Tradition“ 26 ff.

[119] „Δημοτική“ und „Καθαρεύουσα“ sind die beiden Sprachrichtungen, die in Griechenland einen großen Streit unter den Fachleuten hervorgerufen haben. Daß dieser Gegensatz Ausfluß einer langen geistigen und kulturellen Entwicklung ist, zeigt neuestens Zakythinos 389 ff.

dem Christentum; sie hielt die Gesetze der byzantinischen Kaiser für christlich[120] und setzte sich für ihre Weitergeltung ein. Daher war sie dem Gewohnheitsrecht ungünstig gesonnen. Dieser Richtung standen die Anhänger des volkstümlichen Gewohnheitsrechts entgegen; schon während der türkischen Herrschaft versuchten sie die Anwendung des Gewohnheitsrechts zu sichern.

Auch der zu Anfang des 19. Jahrhunderts aufgekommene Historismus hat den in Griechenland geführten Kampf zwischen dem gesetzten byzantinischen Recht und dem Gewohnheitsrecht beeinflußt. Unter dem Begriff „Historismus" ist die Erklärung der Erzeugnisse des Geistes lediglich aus der Entwicklung der einzelnen Kulturgebiete und -gemeinschaften zu verstehen[121]. Ergebnis dieser Bewegung war u. a. auch die von Savigny begründete historische Rechtsschule.

Der Einfluß dieser Schule ist in Griechenland während des 19. Jahrhundert bedeutsam gewesen. Ihre Lehre, die, von der romantischen Bewegung beeinflußt[122], den Ursprung des Rechts aus dem Volksgeist herleitete, hat das Gewohnheitsrecht nicht nur dem gesetzten Recht gleichgestellt, sondern ihm sogar den Vorrang vor diesem gegeben. Kapodistrias und Maurer hatten den Weg vorbereitet, der zum Erlaß der königlichen Verordnung vom 23. 2. 1835 führte, die dem Gewohnheitsrecht den Vorrang gegenüber dem byzantinischen Recht einräumte. Die zivilrechtliche Kodifikation sollte sich nach dieser Verordnung hauptsächlich auf das Gewohnheitsrecht stützen.

Diese Richtung, die zu einer zivilrechtlichen Kodifikation hätte führen können, wurde in ihrer Wirksamkeit durch die Vertreter der „gelehrten Tradition" und die griechischen Romanisten gehemmt. Die griechischen Romanisten des 19. Jahrhunderts, die in Deutschland studiert hatten, führten in Griechenland die Lehre der damals in Deutschland blühenden historischen Rechtsschule ein, ohne sich jedoch der Konsequenzen dieses Vorgangs bewußt zu sein[123]. Es ist merkwürdig, daß sie dieser Schule zwar hinsichtlich der Anwendung des römischen Rechts folgten, jedoch dadurch von ihrer Lehre abwichen, daß sie das griechische Gewohnheitsrecht nicht berücksichtigten[124].

Diese Rechtsentwicklung hatte eine Minderung der Bedeutung des Gewohnheitsrechts als Rechtsquelle zur Folge. Die Bestimmung des Art. 2 des Zivilgesetzes vom 29. 10. 1856, die lautete: „Das Gesetz gilt, solange nicht ein anderes Gesetz es ausdrücklich oder stillschweigend aufhebt", bedeutete einen endgültigen Rückzug des Gewohnheitsrechts dem gesetzten Recht gegenüber. Doch blieb der Gegensatz bis zum Vorabend der Ausarbeitung des GZGB 1940 bestehen. Einige griechische Juristen forderten von dem Gesetzgeber des GZGB die Berücksichtigung des griechischen Gewohnheits-

---

120 Pantazopoulos, Von der „gelehrten Tradition" 114.

121 Vgl. dazu das Werk von F. Meinecke.

122 Paul Koschaker schreibt, die von Savigny begründete historische Rechtsschule sei „ein echtes Kind der romantischen Geisteshaltung ihrer Zeit" (Koschaker, Krise 20).

123 Petropoulos, Geschichte 348.

124 Pantazopoulos, Zivilgesetzbuch 33.

rechts[125]. Die inzwischen eingetretene Rechtsentwicklung stand jedoch nunmehr einer weitgehenden Berücksichtigung des Gewohnheitsrechts im Wege, wie unten im vierten Kapitel darzulegen sein wird.

Der Einfluß der historischen Rechtsschule war in Griechenland aber auch in der Frage der zivilrechtlichen Kodifikation verhängnisvoll und führte zu einer neuen Kontroverse, da sich ihre Anhänger den Befürwortern einer Kodifizierung des griechischen Zivilrechts entgegenstellten. Die Position der historischen Rechtsschule war in Griechenland derart, daß der griechische Universitätsprofessor A. Krassas im Jahre 1871 eine Schrift unter dem Titel „Die Kodifikationsfrage" veröffentlichte, um die griechischen Juristen davon zu überzeugen, daß die Ausarbeitung eines Zivilgesetzbuches wegen der in Griechenland herrschenden besonderen Verhältnisse nicht gegen die Theorie der historischen Rechtsschule verstoße[126]. Auf den Einfluß der historischen Rechtsschule ist auch im übrigen eine gewisse Hemmung der griechischen Gesetzgebung auf dem Gebiet des Zivilrechts zurückzuführen[127], die erst nach der im Jahre 1909 eingetretenen politischen Umgestaltung aktiver und vielseitiger wurde.

Dieser Gegensatz unter den griechischen Juristen erinnert in mancher Hinsicht an den in Deutschland zwischen Thibaut und Savigny entstandenen Streit. Thibaut hat sich im Jahre 1814 durch sein Werk „Über die Notwendigkeit eines allgemeinen bürgerlichen Rechts für Deutschland" für die Schaffung eines deutschen bürgerlichen Gesetzbuches eingesetzt. Gegen diesen Plan eines einheitlichen deutschen Gesetzbuches wandte sich im gleichen Jahre Savigny mit einer Gegenschrift „Vom Beruf unserer Zeit für Gesetzgebung und Rechtswissenschaft" und führte den jahrelangen Streit zwischen der „historischen" (Savigny) und der „rechtsphilosophischen" (Thibaut) Rechtsschule herauf[128]. Dieser Streit war bereits damals den griechischen Juristen bekannt[129].

Ein weiterer Gegensatz entstand zwischen jenen, die die Ansicht vertraten, daß der Zivilrechtskodifikation ein ausländisches Zivilgesetzbuch zugrunde gelegt werden sollte, und den Anhängern der Ausarbeitung eines „echten" eigenen Zivilgesetzbuches. Schon unmittelbar nach der Befreiung Griechenlands von der türkischen Herrschaft war der Gegensatz zwischen den Anhängern des römisch-byzantinischen Rechts und denen des französischen Code civil zutage getreten. In der zweiten Hälfte des 19. Jahrhunderts haben die griechischen Rechtsgelehrten die Pandektenrechtswissenschaft und den deutschen Rechtspositivismus bewußt oder unbewußt eingeführt. Es ist gesagt worden, daß es sich um eine Rezeption des römischen Rechts in Gestalt der deutschen Pandektistik handele[130]. So schreibt Bizoukides: „Theo-

---

[125] Vgl. z. B. Ch. G. Thiväos, AID 1936, 499 ff.
[126] Maridakis, Hauptmerkmale 13.
[127] Triantaphyllopoulos, Griechisches Privatrecht 23.
[128] Vgl. Mitteis 177.
[129] Pantazopoulos, Von der „gelehrten Tradition" 301 Anm. 57.
[130] Koschaker, Europa 131; A. B. Schwarz, Symbolae, 474; Sontis ZSS 78 (1961) 360.

retisch galt in Griechenland das römische Privatrecht ... wie es sich in der späteren byzantinisch-griechischen Zeit durch die kaiserlichen Novellen weiterentwickelt hat. Praktisch aber ist die griechische Rechtswissenschaft ebensowenig wie die griechischen Gerichte ihre eigenen Wege zum Aufbau einer auf dem griechisch-byzantinischen Rechte wurzelnden Literatur und Judikatur gegangen, vielmehr schloß man sich allgemein und engstens an die deutsche romanistische Wissenschaft an, so daß man öfters in griechischen rechtswissenschaftlichen Werken gemeinrechtliche Lehren findet (actio spolii), die für Griechenland weder historische noch dogmatische Existenzberechtigung haben, während Erörterungen über wichtige Einzelheiten des byzantinischen Rechtes in der Regel fehlen."[131]

Trotz ihrer Meinungsverschiedenheiten stimmten jedoch die Vertreter einer Weitergeltung der byzantinischen Zivilgesetzgebung und die Anhänger der Lehre, die dem Gewohnheitsrecht den Vorrang gaben, darin überein, daß sie den Gedanken der Übernahme eines ausländischen Zivilgesetzbuches ablehnten. Diese Auffassung herrschte auch während des griechischen Befreiungskampfes von 1821. Erst die Verfassung von Trözen vom Jahre 1827 ist zum ersten Mal von dieser Auffassung abgewichen und hat die französische Gesetzgebung zum Vorbild einer griechischen Zivilrechtskodifikation bestimmt. Es fehlte jedoch nicht an Gegnern dieser letzteren Richtung. Chr. Klonaris, der erste Präsident des Areopag und Präsident der im Jahre 1836 eingesetzten Kommission zur Abfassung eines Zivilgesetzbuches, lehnte die Rezeption eines ausländischen Zivilgesetzbuches strikt ab[132]. Die königliche Verordnung vom 23. 2. 1835 muß als ein Sieg der Anhänger eines echten heimischen griechischen Zivilgesetzbuches betrachtet werden. Die Auswirkungen des französischen Rechtseinflusses einerseits, des deutschen andererseits haben jedoch während des 19. Jahrhunderts diesen Gegensatz noch mehr kompliziert, der bis in die Zeit der Vorarbeiten für das GZGB 1940 bestehenblieb, wie unten im vierten Kapitel näher darzulegen sein wird[133].

---

[131] Bizoukides 18 f. Eine Ausnahme stellte seinerzeit die berühmte Abhandlung von Maridakis dar über das byzantinische Recht in den Novellen der byzantinischen Kaiser.

[132] Pantazopoulos, Zivilgesetzbuch 25 Nr. 39.

[133] Vgl. unten § 16 I.

Drittes Kapitel

Griechische Kodifikationsversuche in den ersten Jahrzehnten des 20. Jahrhunderts (1909—1930)

§ 10. ALLGEMEINES

Die Rechtsunsicherheit, die auf dem Gebiet des griechischen Zivilrechts infolge der im vorangehenden Kapitel geschilderten Entwicklung entstand, und die Lückenhaftigkeit des den Verkehrsbedürfnissen nicht mehr genügenden römisch-byzantinischen Privatrechts waren nicht die einzigen Übel, an denen das griechische Rechtsleben am Anfang des 20. Jahrhunderts litt. Es bestand auch keine Rechtseinheit auf dem Gebiet des Zivilrechts in Griechenland, da, wie wir sahen (oben § 6), neben dem römisch-byzantinischen Recht, das auch in den später mit Griechenland vereinigten Gebieten eingeführt wurde, die drei nach Herkunft und Inhalt voneinander abweichenden lokalen Zivilgesetzbücher galten. Außerdem gab es Spezialgesetze, die für ganz Griechenland galten, sofern nicht ausdrücklich anderes bestimmt worden war. Für den Fall von Gesetzeskollisionen zwischen den lokalen Rechten oder zwischen einem solchen und dem gemeinen Recht fanden die internationalen-privatrechtlichen Vorschriften des Zivilgesetzes Nr. TϟA vom 29. 10. 1856 sowie des Gesetzes Nr. 147 von 1914 (ferner ein Dekret vom 23. 2. 1926) entsprechende Anwendung; wo das internationale Privatrecht das Nationalitätsprinzip entscheiden ließ, war hier das Recht des Wohnsitzes maßgebend[1].

Dieser Mangel an Rechtseinheit ließ die Notwendigkeit der Schaffung eines einheitlichen griechischen Zivilgesetzbuches dringender denn je sichtbar werden. Sowohl dem Rechtspraktiker wie dem Rechtstheoretiker machte er viele Schwierigkeiten und führte auch oft zu einer Rechtsunsicherheit. In den Jahren 1909—1930 wurden in Griechenland wiederholt zivilrechtliche Kodifikationsversuche vorgenommen, die jedoch wiederum nicht zu Ende geführt wurden. Allerdings war das Ergebnis dieser Arbeiten eine reichhaltige zivilrechtliche Einzelgesetzgebung, die später bei der Abfassung des GZGB 1940 von Nutzen war. Dieser Zeitabschnitt kann überhaupt als eine Vorbereitungszeit bezeichnet werden, in welcher der juristische und soziale Boden bereitet wurde, auf dem später das GZGB 1940 erwachsen sollte.

---

[1] Art. 3 Abs. 1 des Gesetzes Nr. 147/1914. Vgl. auch Papapanos RvglHWB I, 75.

§ 11. CHARAKTER DER IM JAHRE 1909 EINGETRETENEN POLITISCHEN UMGESTALTUNG

Das Jahr 1909 ist für Griechenland ein bedeutsames Datum. In diesem Jahr fand ein Militärputsch statt, der sich bald zu einer wirklichen, jedoch friedlichen sozialen Revolution entwickelte[2]. Der aus Kreta stammende liberale Politiker Eleutherios Venizelos übernahm nach dem Putsch die Regierung und hat allen Sektoren der staatlichen Tätigkeit einen neuen Impuls gegeben. Die innere und soziale gesetzgeberische Erneuerung verband sich mit erfolgreichen nationalen Kämpfen zur Befreiung der noch unter türkischer Herrschaft stehenden griechischen Provinzen. Das Jahr 1909 wird deshalb als Ausgangspunkt eines neuen sozialen und nationalen Lebens für Griechenland betrachtet.

Ausfluß der im Jahre 1909 eingetretenen politischen Umformung war nicht nur eine Umgestaltung des Verfassungs- und Verwaltungsrechts in liberaler Richtung, sondern auch der Erlaß zahlreicher Zivilgesetze, welche die neue soziale Reform widerspiegelten. Die Rechtsentwicklung dieser Periode ist gekennzeichnet durch die immer stärkere Zurückdrängung des individualistischen Charakters des Rechts. Die Gesetzgebung auf dem Gebiet des Zivilrechts wird immer reicher. Sie folgt der Veränderung der Sitten hinsichtlich der Familienbeziehungen und dem Wandel der sozialen Verhältnisse, besonders durch Bestimmungen zugunsten der Klasse der Lohnarbeiter, deren Zahl und politische Bedeutung sich vergrößert hatte. Diese Rechtsentwicklung setzte sich auch später fort und prägte sich in den Bestimmungen des GZGB 1940 aus. Wir müssen daher einen kurzen Blick auf die sog. „soziale Gesetzgebung[3]" werfen, welche die Frucht der damaligen politischen Umgestaltung gewesen ist.

Bis zum Jahre 1909 gab es in Griechenland im Grunde keine Arbeitsgesetzgebung[4]. Griechenland war ein hauptsächlich landwirtschaftlich genutztes Land und hatte daher die Folgen der sozialen Entwicklung, die in Westeuropa im Zuge der Industrialisierung aufgetreten waren, noch nicht kennengelernt. Die Zeit, die der revolutionären Periode von 1909 folgt, ist u. a. auch durch einen staatlichen Interventionismus gekennzeichnet. Man versuchte, die Ausbeutung zurückzudrängen und die ärmeren Gesellschaftsschichten zu schützen. Das Ergebnis dieser Entwicklung war eine umfangreiche Arbeitsgesetzgebung. Durch ein Gesetz von 1911 wurden den Arbeitgebern Verpflichtungen hinsichtlich der Sicherheit und hygienischen Einrichtung der Arbeitsräume zum Schutz der Arbeitnehmer auferlegt[5]. Das Gesetz Nr. ΔΚΘ von 1912, das auf die Bestimmungen des Berner Abkommens von 1906 zurückgeht[6],

---

[2] Triantaphyllopoulos, Les transformations du droit I, 222.

[3] Näheres über die „soziale Gesetzgebung„ siehe: Lampiris: Les transformations du droit I, 231 ff.

[4] Lampiris a. a. O. 231.

[5] Vgl. Art. 662 des GZGB 1940 über die Sicherheit und hygienische Einrichtung der Arbeitsräume.

[6] Lampiris: Les transformations du droit I, 231.

regelte die Arbeitsbedingungen von Kindern und Frauen. Durch das Gesetz 551/1914 „über Arbeitsunfälle" wurde die Gefährdungshaftung der Arbeitgeber eingeführt, die im Interesse der Arbeitnehmer lag und später noch erweitert wurde. Diese Arbeitsgesetzgebung wurde in der Folge durch zahlreiche weitere Gesetze ergänzt. Im Jahre 1913 hat der aus Vertretern der Arbeitnehmer und Arbeitgeber bestehende oberste Arbeitsrat beim Wirtschaftsministerium einen Gesetzentwurf „über den Dienstvertrag" ausgearbeitet[7]. Diesem Entwurf, der die entsprechenden Bestimmungen des römischen Rechts und der drei lokalen Zivilgesetzbücher ersetzen sollte, hatte das SchwOR (Art. 319 ff) als Vorbild gedient[8]. Es ist zwar niemals in Kraft getreten, wurde jedoch in den Jahren 1930—1934, als die Teilentwürfe des GZGB ausgearbeitet wurden, den den Dienstvertrag betreffenden Bestimmungen zugrunde gelegt[9].

Ferner wurden Gesetze erlassen, deren Zweck es war, das gemeine Beste zu schützen, die Macht des Kapitals zu vermindern und die Arbeit zu fördern[10]. Solche Gesetze sind z. B. die Gesetze 602 1915 „über die Genossenschaften", 281/1914 „über die Vereine", Nr. ΓΛΩΖ von 1911 „über die Wuchergeschäfte", 146/1915 über „unlauteren Wettbewerb", Nr. Γϡ΄Ν von 1911, durch das die Gefährdungshaftung des Kraftfahrzeugeigentümers eingeführt wurde, 1699/1918 „über Wiedergutmachung zugunsten des Verletzten", 1619/1919 „über Besteuerung der Erbschaften, der Schenkungen und der Mitgift" sowie Gesetze über Zwangsenteignung der großen Besitzungen, die den besitzlosen Bauern die Möglichkeit gewährten, Eigentum zu erwerben.

Ferner wurde die Verbesserung der Rechtsstellung der Frau durch viele Gesetze angestrebt. Darunter sind zu erwähnen: die Aufhebung des römischen SC. Vellaeanum und der für die Frau ungünstigen Novellen 117 und 134 Justinians, die von dem auf die Gleichbehandlung der Geschlechter abstellenden Gesetz 2228/1920 „über Ehescheidung" hinsichtlich der Scheidungsgründe ersetzt wurden. Das Gesetz 2310/1920, das die Novelle 118 Justinians und die ebenfalls für die Frau ungünstigen erbrechtlichen Bestimmungen des Ionischen Zivilgesetzbuches und des griechischen Gewohnheitsrechts aufhob, verstärkte das gesetzliche Erbrecht der überlebenden Ehefrau an der Erbschaft des Ehemannes und führte in ganz Griechenland eine erbrechtliche Gleichbehandlung zwischen Knaben und Mädchen ein. Die Verordnung vom 14./17. 7. 1926 gestand den unehelichen Kindern ein Unterhalts- und Erbrecht dem Vater gegenüber zu.

Es ist mit einer gewissen Übertreibung gesagt worden, daß die Periode, die der Revolution von 1909 gefolgt ist, alle Kennzeichen der Theorie des „staatlichen und juristischen Sozialismus" trage[11]. Auch wenn man nicht so weit

[7] Dieser Gesetzentwurf ist in der Zeitschrift «Neoelliniki Epitheorisis» (Neugriechische Rundschau) von 1919 (Bd. 3, S. 564 ff.) veröffentlicht worden.
[8] ESch. 224.
[9] ESch. 6, 41 und 224.
[10] Triantaphyllopoulos, Griechisches Privatrecht 30 f.
[11] Triantaphyllopoulos, Griechisches Privatrecht 33.

gehen will, bleibt unbestreitbar, daß der soziale Geist[12] des GZGB hier seine Wurzeln hat; schon die Gesetze jener Zeit haben den individualistischen Charakter des Zivilrechts weitgehend abgeschwächt, und das GZGB hat insoweit vor allem durch die systematische Anordnung und Korrekturen einzelner Regelungen zu einer weiteren Verbesserung beigetragen[13].

§ 12. ZUNEHMENDER DEUTSCHER EINFLUSS AUF DAS GRIECHISCHE ZIVILRECHT

Der starke Rechtseinfluß während des 19. Jahrhunderts im allgemeinen sowie im besonderen die Einführung des Studiums des römischen Rechts nach deutschem Vorbild durch die griechischen Romanisten bereitete den Boden für die große Wirkung vor, die das deutsche BGB auf die griechische Rechtswissenschaft gehabt hat. Schon die Veröffentlichung des ersten Entwurfes des BGB im Jahre 1888 hat die Kreise der griechischen Juristen heftig bewegt. Nicht nur die Gesetzestechnik dieses Entwurfs, sondern auch seine Annäherung an das römische Recht beeindruckten sie. Das im Jahre 1896 veröffentlichte, stark römisch-rechtlich gefärbte BGB selbst hat den deutschen Rechtseinfluß auf das griechische Zivilrecht sehr gefördert und die während langer Jahrzehnte geleistete Arbeit an einer griechischen Zivilrechtskodifikation, die ihren Höhepunkt im Entwurf von 1874 erreicht hatte, beinahe unbrauchbar gemacht — so wie alte technische Einrichtungen nach der Erfindung eines neuen mechanischen Systems stillgelegt werden[14].

Unter diesen Umständen wurde die Frage der griechischen Zivilrechtskodifikation wieder neu gestellt, und zwar dahin, inwieweit das deutsche BGB dem GZGB als Vorbild dienen solle. Die Diskussionen wurden nicht sofort öffentlich, sondern zunächst privat geführt. Einige der damals führenden griechischen Juristen haben sich darüber ausgesprochen, als sie von dem Verfasser des kretischen Zivilgesetzbuches von 1903, Stamos Papaphrangos, dazu befragt wurden. N. Dimitrakopoulos, der als der berühmteste griechische Justizminister gilt, setzte sich damals für die Einführung des deutschen BGB ein[15]. Die Kommissionen, die in Griechenland in den Jahren 1900—1920 zur Ausarbeitung eines GZGB eingesetzt wurden, standen ebenfalls unter dem starken Einfluß des BGB, und ihr Werk bestand — trotz der sehr beachtlichen Widersprüche anderer griechischer Juristen[16] — hauptsächlich darin, das deutsche Gesetz Wort für Wort ins Griechische zu übersetzen[17]. Johannes Evtaxias, der Mitglied der im Jahre 1906 eingesetzten Redaktionskommission und Referent für das erste Buch des Zivilgesetzbuches war, führt als Begrün-

---

[12] Über den sozialen Geist des GZGB 1940 siehe Vortrag von Tambakopoulos an der Universität Thessaloniki, griechisch veröffentlicht in Them. 1940, 369 ff. (Der Vortrag ist seinerzeit auch in deutscher Sprache erschienen.)
[13] Triantaphyllopoulos, NB 1956, 227.
[14] Triantaphyllopoulos, AID 1937, 439 f.
[15] Vgl. oben § 6 IV.
[16] Siehe z. B. Aravantinos 494 ff.
[17] Maridakis, Verh. der Akademie Athen 22 (1947), 316.

dung dieser Arbeitsmethode das folgende, für die damals vertretenen Auffassungen sehr Bezeichnende an: „Irgendeine Abänderung des deutschen BGB wäre dem Versuch eines Amateurmalers ähnlich, der ein Gemälde von Raphael oder von Rubens zu verbessern unternimmt und die von einer groben Hand durch Übermalen erfolgte Vernichtung eines klassischen Meisterwerkes für eine Verbesserung hält."[18]

Den immer mehr zunehmenden deutschen Einfluß verstärkte auch die Schule der griechischen Romanisten. Die juristische Tradition, die Paul Kalligas im 19. Jahrhundert begründet hatte, wurde fortgesetzt. Windscheid, dessen Beitrag zum deutschen Zivilrecht sich im BGB manifestiert hat, galt in Griechenland als Palladium juristischer Denkungsart[19]. Die berühmtesten griechischen Universitätsprofessoren dieser Periode an der rechtswissenschaftlichen Fakultät von Athen, Theophanopoulos, Krassas und Polygenis, hatten in Deutschland studiert und standen unter dem Einfluß der Lehre Windscheids, die sie in Griechenland eingeführt haben[20]. Ausfluß dieser Entwicklung war unter anderem auch die Übersetzung klassischer Werke deutscher Romanisten ins Griechische[21].

Starke Spuren dieser Rechtsentwicklung sind in der griechischen Gesetzgebung erkennbar. Schon das kretische Zivilgesetzbuch vom Jahre 1903 wurde weitgehend dem deutschen BGB nachgebildet. Griechische zivilrechtliche Einzelgesetze (wie z. B. die Gesetze von 1911 „über Testamente", 2228/1920 „über Ehescheidung", 2310/1920 „über Intestaterbfolge" und anderes) lassen erhebliche Einflüsse des deutschen BGB erkennen. Andere Zivilgesetze lehnten sich an Bestimmungen des SchwZGB an[22], das jedenfalls zum deutschen Rechtskreis gehört.

Hatte während des 19. Jahrhunderts die französische Gesetzgebung den meisten griechischen Zivilgesetzen als Vorbild gedient, so begann mit dem Anfang des 20. Jahrhunderts das deutsche BGB nach und nach mehr Boden im Rechtsleben Griechenlands zu gewinnen[23]. Diese Rechtsentwicklung präjudizierte die Zivilrechtskodifikation Griechenlands, und es ist leicht verständlich, warum das GZGB 1940, in einer solchen juristischen Umgebung ausgearbeitet, zwar durchaus einen eigenen Charakter hat, jedoch zum größten Teil dem deutschen BGB nachgebildet wurde.

---

[18] Zitiert nach Marikadis a. a. O.

[19] Vgl. Pratsikas, Them. 1930, 279; Schnitzer 215.

[20] Vgl. Pratsikas (vorige Note).

[21] So wurden die Lehrbücher über das Pandektenrecht von Windscheid durch Polygenis, von Dernburg durch Dyovouniotis und von Regelsberger durch Maridakis und Pratsikas ins Griechische übertragen.

[22] Z. B. waren das Gesetz 292/1914 „über Verschollenheit" und die Verordnung vom 17. Juli 1926 „über die Stellung der unehelichen Kinder" zum größten Teil den entsprechenden Bestimmungen des SchwZGB nachgebildet.

[23] Vgl. Bizoukides 23; Sontis ZSS 78 (1961) 384.

§ 13. KOMMISSIONEN ZUR AUSARBEITUNG EINES GZGB IN DEN JAHREN 1909—1930

Ausfluß der im Jahre 1909 eingetretenen politischen Umgestaltung war u. a. auch eine Kodifikationsbestrebung, die aber, immer wieder durch die politische Unstabilität unterbrochen, nicht zum Erfolg führte. Ihr Ergebnis war jedoch eine reichhaltige zivilrechtliche Einzelgesetzgebung[24].

Im Jahre 1911 wurde eine fünfköpfige Kommission „zur Vollendung der Ausarbeitung des Entwurfes des Zivilgesetzbuches" eingesetzt[25]. Sie sollte die Arbeiten der im Jahre 1906 eingesetzten Kommission, die ihren Arbeiten das deutsche BGB zugrunde gelegt hatte, fortsetzen. Gemäß einem Beschluß der Regierung Venizelos, dessen Initiator der bereits erwähnte Justizminister N. Dimitrakopoulos war, sollte auch diese Kommission trotz der sehr beachtlichen Widersprüche ihres Mitgliedes P. Aravantinos[26], ihren Kodifikationsarbeiten das BGB zugrunde legen[27]. Es gelang ihr jedoch nicht, das Werk zu vollenden. Einige zivilrechtliche Gesetze waren die Frucht ihrer Arbeiten.

Im Jahre 1917 wurde eine neue fünfköpfige Kommission zur Weiterführung des Werkes eingesetzt[28]. Aus ihren Arbeiten stammen die Gesetze 2228/1920 „über Ehescheidung" und 2310/1920 „über die Intestaterbfolge", die den entsprechenden Bestimmungen des GZGB von 1940 als Vorbild gedient haben. Wegen politischer Veränderungen löste sich diese Kommission im Jahre 1920 von selbst auf[29].

Im Jahre 1921 wurde wiederum eine fünfköpfige Kommission eingesetzt[30], die einen Entwurf eines Zivilgesetzbuches ausgearbeitet hat, der im großen und ganzen fast eine wörtliche Übersetzung des deutschen BGB war. Dieser Gesetzentwurf enthält keineswegs das auf den nationalen Traditionen und auf dem Rechtsbewußtsein des griechischen Volkes beruhende griechische Recht. Rechtsinstitute, die dem griechischen Recht unbekannt waren, wurden in diesen Entwurf übernommen, wobei man nicht einmal eine richtige griechische Terminologie zu finden vermochte, so daß im griechischen Text die deutschen Ausdrücke angeführt werden mußten (Reallasten, Grundschuld, Rentenschuld)[31]. Dieser Entwurf wurde im Jahre 1922 veröffentlicht, ist jedoch wegen politischer Veränderungen nicht in Kraft getreten. Wäre er Gesetz

---

[24] Vgl. unten § 14.

[25] Zu Mitgliedern dieser Kommission wurden ernannt: S. Tzagris, Präsident des Areopag, P. Tzitzeklis und die Universitätsprofessoren K. Demertzis, D. Pappoulias und P. Aravantinos; EAK 3.

[26] Vgl. oben N. 16.

[27] Triantaphyllopoulos, AID 1937, 441.

[28] Zu Mitgliedern dieser Kommission wurden ernannt: S. Tzagris, P. Thiväos, Rechtsanwalt, und die Universitätsprofessoren K. Triantaphyllopoulos, G. Balis und G. Dyovouniotis; EAK 3.

[29] Triantaphyllopoulos, AID 1937, 441.

[30] Zu Mitgliedern wurden ernannt: S. Tzagris und die Universitätsprofessoren K. Poligenis, G, Streit, A. Mompheratos und K. Rallis; EAK 3.

[31] Bizoukides, 18.

geworden, so hätte Griechenland damit kritiklos das deutsche BGB übernommen[32].

Dann gerieten die Kodifikationsversuche ins Stocken. Erst im Jahre 1930 begann ein neuer Versuch zur Kodifizierung des Zivilrechts, der schließlich zu ihrem erfolgreichen Abschluß führen sollte.

§ 14. DIE WICHTIGSTEN GRIECHISCHEN GESETZE AUF DEM GEBIET DES ZIVILRECHTS IN DEN JAHREN 1909 BIS 1930

I. Allgemeines

Die lebhafte gesetzgeberische Tätigkeit dieser Periode erstreckte sich insbesondere auch auf das Zivilrecht. Da viele dieser zivilrechtlichen Gesetze in das GZGB 1940 Eingang gefunden haben, seien die wichtigsten von ihnen im folgenden zusammengestellt.

II. Gesetz von 1911 „über Testamente“

Bis zum Jahre 1911 galt das von Kapodistrias erlassene Dekret „über Testamente“ von 1830. Das Gesetz Nr. ΓΨΠ von 1911 „über Testamente“ hat dieses Dekret aufgehoben und enthält Bestimmungen über die Testierfähigkeit, über die Form der Testamente und der Kodizille sowie über den Widerruf von Testamenten. Das Gesetz wurde zum größten Teil nach dem Vorbild der §§ 2229 ff. (alter Fassung) des deutschen BGB und in mancher Hinsicht nach dem Vorbild des französischen Code civil[33] und des italienischen Codice civile von 1865 ausgearbeitet, ohne einem dieser Gesetze ausschließlich zu folgen[34].

Obwohl in einigen seiner Bestimmungen ein starker konservativer Zug herrscht[35], hat es doch in mancher Hinsicht Fortschritte seinen fremden Vorbildern gegenüber gebracht und den übertriebenen Formalismus des BGB vermieden. So ist z. B. die Eigenständigkeit des Art. 6 Abs. 3 dieses Gesetzes hervorzuheben, der bestimmt: „Eine bewußt falsche oder irrtümlich vorgenommene Datierung hat von sich aus keine Nichtigkeit des eigenhändigen

---

[32] Triantaphyllopoulos, AID 1937, 441.

[33] Unter dem Einfluß des Code civil (Art. 968) erklärt dies Gesetz das gemeinschaftliche Testament für nichtig (Art. 2, von den §§ 2265 ff. BGB abweichende Regelung). Seine Bestimmungen über die sog. außerordentlichen Testamente (Art. 31 ff., Testamente der Militärpersonen, der staatlichen Seeleute, der im Heeresgefolge beschäftigten Personen usw.) sind ebenfalls zum größten Teil den Artikeln 981 ff. Code civil (in der Fassung vom 8. Juni 1893) nachgebildet; vgl. die Begründung zum Gesetz Nr. ΓΨΠ von 1911.

[34] Papapanos, RvglHWB I, 76. Vgl. die Begründung zum Gesetz von 1911.

[35] Art. 13 dieses Gesetzes bestimmt u. a., „daß das Testament nichtig ist, sofern Priester oder Frauen bei der Errichtung des Testaments als Zeugen mitgewirkt haben“, vgl. Balis, Handbuch 87 ff.

Testaments zur Folge" (ebenso jetzt Art. 1721 Abs. 3 GZGB 1940). Das eigenhändige Testament mußte nach Art. 6 dieses Gesetzes auch lediglich das Datum (Tag, Monat, Jahr) enthalten, ohne daß eine Angabe über den Ort der Errichtung für die Gültigkeit des Testaments erforderlich war. Solche Bestimmungen enthielt das BGB nicht, und erst durch das Gesetz vom 31. 7. 1938 „über die Errichtung von Testamenten und Erbverträgen" wurden entsprechende Vorschriften geschaffen, die durch Gesetz vom Jahre 1953 dem § 2247 BGB eingefügt wurden[36]. Die Bestimmungen des Gesetzes von 1911 wurden zum größten Teil vom GZGB fast unverändert in die Art. 1716—1780 übernommen[37], das Gesetz selbst durch Art. 96 EG GZGB aufgehoben.

III. Gesetz von 1911 „über vertragliche Zinsen und über Wuchergeschäfte"

Die römisch-rechtlichen Vorschriften über die Beschränkungen der vertraglichen Zinsen wurden in Griechenland als durch das Gewohnheitsrecht aufgehoben angesehen. Unter dem Einfluß individualistischer Auffassungen in bezug auf die absolute Vertragsfreiheit galt hier bis zum Jahre 1911 keine Beschränkung des Zinsfußes bei vertraglichen Zinsen[38]. Erst das Gesetz Nr. ΓΛΩΖ von 1911 hat den vertraglichen Zinsen Grenzen gezogen. Es setzte den Zinsfuß bei vertraglichen Zinsen auf neun Prozent fest. Rechtsgeschäfte über Zinsen, welche das erlaubte Höchstmaß übersteigen, sind in bezug auf das darüber Hinausgehende nichtig (Art. 3 § 1 des Gesetzes). Diese Bestimmung wurde vom Art. 294 GZGB 1940 übernommen. Ferner enthielt das Gesetz (nach dem Vorbild des österreichischen Gesetzes über die Wuchergeschäfte vom 28. 5. 1881[39]) Bestimmungen darüber, daß Wuchergeschäfte unter den in diesem Gesetz bestimmten Voraussetzungen (die dem § 138 Abs. 2 BGB entsprechen) anfechtbar sind, wenn es sich um Kreditgeschäfte handelt (Art. 2 und 3 des Gesetzes), denn danach setzt der Begriff des Wuchergeschäftes ein Kreditgeschäft voraus. Das Wuchergeschäft ist auch nicht nichtig, sondern kann nur von dem Geschädigten binnen 5 Jahren angefochten werden. Das GZGB 1940 (Art. 179) hat die die Wuchergeschäfte betreffenden Bestimmungen des Gesetzes von 1911 übernommen, jedoch mit zwei wesentlichen Abweichungen: Es hat den Begriff des Wuchergeschäftes auf die entgeltlichen Geschäfte ausgedehnt und erklärt die Wuchergeschäfte für nichtig. Art. 1 des Gesetzes wurde durch Art. 22 EG GZGB aufgehoben, im übrigen jedoch ist dieses Gesetz in seiner neuen Fassung in Kraft geblieben.

IV. Gesetz 1340/1918 „über Veräußerung von Dotalgrundstücken"

Bis zum Erlaß des Gesetzes 1340 „über Veräußerung von Dotalgrundstücken" im Jahre 1918 durfte der Ehemann die nicht taxierten Dotalgrundstücke (d. h. Grundstücke, die keine dos aestimata venditionis causa waren)

---

[36] Soergel III, § 2247 Anm. 4.
[37] Vgl. Markianos, RabelsZ 25 (1960) 69.
[38] Triantaphyllopoulos: Les transformations du droit I, 225.
[39] Triantaphyllopoulos, RabelsZ 10 (1936) 57; Balis, Them. 1912—1913, 190.

nicht veräußern, auch wenn die Ehefrau dieser Veräußerung zugestimmt hatte[40]. Das Gesetz 1340 ließ nun die Veräußerung von nicht taxierten Dotalgrundstücken unter den Voraussetzungen zu, daß die Frau zustimmt und der Fall einer unabwendbaren Notwendigkeit oder eines offenkundigen Vorteils gegeben ist. In jedem Falle ist zur Veräußerung eine Erlaubnis des Gerichts notwendig[41]. Die Bestimmungen dieses Gesetzes lassen Einflüsse der Art. 1555, 1556 und 1558 des Code civil sowie der Art. 1405—1406 des italienischen Codice civile von 1865 erkennen[42]. Die Bestimmungen der Art. 1417—1422 GZGB 1940 über die Veräußerung von Dotalgrundstücken wurden diesem Gesetz entnommen, das durch Art. 77 Abs. 1 EG GZGB aufgehoben wurde.

V. Gesetz 2228/1920 „über Ehescheidung"

Das Gesetz 2228/1920 „über Ehescheidung", das die für die Frau ungünstigen Novellen 117 und 134 Justinians aufhob, führte eine Gleichbehandlung von Ehemann und Ehefrau hinsichtlich der Scheidungsgründe ein. Allerdings blieben diejenigen Normen weiterhin in Geltung, die dem neuen Scheidungsrecht nicht unmittelbar entgegenstanden[43]. Dieses Gesetz weist erhebliche Einflüsse des BGB (§§ 1564 ff.) und teilweise des SchwZGB (Art. 137 ff.) auf. Es beruht auf dem Verschuldensprinzip. Es ist zu erwähnen, daß das Parlament die vom Justizminister vorgeschlagene Einführung der Regelung des Art. 142 des SchwZGB[44] zurückwies und der Fassung des (durch das Ehegesetz von 1938 inzwischen aufgehobenen) § 1568 des deutschen BGB folgte, weil die Einführung der Schweizer Bestimmung nach der Meinung der Mehrheit einer Scheidung wegen objektiver Zerrüttung der Ehe Vorschub leiste und daher zu einer Erschütterung des Instituts der Ehe in Griechenland führen könne[45]. Der Scheidungsgrund der objektiven Ehezerrüttung wurde später im Jahre 1931 in der Revisionskommission Gegenstand längerer Diskussionen. Doch hat das GZGB 1940 in seinen Art. 1438 ff. das vom Gesetz 2228 eingeführte Scheidungsrecht fast unverändert beibehalten[46], während das Gesetz als solches durch Art. 82 EG GZGB aufgehoben wurde.

---

[40] Triantaphyllopoulos: Les transformations du droit I, 227.

[41] Erläuterungen zu den Bestimmungen des Gesetzes 1340/1918 siehe bei Karakantas, Dotalgrundstücke.

[42] Triantaphyllopoulos: Les transformations du droit I, 227; ders., Familienrecht 10.

[43] So ist der mit Einwilligung des anderen Ehegatten erfolgte Eintritt in den Mönchsstand auch nach Inkrafttreten dieses Gesetzes als Scheidungsgrund anerkannt worden; RabelsZ 24 (1959) 471.

[44] Art. 142 des SchwZGB lautet: „Ist eine so tiefe Zerrüttung des ehelichen Verhältnisses eingetreten, daß den Ehegatten die Fortsetzung der ehelichen Gemeinschaft nicht zugemutet werden darf, so kann jeder Ehegatte auf Scheidung klagen. Ist die tiefe Zerrüttung vorwiegend der Schuld des einen zuzuschreiben, so kann nur der andere Ehegatte auf Scheidung klagen."

[45] Vgl. Pratsikas, Them. 1940, 135.

[46] Vgl. Stefanopoulos, RabelsZ 24 (1959) 470.

VI. Gesetz 2310/1920 „über die Intestaterbfolge"

Das Gesetz 2310/1920 „über die Intestaterbfolge" hat die Novellen 118 und 127 des Kaisers Justinian aufgehoben. In einigen griechischen Provinzen galt keine Gleichbehandlung zwischen Knaben und Mädchen hinsichtlich des Erbrechtes bei gesetzlicher Erbfolge. Im Geltungsbereich des Ionischen Zivilgesetzbuches von 1841 schloß das Vorhandensein von Söhnen das Erbrecht der Töchter auf die väterliche Erbschaft aus[47]. In anderen Provinzen galt ein altes Gewohnheitsrecht, kraft dessen die ausgestatteten Töchter kein Erbrecht auf die väterliche Erbschaft hatten[48]. Das Gesetz 2310/1920 hat eine erbrechtliche Gleichbehandlung zwischen Knaben und Mädchen desselben Ehepaares eingeführt[49]. Es gründet sich auf das Parentelsystem. Die gesetzliche Erbfolge bei Verwandtschaft in der Seitenlinie ist nicht unbeschränkt (wie im deutschen BGB), sondern auf Verwandte bis zum vierten Grad beschränkt. Das Gesetz hat ferner den Erbteil des überlebenden Ehegatten vermehrt. Seine Bestimmungen sind zum größten Teil den §§ 1924 ff. BGB entnommen[50]. Es weicht jedoch in einigen Punkten vom BGB wesentlich ab[51]. Das von diesem Gesetz eingeführte Recht der gesetzlichen Erbfolge wurde in den Art. 1813 ff. des GZGB 1940 zum größten Teil beibehalten und das Gesetz selbst durch Art. 96 EG GZGB aufgehoben.

VII. Gesetz 3741/1929 „über das Stockwerkseigentum"

Dieses Gesetz hat zum ersten Male in Griechenland das Rechtsinstitut des Stockwerkseigentums eingeführt und die Regel des römischen Rechts „superficies solo cedit" gebrochen. Die Einführung dieses Rechtsinstituts hatte unter anderem auch zum Ziel, die zwangsweise Verlängerung der Mietverhältnisse stufenweise aufzuheben und die daraus entstandene Feindschaft zwischen Eigentümern und Zwangsmietern zu beseitigen[52]. Dem Gesetz 3741/1929 haben der im Jahre 1927 von der französischen „Société d'Études législatives" ausgearbeitete Gesetzentwurf über das Stockwerkseigentum, entsprechende Bestimmungen der lokalen Zivilgesetzbücher und vor allem das belgische Gesetz vom 8. 7. 1924 über das Stockwerkseigentum als Vorbilder gedient[53]. Während der Vorarbeiten zum GZGB 1940 war das Rechts-

---

[47] Vgl. Papamarkos, Them. 1921—1922, 77.

[48] I. und P. Zepos JG VIII, 482 ff.; vgl. auch Them. 1919—1920, 483.

[49] Vgl. Litzeropoulos, Erbrecht 28.

[50] Pratsikas, Intestaterbfolge 11 ff.

[51] Das gesetzliche Erbrecht des überlebenden Ehegatten ist z. B. wesentlich anders als im § 1931 BGB ausgestaltet, da er als alleiniger Erbe erst nach den Verwandten in der fünften Ordnung berufen wird und in diesem Falle dem Staate ein persönlicher Anspruch gegen ihn auf Auskehrung der Hälfte des über die Summe 500 000 Drachmen hinausgehenden Wertes der Erbschaft zusteht (Art. 8 des Gesetzes 2310/1920).

[52] Vgl. die Begründung zum Gesetz 3741/1929.

[53] Vgl. ebenfalls die Begründung des Gesetzes. Über das belgische Gesetz vom 8. Juli 1924, siehe Aeby 37 ff.

institut des Stockwerkseigentums Gegenstand längerer Diskussionen, und eine reichhaltige Argumentation dafür und dagegen wurde vorgelegt[54]. Das GZGB 1940, dessen Art. 1117 über das notwendige Mieteigentum bei Stockwerkseigentum dem Art. 2 § 1 des Gesetzes 3741/1929 entnommen wurde, hat dieses Rechtsinstitut aufrechterhalten; das Gesetz gilt heute noch in Griechenland (Art. 54 EG GZGB).

VIII. Andere zivilrechtliche Gesetze

Nach dem Vorbild der §§ 194 ff. des deutschen BGB wurden zwei die Verjährung betreffende Gesetze abgefaßt, das Gesetz Nr. ΓΥΛΓ von 1909 „über kurzfristige Verjährungen" (ergänzt durch ein Gesetz von 1911) und das Gesetz Nr. ΓΧΞ von 1910 „über Änderung und Ergänzung der Vorschriften des geltenden Rechts über Verjährung". Diese Gesetze haben der Formulierung einiger einschlägiger Bestimmungen des GZGB 1940 als Vorbild gedient (die Art. 250, 253, 258, 259 GZGB 1940 entsprechen den Art. 1, 4, 5, 6 des Gesetzes Nr. ΓΥΛΓ von 1909; Art. 261 GZGB entspricht Art. 2 des Gesetzes Nr. ΓΧΞ von 1910).

Das Gesetz 292/1914 „über Verschollenheit" ist zum größten Teil den Art. 32—38 des SchwZGB nachgebildet und hat bei der Formulierung der die Verschollenheit betreffenden Art. 40—50 GZGB 1940 als Vorlage gedient.

Das Gesetz 1339/1918 regelt das Fundrecht nach dem Vorbild der §§ 965 bis 984 BGB und der Art. 720—722 des SchwZGB[55]. Seine Regelung wurde in den Art. 1081—1093 GZGB 1940 fast unverändert beibehalten.

Die Art. 1—4 des Gesetzes 5205/1931 „über die Haftung der Gastwirte", die dem deutschen BGB (§§ 701—703) entnommen wurden, haben der Formulierung der Art. 834—837 GZGB 1940 zum Vorbild gedient.

Das Gesetz 1337/1918 „über die Intestaterbfolge des Staates und über die Verwaltung der ruhenden Erbschaften" hat zum ersten Mal in Griechenland das gesetzliche Erbrecht des Staates geregelt[56]. Einige Bestimmungen dieses Gesetzes, die den §§ 1963—1966 BGB nachgebildet wurden, haben den Art. 1865—1870 GZGB 1940, die die ruhende Erbschaft betreffen, als Vorlage gedient.

Durch das Gesetz 1699/1918 „über Wiedergutmachung zugunsten des Verletzten usw." wurde in Griechenland das Recht auf Wiedergutmachung des immateriellen Schadens eingeführt. Dieses Recht wurde durch Art. 932 GZGB 1940 beträchtlich erweitert[57].

Im Jahre 1926 wurde die Verordnung vom 14./17. Juli 1926 „über die Stellung unehelicher Kinder" erlassen, die zum ersten Mal in Griechenland den unehelichen Kindern ein Unterhalts- und Erbrecht gegen den außerehelichen Vater gewährte. Diese Verordnung ist zum größten Teil dem SchwZGB (Art.

[54] Vgl. unten § 25 II 2.
[55] Vgl. Phourkiotis, AID 1942, 130; Kavkas, Zivilgesetzbuch I, 412 ff.
[56] Triantaphyllopoulos: Les transformations du droit I, 228.
[57] Vgl. unten § 30 III.

302 ff.) nachgebildet und hat den entsprechenden Bestimmungen des GZGB (Art. 1530 ff.) als Vorbild gedient[58].

Alle diese Zivilgesetze, die zahlreichen Bestimmungen des GZGB 1940 als Vorbild gedient haben, wurden durch das EG GZGB außer Kraft gesetzt.

[58] Vgl. unten § 29 II.

Viertes Kapitel

Vorbereitungsarbeiten und Fertigstellung der Zivilrechtskodifikation (1930–1946)

§ 15. ÜBERSICHT

Wenn man von der Entstehung des GZGB spricht, meint man im allgemeinen in erster Linie den Zeitraum der Jahre 1930—1946, in welchem sowohl der letzte Versuch zur Ausarbeitung eines Zivilgesetzbuches erfolgreich zu Ende geführt wurde, als auch Diskussionen und politische Auseinandersetzungen um das GZGB stattgefunden haben. Diesen Zeitraum kann man in vier Abschnitte unterteilen, von denen jeder sein eigenes Kennzeichen trägt:

a) die Jahre 1930—1936, in denen die Vorarbeiten geleistet und die Vorentwürfe ausgearbeitet und veröffentlicht wurden;
b) die Periode der Regierung Metaxas (1936—1940), in welcher die endgültige Fassung des GZGB erarbeitet und veröffentlicht wurde;
c) die Kriegsjahre (1941—1944), in denen das Inkrafttreten des GZGB in Griechenland auf unbestimmte Zeit verschoben war, während das griechische Konsulargericht in Alexandrien es bereits anwandte, und schließlich
d) den Zeitraum der Jahre 1945—1946, während dessen zunächst im Jahre 1945 ein neues GZGB ausgearbeitet und in Kraft gesetzt, sodann aber das GZGB von 1940 mit rückwirkender Kraft wiederhergestellt wurde.

§ 16. VORARBEITEN ZUM GZGB (1930—1936)

I. Widerstand gegen die beabsichtigte Rezeption des deutschen BGB

Nach dem ersten Weltkriege wurden im Ausland einige zivilrechtliche Kodifikationsentwürfe veröffentlicht, und zwar die ungarischen von 1914 und 1928, der tschechoslowakische von 1924 und der französisch-italienische Entwurf eines Obligationenrechts von 1927. Diese europäische Kodifikationsbewegung hat auch die entsprechenden Bestrebungen in Griechenland beeinflußt[1].

---

[1] EFam. 7.

Im Jahre 1930 führte die aus den Wahlen des Jahres 1928 hervorgegangene liberale Regierung E. Venizelos[2] die Zustimmung des Parlaments zum Gesetz Nr. 4680 vom 13. 5. 1930 „über die Bildung von Kommissionen zur Ausarbeitung eines Zivilgesetzbuches und seines Einführungsgesetzes“ herbei. Nach Ablauf fast eines Jahrzehnts (1920—1928), in welchem zunächst der Kampf Griechenlands gegen die Türkei und dann die innere politische Unstabilität einen Versuch zur Ausarbeitung eines GZGB nicht zugelassen hatten, konnte nun endlich diese Arbeit wieder aufgenommen werden.

Die verschiedenen Kommissionen, die nach 1900 zu diesem Zweck gebildet worden waren, hatten jeweils das deutsche BGB ihrer Kodifikationsarbeit zugrunde gelegt, die Entwürfe dieser Jahre trugen daher den Stempel seines Einflusses. Die damaligen letzten Generationen der griechischen Juristen waren größtenteils von Professoren wie Theophanopoulos, Krassas, Polygenis ausgebildet worden, die in Deutschland studiert hatten und der deutschen Rechtslehre verbunden waren[3]. Dieser Einfluß des deutschen BGB und der deutschen Rechtslehre auf die führenden Juristen läßt sich im wesentlichen darauf zurückführen, daß das deutsche BGB als die vollkommenste Kodifikation des weiterentwickelten römischen Rechts, auf dessen Grundlagen auch das damals in Griechenland geltende Recht fußte, angesehen wurde[4]. Es lag daher in einer solchen juristischen Atmosphäre nahe, daß, als die Regierung Venizelos im Jahre 1930 ihre Absicht zur Ausarbeitung eines GZGB ankündigte, die bereits vorhandene Tendenz zur Übernahme des deutschen BGB in Griechenland sich verstärkte. Auch Ministerpräsident E. Venizelos äußerte sich dahin[5], wie sich auch schon früher der Justizminister Dimitrakopoulos dafür eingesetzt hatte[6]. Im Justizministerium wurden ebenfalls ähnliche Ansichten vertreten[7].

Die Mehrheit der griechischen Juristen stand jedoch dieser Auffassung entgegen. Der Herausgeber der juristischen Zeitschrift „Themis“, Professor Pratsikas, hat im April 1930 in ihr einen Leitartikel unter dem Titel „Das griechische Zivilgesetzbuch“ veröffentlicht, in dem er nicht nur die Tendenz zur Rezeption des deutschen BGB scharf kritisierte und verurteilte, sondern auch sozusagen ein nationales Referendum unter den griechischen Juristen anregte und erklärte, daß die Spalten der „Themis“ den griechischen Juristen, Richterkollegien und Anwaltskammern zur Verfügung stünden, damit sie ihre Ansichten in dieser nationalen Frage äußern könnten[8].

Viele Anwaltskammern haben daraufhin ihre Mitglieder zu einer Hauptversammlung einberufen und Memoranden verfaßt oder Beschlüsse gefaßt, durch die sie die Ausarbeitung eines „echten“ griechischen Zivilgesetz-

---

[2] Es handelt sich um den gleichen Politiker, dem schon die im Jahre 1909 eingetretene politische Umgestaltung zu verdanken war; siehe oben § 11.

[3] Pratsikas, Them. 1930, 279.

[4] Pratsikas, Them. 1930, 276.

[5] Siehe darüber ein Schreiben des Oberlandesgerichtspräsidenten von Athen Georgopoulos in Them. 1930, 356.

[6] Vgl. oben § 6 IV.

[7] Pratsikas, Them. 1930, 289 Nr. 22.

[8] Pratsikas, Them. 1930, 273 ff.

buches verlangten, das der griechischen sozialen Wirklichkeit, den griechischen Gewohnheiten und der griechischen Tradition entspräche[9]. Darunter ist der Beschluß der Hauptversammlung der Anwaltskammer von Volos besonders zu erwähnen, in dem unter anderem auch betont wird, das neue griechische Zivilgesetzbuch müsse eine echte griechische Form haben, denn die griechische Nation habe, als sie unter dem türkischen Joch stöhnte, auch nach ihrem eigenen Recht gelebt, und die bereits vorbereitete Verpflanzung eines fremden Rechts nach Griechenland werde nicht nur das nationale Gewissen und das nationale Ehrgefühl verletzen, sondern auch ein Recht einführen, das unbekannt und dem Gefühl des Volkes fremd sei und welches geistiges Eigentum derer sein werde, die es speziell im Ausland studiert haben[10].

Der damalige Präsident des Oberlandesgerichts von Athen, A. Georgopoulos, bezeichnete eine etwaige Verpflanzung des deutschen BGB nach Griechenland als juristisches „Verbrechen“[11]. Es darf auch nicht vergessen werden, daß zahlreiche griechische Juristen schon in der Vergangenheit eine Rezeption des deutschen BGB abgelehnt hatten[12].

Man wird zugeben müssen, daß diese Bewegung, die grundsätzlich die Ausarbeitung eines „echten“ griechischen Zivilgesetzbuches verlangte und jeden Einfluß fremden Rechts auf das GZGB ablehnte, mehr einem romantischen nationalen Gefühl als einer realistischen Betrachtung der Wirklichkeit entsprang[13]. Die nationalen Kodifikationen des Zivilrechts in den einzelnen kontinental europäischen Ländern beeinflussen sich ständig wechselseitig, weil sie im wesentlichen auf denselben römisch-rechtlichen Grundlagen fußen. In Griechenland selbst ließen schon die meisten Einzelgesetze auf dem Gebiet des Zivilrechts, die im Jahre 1930 galten, erhebliche Einflüsse des BGB oder des Code civil erkennen. Die seit der zweiten Hälfte des 19. Jahrhunderts bis zum Jahre 1930 unter dem Einfluß der griechischen Romanisten und im Rahmen des Pandektenrechts in Griechenland eingetretene Rechtsentwicklung präjudizierte seine zivilrechtliche Kodifikation.

Gewiß gab es in Griechenland Gewohnheitsrecht, das aber meist von Ort zu Ort verschieden war[14] und aus diesem Grunde weitgehend ungeeignet, einer einheitlichen Kodifizierung des Zivilrechts zugrunde gelegt zu werden. Durch den Erlaß zahlreicher Spezialgesetze war auch die Möglichkeit der Entwicklung neuen Gewohnheitsrechts erheblich eingeschränkt worden[15]. Abge-

---

[9] Siehe die Beschlüsse der Anwaltskammern von Korfu (Kerkyra) und Rodopis, Them. 1930, 353 ff. und 491 f.

[10] Siehe den Beschluß in Them. 1930, 652 f.

[11] Siehe das Schreiben von Georgopoulos in Them. 1930, 355 ff.

[12] Vgl. oben § 6 IV; siehe ferner N. Giotopoulos, Them. 1907, 31.

[13] N. Thiväos, EEN 1938, 272. Vgl. Litzeropoulos, NB 1956, 243 Nr. 63.

[14] Das griechische gewohnheitsrechtliche Erbrecht z. B. war von Ort zu Ort ganz verschieden. In einigen Provinzen (so auf der Insel Amorgos) erbten die Söhne die väterliche und die Töchter die mütterliche Erbschaft; in anderen Provinzen (wie auf der Insel Ios) war der Erbteil der Töchter größer als der der Söhne; in einigen anderen Provinzen schließlich (z. B. auf der Insel Andros) bekam der erstgeborene Sohn in der Regel ein größeres Erbteil als die übrigen Abkömmlinge; siehe Paschalis, AID 1939, 231 ff. Vgl. auch Maurer I, 147.

[15] Vgl. Pratsikas, Them. 1935, 10 f.

sehen von seinem überwiegend lokalen Charakter war das Gewohnheitsrecht auch unbeständig und flüssig[16]. Das GZGB hat sein Ziel vor allem auch darin erblickt, in Griechenland eine Rechtseinheit einzuführen, die vor ihm nicht nur von den drei lokalen Gesetzbüchern, sondern auch von den verschiedenen und wechselnden lokalen Gewohnheitsrechten durchbrochen war.

Auch aus einem anderen Grund war eine Kodifizierung des griechischen nationalen Rechts unmöglich. Unter dem Einfluß der in den vorangehenden Kapiteln geschilderten Rechtsentwicklung fehlte eine theoretisch-kritische, ins einzelne gehende Darstellung der einzelnen Zweige des einheimischen griechischen Rechts in seiner fast dreitausendjährigen geschichtlichen Entwicklung[17]. Vor allem war die Erforschung des byzantinischen Rechts keinesfalls abgeschlossen, denn der Gegensatz zwischen Reichsrecht und Volksrecht[18] war noch nicht in seiner Gesamtheit erforscht[19].

Alle diese Tendenzen, Erwägungen und Notwendigkeiten umreißt die Begründung zum Gesetz 4680/1930 über die Einsetzung einer Redaktions- und einer Revisionskommission: „... das deutsche BGB soll nicht ausschließlich, sondern hauptsächlich als Grundlage für die Ausarbeitung des GZGB gebraucht werden, denn es ist ein Gesetz, das den gegenwärtigen Notwendigkeiten entspricht und durch das größtenteils Institutionen des römischen Rechts kodifiziert wurden."[20]

II. Arbeiten der Redaktions- und der Revisionskommission

Das ebengenannte Gesetz 4680 erging am 13. 5. 1930. Es sah die Einsetzung zwei Kommissionen, und zwar einer fünfköpfigen Redaktionskommission

---

[16] Was die Unbeständigkeit und Unsicherheit des älteren griechischen Gewohnheitsrechtes angeht, so ist sehr bezeichnend, was Maurer über das auf der Insel Tinos geltende Gewohnheitsrecht schreibt: „Es sind zwei Berichte über die gegebenen acht Fragen eingelaufen, der eine unterschrieben von mehreren Bürgern, der andere von der Demogerontie. Die eine Partei beschuldigt die andere, daß sie die Wahrheit verfehlt habe. Der Nomarch bemerkt aber, daß beide Teile sich von der Wahrheit entfernt haben." (Maurer I, 23.) Es sei erwähnt, daß P. Kalligas sich zwar später für die parallele Geltung des römisch-byzantinischen Rechts und des Gewohnheitsrechts einsetzte, jedoch in seiner im Jahre 1839 erschienenen Schrift „Über die Ausarbeitung eines Zivilgesetzbuches in Griechenland" die von Maurer ausgearbeitete Sammlung des griechischen Gewohnheitsrechts als „eine Reihe von Mythologien" bezeichnete; Pantazopoulos, Zivilgesetzbuch 55 Nr. 102. Einige allgemeine Gewohnheitsrechtsnormen, die im größten Teil Griechenlands galten, sind jedoch im GZGB berücksichtigt worden (s. z. B. im Art. 1891—1894 über die elterliche Teilung und Art. 639 f. über die Viehpacht).

[17] „Durch die Einführung des Pandektenrechts", so schreibt Sontis, „ist zum ersten Mal der einheitliche und ununterbrochene Faden der dreitausendjährigen geschichtlichen Entwicklung des griechischen Rechts gerissen, dessen Wunder die neuere rechtsgeschichtliche Forschung entdeckt." Sontis ND 1946, 224. Vgl. Pantazopoulos, Quellen.

[18] Vgl. oben § 9.

[19] Gogos AcP 29 (1944) 84 f. „Einen besonderen Lehrstuhl zur Pflege des byzantinischen Rechts hat die Athener Universität leider niemals gehabt." Bizoukides 19.

[20] Siehe Begründung in KTh 1930, 296.

und einer aus höchstens fünfundzwanzig Mitgliedern bestehenden Revisionskommission vor, deren Arbeit am GZGB bis Ende des Jahres 1931 beendet sein sollte.

Dementsprechend wurden durch Präsidialverordnung vom 12. 6. 1930 die Universitätsprofessoren Konstantin Demertzis, Konstantin Triantaphyllopoulos, Georg Balis und Georg Maridakis sowie der Rechtsanwalt Peter Thiväos zu Mitgliedern der Redaktionskommission ernannt. Professor Demertzis wurde durch einstimmigen Beschluß der Mitglieder zu ihrem Vorsitzenden gewählt[21]. Jedes Mitglied übernahm die Ausarbeitung eines Teiles des Ganzen, und zwar Professor Maridakis den Allgemeinen Teil, den er in einen Allgemeinen Teil und in das Personenrecht unterteilte, Professor Triantaphyllopoulos das Recht der Schuldverhältnisse, Rechtsanwalt Thiväos das Sachenrecht, Professor Demertzis das Familienrecht und Professor Balis das Erbrecht[22]. Die Redaktionskommission beschloß, die Ausarbeitung eines Einführungsgesetzes zum GZGB auf einen späteren Zeitpunkt zu verschieben. Zum Generalsekretär der Kommission wurde Professor Maridakis ernannt[23]. Daß kein Richter des Areopag zu ihrem Mitglied ernannt wurde, gab damals Veranlassung zur Kritik an der Zusammensetzung der Redaktionskommission[24].

Die Revisionskommission wurde durch Präsidialverordnung vom 11. 12. 1930 zur Durchführung des Gesetzes 4680/1930 eingesetzt und bestand aus 25 Mitgliedern. Unter ihnen waren die Mitglieder der Redaktionskommission, ferner alle noch lebenden Mitglieder früher zur Ausarbeitung eines GZGB eingesetzter Kommissionen[25]. Die Führer der im Parlament vertretenen politischen Parteien wurden ebenfalls gebeten, an den Sitzungen und Besprechungen der Revisionskommission teilzunehmen[26]. Ihr Beitrag wurde als

---

[21] EFam S. V.

[22] Gogos, S. V.

[23] Später wurden nacheinander P. Zepos und G. Kousoulakos zu Generalsekretären der Redaktions- und der Revisionskommission ernannt; EFam S. V.

[24] Vgl. Pratsikas. Them. 1935, 11.

[25] Außer den Mitgliedern der Redaktionskommission wurden zu Mitgliedern der Revisionskommission ernannt: K. Raktivan, Präsident des Staatsrats (Conseil d'État), A. Zilimon, Präsident des Areopag, G. Streit, Professor für Völkerrecht, S. Tzagris, vormals Präsident des Areopag, M. Chatzakos, Staatsanwalt am Areopag, F. Vasiliou, vormals Staatsanwalt am Areopag, S. Papaphrangos, Vizepräsident des Staatsrats, A. Riganakos, Staatsanwalt am Oberlandesgericht von Athen, A. Koumantos, Staatssyndikus am Justizministerium, K. Poligenis, Professor für Zivilrecht, K. Rallis, Professor für Kirchenrecht, D. Pappoulias, Professor für Zivilrecht, Thr. Petimezas, Professor für Handelsrecht, A. Svolos, Professor für Verfassungsrecht, P. Aravantinos, Privatdozent, El. Anastassiadis, Professor für Handelsrecht, G. Dyovouniotis, Rechtsanwalt, K. Varvaressos, Professor für Volkswirtschaftslehre, und A. Zakkas, höherer Ministerialbeamter, von denen K. Raktivan, Thr. Petimezas und G. Streit ihre Ernennung nicht angenommen und an den Arbeiten der Revisionskommission nicht teilgenommen haben; siehe Pratzikas, Them. 1940, 243.

[26] Folgende Politiker haben sich an den Arbeiten der Revisionskommission beteiligt: E. Venizelos, damaliger Ministerpräsident, P. Tsaldaris, Al. Papanastasiou und A. Michalakopoulos; siehe A. Tabakopoulos 7.

notwendig nicht nur im Interesse der Berücksichtigung der im Volk bestehenden Auffassungen und Tendenzen, sondern auch für die Vorbereitung der Debatten im Parlament und damit für die Abstimmung über den endgültigen Entwurf zum GZGB im Parlament angesehen. Die Sitzungen der Revisionskommission waren dem Publikum zugänglich, und die Tagespresse hat ihre Beratungen mit großem Interesse verfolgt. Die Revisionskommission war also eine Art „Vorparlament"[27].

Der Metropolit von Athen, das geistliche Oberhaupt von ganz Griechenland[28], wurde gebeten, denjenigen Sitzungen der Revisionskommission beizuwohnen, die sich auf bestimmte Institutionen des Familienrechts, und zwar auf die Eingehung der Ehe und auf die Ehehindernisse bezogen, damit er die Auffassungen und Ansichten der griechisch-orthodoxen Kirche zu diesen Themen, die in Griechenland gemäß einer nationalen Tradition einen gewissen religiösen Charakter haben, offiziell äußern könne[29].

Durch Präsidialverordnung vom 11. 12. 1930 wurde der Justizminister und im Falle seiner Abwesenheit Professor Demertzis zum Vorsitzenden der Revisionskommission ernannt. Demertzis war die Seele der Kodifikationsarbeiten, deren Fortschritte hauptsächlich ihm zu verdanken sind[30].

Die Redaktionskommission hat gemäß Art. 6 des Gesetzes 4680 im November 1930 einen Arbeitsplan für jeden Teil des GZGB ausgearbeitet. Die Regierung Venizelos hat diese Arbeitspläne drucken lassen und allen Richterkollegien, Anwaltskammern, Handelskammern, Landwirtschaftskammern, den Gewerkschaften, Abgeordneten und höheren Beamten des Staates zugesandt, um eine möglichst breite Diskussion zu entfachen[31]. Daneben wurden auch die Berichte der Referenten veröffentlicht, die deren Stellungnahme zu den Hauptproblemen ihres Gebietes enthielten. Der Vorsitzende der Redaktionskommission, Professor Demertzis, arbeitete einen allgemeinen Arbeitsplan aus, in dem die Grundlinien für die Abfassung des GZGB in großen Zügen festgehalten waren[32]. Dieser Plan wurde von der Redaktionskommission in der Sitzung vom 30. 11. 1930 gebilligt und sah folgendes vor:

a) Das GZGB sollte ein besonderes Buch über den Allgemeinen Teil des bürgerlichen Rechts enthalten.
b) Was den materiellrechtlichen Inhalt der Bestimmungen angeht, sollte die Redaktionskommission keinem der ausländischen Zivilgesetzbücher folgen, sie sollte diese jedoch zu Rate ziehen können, und zwar vor allem das deutsche BGB und das SchwZG. Eine Änderung an Institutionen des in Griechenland geltenden Rechts sollte nur dann vorgenommen werden, wenn die Redaktionskommission sich davon über-

---

27 P. Vallindas, RabelsZ 7 (1933) 161; vgl. Balis, Them. 1945, 112.
28 Der jeweilige Erzbischof von Athen ist unter den Bischöfen der griechisch-orthodoxen Kirche primus inter pares und führt den Ehrentitel „Μακαριώτατος".
29 Vgl. darüber die Erklärungen des Justizministers Dingas in EAllgT. 30.
30 Maridakis, ND 1946, 144; Pratsikas, Them. 1940, 252.
31 Siehe die Erklärungen des Justizministers Dingas in EAllgT 29.
32 EAllgT 3 ff.

zeugt hätte, daß die Bedürfnisse der zeitgenössischen griechischen Gesellschaft dies verlangten[33].

c) Bezüglich der systematischen Gliederung des Stoffes sollte das GZGB dem System des deutschen BGB folgen.

d) Die Redaktionskommission sollte eine möglichst einfache und klare Formulierung anstreben und Verweisungen von Artikel zu Artikel möglichst vermeiden.

Der Inhalt dieses allgemeinen Arbeitsplanes ließ erkennen, daß das deutsche BGB einen wesentlichen Einfluß auf das GZGB haben würde. Es war daher nicht erstaunlich, daß hier wiederum die Kritik einzelner griechischer Juristen ansetzte[34].

Alle Arbeitspläne wurden im Dezember 1930 auch der Revisionskommission zur Beurteilung vorgelegt. Diese Beratungen sollten die allgemeinen Grundlagen für die Gestaltung der Rechtsinstitute des Zivilrechts schaffen. Die Revisionskommission sollte die Grundlinien der juristischen und sozialen Richtung des GZGB abstecken, Beschlüsse über die wichtigsten Modifikationen des geltenden Rechts fassen und die Grenze für die Benutzung fremder Zivilgesetzbücher festlegen. Auf diesem Wege sollte die Redaktionskommission später die sozialen Notwendigkeiten der zeitgenössischen griechischen Gesellschaft und die Forderungen der juristischen Fachwelt und der öffentlichen Meinung berücksichtigen, denn von den Mitgliedern der Revisionskommission wurden die verschiedensten juristischen und sozialen Auffassungen vertreten, sowohl konservative wie auch liberale und sozialistische. Über die von der Redaktionskommission ausgearbeiteten Arbeitspläne hat die Revisionskommission in 18 Sitzungen (vom 17. 12. 1930 bis 27. 1. 1931) diskutiert[35]. Es sei erwähnt, daß in der Revisionskommission auch die Frage zur Diskussion stand, ob die Ausarbeitung des GZGB verschoben werden solle, damit die Arbeiten einer internationalen Kommission, die die Vereinheitlichung des Privatrechts der Balkanstaaten diskutierte und vorbereitete[36], berücksichtigt werden könnten. Dieser Wunsch hat sich aber in der Kommission nicht durchsetzen können[37].

Innerhalb der Revisionskommission bildeten sich hauptsächlich zwei Gruppen, die zur rechtlichen Regelung der Lebensverhältnisse verschiedene Richtungen einschlugen:

a) Die eine Gruppe erstrebte eine Erneuerung einiger zivilrechtlicher Institutionen des geltenden Rechts. Sie forderte deren weitgehende Befreiung von den Schranken der geltenden Normen und betonte besonders die soziale Funktion des Rechts. Deshalb war in der Revisionskommission wiederholt vom „linken Flügel" die Rede[38].

---

[33] Vgl. Gogos AcP 29 (1944), 83.

[34] Vgl. z. B. Pratsikas, Them. 1935, 11.

[35] Tambakopoulos 6.

[36] Über die damaligen Versuche zur Vereinheitlichung des Privatrechts in den Balkanstaaten siehe C. G. Vasiliu, AID 1935, 585 ff.

[37] EAllgT 34—36.

[38] Vgl. z. B. ESch. 42, EFam. 523, 534 und 636.

b) Die andere Gruppe erstrebte ebenfalls eine Anpassung der Institutionen an die griechische soziale Wirklichkeit, aber grundsätzlich ohne Abwendung vom geltenden Recht und von der juristischen und sozialen Tradition.

Zwischen diesen beiden Richtungen standen noch andere Auffassungen, die einem Mittelweg folgten. Der Prüfstein für die verschiedenen juristischen und sozialen Richtungen war insbesondere das Gebiet des Familienrechts, über dessen Fragen stürmische Diskussionen unter den Mitgliedern der Revisionskommission geführt wurden.

Die Kodifikationsarbeit war für die Redaktionskommission besonders schwierig, weil die griechische Regierung auf einer schnellen Fertigstellung des Entwurfes bestanden hatte. Der Kommission war für den Abschluß ihrer Arbeiten ein kaum zweijähriger Zeitraum zur Verfügung gestellt worden[39].

Von März bis November 1931 beschäftigte sich jedes Mitglied der Redaktionskommission mit der Formulierung der einzelnen Vorentwürfe des GZGB und der damit zusammenhängenden Motivenberichte. Im November 1931 begann die Redaktionskommission gemeinschaftlich die Ausarbeitung und die endgültige Formulierung der Teilentwürfe des GZGB unter Berücksichtigung der in der Revisionskommission geführten Besprechungen. Die in Art. 2 des Gesetzes 4680/1930 festgesetzte Frist für die Ausarbeitung des GZGB bis Ende 1931 erwies sich als nicht hinreichend, sie wurde deshalb erneuert und schließlich bis zum Jahre 1934 verlängert[40]. Die Redaktionskommission verfaßte keinen einheitlichen Entwurf des GZGB, sondern sie arbeitete jeden einzelnen Teil des GZGB besonders aus. Daher wurden die Teilentwürfe des GZGB als einzelne Bände vom Justizministerium in folgender Reihenfolge veröffentlicht:

Familienrecht im Jahre 1933 (445 Artikel),
Recht der Schuldverhältnisse im Jahre 1935 (563 Artikel),
Personenrecht im Jahre 1936 (99 Artikel),
Allgemeiner Teil im Jahre 1936 (162 Artikel),
Sachenrecht im Jahre 1936 (339 Artikel),
Erbrecht im Jahre 1936 (306 Artikel).

Diese Bände, die insgesamt aus 2150 bedruckten Seiten bestehen, enthalten die Vorentwürfe der Referenten und die endgültigen Entwürfe der Redaktionskommission, die Protokolle der Besprechungen in der Revisions- und in der Redaktionskommission, die Denkschriften und die Motivenberichte der Referenten. „In Griechenland", so schreibt A. B. Schwarz dazu, „zeigen die mannigfachen Entwürfe ... Produkte einer Rechtswissenschaft von sehr beträchtlichem Rang."[41]

---

[39] Triantaphyllopoulos, RabelsZ 10 (1936) 53.
[40] Vgl. ein Schreiben des Justizministeriums in EEN 1934, 112.
[41] A. B. Schwarz, 17.

Das Justizministerium rief die griechischen Juristen auf, zu den publizierten Entwürfen des GZGB Stellung zu nehmen[42]. Anfänglich bestand unter den griechischen Juristen keine Bereitschaft, diesem Aufruf Folge zu leisten — eine Reaktion, die in scharfer Form durch die Rundschreiben des Justizministers Taliadouros verurteilt wurde[43]. Während der Jahre 1935 bis 1938 wurden jedoch bedeutende Beiträge und Abhandlungen über die Bestimmungen und Institutionen der einzelnen Entwürfe des GZGB veröffentlicht, die später der endgültigen Formulierung des GZGB 1940 gedient haben.

Die von der Redaktionskommission ausgearbeiteten Teilentwürfe des GZGB sollten der Revisionskommission zur Beurteilung vorgelegt werden. Die entsprechenden Bestimmungen des Gesetzes 4680/1930 wurden jedoch durch Art. 2 des Gesetzes 5742/1933 aufgehoben. Dieses Gesetz sah aber die Möglichkeit der erneuten Bildung der Revisionskommission durch eine Verordnung vor. Auf Grund dessen wurde am 17. 8./6. 9. 1934 die Verordnung „über die Zusammensetzung und über die Arbeitsweise der Revisionskommission des GZGB" erlassen, kraft deren eine neue Revisionskommission eingesetzt wurde[44], die am 27. Februar 1935 zu einer einzigen Sitzung einberufen wurde und beschloß, durch die Tagespresse die griechischen Juristen aufzurufen, ihre schriftliche Stellungnahme zu den Bestimmungen der Teilentwürfe des GZGB einzusenden[45]. Nach fast einem Jahr wurde das Notgesetz vom 23./24. 1. 1936 „über die Art und Weise der Ausarbeitung des vorzubereitenden GZGB" veröffentlicht, durch das die Zahl der Mitglieder dieser Revisionskommission auf 27 vermehrt wurde[46]. Sie waren kraft des Artikels 3 dieses Gesetzes verpflichtet, schriftliche Stellungnahmen zu einigen Institutionen der Teilentwürfe des GZGB auszuarbeiten; die Revisionskommission ist jedoch niemals zusammengetreten, um Entscheidungen zu treffen und über die betreffenden Denkschriften zu diskutieren. Dadurch wurde der Eindruck erweckt, daß dieser Versuch zur Ausarbeitung eines GZGB wiederum fehlzuschlagen drohe[47].

---

[42] Schreiben des Justizministeriums unter den Nummern 100/12. 11. 1934, 18 115/14. 3. 1935 und 35 403/9. 5. 1935 in Them. 1935, 368, 403 und 624, EEN 1935, 319 und 527.

[43] Darüber gab es Meinungsverschiedenheiten zwischen dem Justizminister Taliadouros und dem Plenum des OLG von Athen; siehe die diesbezüglichen beiderseitigen Schreiben in Them. 1934, 368—370 und Them. 1935, 371.

[44] Zu Mitgliedern dieser Kommission wurden ernannt: A. Zilimon, G. Streit, S. Papaphrangos, S. Tzagris, L. Gidopoulos (Staatsanwalt am Areopag), S. Mavros, K. Rallis, G. Oikonomopoulos, A. Koumantos, Chr. Pratsikas (Professor für Zivilrecht) und die fünf Mitglieder der Redaktionskommission; Tambakopoulos 9.

[45] Tambakopoulos 9.

[46] Es wurden dazu ebenfalls ernannt: P. Poulitsas, später Präsident des Staatsrats, G. Dyovouniotis, A. Litzeropoulos, Professor für Zivilrecht, G. Kasimatis, Professor für Arbeitsrecht, K. Sourlas, Professor für Zivilrecht, P. Zepos, Professor für Zivilrecht, und G. Rammos, Pofessor für Zivilprozeßrecht; siehe Tambakopoulos 9.

[47] Tambakopoulos 10.

§ 17. ENDGÜLTIGE AUSARBEITUNG DES GZGB (1936—1940)

Im August 1936 hat die Regierung Metaxas in Griechenland eine diktatorische Regierungsform geschaffen. Die Periode der Regierung Metaxas dauerte mehr als vier Jahre (1936—1941). Die Regierung hat die innenpolitische Stabilität unter anderem dazu benutzt, die Arbeiten am GZGB voranzutreiben.

Im November 1938 wurde das Notgesetz 1487 „über die Organisation der gesetzgebenden Kommission beim Justizministerium" erlassen, durch das die bisherigen verschiedenen Kommissionen aufgehoben wurden. Art. 11 dieses Gesetzes bestimmte, daß der Justizminister nur einer Person das allgemeine Referat über die Revision der Teilentwürfe des GZGB anvertrauen könne. Dieses Verfahren hatten schon viele Mitglieder der durch das Gesetz 1487 aufgehobenen Redaktions- und Revisionskommissionen zur Beschleunigung der Ausarbeitung des GZGB für zweckmäßig gehalten[48]. Es ist hier zu erwähnen, daß die Redaktionskommission zwar bis zum Erlaß dieses Notgesetzes de jure bestand, jedoch de facto von der Regierung Metaxas lahmgelegt war. Der neue Vorsitzende der Redaktionskommission, Stamos Papaphrangos[49], der den im Jahre 1936 verstorbenen Professor Demertzis im Amt des Vorsitzenden der Redaktionskommission ersetzt hatte, teilte im Oktober 1936 der Regierung Metaxas mit, daß die Redaktionskommission bereit sei, die Kodifikationsarbeiten ohne jede Vergütung fortzusetzen. Wenn die Regierung Metaxas diesem Vorschlag Folge geleistet hätte, wäre die gesamte Kodifikationsarbeit bis zum November 1938, als das Notgesetz Nr. 1487 erlassen wurde, wahrscheinlich bereits beendet gewesen[50].

Eine erneute Bearbeitung der Teilentwürfe des GZGB war notwendig. Denn einmal gab es noch keinen einheitlichen Entwurf des GZGB, sondern nur die sechs Teilentwürfe ohne eine systematische und innere Verbindung miteinander, die einer redaktionellen Anpassung aneinander bedurften, um zu einem einheitlichen Gesetzentwurf zu werden. Zum anderen auch deshalb, weil der Verfasser des endgültigen Textes des GZGB nicht nur die neuen Ergebnisse der Gesetzgebung und der Wissenschaft in zahlreichen europäischen Ländern, wie z. B. den italienischen Entwurf des Jahres 1938 zur Revision des Codice civile, verschiedene französische zivilrechtliche Gesetze und die rechtswissenschaftlichen Arbeiten der Akademie für Deutsches Recht[51], sondern auch die inzwischen in Griechenland an den Teilentwürfen geübte Kritik berücksichtigen sollte. Diese Kritik, die der endgültigen Ausarbeitung des Entwurfes zum GZGB dienen sollte, hatte auch ihrerseits vielfach neuere ausländische Gesetze und Gesetzentwürfe — wie z. B. den Entwurf des pol-

---

[48] Tambakopoulos 16.

[49] Papaphrangos war der Verfasser des Kretischen Zivilgesetzbuches von 1903, siehe oben § 6 IV.

[50] Maridakis ND 1946, 144.

[51] Vgl. die am 15. 3. 1940 gehaltene Rede von Professor Balis, Them. 1940, 357.

nischen Obligationenrechts von 1933[52] und den Entwurf eines international einheitlichen Gesetzes über den Kauf von 1935[53] — mit herangezogen[54].

Durch den Beschluß des Justizministers A. Tambakopoulos unter der Nr. 139 027 vom 23. 12. 1938, der auf Grund des Art. 11 des Gesetzes 1487/1938 erging, wurde dem Mitglied der ehemaligen Redaktionskommission Professor Georg Balis die weitere Redaktionsarbeit am GZGB anvertraut. Balis, der selbst die Meinung vertrat, daß die endgültige Redaktionsarbeit nur von einer Person durchgeführt werden sollte[55], nahm diesen Auftrag an und sollte sich dementsprechend mit der Ausarbeitung des endgültigen Entwurfes des GZGB „unter Berücksichtigung der religiösen Überlieferungen sowie der moralischen Traditionen, der zeitgenössischen sozialen und wirtschaftlichen Tendenzen der Nation und mit der Harmonisierung der endgültigen Teilentwürfe der Redaktionskommission vom sprachlichen und gesetzestechnischen Standpunkt aus" beschäftigen[56]. Er sollte die verschiedenen Teilentwürfe binnen Jahresfrist überarbeiten und zu einem einheitlichen Zivilgesetzbuch zusammenfassen.

Aus diesem Regierungsauftrag wurde ersichtlich, daß ein mehr oder weniger konservativer Geist die Revision der Teilentwürfe des GZGB beherrschen sollte und daß im GZGB eine Veränderung der bis zu dieser Zeit geltenden rechtlichen Regelung der Rechtsverhältnisse und der sozialen Beziehungen möglichst vermieden werden sollte. Denn der zitierte Wortlaut dieses Auftrags bedeutete eine indirekte, aber klare Verurteilung der in der Redaktions- und Revisionskommission zutage getretenen Ansichten und der in den Teilentwürfen des GZGB enthaltenen Bestimmungen, die eine erhebliche Veränderung der damals geltenden Institutionen und eine neue Regelung einiger Rechtsverhältnisse herbeigeführt hätten. Diese Verurteilung richtete sich besonders gegen die Bestimmungen des Entwurfes des Familienrechts.

Wir sind der Meinung, daß die Regierung Metaxas sich aus diesen Gründen an Professor Balis wandte und ihm die Revisions- und Redaktionsarbeit der Teilentwürfe des GZGB anvertraute. Während der Besprechungen in der Revisions- und Redaktionskommission bekämpfte Balis in der Regel die Tendenzen, sich von dem damals in Griechenland geltenden Familienrecht zu entfernen. Beispiele dafür bieten die dort von ihm vertretenen Ansichten über die Regelung der persönlichen Beziehungen der Ehegatten untereinander (gegen die Gleichberechtigung von Ehemann und Ehefrau), über die religiöse Ehe (gegen die Einführung der Zivilehe), über die Ehehindernisse (z. B. gegen die von der Revisionskommission beschlossene Aufhebung des Eheverbots wegen Ehebruchs), über die vermögensrechtlichen Beziehungen der Ehegatten (gegen die parallele Geltung des Dotalsystems und des Sy-

---

[52] Über diesen Entwurf siehe Udo Rukser, RabelsZ 8 (1934) 342 ff.

[53] Siehe diesen Entwurf in RabelsZ 9 (1935) 8 ff.; dazu E. Rabel ebd. 1 ff.

[54] Siehe z. B. Litzeropoulos, Them. 1937, 613 und Potamianos, AID 1937, 268, 275, 279, beide zu schuldrechtlichen Fragen.

[55] Tambakopoulos 17.

[56] Vgl. den Wortlaut des Regierungsauftrages bei Tambakopoulos 31 ff.

stems der ehelichen Gütergemeinschaft und vor allem gegen die Aufhebung der Verpflichtung der Eltern zur Bestellung einer Mitgift zugunsten ihrer Tochter im Falle ihrer Verheiratung, für deren Erhaltung nur die Professoren Balis und Poligenis sich eingesetzt hatten), sowie über die Ehescheidung (gegen den Ehescheidungsgrund der objektiven Ehezerrüttung). Ferner sei seine Stellungnahme zum Problem der Ausfüllung von Gesetzeslücken erwähnt (er sprach sich gegen die Rezeption des im Art. 1 Abs. 2 SchwZGB enthaltenen Grundsatzes aus). Balis suchte sich bei all seiner konservativen Haltung[57] doch stets der griechischen sozialen Wirklichkeit erfolgreich anzupassen. Auch vereinigte er in sich tiefe Kenntnis des Rechts und eine unstreitige Fähigkeit, das ihm anvertraute Werk zügig zu Ende zu führen. Das Justizministerium verfolgte die jeweilige Bearbeitung der einzelnen Teile des Zivilgesetzbuches[58].

In diesem Stadium war der jeweilige Stand der Kodifikationsarbeiten für die Fachkreise nicht zu ermitteln. Die Regierung Metaxas hat das von Balis ausgearbeitete Zivilgesetzbuch nicht als Gesetzentwurf, sondern als fertiges Gesetz im Regierungsblatt veröffentlicht. Daher haben die Fachkreise nicht die Möglichkeit gehabt, Kritik am Entwurf des GZGB 1940 zu üben[59]. Wegen dieser Eile bei der Veröffentlichung blieb auch keine Zeit für die Ausarbeitung einer Begründung zum GZGB. Diese Tatsache zog die Pfeile einer treffenden Kritik auf sich[60].

Innerhalb eines Jahres gelang es Professor Balis durch ein Übermaß an Arbeit, das ihm anvertraute Werk zu Ende zu führen. Die Revisions- und Redaktionsarbeit von nur einer Person, zumal mit den Fähigkeiten von Balis, bewältigen zu lassen, war schon allein eine zusätzliche Befruchtung und Beschleunigung des Werkes. Darüber hinaus brachte die Tatsache, daß eine einzelne Person, eben Balis, das GZGB formulierte, ebenso wie seinerzeit Eugen Huber das SchwZGB ausgearbeitet hatte, auch den großen Vorzug der vollendeten Geschlossenheit des Werkes und der Ausmerzung von Widersprüchen mit sich[61].

Der von Balis angefertigte endgültige Entwurf des GZGB, den sein Verfasser am 17. 12. 1939 dem Ministerpräsidenten J. Metaxas und dem Justizminister A. Tambakopoulos einreichte, wurde am 15. 3. 1940 von der Regierung Metaxas als Zivilgesetzbuch Griechenlands unter der Gesetzesnummer 2250 verkündet (Regierungsblatt des Königreiches Griechenland 1940 I, 589 ff.) und sollte neben dem am 30. 1. 1941 erlassenen Einführungsgesetz zum GZGB (Regierungsblatt 1941 I, 146) am 1. 7. 1941 in Kraft treten.

---

[57] Über den konservativen Geist von Professor Balis und über seinen großen Beitrag zur griechischen Rechtswissenschaft siehe den Aufsatz von Litzeropoulos, NB 1957, 625 ff., der sich durch seine wissenschaftliche Objektivität auszeichnet.

[58] Tambakopoulos 34 ff.

[59] Maridakis, ND 1946, 156 ff.; Pratsikas, Them. 1941, 351 ff. Siehe aber Tambakopoulos 53 N. 57.

[60] Pratsikas, Them. 1940, 368 und Them. 1941, 351 ff.; Mavros, Them. 1940, 576.

[61] Julius von Gierke, ZHR 115 (1952), 186.

Das GZGB besteht aus 2035 Artikeln. Es ist, dem System des deutschen BGB folgend, in fünf Bücher gegliedert:

Allgemeiner Teil (Art. 1—286, in ihnen ist auch das Personenrecht enthalten)
Schuldrecht (Art. 287—946),
Sachenrecht (Art. 947—1345),
Familienrecht (Art. 1346—1709),
Erbrecht (Art. 1710—2035).

Anläßlich der Veröffentlichung des GZGB gab es eine Feier im großen Saal des Justizministeriums in Gegenwart König Georgs II., des Ministerrates und der höchsten Beamten des Staates[62]. Ministerpräsident Metaxas, Justizminister Tambakopoulos und Professor Balis betonten in ihren Reden die nationale Bedeutung der Kodifizierung des griechischen bürgerlichen Rechts[63]. Griechenland hatte endlich nach über hundertjährigen Bemühungen (1835—1940) ein Zivilgesetzbuch erhalten.

Die Generationen der griechischen Juristen des 19. und der ersten Hälfte des 20. Jahrhunderts lebten und starben mit dem Traum eines bürgerlichen Gesetzbuches. Dieser nationale Traum war endlich Wirklichkeit geworden.

Nach der Veröffentlichung des GZGB blieb nur noch die Ausarbeitung seines Einführungsgesetzes, die die Regierung Metaxas ebenfalls Professor Balis anvertraute. Der von ihm ausgearbeitete Vorentwurf dazu vom 20. 5. 1940 wurde nebst dem diesbezüglichen Rundschreiben des Justizministers A. Tambakopoulos veröffentlicht und den Richterkollegien und Anwaltskammern zugeschickt, damit sie aus ihrer richterlichen Erfahrung Anmerkungen zum Inhalt der Übergangsvorschriften des Einführungsgesetzes machten. Unter Berücksichtigung der vorgelegten Memoranden[64] wurde der endgültige Text des Einführungsgesetzes zum GZGB ausgearbeitet. Es wurde am 30. 1. 1941 erlassen und im Regierungsblatt unter der Nummer 2783/1941 publiziert. Wegen des inzwischen eingetretenen Todes des Ministerpräsidenten Metaxas wurde es von dem neuen Ministerpräsidenten A. Korizis unterzeichnet. Das Einführungsgesetz des GZGB 1940 besteht aus zwei Kapiteln (127 Artikeln); im ersten (Art. 1—102) sind Übergangsvorschriften und im zweiten (Art. 103—127) sonstige materiell- und prozeßrechtliche Vorschriften enthalten.

Das GZGB 1940 hat sofort nach seiner Veröffentlichung das Interesse des Auslandes auf sich gezogen[65]. Es wurde nebst seinem Einführungsgesetz sowohl ins Französische wie auch ins Deutsche übertragen[66].

---

[62] Siehe dazu Them. 1940, 252.

[63] Vgl. die Wiedergabe der Reden in Them. 1940, 252 ff.; diese Reden sind seinerzeit in deutscher und französischer Übersetzung in Athen erschienen.

[64] Vgl. Tambakopoulos 42 f.

[65] Siehe z. B. ZAkDR 1940, 248; vgl. auch Them. 1940, 575 und 1945, 231.

[66] Französische Übersetzungen: X. Savidis, Le nouveau code civil hellénique, Athen 1940; P. Mamopoulos, Code civil hellénique, Athen 1956 (Collection de l'Institut français d'Athènes, série juridique). Deutsche Übersetzung von Demetrius

§ 18. DAS SCHICKSAL DES GZGB WÄHREND DES ZWEITEN WELTKRIEGES (1941—1944)

I. Aufschub des Inkrafttretens des GZGB 1940

Am 28. 10. 1940 hatte Italien Griechenland plötzlich angegriffen, und Griechenland wurde so in den zweiten Weltkrieg hineingezogen. Die Griechen verteidigten, ihrer nationalen Tradition folgend, ihr Vaterland, und der griechische Widerstand gegen die italienische Aggression hatte zunächst Erfolg. Später aber, als Deutschland Italien zu Hilfe kam und am 6. 4. 1941 Griechenland ebenfalls angriff, wurden die Griechen trotz ihres heroischen Widerstandes von der militärischen und zahlenmäßigen Überlegenheit der Aggressoren besiegt. Im April 1941 hatten deutsche Truppen Griechenland besetzt. Im Mai war auch der letzte, jedoch für die Aggressoren bittere Widerstand auf Kreta niedergeschlagen. Damit begann die Periode der organisierten Besetzung Griechenlands durch die deutschen und italienischen Armeen.

Das GZGB sollte gemäß seinem Schlußartikel am 1. 7. 1941 in Kraft treten. Die Besetzung Griechenlands durch deutsche und italienische Truppen war kein juristisches Hindernis für dieses Inkrafttreten. Trotzdem hat die von der Besatzungsarmee ernannte Regierung Tsolakoglou das Inkrafttreten des GZGB verschoben. Dies geschah durch die Verordnung mit Gesetzeskraft Nr. 35 vom 15. 5. 1941 „über den Aufschub des Inkrafttretens des neuen GZGB und seines Einführungsgesetzes", die im Regierungsblatt Nr. 165/1941 (Heft I) veröffentlicht wurde. Und zwar wurde durch sie das Inkrafttreten des GZGB auf unbestimmte Zeit verschoben.

Dieser Aufschub wurde unter vielen Vorwänden und verschiedenen unzutreffenden Begründungen vorgenommen. Die Regierung Tsolakoglou behauptete, daß die griechischen Juristen sich wegen des Krieges noch nicht genügend mit der Materie des GZGB hätten vertraut machen können, daß einige Bestimmungen des GZGB (z. B. die Art. 179, 388 u. a.) einer Modifikation bedürften und daß die außerordentlichen Umstände, die die Nation durchstehe, derzeit eine Veränderung des griechischen bürgerlichen Rechts nicht zuließen[67].

Alle diese Behauptungen waren wahrscheinlich nur ein Vorwand für einen tieferen Grund, der zum Aufschub des Inkrafttretens geführt hatte. Im Jahre 1941 galten in Griechenland noch immer vier verschiedene Rechte. Die Ionischen Inseln sowie Kreta und Samos hatten ihre eigenen Zivilgesetzbücher, während das römisch-byzantinische Recht als gemeines Recht im übrigen Griechenland galt. Ferner hatte Bulgarien, das Deutschlands Verbündeter war, die nördlichen griechischen Provinzen besetzt, die es immer begehrt hatte. Auch beabsichtigte Italien die Annexion eines Teils von Griechenland,

---

Gogos, Das Zivilgesetzbuch von Griechenland (Materialien zum ausländischen und internationalen Privatrecht, hrsg. vom Max-Planck-Institut für ausländisches und internationales Privatrecht, 1) Berlin — Tübingen 1951.

[67] Siehe Them. 1941, 176.

und die Italiener bereiteten eine griechische Übersetzung des italienischen Zivilgesetzbuches von 1942 vor, um es in Griechenland in Kraft setzen zu können[68].

Unter solchen Umständen lag es nahe, daß die Besatzungsmächte das immer lebendige nationale Gefühl des griechischen Volkes allmählich dämpfen wollten, um für später geplante territoriale Veränderungen vorzubereiten. Das Inkrafttreten des GZGB aber wäre der Verwirklichung dieser Pläne ein Hindernis gewesen; die Griechen hätten durch das Inkrafttreten des GZGB, das das römisch-byzantinische Recht und die lokalen Zivilgesetzbücher der Inseln aufheben sollte, ein eigenes, einheitliches Recht bekommen, das unter anderem ein Symbol ihrer nationalen Einheit und ein Mittel zur Stärkung ihres Nationalgefühls gewesen wäre; denn die Rechtseinheit fördert die nationale Einheit. Eine solche moralische Waffe in den Händen der Griechen wäre sehr gefährlich für die erwähnten Pläne der Besatzungsmächte gewesen. Dies dürfte der tiefere Grund für die Verschiebung des Inkrafttretens des GZGB auf unbestimmte Zeit gewesen sein[69]. Deshalb wurde dieser Aufschub des Inkrafttretens des GZGB mit Recht als eine antinationale Handlung bezeichnet[70]. Zwar traten die griechischen Juristen, soweit es die Zensur ihnen gestattete, diesem Aufschub entgegen und verlangten das sofortige Inkrafttreten des GZGB[71], aber die Regierung Tsolakoglou hat dennoch sein Inkrafttreten unter dem Druck der Besatzungsmächte auf unbestimmte Zeit verschoben.

Es ist wahr, daß der damalige Präsident des Areopag und der damalige Staatsanwalt am Areopag durch ihr gemeinschaftlich aufgesetztes Schreiben, das sie unter der Nummer 599 vom 7. 5. 1941 an das Justizministerium richteten, den Aufschub des Inkrafttretens des GZGB vorgeschlagen hatten. Sie nannten als Grund dieses Aufschubes „die außerordentlichen Umstände, die die Nation durchstehe“[72]. Dieses Schreiben wurde im Regierungsblatt unter der Nr. 165/1941 (Heft I) publiziert, in dem auch die oben erwähnte Verordnung unter der Nummer 35 vom 15. 5. 1941 „über den Aufschub des GZGB“ abgedruckt worden war. Die Verfasser dieser Urkunde hatten jedoch, unter dem Einfluß der ersten Eindrücke der Besatzung Griechenlands durch deutsche und italienische Armeen, nur einen vorläufigen Aufschub des Inkrafttretens des GZGB vor Augen[73] und verlangten deshalb später, und zwar noch während der Besatzung Griechenlands, die Beseitigung des Aufschubes und das sofortige Inkrafttreten des GZGB.

---

[68] Pratsikas, Them. 1945, 12; Vatimbelas, Them. 1945, 113 f.; Saratzis, Them. 1945, 172; Tambakopoulos 56 Anm. 68.

[69] Vgl. Kousoulakos, EEN 1946, 185 ff.

[70] Pratsikas, Them. 1941, 352; Kousoulakos, EEN 1946, 186.

[71] Fragistas, Them. 1941, 244; Sourlas ebd., 245; Litzeropoulos ebd., 349.

[72] Siehe dieses Schreiben in Them. 1941, 243.

[73] Vgl. Kousoulakos, EEN 1946, 186 Nr. 2.

II. Vorbereitung der Einführung des GZGB 1940

Während der folgenden Kriegsjahre verlangten eine Reihe griechischer Juristen die Inkraftsetzung des GZGB. Nicht nur forderte der eben erwähnte damalige Präsident des Areopag durch ein Schreiben Nr. 1 vom 14. 1. 1943, das er an das Justizministerium richtete, die Beendigung des Aufschubs des Inkrafttretens des GZGB, das, wie er betonte, keine Schwierigkeit bei der Rechtsanwendung verursachen würde, da sich das neue Recht nicht grundsätzlich vom geltenden Recht entferne[74]. Auch der Präsident des OLG Athen, J. Kavouras, richtete an das Justizministerium ein solches Schreiben (Nr. 16 vom 16. 1. 1943)[75].

Diese und andere entsprechende Schritte stießen jedoch auf die Ablehnung des Justizministeriums und der Besatzungsmächte. Deshalb beschlossen die griechischen Juristen, den Weg für das spätere Inkrafttreten des GZGB aus eigenen Kräften vorzubereiten. Der Vorsitzende des Staatsrats P. Poulitsas, der später im Jahre 1946 Ministerpräsident wurde, der Präsident des Areopag, K. Kirillopoulos, der Staatsanwalt am Areopag A. Bouropoulos und Professoren der Universitäten von Athen und Thessaloniki setzten am 22. 3. 1944 gemeinschaftlich ein Rundschreiben auf, das sie an alle griechischen Juristen richteten, und gaben darin bekannt, daß sie einen Band unter dem Titel „Beiträge zur Erläuterung des GZGB" herauszugeben beabsichtigten. Sie riefen die griechischen Juristen auf, Beiträge zu diesem Band zu schreiben[76].

Im übrigen folgten die jeweiligen griechischen Besatzungsregierungen, soweit sie Gesetze auf dem Gebiet des bürgerlichen Rechts erließen, meist den Vorschriften des noch nicht in Kraft getretenen GZGB. Die Verordnungen Nr. 238/1941 „über den Zins", Nr. 1866/1942 „über den Unterhalt der unehelichen Kinder", Nr. 1138 und 1826/1942 „über den Familienfideikommiß" z. B. sind zum größten Teil Bestimmungen des GZGB nachgebildet[77].

Ferner wandte seit dem 1. 7. 1940 das griechische Konsulargericht in Alexandrien in Ägypten, wohin der König und die gesetzmäßige und freie griechische Regierung Tsouderos geflüchtet waren, die Bestimmungen des GZGB an, ohne die von der Besatzungsregierung Tsolakoglou erlassene Verordnung Nr. 35/1941 zu beachten. Zahlreiche Entscheidungen wurden während des Krieges (1941—1944) von diesem Gericht nach den Normen des GZGB gefällt[78]. Später haben einige griechische Juristen ernsthafte Zweifel an der

---

[74] Vgl. das Schreiben in Them. 1943, 124 ff.

[75] Siehe dieses Schreiben und die Anmerkungen von Pratsikas in Them. 1943, 125.

[76] Siehe dieses Rundschreiben in Them. 1944, 63.

[77] Vgl. Tambakopoulos 50 Nr. 61.

[78] Vgl. z. B. die Entscheidungen des griechischen Konsulargerichts von Alexandrien unter den Nummern 167/1941 (über den Erbschein), 184/1941 (über die Eheschließung zwischen Personen verschiedener Konfessionen), 199/1941 (über den gesetzlichen Unterhalt zwischen den Ehegatten), 219/1942 (über die Annahme an Kindesstatt) in Them. 1945, 115 ff.

Legitimität dieser Entscheidungen ausgesprochen[79]. Das griechische Konsulargericht in Alexandrien hat während des Krieges die von der Besatzungsregierung erlassene Verordnung Nr. 35/1941 niemals angewandt, weil es der Auffassung war, daß diese Verordnung gegen den Art. 43 der Haager Landkriegsordnung vom Jahre 1907 verstoße[80]. Nach dem Krieg hat der Staatsanwalt am Areopag ein Gutachten abgegeben, wonach die außerhalb Griechenlands bestehenden griechischen Behörden, unter diesen auch das griechische Konsulargericht in Alexandrien, sich den Bestimmungen der Verordnung 35/1941 nicht hätten unterwerfen müssen und das griechische Konsulargericht in Alexandrien infolgedessen seine Entscheidungen legal nach den Bestimmungen des GZGB 1940 gefällt habe[81].

Auf diese Weise kam es im Inland zunächst nur zu einer psychologischen Vorbereitung auf die Anwendung des GZGB 1940, während dieses im Ausland von dem griechischen Konsulargericht in Ägypten bereits angewandt wurde.

§ 19. POLITISCHE UND WISSENSCHAFTLICHE AUSEINANDERSETZUNGEN UM DAS GZGB (1945—1946)

I. Reaktion auf das GZGB 1940

Zum besseren Verständnis der Vorgänge, die sich im Jahre 1945 um das GZGB abgespielt haben, bedarf es eines kurzen Blicks auf die damalige politische Atmosphäre in Griechenland.

Im Oktober 1944 hatten die deutschen Truppen den griechischen Boden verlassen, und die griechische Flagge wurde wieder auf der Akropolis von Athen gehißt. Nachdem der Versuch der griechischen kommunistischen Partei, im Dezember 1944 in Athen die Regierung mit Gewalt an sich zu reißen, mißlungen war, begann Griechenland nach und nach wieder einen geordneten politischen Weg zu gehen. Im Jahre 1945 wurden in Griechenland wiederholt (vorparlamentarische) Übergangsregierungen gebildet, um den Weg zu freien Wahlen vorzubereiten. König Georg II., der während der Periode

---

[79] Diese Ansicht wurde besonders von dem Professor für Völkerrecht an der Universität Athen und Mitglied des Haager Schiedsgerichtshofes, J. Spyropoulos, vertreten; vgl. seinen Artikel darüber in der Tageszeitung „Vradyni" vom 16. 1. 1945. Entgegengesetzter Ansicht aber M. Pesmatzoglou in der Tageszeitung „Ellinikon Aima" vom 31. 1. 1945; B. Grabbanis in der Tageszeitung „Estia" vom 5. 6. 1945; Pratsikas Them. 1945, 12.

[80] Entscheidung 214/1945 des griechischen Konsulargerichts von Alexandrien, Them. 1945, 316 — Art. 43 der Haager Landkriegsordnung von 1907 lautet: «L'autorité du pouvoir légal ayant passé de fait entre les mains de l'occupant, celui-ci prendra toutes les mesures qui dépendent de lui, en vue de rétablir et d'assurer autant qu'il est possible, l'ordre et la vie publics respectant, sauf empêchement absolue, les lois en vigueur dans le pays.»

[81] Siehe das Gutachten samt Schreiben des Innenministers K. Rentis in Them. 1945, 412.

der Regierung Metaxas (1936—1941) regiert hatte, sah sich verhindert, nach Griechenland zurückzukehren, bevor die Griechen sich im Jahre 1945 durch ein Referendum für seine Rückkehr ausgesprochen hatten. Während dieser Periode wurde durch einstimmigen Beschluß der politischen Parteien der Erzbischof von Athen, Damaskinos, das geistliche Oberhaupt von ganz Griechenland, zum Vizekönig ernannt, der die Bildung der Übergangsregierungen bis zum März 1946, als freie Wahlen zum Parlament und zur Bildung einer parlamentarischen Regierung stattfanden, nacheinander verschiedenen Politikern anvertraute.

In dieser politischen Atmosphäre wurde die Frage des Inkrafttretens des GZGB wieder akut. Während der ersten Hälfte des Jahres 1945 verlangten fast sämtliche Professoren der rechtswissenschaftlichen Fakultäten der Universitäten Athen und Thessaloniki[82], die Präsidenten des Oberlandesgerichts[83] und des Landgerichts von Athen[84], der Vorstand der Anwaltskammer von Athen[85], Herausgeber juristischer Zeitschriften[86] und andere griechische Juristen[87] das sofortige Inkrafttreten des GZGB 1940. Zwar schien es einen Augenblick, als öffne sich nun der Weg zu seiner Anwendung, aber sein Inkrafttreten sollte auf neue Schwierigkeiten stoßen. In der Presse wurden Artikel griechischer Juristen publiziert, die behaupteten, daß das GZGB ein Werk der Diktatur Metaxas sei und daß es Auffassungen der diktatorischen Regierung widerspiegele[88].

Diese Behauptung war sachlich unbegründet. Die jeweiligen griechischen Regierungen, unter ihnen auch die Regierung Metaxas, können es sich zur Ehre anrechnen, daß sie die Ausarbeitung des GZGB niemals für politische oder Parteizwecke mißbraucht haben[89]. Deshalb wurde auch das GZGB 1940 nicht als Werk nur einer Person, des Professors Balis, sondern als Werk aller fünf Mitglieder der Redaktionskommission angesehen[90]. Die Namen der Professoren Demertzis, Triantaphyllopoulos, Maridakis und des Rechtsanwalts Thiväos sind ebenso eng mit dem GZGB verbunden wie der Name

---

[82] Siehe das Memorandum der Professoren vom 19. 1. 1945, Them. 1945, 171 f.

[83] Siehe das Schreiben des Oberlandesgerichtspräsidenten von Athen unter der Nr. 40 vom 5. 3. 1945, Them. 1945, 27.

[84] Siehe das Schreiben des Landgerichtspräsidenten von Athen unter der Nr. 442 vom 16. 2. 1945, Them. 1945, 73.

[85] Siehe das Schreiben des Vorstandes der Anwaltskammer von Athen unter der Nr. 860 vom 6. 6. 1945, Them. 1945, 112.

[86] Vgl. z. B. Pratsikas, Them. 1945, 170.

[87] Siehe z. B. die Denkschriften der Anwaltskammer von Athen vom 16. 8. 1945, von Agrinion vom 15. 8. 1945, von Sparta vom 8. 9. 1945, von Herakleion-Kreta vom 21. 9. 1945 und von Kalamon in Them. 1945, 229, 230, 323, 324.

[88] Triantaphyllopoulos, ND 1945, 108 ff. Vgl. ferner Mavros in der Tageszeitung „Athinaika Nea" vom 14. 3. 1945; Nomikos in der Tageszeitung „Embros" vom 8. 3. 1945 und vom 15. 3. 1945. Die entgegengesetzte Ansicht siehe bei Perdikas 24 ff.

[89] Vgl. Pratsikas, Them. 1941, 349 (Anmerkung der Redaktion).

[90] Pratsikas, Them. 1940, 252.

von Balis[91]. Dieser selbst hat das in seinem Bericht an den Ministerpräsidenten und den Justizminister betont[92].

Abgesehen vom Familienrecht, dessen Entwurf Balis weitgehend geändert hat, und von einigen Punkten des Sachenrechts, entfernte sich das GZGB kaum von den Bestimmungen der in den Jahren 1930—1934 ausgearbeiteten Entwürfe und von dem damals in Griechenland geltenden Recht. Nicht zu Unrecht wurde von Professor Litzeropoulos bemerkt, daß das GZGB 1940 denselben Inhalt hätte haben können, wenn es unter einem parlamentarischen System ausgearbeitet worden wäre[93]. Gewiß ist das GZGB konservativer als die Entwürfe der Jahre 1930—1934. Es erkennt z. B. die Zivilehe nicht an, es vermehrt die Ehehindernisse, es enthält Bestimmungen über die Verpflichtung der Eltern zur Bestellung einer Mitgift zugunsten ihrer Tochter. Aber diese und einige weitere Veränderungen der Bestimmungen der Entwürfe von 1930—1934 gehen nicht nur auf Auffassungen der Regierung Metaxas zurück, sondern beruhen vor allem auf dem Geist und den Gewohnheiten des griechischen Volkes, auf der von den griechischen Juristen geübten Kritik[94] und auf dem Einfluß der griechisch-orthodoxen Kirche[95]. Die Richtigkeit dieser Ansicht ergibt sich auch daraus, daß das von den Professoren K. Triantaphyllopoulos und G. Maridakis später ausgearbeitete GZGB 1945, das, wie weiter unten dargestellt werden wird, das GZGB 1940 ersetzen sollte, auf dem Gebiet des Familienrechtes ebenfalls entsprechende Bestimmungen enthält; abgesehen von der juristischen Terminologie und von der Gliederung des Stoffes entfernt sich das Familienrecht des GZGB 1945 kaum von dem des GZGB 1940[96]. Was insbesondere die zum Streit Anlaß gebenden Fragen der Eheschließungsform und der Ehehindernisse angeht, folgte das GZGB 1945 nicht den Bestimmungen des Entwurfes des Familienrechts und den von der Revisionskommission gefaßten Beschlüssen, sondern dem vom GZGB 1940 eingeschlagenen Weg[97].

Zweifelsohne hat der konservative Geist der Regierung Metaxas auf den Inhalt des GZGB Einfluß gehabt. Dieser Einfluß beschränkte sich aber haupt-

---

[91] Vgl. Mantzoufas, Zivilgesetzbuch 10.

[92] Vgl. Gogos, AcP 29 (1944) 83.

[93] Litzeropoulos, Them. 1941, 349.

[94] Siehe z. B. die Kritik von: G. Georgopoulos, Dik. 1936, 264; Liakopoulos, EEN 1937, 106; Moutousis, Them. 1936, 776 und 805; Sakketas, Them. 1936, 821, 847 und 874; Stefanopoulos, EEN 1935, 92—96; K. Kavkas, Dik. 1934, 518; Glossator, EEN 1934, 956 ff.; die Ausführungen der Redaktion in EEN 1937, 369; Pop. in der Tageszeitung „Ethnos" vom 26. 3. 1934.

[95] Siehe z. B. das Schreiben des griechischen Patriarchen von Alexandrien vom 19. 3. 1937, in dem er gegen die Annahme des Entwurfes des Familienrechts, und zwar gegen die Einführung der Zivilehe und gegen die Aufhebung einiger Hindernisse zur Eingehung der Ehe protestierte; EEN 1937, 370. Vgl. Tambakopoulos 36 f.

[96] Einige der wichtigsten Unterschiede zwischen dem Familienrecht des GZGB 1940 und dem des GZGB 1945 siehe unten § 26 I.

[97] Triantaphyllopoulos und Maridakis führen als Grund dieser Abweichung des GZGB 1945 von den Bestimmungen des Entwurfes des Familienrechts und von den Beschlüssen der Revisionskommission an, daß die Regelung der betreffenden Fragen des Familienrechts jeweils „der Meinung der Regierung" bedürfe; EAK 594.

sächlich auf das Familienrecht. Den konservativen Geist auf dem Gebiet des Familienrechts betont auch Professor Balis in seiner am 15. 3. 1940 gehaltenen Rede, in der er bemerkt, daß die Stellungnahme des GZGB auf dem Gebiet des Familienrechts „konservativ ist und den Auffassungen der nationalen Regierung entspricht“[98]. Im übrigen ist zu bemerken, daß das GZGB 1940 nicht von geringerem Wert ist als die Teilentwürfe, ja es hat sich sogar in vielen Punkten als fortschrittlicher erwiesen, denn es enthält ganz neue Bestimmungen, die den gegenwärtigen sozialen und wirtschaftlichen Notwendigkeiten entsprechen und die in den Teilentwürfen der Jahre 1930—1934 nicht enthalten waren. So müssen z. B. die Vorschriften des Art. 281, der bei der Regelung der rechtlichen Schranken der Rechtsausübung den sozialen und wirtschaftlichen Zweck des Rechtes ausdrücklich hervorhebt, des Art. 388 über die Auflösung des Vertrages wegen unvorhergesehener Änderung der Geschäftsgrundlage, des Art. 634 über die verbindliche vierjährige Dauer der Pacht eines landwirtschaftlichen Grundstückes (die der Förderung der landwirtschaftlichen Produktivität und dem Schutz der armen Pächter dienen soll), des Art. 680 über den kollektiven Arbeitsvertrag, des Art. 784 über die juristische Persönlichkeit der bürgerlich-rechtlichen Gesellschaft — Vorschriften, welche die Teilentwürfe nicht enthielten — als ein Fortschritt angesehen werden, wie sich auch aus der griechischen Rechtspraxis der letzten fünfzehn Jahre erweisen läßt.

In diesem Zusammenhang sei bemerkt, daß die politischen und sozialen Veränderungen und Umwälzungen viel weniger das Gebiet des Zivilrechts als das Gebiet des Verfassungs-, Verwaltungs- oder Arbeitsrechts beeinflussen[99]. Die Tatsache z. B., daß der italienische Codice civile von 1942 unter der faschistischen Regierungsform ausgearbeitet wurde, hat seine weitere Geltung in Italien auch nach dem Krieg nicht verhindert. Die Rechtsverhältnisse auf dem Gebiet des Zivilrechts lassen sich nur sehr langsam von den politischen und sozialen Veränderungen beeinflussen, und daher ist ihre Regelung für längere Zeit trotz eingetretener politischer Veränderungen an die überlieferte juristische und soziale Tradition geknüpft.

Der oben geschilderte Widerstand gegen das GZGB 1940 wurde immer stärker. Unter solchen Umständen begann im Jahre 1945 die Frage des GZGB einen politischen Charakter anzunehmen[100].

II. Ausarbeitung und Inkraftsetzung eines neuen GZGB im Jahre 1945

Diese Ablehnung des GZGB hat auch die damalige Übergangsregierung des Admirals P. Boulgaris beschäftigt. Ministerpräsident Boulgaris vertraute dem Justizminister B. Soliotis die weitere Behandlung dieser Frage an, und dieser

---

[98] Them. 1940, 259 f.

[99] Was in diesem Zusammenhang das GZGB angeht, so vgl. Litzeropoulos, NB 1956, 33 ff.

[100] Zu dem politischen Charakter des Streites um das GZGB siehe: Litzeropoulos, EEN 1946, 138; Kousoulakos ebd., 185 ff.; Perdikas 24 ff.

berief am 28. 5. 1945 eine Sitzung in das Justizministerium ein, an der der Präsident des Staatsrates, P. Poulitsas, der im Jahre 1946 Ministerpräsident wurde, sowie der Präsident des Areopag, Sakketas, der Staatsanwalt am Areopag Bouropoulos und die drei überlebenden Mitglieder der im Jahre 1930 eingesetzten Redaktionskommission, die Professoren Triantaphyllopoulos, Balis und Mardakis, teilnahmen. In dieser Sitzung wurden drei verschiedene Ansichten vertreten[101]:

a) Das GZGB 1940 müsse einer Revision unterzogen und neu bearbeitet werden, da sein Erlaß mit der Diktatur Metaxas verknüpft sei (Triantaphyllopoulos).
b) Das GZGB 1940 solle sofort in Kraft gesetzt werden, jedoch solle eine Revisionskommission gebildet werden, um die notwendigen Modifikationen herbeizuführen (Maridakis, Sakketas und Bouropoulos).
c) Das GZGB von 1940 solle sofort, und zwar ohne Bedingungen oder Befristigungen in Kraft gesetzt werden, und das Parlament, das aus den für den März 1946 angesetzten freien Wahlen hervorgehoben werde, könne dann darüber beschließen (Balis und Poulitsas).

Nach dieser Beratung hat die Übergangsregierung Boulgaris das Gesetz 445 vom 9. 7. 1945 erlassen, kraft dessen eine dreiköpfige Kommission gebildet werden sollte, die nicht nur eine Revision des ja noch nicht in Kraft getretenen GZGB 1940 vornehmen, sondern vielmehr ein neues Zivilgesetzbuch, eine „endgültige Formulierung des GZGB", wie es im Wortlaut des Gesetzes 445/1945 heißt, ausarbeiten sollte. Diese Kommission wurde mit dem Präsidenten des Areopag, Sakketas, und den Professoren Triantaphyllopoulos und Maridakis besetzt, die eine Revision des GZGB 1940 befürworteten. Zwar wurde auch Professor Balis gebeten, in dieser Kommission mitzuarbeiten, er weigerte sich aber, an einer Revision des GZGB 1940 mitzuwirken[102]. Praktisch beschäftigten sich mit der Ausarbeitung des GZGB 1945 nur zwei Mitglieder der Kommission, und zwar die Professoren Triantaphyllopoulos und Maridakis. Das dritte Mitglied, der Präsident des Areopag, Sakketas, der auch zum Vorsitzenden der Redaktionskommission ernannt worden war, berief sich auf seine „dienstliche Inanspruchnahme" und nahm an den Redaktionsarbeiten nicht teil[103].

Die Fachkreise wurden von der Kommission[104] und vom Justizministerium aufgerufen, Denkschriften auszuarbeiten und auf die nach ihrer Meinung erforderlichen Modifikationen des GZGB 1940 hinzuweisen. Einige Juristen haben solche Denkschriften angefertigt[105], während andere das sofortige Inkrafttreten des GZGB 1940 verlangten[106]. Das Plenum des OLG Athen betonte in einer Entscheidung vom 26. 7. 1945: „Das GZGB von 1940

---

[101] Über diese Sitzung siehe den Bericht in Them. 1945, 108 ff.
[102] Kousoulakos, EEN 1946, 187; Pratsikas, Them. 1945, 170; Valticos, Bulletin de la société de législation comparée 70 (1946—1947) 55.
[103] EAK 102; vgl. Balis, Them. 1946, 217.
[104] Vgl. ein Schreiben in Them. 1945, 170.
[105] Siehe z. B. Litzeropoulos, EEN 1946, 137 ff. und Sontis ebd. 81 ff.
[106] Vgl. P. Vallindas, EEAN 1945, 83.

spiegelt meist das geltende Recht wider, es ist mit solcher Vollständigkeit, Klarheit und Einfachheit formuliert, daß es keine Bestimmungen gibt, die offensichtlich einer Neufassung bedürfen."[107] Das Plenum des LG Athen (mehr als 80 Landgerichtsräte) hat sich durch eine Entscheidung Nr. 70 vom 9. 8. 1945 dahin ausgesprochen, daß es keine Meinung äußern könnte, denn es sei sehr gewagt, wenn es sich innerhalb einer so kurzen Zeit mit der Kritik eines Gesetzeswerkes befasse, mit dem die führenden griechischen Juristen sich fast ein Jahrzehnt beschäftigt hätten[108]. Viele Anwaltskammern, unter ihnen auch die Kammer von Athen, verlangten das sofortige Inkrafttreten des GZGB 1940 und betonten, daß dieses keiner Revision bedürfe. Unter solchen Umständen drohte eine Aufsplitterung der griechischen Juristen in zwei Lager[109].

Die Professoren Triantaphyllopoulos und Maridakis reichten der Übergangsregierung den endgültigen Entwurf des GZGB 1945 am 13. 9. 1945 ein[110]. Dieser Entwurf wurde unter einigen Modifikationen am 29. 12. 1945 von der liberalen Übergangsregierung Th. Sophoulis als Zivilgesetzbuch von Griechenland unter der Gesetzesnummer 777 verkündet. Es ist mit seinem am 6. 2. 1946 unter der Nr. 900 erlassenen Einführungsgesetz am 23. Februar 1946 in Kraft getreten. Dieses Datum des Inkrafttretens des GZGB 1945 war symbolisch[111]; denn durch die Verordnung König Ottos vom 23. Februar 1835 war zum ersten Mal nach der Befreiung Griechenlands von der türkischen Herrschaft der Versuch zur Abfassung eines griechischen Zivilgesetzbuches angekündigt worden.

Das GZGB 1945 besteht aus 2062 Artikeln. Es ist in eine Einführung (Art. 1—41), in der die Bestimmungen über die guten Sitten, über die Ausübung der Rechte und über das IPR aufgestellt wurden, und fünf Bücher gegliedert, deren Überschriften folgendermaßen lauten:

Personen und Rechtsgeschäfte	(Art. 42— 300),
Schuldverhältnisse	(Art. 301— 986),
Sachen	(Art. 987—1388),
Familie	(Art. 1389—1730),
Erbschaft	(Art. 1731—2062).

Das Einführungsgesetz zum GZGB 1945 besteht aus 93 Artikeln.

Das GZGB 1945 weicht zwar in einer Reihe von Punkten vom GZGB 1940 wesentlich ab, wie im zweiten Teil dieser Arbeit darzulegen sein wird, zum größten Teil sind seine Bestimmungen jedoch eine Wiedergabe der entsprechenden Artikel des GZGB 1940, das wiederum zum größten Teil den Teilentwürfen der Jahre 1930—1934 entspricht.

---

107 Plenarentscheidung des OLG Athen vom 26. 7. 1945, Them. 1945, 228.
108 Plenarentscheidung des LG Athen Nr. 70/1945, Them. 1945, 324 ff.
109 Vgl. N. Thiväos, ND 1946, 79 und 127.
110 EAK 6.
111 Vgl. Kousoulakos, EEN 1946, 80.

III. Wiederherstellung des GZGB 1940

Sowohl die Veröffentlichung des GZGB 1945 im Regierungsblatt als auch sein Inkrafttreten gingen mit ungewöhnlicher Eile vonstatten. Diese Eile wurde kritisiert[112]. Das Datum der ersten freien Wahlen, die in Griechenland nach dem zweiten Weltkrieg zur Bildung einer parlamentarischen Regierung abgehalten werden sollten, war schon auf den 31. 3. 1946 festgelegt worden, das GZGB von 1945 ist also nur 37 Tage vor den freien Wahlen in Kraft getreten.

Diese Wahlen gewann die Volkspartei mit einer überwältigenden Mehrheit. Die daraus hervorgegangene Regierung K. Tsaldaris entschied sich für das GZGB 1940. Durch die Verordnung mit Gesetzeskraft vom 7./10. 5. 1946 „über die Wiederherstellung des Zivilgesetzbuches und seines Einführungsgesetzes"[113] setzte sie rückwirkend vom 23. 2. 1946 das GZGB 1940 nebst seinem Einführungsgesetz in Kraft, und zwar unverändert in der von Professor Balis formulierten Fassung. Diese Verordnung wurde später auch vom Parlament ratifiziert[114]. Damit endete der Streit über die Frage des Zivilgesetzbuches, die nach dem zweiten Weltkrieg in Griechenland entstanden war.

Das GZGB 1940 wird jetzt seit sechzehn Jahren in Griechenland angewandt. Die dabei gesammelte Erfahrung hat die Hoffnungen der griechischen Juristen gerechtfertigt. Denn von einigen Einzelheiten abgesehen dient es dem Rechtsverkehr gut und entspricht der griechischen sozialen Wirklichkeit. Deshalb ist es unter den späteren parlamentarischen Regierungen auch unangetastet geblieben. Die griechischen Juristen haben inzwischen das erste Jahrzehnt seiner Anwendung gefeiert und sehen voraus, daß es noch für längere Jahrzehnte in Griechenland die zivilrechtlichen Verhältnisse regeln wird[115].

§ 20. DIE WICHTIGSTEN GRÜNDE FÜR DIE VERZÖGERUNG DER AUSARBEITUNG EINES GZGB

Wenn man daran denkt, daß Griechenland erst nach über 100jährigen Bemühungen (1835—1940) ein Zivilgesetzbuch erlangt hat, fragt man natürlich nach den Ursachen dieser Verzögerung. Es ist zunächst zu betonen, daß diese nicht auf die Unfähigkeit der griechischen Rechtswissenschaft zurückzuführen ist, sondern unter anderem auch auf das bei den griechischen Juristen tief verwurzelte Bewußtsein vom Ernst und der Wichtigkeit eines solchen

---

112 N. Thiväos, ND 1946, 40.

113 Diese Verordnung wurde im Regierungsblatt unter der Nr. 151/1946, I, veröffentlicht.

114 Durch die Verordnung mit Gesetzeskraft Nr. 1216 vom 29. 10. 1949, die gemäß den Bestimmungen des konstitutionellen Dekrets Nr. ΞΖ vom 19. 7. 1949 erlassen wurde.

115 Vgl. Litzeropoulos, NB 1956, 230 ff., insbes. 244.

Werkes[116]. Sie wollten nicht dem leichteren Weg folgen und eine bloße Übersetzung eines fremden Zivilgesetzbuches übernehmen, wie es in anderen Ländern geschah[117], sondern sie wollten ein Zivilgesetzbuch schaffen, das der griechischen Tradition und der griechischen Wirklichkeit entsprechen sollte. So oft sich einer der griechischen zivilrechtlichen Kodifikationsversuche sehr eng an ein ausländisches Vorbild anlehnte, stieß er auf eine starke Ablehnung der Mehrheit der griechischen Juristen.

Gewöhnlich schreibt man diese Verzögerung verschiedenen Ursachen zu:

a) Die jeweiligen Justizminister, vom Ehrgeiz der Verbindung ihres Namens mit der Kodifikation des Zivilrechts getrieben, setzten den jeweiligen Redaktionskommissionen sehr kurze Fristen, die für die sorgfältige Ausarbeitung eines GZGB nicht genügten, so daß das Werk stets auf halbem Wege steckenbleiben mußte[118].

b) Die Mitglieder der Kommissionen bekamen bis 1914 keine Vergütung[119] und beschäftigten sich meist nur nebenher mit der Ausarbeitung des Zivilgesetzbuches, ohne die Ausübung ihres Berufes aufzugeben[120].

c) Die Tätigeit vieler Redaktionskommissionen erschöpfte sich in einigen theoretischen Diskussionen, ohne ein konkretes Resultat zu erzielen[121].

d) Ein übertriebener nationaler Sendungsglaube an die Wichtigkeit dieses Werkes verhinderte einen schnellen Fortschritt der Redaktionsarbeit[122]. Es ist zutreffend bemerkt worden, daß sich die griechische Rechtswissenschaft im 19. Jahrhundert durch eine „wissenschaftliche Hypertrophie" im Vergleich zu anderen Wissenschaftszweigen auszeichnete[123].

e) Die politische Unbeständigkeit, die von Zeit zu Zeit in Griechenland herrschte, bewirkte, daß die Ausarbeitung eines GZGB kaum möglich war[124].

f) Die Mitglieder der Redaktionskommissionen wechselten sehr häufig[125].

---

[116] Vgl. Triantaphyllopoulos, AID 1937, 441; Tambakopoulos, Them. 1940, 254.

[117] So z. B. bei der Übernahme des SchwZGB mit wenigen Änderungen durch den türkischen Gesetzgeber.

[118] Triantaphyllopoulos, EEN 1937, 2.

[119] Vgl. Synchronos Nomikos, Dik. 1934, 647. Zu Beginn des 20. Jahrhunderts wurde die Ausarbeitung des GZGB von privaten Geldgebern unterstützt; Benakis spendete zu diesem Zweck 200 000 Drachmen; vgl. Triantaphyllopoulos, AID 1937, 440.

[120] Vgl. Maridakis, Verh. der Akademie Athen 22 (1947) 312.

[121] Anastasiadis, Them. 1939, 145.

[122] Anastasiadis, Them. 1939, 145. Vgl. Maridakis, Hauptmerkmale, 12.

[123] Triantaphyllopoulos, AID 1937, 443. In diesem Zusammenhang sei ein Ausspruch des ehemaligen Ministerpräsidenten und Präsidenten des Staatsrates P. Poulitsas erwähnt: „Es darf nicht vergessen werden, daß unser Streben nach dem absolut Guten und Vollkommenen oft genug auch die Erreichung des nur relativ Guten be- oder sogar verhindert hat." P. Poulitsas, Them. 1946, 110.

[124] Vgl. Makris, RabelsZ 9 (1935) 586.

[125] Fragistas, Them. 1941, 244.

g) Die Arbeitsmethode, der die jeweiligen Kommissionen bis zum Jahre 1930 folgten, war nicht die richtige; es gab weder einen allgemeinen Arbeitsplan über die Hauptlinien, denen die Kommissionen bei der Abfassung des GZGB zu folgen hatten, noch eine Revisionskommission, die über die Hauptprobleme einen endgültigen Beschluß fassen konnte. Die Beratungen der Kommisionen waren nicht öffentlich; deshalb fehlte der Einfluß der öffentlichen Meinung, die oft der Wegweiser hätte sein können, um die Bestimmungen des Zivilgesetzbuches der griechischen sozialen Wirklichkeit anzupassen[126].
h) Eine sehr enge Anlehnung der früheren Kommissionen an ein ausländisches Vorbild, nicht nur hinsichtlich der systematischen Gliederung des Stoffes, sondern auch bezüglich des materiellen Inhalts der Bestimmungen, stand einem erfolgreichen Abschluß der Arbeiten dieser Kommissionen im Wege[127].

Wären dies aber die einzigen Ursachen der Verzögerung der Schaffung eines GZGB gewesen, so hätten sie verhältnismäßig leicht überwunden werden können. Die wahren Ursachen dieser Verzögerung liegen jedoch tiefer.

Die Kodifikation des Rechts verwirklicht eine Rechtseinheit. Rechtseinheit und Nationaleinheit sind in der Regel voneinander abhängig. Die Nationaleinheit führt zu einer Rechtseinheit, und die Rechtseinheit fördert die nationale Einheit. Infolgedessen ist die Verwirklichung der Rechtseinheit eine Aufgabe der ganzen Nation. Aber der hierzu erforderliche Beitrag der Kräfte der ganzen Nation setzt voraus, daß die ganze Nation in einem einheitlichen Staat vereinigt ist. Diesem Grund ist das historische Phänomen zuzuschreiben, daß es keiner Nation gelungen ist, ein einheitliches kodifiziertes Recht zu schaffen, ehe sie ihre nationale Einigung in einem einheitlichen Staat verwirklicht hat[128]. Deshalb war die Ausarbeitung eines GZGB während des 19. Jahrhunderts unmöglich[129]. Durch den griechischen Befreiungskampf von 1821 gegen die türkische Herrschaft hatte sich nur ein kleiner Teil der griechischen Nation vom türkischen Joch befreien können. Griechische Provinzen wie Mazedonien, Thessalien, Epirus, Thrazien, Kreta, Inseln des Ägäischen Meeres, die Ionischen Inseln waren noch unter türkischer bzw. englischer Herrschaft. Die griechische Nation hatte noch die große Aufgabe, den Befreiungskampf um ihre nationale Einheit vorzubereiten, die — wie gesagt — Voraussetzung für die Möglichkeit der Rechtseinheit und damit auch für ein einheitliches GZGB war. Diese nationale Einheit erreichte sie, abgesehen von einigen Teilen, erst nach dem ersten Weltkrieg. Es ist auch in Erinnerung zu bringen, daß die Ionischen Inseln sowie Kreta und Samos ihre eigenen Zivilgesetzbücher hatten[130] und daß dieser Mangel an Rechtseinheit auf den Mangel an staatlicher Einheit zurückzuführen war.

---

126 EAllgT. 38 f.

127 Makris, RabelsZ 9 (1935) 586.

128 Auch Deutschland und Italien gelang es erst dann, ein Zivilgesetzbuch auszuarbeiten, als sie ihre nationale Einheit verwirklicht hatten.

129 Diese Ansicht vertritt Maridakis in Verh. der Akademie Athen 22 (1947) 312 f. sowie in Studi in Memoria P. Koschaker II 166.

130 Vgl. oben § 6.

Ferner schwankten die griechischen Juristen während des 19. Jahrhunderts zwischen den Einflüssen der Lehre der historischen Rechtsschule, die der Idee der Kodifiikation des Rechts ungünstig gesonnen war, und dem Glanz des Erfolges des französischen Code civil von 1804. Es sei noch einmal an die Schrift erinnert, die Professor Krassas im Jahre 1871 veröffentlichte, um die griechischen Juristen davon zu überzeugen, daß die Ausarbeitung eines GZGB wegen der in Griechenland herrschenden Verhältnisse gegen die Theorie der historischen Rechtsschule nicht verstoße[131].

Im Jahre 1874 gelang es, den Entwurf eines GZGB auszuarbeiten; unter dem Einfluß der in Deutschland damals einsetzenden Kodifikationsbewegung stockte jedoch die Arbeit daran[132]. Und als im Jahre 1896 das deutsche BGB veröffentlicht wurde, wandten sich die griechischen Juristen fast einstimmig der deutschen Rechtswissenschaft zu, und niemand sprach mehr von dem Gesetzentwurf des Jahres 1874, auf den der Code civil von 1804 und der italienische Codice civile von 1865 eingewirkt hatten.

Im Jahre 1930, als das Gesetz 4680 „über die Bildung von Kommissionen zur Ausarbeitung eines Zivilgesetzbuches und seines Einführungsgesetzes" erlassen wurde, war im großen und ganzen die staatliche Vereinigung der griechischen Nation verwirklicht worden. Eine selbständige griechische Rechtswissenschaft war entstanden, die einen bedeutenden Grad an Reife erreicht hatte, und eine reichhaltige griechische Rechtsprechung war vorhanden. Überdies konnten die griechischen Juristen sich die Erfahrungen des im Ausland inzwischen entbrannten Streites zwischen den Anhängern der Begriffsjurisprudenz und der Interessenjurisprudenz[133] zunutze machen und die am deutschen BGB und dem SchwZGB von 1907 geübte Kritik berücksichtigen. Günstige Voraussetzungen zur Ausarbeitung eines GZGB waren also vorhanden, und der im Jahre 1930 begonnene Versuch der Kodifikationen des Zivilrechts konnte daher erfolgreich zu Ende geführt werden[134].

---

[131] Vgl. oben § 9.

[132] Vgl. oben § 12.

[133] Vgl. darüber das Werk von Philipp Heck, Begriffsbildung und Interessenjurisprudenz.

[134] Maridakis, Verh. der Akademie Athen 22 (1947) 313, 316.

ZWEITER TEIL

ZUM INHALT DES GRIECHISCHEN ZIVILGESETZBUCHES

Fünftes Kapitel

Entstehung des materiellrechtlichen Inhalts des griechischen Zivilgesetzbuches in Grundzügen

§ 21. ÜBERSICHT

In den vorangehenden Kapiteln haben wir uns mit der bloßen historischen Entwicklung der griechischen Zivilrechtskodifikation beschäftigt, ohne auf den Inhalt einzelner Institutionen des GZGB einzugehen. Zum besseren Verständnis der Entstehung des GZGB halten wir es jedoch für notwendig, nicht nur die wichtigsten Quellen, denen die einzelnen Bestimmungen des GZGB entnommen wurden, und die Gründe für diese oder jene Regelung einiger seiner Institutionen zu erwähnen, sondern auch in Umrissen ein Bild der wichtigsten Fragen zu zeichnen, mit denen sich die Redaktions- und die Revisionskommission befaßt haben. Die Diskussionen in diesen Kommissionen sind von großer Bedeutung, denn sie erstreckten sich nicht nur auf die Vorarbeiten, denen das GZGB seine Entstehung verdankt, sondern darüber hinaus auf die verschiedenen juristischen und sozialen Tendenzen auf dem Gebiet des Zivilrechtes in Griechenland und auch auf die Begründung für die im Rahmen einzelner Rechtsinstitute gewählten Regelungen. Ferner werden wir auf einige wichtige Unterschiede zwischen den Bestimmungen der Teilentwürfe, denen des GZGB von 1940 und des GZGB von 1945 hinweisen und einige Rechtsverhältnisse als Beispiele dafür anführen. Wir werden uns dabei bemühen, die wichtigsten Punkte dieser Fragen in Grundzügen herauszuarbeiten. Einzelne Institutionen des GZGB werden in diesem Kapitel nur insoweit behandelt werden, als es für ein besseres Verständnis der Entstehung des GZGB nötig ist; ihre dogmatische Abhandlung liegt außerhalb des Rahmens dieses Kapitels.

§ 22. DAS GRIECHISCHE ZIVILGESETZBUCH IM ALLGEMEINEN

Das GZGB 1940 enthält abstrakt formulierte Rechtsnormen in 2035 Artikeln und hat wie erwähnt (oben § 17) die Einteilung des BGB in fünf Bücher übernommen. Darüber hinaus ist es ihm — so wie schon die Entwürfe — auch inhaltlich zum großen Teil gefolgt. Dieser Einfluß des BGB ist unter anderem auch darauf zurückzuführen, daß beide Gesetzbücher im wesentlichen auf denselben römisch-rechtlichen Grundlagen fußen[1]. Zwar wurde in Griechenland die Übernahme von Bestimmungen ausländischer Zivilgesetzbücher (vor allem des deutschen BGB) in das GZGB kritisiert[2], doch darf sie nicht als Rezeption fremden Rechtes in Griechenland betrachtet werden.

Zudem sind die großen Werke der Gesetzgebung und die großen Erneuerungen des Rechtes in neuerer Zeit niemals ganz original allein dem Kopf eines Gesetzgebers entsprungen, sondern sie haben immer mehr oder weniger stark unter dem Einfluß inländischer oder ausländischer Gesetze gestanden. Ein solcher Einfluß ist infolge der jeweiligen juristischen Tradition unvermeidbar bei der Gestaltung neuen Rechts. Beispiele dafür sind der Einfluß des Code civil von 1804 auf den italienischen Codice civile von 1865, der Einfluß des deutschen BGB auf die ungarischen Gesetzentwürfe von 1914 und 1928, der Einfluß des im Jahre 1916 revidierten österreichischen ABGB auf den tschechoslowakischen Gesetzentwurf von 1924[3].

Das GZGB 1940 hat sich stärker als die Teilentwürfe an das deutsche BGB angelehnt. Ein großer Teil seiner Bestimmungen ist eine Wiedergabe der entsprechenden Paragraphen des BGB. Der Gesetzgeber des GZGB 1940 hat jedoch das BGB nicht mit seinem ursprünglichen Inhalt zum Vorbild genommen, sondern mit dem Inhalt, den ihm die deutsche Rechtswissenschaft und Praxis in Anpassung an die heutigen Lebensbedürfnisse gegeben haben[4].

Außer dem deutschen BGB haben auch andere Zivilgesetzbücher (das SchwZGB und das SchwOR[5], der französische Code civil, der französisch-italienische Entwurf der Schuldverhältnisse von 1927, die ungarischen Gesetzentwürfe von 1914 und 1928 und der italienische Codice civile von 1865) auf den Inhalt und auf die Formulierung der einzelnen Artikel des GZGB 1940 eingewirkt.

Es hat jedoch keines dieser Zivilgesetzbücher wortgetreu nachgeahmt, sondern hat vielfach eigene Wege gefunden. Der Vergleich mit anderen Formulierungen hat häufig zu glücklichen Lösungen geführt. Auch ergänzt das GZGB 1940 Lücken, die sich noch in den ausländischen Zivilgesetzbüchern finden und dort zum größten Teil durch die Theorie und die Rechtsprechung ausgefüllt werden[6].

Die in den vorangehenden Kapiteln geschilderte Rechtsentwicklung hatte den Einfluß der drei großen europäischen zivilrechtlichen Kodifikationen (Code civil, BGB und SchwZGB) auf das GZGB unvermeidbar gemacht. Man

---

[1] Gogos, S. VII.

[2] Siehe z. B. Makris, AID 1943, 474; Dyovouniotis, AID 1935, 452 und 457; Pantazopoulos, Zivilgesetzbuch 70 Nr. 142.

[3] Vgl. Viforeanu 29. Was insbesondere den Einfluß der deutschen Rechtswissenschaft und des BGB auf die Gesetzgebung anderer Staaten angeht, siehe Schwarz, Symbolae 472 ff.

[4] Vgl. Gogos, AcP 29 (1944) 84.

[5] Vgl. P. Zepos, SchwJZ 1960, 358 ff.

[6] Vgl. Art. 197—198 (über die sog. culpa in contrahendo), 386 (über den Sukzessivlieferungsvertrag), 388 (über die unvorhergesehene Änderung der Geschäftsgrundlage).

hat es ihm dennoch zum Vorwurf gemacht, daß es ausländische Zivilgesetzbücher als Vorlage verwendet hat[7]. Der berühmte Verfasser des SchwZGB, Eugen Huber, hat als Antwort auf einen ähnlichen Vorwurf betreffend das SchwZGB folgendes geschrieben: „Wir leben nicht hinter chinesischen Mauern; das heißt, wir können uns nicht abschließen in unserer Rechtsentwicklung. Die Gesetzgebung atmet die Luft der großen Kulturgemeinschaft aller in modernen Rechten lebenden Staaten. Es ist dies auch eine im ganzen wohltätige Erscheinung. Verhängnisvoll kann diese Beziehung zum Ausland erst dann werden, wenn der Einfluß des Auslandes ein übermäßiger wird. Übermäßig ist er dann, wenn er nicht mehr durch die eigenen Bedürfnisse begründet wird, sondern sich aufdrängt derart, daß er die Richtung der eigenen Entwicklung verändert."[8] Und Ernst Rabel schreibt: „Es darf wohl überhaupt nicht gescholten werden, wenn wir uns eine bewährte Norm aus dem Ausland nur so offenkundig aneignen, daß auch die gesamte dazugehörige theoretische und praktische Erläuterung uns mit zugute kommt."[9]

Es ist also zuzugeben, daß das GZGB zwar einen Teil seiner Bestimmungen aus Zivilgesetzbüchern anderer Länder entnommen hat, aber man kann den Schöpfern des GZGB nicht den Vorwurf machen, sie hätten nicht eigenständiges griechisches Recht geschaffen. „Das bedeutet", wie der Verfasser des GZGB 1940, Professor Balis, zutreffend betonte, „daß diese Länder unserem Vaterland auf diese Weise das zurückgeben, was sie früher durch das römische Recht aus der unerschöpflichen Quelle der griechischen Philosophie und ihrer Lehren übernommen haben."[10] Bei der historischen Würdigung von Kulturübernahmen ist es falsch, diesen ohne weiteres den Makel einer „Entartung" oder „Überfremdung" auf der Seite der übernehmenden Gemeinschaft vorzuwerfen[11].

Daraus folgt, daß das GZGB 1940 zwar keine „Tochterkodifikation" im eigentlichen Sinne des Wortes ist, jedoch nicht als alleinstehende Kodifikation gewertet werden kann. Es muß als eine Folge und Fortführung der von der europäischen Wissenschaft errungenen Fortschritte seit der Zeit der Entstehung der großen europäischen Kodifikationen verstanden und gewürdigt werden. Professor Maridakis hat im Jahre 1947 in seiner Antrittsrede vor der Akademie von Athen[12] auf folgende Punkte von grundlegender Bedeutung hingewiesen, durch welche die Rechtsentwicklung von der Zeit des französischen Code civil von 1804 bis zu dem griechischen Gesetz von 1940 gekennzeichnet wird.

Der Code civil gründet sich auf die „égalité" und neigt dazu, den Menschen das ungestörte Genießen der Güter zu sichern, die sie durch eine freie wirtschaftliche Konkurrenz erwerben. Um dieses Ziel zu erreichen, igno-

[7] Vgl. oben N. 2.

[8] Zitiert nach Mantzoufas, Zivilgesetzbuch 28.

[9] E. Rabel, AID 1934, 12.

[10] Balis, Them. 1940, 262.

[11] Was insbesondere in diesem Zusammenhang das GZGB angeht, siehe Sontis, ZSS 78 (1961) 378 ff.

[12] Maridakis, Verh. der Akademie Athen 22 (1947) 330 ff.

rierte er die juristischen Personen, hielt das Prinzip „pacta sunt servanda" für den unantastbaren Grundsatz des Obligationenrechts (Art. 1134), bezeichnete das Eigentum als „le droit de jouir et disposer des choses de la manière la plus absolue" (Art. 544) und erkannte als gesetzliche Erben die Verwandten in der Seitenlinie bis zum zwölften Grad an. Bezüglich der Regelung des Dienstvertrages war der Code civil das Zivilgesetzbuch „du propriétaire, du créancier et du patron"; es widmete dem Dienstvertrag nur drei Artikel (Art. 1779—1781) und bestimmte: „Le maître est cru sur son affirmation: Pour la quotité des gages; pour la payement du salaire de l'année échue; et pour les acomptes donné pou l'année courante." (Art. 1781 des Code civil, aufgehoben durch Gesetz vom 2. 8. 1868.) Mit gutem Grund konnte daher Ripert sagen, daß der neuen Generation der Code civil wie ein verjährtes Recht einer versunkenen Gesellschaft erscheine („comme le droit perimé d'une société disparue")[13].

84 Jahre später, im Jahre 1888, wurde der erste Entwurf des deutschen BGB veröffentlicht. Er enthielt u. a. Bestimmungen über die juristischen Personen, über die Wuchergeschäfte, über die Schuldverschreibungen; im übrigen war er wenig über den Code civil hinausgekommen. Die Dogmatik dieses Entwurfes zog eine scharfe Kritik auf sich, auf Grund deren dem BGB eine schwache Vorschrift (§ 226) über den Rechtsmißbrauch eingefügt[14] und die Paragraphen über den Dienstvertrag auf 20 vermehrt (§§ 611—630) wurden; zum Schutz der ärmeren Gesellschaftsschichten fügte man ferner dem BGB den § 825 über die Verletzung der Geschlechtsehre ein. Der Vorschlag einer Beschränkung der gesetzlichen Erbfolge bis auf einen bestimmten Grad bei Verwandtschaft in der Seitenlinie wurde abgelehnt.

Im Jahre 1907 wurde das SchwZGB und dann im Jahre 1911 das SchwOR veröffentlicht. Sie sind fortschrittlicher als der Code civil und das BGB; sie gestalteten den Begriff des Rechtsmißbrauchs sehr beachtlich aus (Art. 2 SchwZGB); sie führten den Schutz der Persönlichkeit ein (Art. 28 SchwZGB); sie regelten ausführlich den Dienstvertrag (Art. 319 ff. SchwOR); sie beschränkten den Kreis der gesetzlichen Erben zum Besten des Fiskus (Art. 457 bis 466 SchwZGB).

Das GZGB 1940 setzt diesen Fortschritt der Rechtsentwicklung fort; es erweitert den Begriff des Rechtsmißbrauchs (Art. 281); es gewährt das Recht auf Auflösung des Vertrages im Falle einer unvorhergesehenen Änderung der Geschäftsgrundlage (Art. 388); es enthält Bestimmungen über die Haftung aus culpa in contrahendo (Art. 197—198); es regelt ausführlich den Dienstvertrag und enthält günstigere Bestimmungen für die Arbeitnehmer (Art. 648 bis 680); es beschränkt den Kreis der gesetzlichen Erben bis zum vierten Grad in der Seitenlinie (Art. 1816).

Rechtspolitisch gesehen hätte jedoch das GZGB 1940 in einigen Punkten unter Berücksichtigung der inzwischen eingetretenen Rechtsentwicklung eine

---

[13] Ripert, Régime 38.
[14] Vgl. Riezler, RvglHWB VI, 2ff.

andere Richtung einschlagen sollen. Nur einige Fälle können hier angeführt werden, die de lege ferenda anders geregelt werden sollten:

a) Die sogenannte derogatorische Kraft des Gewohnheitsrechts hätte die Art. 1 und 2 GZGB nicht anerkennen sollen. Die Fassung dieser Artikel, die in Griechenland zu einer erneuten gesetzgeberischen Regelung dieser Frage führte (vgl. unten § 23 II 2), war nicht glücklich.

b) Das GZGB sollte eine Vorschrift über die Ausfüllung von Gesetzeslücken durch den Richter nach dem Vorbild des Art. 1 Abs. 2 des SchwZGB enthalten[15]. Art. 1 des Entwurfes des Allgemeinen Teils enthielt eine solche Bestimmung (vgl. unten § 23 II 1).

c) Art. 299 GZGB, der dem § 253 BGB nachgebildet ist, hätte in das GZGB nicht aufgenommen werden sollen, damit der Richter die Möglichkeit hat, auch im Bereiche der Verträge den immateriellen Schaden zu berücksichtigen. Deswegen enthielten sowohl der Entwurf des Schuldrechts als auch das GZGB 1945 keine entsprechende Bestimmung (vgl. unten § 30 III).

d) Die soziale Funktion des Eigentums hätte durch eine Spezialvorschrift ausdrücklich hervorgehoben werden sollen (wie im Art. 1041 des GZGB 1945; vgl. unten § 25 II 1).

e) Hinsichtlich der vermögensrechtlichen Beziehungen der Ehegatten untereinander hätte das GZGB neben dem Dotalsystem ein ausgearbeitetes Gütergemeinschaftssystem enthalten sollen, wie der Vorsitzende der Redaktionskommission und Referent für das Familienrecht, Professor Demertzis, vorgeschlagen hatte (vgl. unten § 26 II 5).

f) Die rechtliche Stellung der Frau und der Mutter hätte verbessert werden müssen. Z. B. hätten die Art. 1622 Nr. 4 und 1728 Nr. 4 über die Unfähigkeit der Frauen zur Übernahme einer Vormundschaft oder zur Mitwirkung als Zeugen bei der Errichtung eines Testaments, die den Gesetzen Nr. ΧΠΘ von 1861 und ΓΨΠ von 1911 entnommen wurden, in ein zeitgenössisches Zivilgesetzbuch nicht aufgenommen werden sollen; sie wurden inzwischen durch das Gesetz 3192/1955 aufgehoben. Ferner müßte der Mutter die elterliche Gewalt über das minderjährige Kind zustehen, falls der Vater gestorben oder für verschollen erklärt ist oder die väterliche Gewalt verwirkt hat[16]. Diese Regelung sah Art. 168 § 2 des Entwurfes des Familienrechts vor (vgl. unten § 26 II 7).

g) Die strenge Vorschrift des Art. 1568 GZGB, nach der der Adoptierende stets das fünfzigste Lebensjahr vollendet haben muß (sie entspricht der alten Fassung des § 1744 BGB[17]), hat der Praxis viele Schwierigkeiten

---

[15] Vgl. P. Zepos, SchwJZ 1960, 359.

[16] Vgl. Makris, AID 1943, 495; Pantazopoulos, Zivilgesetzbuch 72 N. 150.

[17] § 1744 BGB, der dem Art. 1568 GZGB 1940 als Vorbild gedient hat, wurde inzwischen durch Art. 1 Ziff. 18 des Familienrechtsänderungsgesetzes von 1961 abgeändert. Nach dieser Bestimmung muß der Annehmende das 35. Lebensjahr vollendet haben, doch kann das Gericht von diesem Alterserfordernis Befreiung erteilen. Auch andere Gesetzgebungen sind nicht so streng wie das GZGB in bezug auf das Alterserfordernis; vgl. Schnitzer II, 539 ff.; Glässing 81 ff.; Heinisch 71 ff.

bereitet. Beim Vorliegen eines wichtigen Grundes müßte auch jüngeren Personen die Annahme an Kindes Statt gestattet werden (vgl. unten § 26 N. 225).

h) Führende griechische Juristen haben die Ansicht vertreten, daß das Rechtsinstitut der gesetzlichen Entmündigung (Art. 1700 GZGB 1940), der dem Art. 134 des Gesetzes Nr. XΠΘ von 1861 entnommen wurde, nicht im GZGB enthalten sein sollte[18]. Weder der Entwurf des Familienrechts noch das GZGB 1945 enthielten Bestimmungen darüber. Dieses Rechtsinstitut ist auch den ausländischen Zivilgesetzbüchern unbekannt. Lediglich Art. 371 des SchwZGB kennt es, erklärt jedoch den Verurteilten nicht für geschäftsunfähig (wie Art. 1700 des GZGB 1940), sondern für beschränkt geschäftsfähig[19].

i) Der Kreis der gesetzlichen Erben hätte zum Besten der Allgemeinheit (des Fiskus) eine weitere Einschränkung durch den Ausschluß der Vettern ersten Grades von der gesetzlichen Erbfolge erfahren sollen. Diese Regelung fand sich sowohl im Entwurf des Erbrechts als auch im GZGB 1945, nach welchem die Urgroßeltern ebenfalls von der gesetzlichen Erbfolge ausgeschlossen sind (vgl. unten § 27 II 3).

Abgesehen von diesen rechtspolitischen Überlegungen weist das GZGB 1940 auch andere „Mängel" auf, deren ausführliche Abhandlung den Rahmen der vorliegenden Arbeit überschreiten würde. Nur einige Fälle solcher „Mängel" seien hier aufgeführt:

a) Vom gesetzestechnischen Standpunkt aus kann die systematische Anordnung des Stoffes nicht als völlig geglückt angesehen werden. Die Einordnung der internationalprivatrechtlichen Bestimmungen in den Allgemeinen Teil des GZGB kann zum Beispiel nicht gelobt werden[20]. Der von der Redaktionskommission ausgearbeitete Entwurf und das GZGB 1945 hatten diese Bestimmungen in eine Einleitung gestellt, die dem Allgemeinen Teil voranging. Die Einordnung der Vorschriften über emanzipierte Minderjährige (Art. 1666 ff.), über wegen Geisteskrankheit oder wegen körperlicher Gebrechlichkeit Entmündigte (Artikel 1686 ff.), über die Abwesenheitspflegschaft (Art. 1701 ff.) und über gerichtliche Beistandschaft für Geistesschwache, Verschwender und Trunksüchtige (Art. 1705 ff.) in das Familienrecht kann ebenfalls nicht als glücklich bezeichnet werden, denn diese Vorschriften stehen in Zusammenhang mit der Rechts- und Geschäftsfähigkeit der Person und gehören daher zum Stoff des Allgemeinen Teils. Aus diesem Grund enthält das GZGB 1945 (Art. 58—83) die entsprechenden Bestimmungen in seinem Allgemeinen Teil[21].

b) Die erschöpfende Kasuistik der Vorschriften über die Vermächtnisse (Art. 1967—2010) und über die Wahlschuld (Art. 305—315) ist keine

---

[18] Maridakis, ND 1946, 134.

[19] Vgl. Egger, II, 3, Erläuterungen zu Art. 371, wobei bemerkenswert der Versuch ist, Art. 371 restriktiv auszulegen.

[20] Vgl. Vallindas, AID 1942, 171 ff.

[21] Vgl. Maridakis, ND 1946, 154.

befriedigende Regelung[22]. Gegenüber den elf Artikeln des GZGB 1940 über die Wahlschuld widmet das BGB diesem Institut vier Paragraphen (§§ 262—265) und das SchwOR sogar nur einen einzigen Artikel (Art. 72); das SchwOR überläßt der Wissenschaft die Einzelfragen.

c) Einige Bestimmungen des GZGB 1940 regeln Fälle, die entweder von ganz geringer Bedeutung oder praktisch unwahrscheinlich sind; diese Normen hätten deshalb in das GZGB nicht aufgenommen werden sollen. Als Beispiel führen wir die Art. 1071, 1072 an. Art. 1071[23] regelt das Eigentum an der berühmten „insula in flumine nata" des römischen Rechts, um etwas, „quod raro accidit"[24]. Eine „insula in flumine" ist in Griechenland niemals entstanden[25]. Auch der von Art. 1072 geregelte Fall des verlassenen Bettes eines nicht schiffbaren Flusses ist von ganz geringer Bedeutung. Diese Bestimmungen enthielt der Entwurf des Sachenrechts nicht. Ferner wurde die ausführliche Regelung des Bienenrechts (Art. 1078—1080, entsprechend den §§ 961—964 BGB) kritisiert[26]. Es wurde auch die Ansicht vertreten, daß das GZGB das Rechtsinstitut der Anweisung (Art. 876—887, entsprechend den §§ 784 bis 792 BGB) nicht hätte aufnehmen sollen, einmal, weil es von den Bestimmungen über den Wechsel und über den Scheck ersetzt werde, zum anderen, weil es in der Praxis nicht gebräuchlich sei[27].

d) Die Fassung des Art. 764 GZGB 1940 ist ebenfalls nicht als glücklich zu bezeichnen. Sie gab Veranlassung zu einer Auslegung contra legem. Art. 764 lautet: „Eine Vereinbarung, wonach einer der Gesellschafter vom Gewinn ausgeschlossen oder vom Verlust befreit wird, ist nichtig. Nur dieser Gesellschafter kann sich auf die Nichtigkeit berufen."[27a] Nach dem Wortlaut des Artikels kann auch derjenige Gesellschafter sich auf die Nichtigkeit berufen, der vom Verlust befreit wird! Bei dieser Formulierung nimmt die Rechtslehre eine Auslegung contra legem vor, nach der nicht der Gesellschafter, der vom Verlust befreit wird, sondern der Gesellschafter, der den Verlust zu tragen hat, sich auf die Nichtigkeit dieser Vereinbarung berufen kann[28]. Bei dem (amtlichen) Randtitel zu Art. 1826 „Nachfolge oder Anwachsung in den Pflichtteil"[29] ist das Wort „Anwachsung" ganz überflüssig, denn der betreffende

---

[22] Vgl. Maridakis, Them. 1945, 109 Anmerkung; Makris, AID 1943, 483; Tousis, Them. 1945, 325; Pantazopoulos, Zivilgesetzbuch 72 Nr. 148.

[23] Art. 1071 lautet: „Die in einem nicht schiffbaren Fluß entstandene Insel gehört den Eigentümern der am Ufer liegenden Grundstücke." Vgl. auch Art. 561 des Code civil.

[24] Dig. 41, 1, 7 § 3 (Gaius).

[25] Vgl. die Anmerkung der Redaktion in ND 1946, 38.

[26] Vgl. Makris, AID 1943, 483; Pantazopoulos, Zivilgesetzbuch 70 N. 142.

[27] Dyovouniotis, AID 1935, 455; Pantazopoulos, Zivilgesetzbuch 72 N. 151.

[27a] Die Übersetzung des Art. 764 GZGB in der deutschen Ausgabe von Gogos (s. 90) ist nicht wortgetreu.

[28] P. Zepos, Schuldrecht II, 500 Nr. 4.

[29] Gogos (S. 220) hat nicht den ganzen Randtitel des Artikels 1826 des GZGB übersetzt.

Artikel regelt nur die Nachfolge in den Pflichtteil, nicht aber die Anwachsung.

e) Art. 50 bestimmt: „Kehrt der Verschollene zurück ..., so finden auf die Erbschaft die Vorschriften über die Erbschaftsklage Anwendung." Dasselbe wiederholt der Art. 1883 Abs. 1: „Kehrt der für verschollen Erklärte zurück, so kann er die Herausgabe seines Vermögens nach den Vorschriften über die Erbschaftsklage verlangen."

Solche und andere Mängel, von denen die meisten sich auf Einzelheiten beziehen, mindern aber nicht den Wert des GZGB als ganzen, wie weiter unten bei der Untersuchung einzelner Institutionen klargestellt werden wird. Es darf nicht vergessen werden, daß keine zivilrechtliche Kodifikation frei von Mängeln ist. Die Vorzüge und die Mängel der Zivilgesetzbücher tragen unter anderm auch dazu bei, die Selbständigkeit jeder einzelnen Kodifikation hervorzuheben. Eigene Vorzüge und eigene Mängel kann nur diejenige Kodifikation haben, die als gesetzgeberisches Werk auch Selbständigkeit besitzt und keine bloße Nachahmung ausländischer Vorbilder ist.

Vor jedem Gesetzgeber eines Zivilgesetzbuches steht als Dilemma die Frage, welche Eigenschaften er vorziehen will: Kürze oder Vollständigkeit; Elastizität oder Sicherheit; Gefälligkeit oder Tiefe; ob er die Tatbestände selber scharf fassen und regeln oder dem Richter nur Richtlinien geben will[30]. Das deutsche BGB ist schwerfällig und außerordentlich umfassend und hat eine strenge Dogmatik und Systematik. Das SchwZGB ist elegant und flüssig, gemeinverständlich, jedoch oft lückenhaft. Das GZGB 1940 hat den Mittelweg zwischen diesen Gegensätzen gewählt. Vom gesetzestechnischen Standpunkt aus hat es seinen Fortschritt gemacht. Es hat die subtile Ausführlichkeit und die zahlreichen Verweisungen des BGB von Paragraph zu Paragraph vermieden, während es aber auch dem System der zahlenmäßig relativ geringen Bestimmungen des SchwZGB nicht gefolgt ist. Es hat eine einfache Formulierung, ist dem Laien zugänglich und deswegen sogar volkstümlich geworden. Der Stil, in dem es formuliert ist, ist klar und leicht verständlich. In dieser Hinsicht nähert er sich dem SchwZGB[31]. Das GZGB versuchte nicht nur dem Rechtsgelehrten, sondern auch dem einzelnen Bürger ein verständlicher Ratgeber zu sein. Es zeichnet sich durch seine Lebensnähe aus, die es hauptsächlich dem praktischen Blick seines endgültigen Verfassers, Professor Balis, zu verdanken hat[32].

Ohne sich vom vorangehenden Recht grundsätzlich zu entfernen, enthält das GZGB viele neue Bestimmungen, die den Notwendigkeiten der Zeit entsprechen und in seinen fremden Vorbildern nicht enthalten sind. Es strebt danach, den sozialen und wirtschaftlichen Bedürfnissen der Gegenwart gerecht zu werden. Zu den liberalen Grundgedanken, durch die sich die Vorschriften des GZGB 1940 auszeichnen, gesellen sich allerdings auch konservative Züge, hauptsächlich auf dem Gebiet des Familienrechts. Ein allgemeines Kennzei-

---

30 Vgl. Rabel, AID 1934, 8 ff. und Mantzoufas, Zivilgesetzbuch 11 f.
31 Vgl. Gogos S. VII.
32 Vgl. Gogos, AcP 29 (1944) 84.

chen des GZGB von 1940 ist jedoch vor allem sein sozialer Charakter[33]. Die individualistischen Prinzipien des römisch-byzantinischen Rechts haben im GZGB ihre Kraft verloren. Der griechische Gesetzgeber wandte sich dem sozialen Recht zu und baute sein gesetzgeberisches Werk auf eine soziale Grundlage[34]. Rechtsinstitute wie das des Rechtsmißbrauchs und des Wegfalls der Geschäftsgrundlage wurden erweitert und unter die Grundbegriffe eingereiht. Das GZGB 1945 war hierin noch weiter gegangen. Es hob ausdrücklich die soziale Funktion des Eigentums hervor (vgl. unten § 25 II 1); es schränkte den Kreis der gesetzlichen Erben zum Besten der Allgemeinheit noch weiter ein (vgl. unten § 27 II 3); es enthielt günstigere Vorschriften für die Arbeitnehmer (vgl. unten § 24 II 5 Nr. 175) und ließ die Berücksichtigung des immateriellen Schadens auch im Bereiche der Verträge zu (vgl. unten § 30 III). Dem GZGB 1945 fehlte jedoch wiederum eine Bestimmung von grundlegender Bedeutung: es enthielt keine Vorschrift über den Wegfall der Geschäftsgrundlage.

Julius von Gierke hebt — trotz der scharfen Kritik, die er an einigen Bestimmungen des GZGB 1940 übt — seine Vorzüge mit den folgenden Worten hervor: „Im ganzen hat das Gesetz einen stark konservativen Charakter, doch ist anzuerkennen, daß es in mancher Hinsicht fortschrittlich ist und als Vorbild dienen kann ... Überblicken wir das GZGB noch einmal im ganzen, so erhellt, daß es vieles Anregende und Fortschrittliche bietet, von dem wir lernen können."[35]

§ 23. PROBLEME DES ALLGEMEINEN TEILS

I. Allgemeines

Nach einem Beschluß der Redaktionskommission sollte das GZGB einen Allgemeinen Teil in Gestalt eines besonderen Buches erhalten, obgleich die Professoren Triantaphyllopoulos und Maridakis die Ansicht vertreten hatten, daß dies nicht notwendig sei[36]. Die Einfügung entsprach jedoch dem klassischen Vorbild der Aufgliederung des bürgerlichen Rechts in fünf Teile, an die die griechischen Juristen gewöhnt waren[37]. Diese Einteilung wurde in

---

[33] Vgl. Tambakopoulos, Them. 1940, 369 ff.

[34] Vgl. Gogos, AcP 29 (1944) 85.

[35] J. von Gierke, ZHR 115 (1952) 186 und 204. Über die theoretischen Grundlagen und die Gesetzestechnik des GZGB siehe RHDI 1951, 40 ff.

[36] Triantaphyllopoulos und Maridakis waren der Meinung, das GZGB solle eine Vereinfachung des geltenden Rechts herbeiführen und deshalb kein besonderes Buch über den Allgemeinen Teil (nach dem Vorbild des BGB) enthalten; die entsprechenden Bestimmungen sollten vielmehr wie im französischen, italienischen und schweizerischen Zivilgesetzbuch nach ihrer Materie auf die übrigen Bücher des GZGB aufgeteilt werden; EAllgT. 6 und 13. In der Wissenschaft ist diese Frage immer wieder umstritten; vgl. Burckhard 115 ff; Wieacker §24 Nr. 7, S. 285 ff. und § 26 Nr. 1, S. 307; Zajtay AcP 157 (1958), 483 ff; Hedemann-Lehmann-Siebert 40.

[37] Vgl. Them. 1941, 485.

gesetzestechnischer Hinsicht auch von Ernst Rabel im Jahre 1934 mit den folgenden Worten gelobt: „Ebenso begrüße ich die Nachricht, daß in der Kommission trotz der sehr beachtlichen Gegengründe mit Mehrheit beschlossen wurde, im neuen Gesetzbuch einen allgemeinen Teil zu bilden und viele Richtlinien für die einzelnen Kapitel."[38]

Der ursprüngliche Entwurf der Redaktionskommission enthielt kein einheitliches Buch „Allgemeiner Teil", sondern diese Materie war nach einem Vorschlag von Maridakis als dem zuständigen Referenten in zwei Bücher, und zwar in den Allgemeinen Teil und in das Personenrecht unterteilt worden. Maridakis selbst hat jedoch in einem im Jahre 1937 gehaltenen Vortrag vorgeschlagen, diese beiden Bücher zu einem einheitlichen Buch unter dem Titel „Personen — Rechtsgeschäfte — Zeit" zu vereinigen[39].

Das von Balis ausgearbeitete GZGB 1940 folgte dem im Schrifttum und der Lehre Griechenlands stets befürworteten System, nach dem das bürgerliche Recht einen besonderen „Allgemeinen Teil" enthält, und das erste Buch des GZGB 1940 trägt diese Überschrift (im Griechischen: Γενικαὶ 'Αρχαί, d. h. allgemeine Lehren und Prinzipien).

Das GZGB 1940 umfaßt in seinem Allgemeinen Teil auch die Kollisionsnormen[40]. Das GZGB 1945 enthält, ohne grundsätzlich hiervon abzuweichen, einerseits eine Einleitung, in der Vorschriften über das Inkrafttreten und die Aufhebung der Gesetze, über die guten Sitten, den Rechtsmißbrauch und das IPR aufgestellt werden, und andererseits ein Buch unter dem Titel „Personen — Rechtsgeschäfte", in dem die Bestimmungen über die natürlichen und juristischen Personen, über die Rechtsgeschäfte und über die Verjährung enthalten sind. Im Entwurf der Redaktionskommission befanden sich die Vorschriften über das IPR, über die Ausübung der Rechte und über die Rechtsquellen in einer Einleitung, die dem Allgemeinen Teil voranging.

Im einzelnen spiegelt der Allgemeine Teil des GZGB 1940 zum größten Teil das bis zu seinem Inkrafttreten geltende Recht wider. Einige der wichtigsten Abweichungen von dem damals geltenden Recht sowie einige der wichtigsten neuen Bestimmungen seien hier erwähnt:

a) Art. 2 hat eine Gleichstellung von Gesetzesrecht und Gewohnheitsrecht anerkannt und die sog. derogatorische Kraft des Gewohnheitsrechts anerkannt. Diese Bestimmung gab jedoch Veranlassung zu einer weiteren gesetzgeberischen Regelung (vgl. unten II 2).
b) Durch Art. 57 wurde ein allgemeines subjektives Persönlichkeitsrecht eingeführt, das dem griechischen Zivilrecht bis dahin unbekannt war.
c) Die Haftung der juristischen Personen wurde durch Art. 71 beträchtlich erweitert (vgl. unten II 4).
d) Im römisch-byzantinischen Recht betrug die regelmäßige Verjährungs-

---

[38] Rabel, AID 1934, 9.
[39] Them. 1937, 128.
[40] Vgl. dazu die rechtspolitischen Überlegungen oben § 22 zu N. 20.

zeit dreißig Jahre; im GZGB (Art. 249) wurde sie auf zwanzig Jahre verkürzt[41].

e) Art. 179 hat die Nichtigkeit aller Wuchergeschäfte eingeführt (vgl. unten § 24 II 3).

f) Die Haftung aus culpa in contrahendo wurde ausdrücklich geregelt (Art. 197 f).

g) Art. 281 über die Unzulässigkeit des Rechtsmißbrauchs beruht auf sozialen Anschauungen, die die individualistische Auffassung von der schrankenlosen Ausübung der Rechte zurückzudrängen suchen (vgl. unten II 5).

h) Einige neue Bestimmungen enthalten die Art. 3—33, die dem IPR gewidmet sind (vgl. unten II 3).

Obwohl der Allgemeine Teil des GZGB 1940 in mancher Hinsicht eine Eigenständigkeit aufweist, entsprechen seine Bestimmungen doch zum größten Teil den Regelungen des BGB, das auf den Allgemeinen Teil entscheidend eingewirkt hat[42]; in einigen Fällen weichen sie jedoch von ihrem Vorbild wesentlich ab. Einige Unterschiede seien hier erwähnt:

a) Das BGB hat den Satz des römischen Rechts „nasciturus pro iam nato habetur quotiens de commodis eius agitur" nicht übernommen, sondern eine Einzelregelung nur für die Erbrechte des Erzeugten getroffen (§ 1923 Abs. 2 BGB). Das GZGB hat unter Aufgabe der unschönen Fassung des erwähnten Satzes des römischen Rechts durch eine allgemeine Bestimmung (Art. 36), deren Fassung von J. von Gierke gelobt wurde[43], einem bereits Erzeugten alle Rechte vorbehalten.

b) Das GZGB kennt das Rechtsinstitut der Volljährigkeitserklärung (§§ 3 ff. BGB) nicht, sondern enthält im vierten Buch (Familienrecht) besondere, vom BGB abweichende Bestimmungen über Kuratel und über emanzipierte Minderjährige (Art. 1666 ff.). Der Minderjährige z. B., welcher eine Ehe geschlossen hat, ist nach dem GZGB kraft Gesetzes emanzipiert (Art. 1667), nach dem BGB kann ein Minderjähriger durch Entscheidung des Amtsgerichts für volljährig erklärt werden, wenn er heiraten will[44].

c) Nach dem BGB kann man einen mehrfachen Wohnsitz haben (§ 7 Abs. 2) und den Wohnsitz aufgeben, ohne daß die Begründung eines neuen Wohnsitzes notwendig ist[45]. Nach dem GZGB kann die Person grundsätzlich nur einen Wohnsitz haben, und lediglich für Angelegenheiten, die sich auf die Ausübung des Handels beziehen, gilt als besonderer Wohnsitz einer Person der Ort, an dem sie Handel treibt (Art. 51).

---

[41] Nach dem Vorentwurf des Allgemeinen Teils (Art. 144) betrug die regelmäßige Verjährungszeit fünfzehn Jahre.

[42] So sind z. B. die Vorschriften über die Rechtsgeschäfte, über Vertretung und Vollmacht, über Bedingungen und Fristen und über die Verjährung zum größten Teil dem BGB entnommen. Vgl. Kavkas, Zivilgesetzbuch I, 14—107.

[43] J. v. Gierke, ZHR 115 (1952) 187.

[44] Lange 141.

[45] Lange 157.

Ferner bleibt der Wohnsitz bis zum Erwerb eines neuen Wohnsitzes bestehen (Art. 52).

d) Die beschränkte Geschäftsfähigkeit dauert nach dem BGB vom vollendeten 7. bis zum vollendeten 21. Lebensjahr (§ 106), nach dem GZGB vom vollendeten 10. bis zum vollendeten 21. Lebensjahr (Art. 129).

e) Das Sammelvermögen, dessen Rechtsnatur in Deutschland streitig ist[46], wurde vom GZGB durch eine Reihe von Spezialvorschriften ausdrücklich geregelt (Art. 122 ff.).

f) Sowohl nach dem GZGB (Art. 194) als auch nach dem BGB (§ 128) können bei allen Verträgen das Angebot und die Annahme getrennt beurkundet werden. Dies gilt aber nach dem BGB nicht bei der Einigung zur Übertragung des Eigentums an einem Grundstück (Auflassung, § 925 Abs. 1). Das GZGB, dessen Liegenschaftsrecht nicht auf dem System des Grundbuchs, sondern auf dem Transkriptionssystem beruht, kennt diese Ausnahme nicht.

g) Abgesehen von einer einzigen Ausnahme bei der Abtretung, die § 405 BGB vorsieht, gilt nach dem BGB beim Scheingeschäft im Rechte der Forderungen kein Verkehrsschutz für Dritte[47]. Das GZGB enthält dagegen eine allgemeine Bestimmung darüber (Art. 139): „Die Simulation schadet demjenigen nicht, welcher kontrahiert hat, ohne sie zu kennen."

h) Das BGB enthält keine allgemeinen Bestimmungen über die Haftung aus den Verhandlungen zum Abschluß eines Vertrages (sog. culpa in contrahendo). Diese Gesetzeslücke versuchen in Deutschland die Theorie und die Rechtsprechung auszufüllen. Das GZGB hat die Frage ausdrücklich geregelt[48].

i) Bei der Regelung des Rechtsmißbrauchs (Art. 281) weicht das GZGB von § 226 BGB dadurch ab, daß es dem Schikaneverbot einen objektiven Maßstab zugrunde legt (vgl. darüber unten II 5 und § 31 II 2c).

j) Im Gegensatz zum BGB (§ 228) kennt das GZGB eine Verpflichtung zu angemessener Entschädigung sowohl für den in Notstand Handelnden als auch für den Dritten, der durch die Handlung von der Gefahr verschont blieb (Art. 284 und 286).

k) Das GZGB hat die Fälle der Anfechtbarkeit wegen Irrtums gegenüber dem BGB eingeschränkt. Im Gegensatz zu diesem enthält das GZGB

---

[46] Lange 189; Lehmann, Allgemeiner Teil 448.

[47] Lange 333; Vgl. Lehmann, Allgemeiner Teil 236.

[48] Die betreffenden Bestimmungen lauten:
Art. 197. „Bei den Verhandlungen zum Abschluß eines Vertrages sind die Parteien gegenseitig verpflichtet, das nach Treu und Glauben und nach der Verkehrssitte gebotene Verhalten zu beachten."
Art. 198. „Wer bei den Verhandlungen zum Abschluß eines Vertrages dem anderen schuldhaft einen Schaden zugefügt hat, ist zu dessen Ersatz verpflichtet, auch wenn der Vertrag nicht zustande gekommen ist. Auf die Verjährung dieses Anspruchs findet die Vorschrift über Verjährung der Ansprüche aus unerlaubten Handlungen entsprechende Anwendung."
Siehe dazu die Arbeit von Kambitzis; vgl. Litzeropoulos, NB 1961, 425 ff.

eine ausdrückliche Bestimmung darüber, daß der Irrtum, der sich ausschließlich auf die Beweggründe des Willens (Motivirrtum) bezieht, kein Anfechtungsgrund ist (Art. 143 GZGB)[49]. Eine Ausnahme gilt jedoch für die Verfügung in einem Testament, die anfechtbar ist, wenn sie durch falsche Beweggründe veranlaßt wurde, welche im Testament erwähnt werden (Art. 1784 GZGB; von § 2078 BGB, der die ausdrückliche Erwähnung der Gründe des Motivirrtums des Erblassers im Testament nicht fordert, abweichende Regelung). Die Anfechtung einer Ehe ist nach dem GZGB nur wegen Irrtums in bezug auf die persönlichen Eigenschaften des anderen Ehegatten zulässig (Art. 1374 GZGB, anders § 32 des deutschen Ehegesetzes von 1946). Zwar enthalten die allgemeinen Vorschriften des GZGB, die die Anfechtung eines Rechtsgeschäftes wegen Irrtums regeln (Art. 141 und 142), nicht den in § 119 BGB enthaltenen Vorbehalt „bei verständiger Würdigung des Falles", jedoch bestimmt Art. 144 GZGB, daß das Rechtsgeschäft wegen Irrtums nicht angefochten werden kann:

1. wenn der Anfechtungsgegner die Willenserklärung so annimmt, wie sie der Irrende meint;
2. wenn die Anfechtung gegen Treu und Glauben verstoßen würde (vgl. Art. 25 SchwZGB).

Im GZGB 1945 hatten die Fälle der Anfechtbarkeit wegen Irrtums eine weitere Einschränkung erfahren. Dieses Gesetz bestimmt, daß ein Irrtum über Eigenschaften der Person oder der Sache nur dann als „wesentlich" zu bezeichnen ist, wenn es sich unter anderem auch um beiderseitigen Irrtum der Parteien handelt (Art. 184). Ferner kann nach dem GZGB 1945 das Rechtsgeschäft nicht angefochten werden:

1. wenn die obengenannten Fälle des Art. 144 GZGB 1940 vorliegen,
2. wenn der Irrende den Irrtum bei Anwendung der aus den Umständen gebotenen Sorgfalt hätte entdecken müssen,
3. wenn der Irrende andere Rechtsbehelfe (z. B. Rücktrittsrecht, Kündigungsrecht, Recht auf Wandelung oder Minderung) zur Wiederherstellung des Schadens geltend machen kann (Art. 186).

Das GZGB 1945 betonte also den subsidiären Charakter der Anfechtbarkeit wegen Irrtums stärker als das GZGB 1940[50].

l) Sowohl nach dem GZGB (Art. 158) als auch nach dem BGB (§ 305) gilt grundsätzlich Formfreiheit. Im einzelnen aber sind die die Form des Rechtsgeschäfts betreffenden Vorschriften des GZGB strenger als die des BGB. Folgende Fälle seien als Beispiel erwähnt: Im Gegensatz zum BGB (§ 181) ist nach dem GZGB (Art. 235) das Selbstkontrahieren nichtig, wenn es nicht notariell beurkundet wurde. Eine Vorschrift ähnlich dem § 313 BGB (Heilung der Formverletzung bei Grundstücksveräußerungsvertrag) enthält das GZGB nicht. Im Gegensatz zum BGB (§ 167 Abs. 2) bedarf nach dem GZGB (Art. 217 Abs. 2) die Erklärung über die

---

[49] Vgl. Titze 5 N. 1 a. E. und 15 N. 13.
[50] Vgl. EAK 584.

Erteilung einer Vollmacht, sofern nicht ein anderes anzunehmen ist, der Form, welche für das Rechtsgeschäft bestimmt ist, auf das sich die Vollmacht bezieht. Zur Gültigkeit des Schenkungsversprechens ist nach dem GZGB die notarielle Beurkundung für die Erklärungen aller Beteiligten (Art. 498 Abs. 1) und nicht wie im BGB (§ 518) nur für die des Versprechenden erforderlich. Nach dem GZGB (Art. 498 Abs. 2) wird der Mangel der Form durch die Bewirkung der versprochenen Leistung nur bei der Schenkung einer beweglichen, nicht aber wie im BGB (§ 518 Abs. 2 in Verbindung mit § 313) bei der Schenkung einer unbeweglichen Sache geheilt. Das ist darauf zurückzuführen, daß das Liegenschaftsrecht des GZGB nicht auf dem Grundbuchsystem, sondern auf dem französischen Transkriptionssystem beruht.

Neben dem Einfluß des BGB lassen sich im Allgemeinen Teil auch Einflüsse anderer Zivilgesetzbücher erkennen, deren wichtigste die folgenden sind:

a) Dem SchwZGB weitgehend entnommen sind die Bestimmungen über die natürlichen Personen[51], über die Verschollenheit[52] und über den Wohnsitz[53]. Einen bedeutenden Einfluß hat das SchwZGB auch auf die Vorschriften über die juristischen Personen ausgeübt[54]. Schließlich gibt es auch vereinzelte Einflüsse des SchwZGB in den Normen über die Rechtsgeschäfte[55]. Die bedeutsame Bestimmung des Art. 57 GZGB über das Recht auf die eigene Persönlichkeit beruht auf Art. 28 des SchwZGB[56].

---

[51] Art. 35—39 des GZGB 1940 (über Beginn und Ende der Person und über den Beweis ihres Todes) sind z. B. den Artt. 31, 32 SchwZGB nachgebildet.

[52] Die Art. 40—50 GZGB 1940 (über die Verschollenheit) wurden dem griechischen Gesetz 292/1914 entnommen (vgl. oben § 14 VIII), welches zum größten Teil den Artt. 35—38 SchwZGB gefolgt war.

[53] Die Art. 51—53 (über den Wohnsitz) entsprechen den Art. 23 und 24 SchwZGB.

[54] Die Bestimmungen der Art. 101 (über die Nichtigkeitsklage gegen einen Versammlungsbeschluß der juristischen Person), 109 (über das Stiftungsgeschäft) und Art. 107 (über die entsprechende Anwendung der Vorschriften über die Gesellschaft auf Vereinigungen, die keine Vereine sind) entsprechen den Art. 75, 62 und 81 § 1 SchwZGB, die Art. 61, 62, 63 und 90 GZGB 1940 den Art. 52, 53, 60 und 73 SchwZGB.

[55] Art. 144 (der die Frage regelt, wann die Anfechtung eines Rechtsgeschäftes wegen Irrtums ausgeschlossen ist) entspricht z. B. dem Art. 25 SchwOR.

[56] Der vom GZGB gewährte Persönlichkeitsschutz geht über den Wortlaut des Art. 28 SchwZGB hinaus. Das GZGB kennt auch den Schutz der Persönlichkeit eines Verstorbenen sowie eine Wiedergutmachung des immateriellen Schadens, die in der Zahlung einer Geldsumme, in einer Veröffentlichung oder auch „in allem, was den Umständen nach geboten erscheint" (Artt. 57 und 59 GZGB), bestehen kann. Auch die Schweizer Rechtslehre nimmt auf Grund des Art. 28 SchwZGB an, daß im Falle der Verunglimpfung eines Verstorbenen dessen Angehörige aus eigenem Recht klagen können, wenn die Verunglimpfung zugleich eine unbefugte Verletzung ihrer persönlichen Verhältnisse darstellt; vgl. Der zivilrechtliche Persönlichkeits- und Ehrenschutz in Frankreich, der Schweiz, England und den Vereinigten Staaten von Amerika, Gutachten des Max-Planck-Instituts für ausländisches und internationales Privatrecht, Tübingen 1960, 23.

b) Die Einflüsse des Code civil auf die Bestimmungen des Allgemeinen Teils des GZGB 1940 sind kaum merklich. Als Beispiel führen wir den Art. 178 (über die Geltendmachung der Einrede der Verjährung seitens des Gläubigers zugunsten seines Schuldners gegenüber Dritten) an, der dem Art. 2225 C. c. entspricht.
c) Die Bestimmung des Art. 281 schließlich über die Unzulässigkeit des Rechtsmißbrauchs wurde nach dem Vorbild des Art. 1 des Zivilgesetzbuches der Russischen Sozialistischen Föderativen Sowjet-Republik[57] sowie des Art. 2 SchwZGB formuliert.
d) Die internationalprivatrechtlichen Bestimmungen des Allgemeinen Teils (Art. 3—33) bauen hauptsächlich auf den Vorschriften des griechischen Zivilgesetzes von 1856 und auf einigen Haager Abkommen auf[58].

II. Einzelfragen

1. Gesetzeslücken

In der Redaktions- und Revisionskommission wurde eine längere Diskussion über das Problem der Ausfüllung von Gesetzeslücken geführt. Besonders Professor Maridakis als Referent für den Allgemeinen Teil hat nachdrücklich die Meinung vertreten, daß der Richter, wenn der konkrete Fall vom Gesetz oder vom Gewohnheitsrecht nicht geregelt sei, die Gesetzeslücke ausfüllen solle, als ob er Gesetzgeber wäre, und zwar solle er die Lösung des konkreten Falles nach den allgemeinen Rechtssätzen finden, die der zeitgenössische Gesetzgeber gegeben hätte, wenn er den betreffenden konkreten Fall vorausgesehen hätte. Maridakis schlug daher vor, daß das GZGB eine dem berühmten Art. 1 Abs. 2 SchwZGB entsprechende Vorschrift enthalten solle[59].

Entgegengesetzter Meinung war Professor Balis: Die Analogie oder die ausdehnende Auslegung genüge für die Ausfüllung der Gesetzeslücke, und die Bestimmung des Art. 1 Abs. 2 SchwZGB sei nur für Zivilgesetzbücher mit relativ wenigen Normen (wie z. B. für das SchwZGB) geeignet. Ferner aber sei eine solche Bestimmung gefährlich, da sie der Willkür des Richters Vorschub leisten würde. Er brachte in Erinnerung, daß die Schweizer Richter in der Regel, wenn sie sich vor einer Gesetzeslücke befinden, auf das deutsche BGB, das deutsche Schrifttum oder die deutsche Rechtsprechung zurückgreifen[60].

---

[57] Vgl. unten § 23 II 5.

[58] So folgt z. B. Art. 14 GZGB (über die persönlichen Beziehungen der Ehegatten zueinander) grundsätzlich dem Haager Abkommen vom 17. 7. 1905 mit der Abänderung, welche in der Sitzung der Konferenz von 1928 vorgeschlagen wurde; vgl. Maridakis, RabelsZ 11 (1937) 115 ff. Siehe auch unten § 23 Nr. II 3.

[59] EAllgT 47 und 62—63.

[60] EAllgT 50. Vgl. Balis, Them. 1940, 273 ff. Die Ablehnung des in Art. 1 Abs. 2 des SchwZGB enthaltenen Rechtssatzes geht grundsätzlich von der gesetzespositivistischen Theorie der logischen Geschlossenheit der Rechtsordnung aus, die aber als „eine einschmeichelnde Mär" bezeichnet wurde; vgl. Mezger 94 ff.

Auf die Frage, in welcher Weise der Richter beim Vorliegen einer Gesetzeslücke vorgehen solle, gab die griechische Gesetzgebung keine konkrete Antwort. Der im Art. 1 Abs. 2 SchwZGB enthaltene Grundsatz, nach dem im Falle des Vorliegens einer Lücke im Recht der Richter „nach der Regel entscheiden soll, die er als Gesetzgeber aufstellen würde", war jedoch dem griechischen Rechtsdenken nicht unbekannt. Dieser Grundsatz hat seinen Ursprung in der altgriechischen Philosophie, und zwar in einer Stelle der Nikomachischen Ethik von Aristoteles[61]. Er bringt die hohe ethische Verantwortlichkeit des Richters klar zum Bewußtsein und hebt bei der Entscheidung eines solchen Falles durch den Richter hervor, daß der „Beruf" des Richters als „Berufung" verstanden werden muß. Auch das in griechischer Sprache ausgearbeitete Moldauische Zivilgesetzbuch von 1817 enthielt in Art. 10 eine Bestimmung über die Lückenausfüllung[62]; ebenso das Ionische Zivilgesetzbuch von 1841 in Art. 9 Abs. 4 (vgl. oben § 6 Nr. 79).

Trotz der von Balis ausgedrückten Bedenken hinsichtlich der Zweckmäßigkeit des in Art. 1 Abs. 2 des SchwZGB aufgestellten Grundsatzes ist jedoch die Revisionskommission der Ansicht des Referenten für den Allgemeinen Teil, Maridakis, gefolgt[64]. Der Entwurf des Allgemeinen Teils enthielt in Art. 1 Abs. 1 eine Bestimmung über die Lückenausfüllung, die dem Art. 1 Abs. 2 SchwZGB entspricht, und den Grundsatz, den dessen Verfasser, Eugen Huber, dort aufgestellt hatte, auch in das griechische Zivilrecht einführen sollte. Die Vorschrift lautet: „Wenn das Gesetz oder das Gewohnheitsrecht keine Vorschrift enthalten, so hat der Richter, die allgemeinen Rechtsgrundsätze anwendend, nach der Regel zu entscheiden, die der zeitgenössische Gesetzgeber aufstellen würde, wenn er den Fall vorausgesehen hätte."[65] Die Fassung dieses Artikels ist objektiver als die des Art. 1 Abs. 2 des SchwZGB; denn der Richter hat nicht nach der Regel zu entscheiden, die er selbst aufstellen würde, wenn er Gesetzgeber wäre (so Art. 1 Abs. 2 des SchwZGB), sondern nach der Regel, die der zeitgenössische Gesetzgeber aufstellen würde, wenn er den Fall vorausgesehen hätte. Bei der endgültigen Fassung des GZGB hat Professor Balis, der, wie erwähnt, gegen diesen Grundsatz

---

[61] „ὅταν οὖν λέγῃ μὲν ὁ νόμος καθόλου, συμβῇ δ' ἐπὶ τούτου παρὰ τὸ καθόλου, τότε ὀρθῶς ἔχει, ᾗ παραλείπει ὁ νομοθέτης καὶ ἥμαρτεν ἁπλῶς εἰπών, ἐπανορθοῦν τὸ ἐλλειφθέν, ὃ κἂν ὁ νομοθέτης αὐτὸς [ἂν] εἶπεν ἐκεῖ παρών, καὶ εἰ ᾔδει, ἐνομοθέτησεν [ἄν]", Aristoteles, Nikomachische Ethik V, 14 (1137b, 19). Der Begriff der Lücken im Recht war auch Platon bekannt; „νόμος οὐκ ἄν ποτε δύναιτο τό τε ἄριστον καὶ τὸ δικαιότατον ἀκριβῶς πᾶσιν ἅμα περιλαβὼν τὸ βέλτιστον ἐπιτάττειν" Platon, Politikos 294a. Der Gedanke der Lückenausfüllung durch den Richter auf Grund bestimmter Grundsätze wurde schon im Eide der Heliasten ausgesprochen: „Ψηφιοῦμαι κατὰ τοὺς νόμους καὶ τὰ ψηφίσματα τοῦ δήμου τῶν Ἀθηναίων καὶ τῆς Βουλῆς τῶν πεντακοσίων, περὶ ὧν δ' ἂν νόμοι μὴ ὦσι, γνώμῃ τῇ δικαιοτάτῃ" vgl. Lipsius, 152 N. 56.

[62] Vgl. oben §1 III 3.

[63] EAllgT 54 und 117.

[64] EAllgT 64 ff.

[65] Der in diesem Artikel enthaltene Grundgedanke erregte Zweifel, ob er mit dem Grundsatz der Gewaltenteilung im Einklang stehe; vgl. Chauvau 23.

Stellung genommen hatte, diese Bestimmung des Entwurfes gestrichen[66]. Bemerkenswert ist, daß auch das GZGB 1945, dessen beide Verfasser Triantaphyllopoulos und Maridakis sich in der Revisionskommission (im Jahre 1930) für die Einführung dieses Grundsatzes in das griechische Zivilrecht eingesetzt hatten, keine entsprechende Vorschrift enthält. Die Auswirkungen der Tatsache, daß eine solche im GZGB 1940 fehlt, werden jedoch dadurch gemildert, daß dieses eine Vorschrift (Art. 338) über die Rechtsfolgen der unvorhergesehenen Änderung der Geschäftsgrundlage enthält (vgl. unten § 24 II 2).

2. Rechtsquellen

Die nach der Befreiung Griechenlands von der türkischen Herrschaft erlassene Verordnung vom 23. 2./7. 3. 1835 gab, wie wir sahen[67], unter dem Einfluß der Lehre der historischen Rechtsschule dem Gewohnheitsrecht einen gewissen Vorrang gegenüber dem Gesetzesrecht. Seit dem Inkrafttreten des Zivilgesetzes von 1856 verringerte sich jedoch die Bedeutung des Gewohnheitsrechts als Rechtsquelle zusehends[68].

Das GZGB 1940 enthält nun nicht nur die Bestimmung, daß „die Rechtsnormen in den Gesetzen und Gewohnheiten enthalten sind" (Art. 1), die der Entwurf des Allgemeinen Teils für selbstverständlich gehalten und daher nicht ausgesprochen hatte, sondern — möglicherweise unter dem Einfluß der dargestellten Rechtsentwicklung — bestimmt es auch: „Das Gesetz gilt, solange nicht eine andere Rechtsnorm es ausdrücklich oder stillschweigend aufhebt" (Art. 2). Diese Vorschrift gab in Verbindung mit den zitierten Worten des Art. 1 Veranlassung zu der Ansicht, daß das Gewohnheitsrecht Gesetze, und zwar auch das ganze Zivilgesetzbuch, aufheben könne[69]. Keine Gesetzgebung des 19. und 20. Jahrhunderts hatte eine solche Kraft des Gewohnheitsrechts anerkannt. Um diese Unklarheit zu vermeiden, war das GZGB 1945 der alten Fassung des Art. 2 des Zivilgesetzes von 1856 gefolgt: „Das Gesetz gilt, solange nicht ein anderes Gesetz es ausdrücklich oder stillschweigend aufhebt" (Art. 2 GZGB 1945). Die Verordnung mit Gesetzeskraft vom 7./10. 5. 1946 über die „Wiederherstellung des Zivilgesetzbuches und seines Einführungsgesetzes" bestimmte dann in ihrem Art. 2, daß „das Gewohnheitsrecht das Gesetz nicht aufheben kann". Balis vertritt die Ansicht, daß diese neue Bestimmung nur auf die zwingenden und nicht auf die nachgiebigen Rechtsnormen Anwendung finde[70].

---

[66] „Doch", schreibt A. Schwarz, „hat der Athener Zivilist Professor Georg Balis literarisch gegen die Bestimmung Stellung genommen, und da die endgültige Redaktion des Gesetzbuches ihm anvertraut wurde, ist der Artikel trotz der werbenden Kraft, die der Anklang an die Nikomachische Ethik in Griechenland zweifellos hätte ausüben können, im griechischen Gesetzbuch zuletzt weggeblieben." A. B. Schwarz 30.

[67] Vgl. oben § 4 I.

[68] Vgl. oben § 4 III.

[69] Pratsikas, Them. 1940, 712; siehe aber Litzeropoulos, Them. 1941, 99 ff.

[70] Balis, Allgemeiner Teil 10; ders, Them. 1946, 377 ff. Siehe aber Litzeropoulos, Erbrecht, 30 f und Pantazopoulos, Von der „gelehrten Tradition" 311 ff.

3. Internationales Privatrecht

Das ebenfalls im Allgemeinen Teil behandelte internationale Privatrecht[71] war vor der Kodifizierung im Zivilgesetz von 1856 geregelt. Das GZGB folgte weitgehend den Bestimmungen dieses Gesetzes[72], und obgleich es eine ausführlichere Regelung des Kollisionsrechts, und zwar dreißig anstatt sechs Artikel des Gesetzes von 1856, enthielt, vermied es im Gegensatz zu neueren Gesetzen anderer Länder[73] eine subtile Regelung der Probleme des IPR.

Vier Punkte sind auf diesem Gebiet im GZGB besonderer Erwähnung wert:

a) Nach dem Zivilgesetz von 1856 richteten sich die erbrechtlichen Beziehungen der in Griechenland belegenen, zum Nachlaß gehörigen Grundstücke stets nach dem griechischen Recht (Art. 5 Abs. 2).
Nach dem Entwurf des Allgemeinen Teils (Art. 32) und nach den Zivilgesetzbüchern von 1940 (Art. 28) und 1945 (Art. 36) richten sich die betreffenden Beziehungen nach dem Heimatrecht des Erblassers zur Zeit seines Todes, auch wenn es sich um in Griechenland belegene unbewegliche Nachlaßgegenstände handelt.

b) Ein Grundproblem des IPR ist die Rück- und Weiterverweisung (renvoi). Im Jahre 1930, in welchem die Ausarbeitung der Teilentwürfe des GZGB begonnen wurde, hatten schon viele Gesetzgebungen die Rückverweisung angenommen[74]. Die Rechtsprechung zahlreicher Staaten wandte sie an[75]. Die griechische Rechtsprechung hatte auch gelegentlich eine Rückverweisung angenommen[76], obwohl der Areopag die entgegengesetze Ansicht vertrat[77]. Der griechischen Gesetzgebung war, wenn auch in Ausnahmefällen, die Rück- und Weiterverweisung bekannt[78]. Der Entwurf des Allgemeinen Teils hat diese komplizierte und viel umstrittene wissenschaftliche Frage behandelt und ist dabei

---

[71] Zum IPR des GZGB von 1940 siehe Gogos-Aubin, RabelsZ 15 (1949/1950) 240 ff.; vgl. Maridakis, Recueil de cours 85 (1954, I) 111 ff.; P. Vallindas, RIDC 1949, 1 ff.

[72] Z. B. entsprechen die Kollisionsnormen der Art. 4 (über die Rechtsstellung der Ausländer), 5 (über die Rechtsfähigkeit), 11 (über die Form des Rechtsgeschäfts), 24 (über die Vormundschaft), 25 Abs. 1 (über die Schuldverhältnisse aus Vertrag), 27 (über den Besitz und über dingliche Rechte) und 33 (über den Vorbehalt der ordre public) den Art. 13, 4, 7, 4 Abs. 3, 6 Abs. 1, 5 Abs. 1 und 8 des Zivilgesetzes von 1856; Kavkas, Zivilgesetzbuch I, 2—14. Vgl. den Text der Art. 4—8 des Zivilgesetzes von 1856 in deutscher Übersetzung bei Makarov 55.

[73] So widmete der Entwurf des Zivilgesetzbuches von Rumänien dem IPR 62 Artikel; vgl. RabelsZ 6 (1932) 741 ff. Eine noch detailliertere Regelung findet sich in dem von der VI. Panamerikanischen Konferenz am 13. 2. 1928 in Havanna ausgearbeiteten Gesetzbuch des IPR, das unter dem Namen „Codigo Bustamante" bekannt ist und mehr als 300 Artikel zum IPR enthielt; Makarov 397 ff.

[74] Vgl. Makarov 20 (China), 68 (Palästina), 86 (Japan), 154 (Polen), 222 (Tschechoslowakei).

[75] Niboyet Nr. 402, 476.

[76] Entscheidungen des OLG Patras Nr. 224/1915 (Them. 1917/1918, 321) und des OLG Thessaloniki Nr. 3/1924 (Them. 1924/1925, 55).

[77] Kavkas, Zivilgesetzbuch I, 32.

[78] Vgl. Art. 90 des Gesetzes 5325 vom 9. 3. 1932 „über den gezogenen und eigenen Wechsel" und Art. 70 des Gesetzes 5960 vom 26. 12. 1935 „über den Scheck".

der damals in Griechenland in Lehre und Rechtsprechung herrschenden Meinung gefolgt, welche die Rückverweisungstheorie nicht annahm[79]. In Übereinstimmung damit hat auch der Referent für das IPR, Professor Maridakis, die Rück- oder Weiterverweisung als „Sophisterei" (σόφισμα) abgelehnt, „von der die Wissenschaft ganz grundlos gepeinigt wird"[80]. Art. 36 des Entwurfes des Allgemeinen Teils bestimmt, daß die internationalprivatrechtlichen Normen des fremden Staates in dem anzuwendenden fremden Recht nicht enthalten sind[81]. Das GZGB 1940 (Art. 32) und das GZGB 1945 (Art. 40) lehnen in entsprechenden Bestimmungen die Rückverweisung ebenfalls ausdrücklich ab[82].

c) Art. 6 Abs. 2 des Zivilgesetzes von 1856 enthielt eine der wenigen Vorschriften, die aus der Lehre Savignys bis zum Inkrafttreten des GZGB 1940 in Griechenland erhalten blieben. Sie unterwarf die Deliktsschulden der lex fori. Diese Regelung, die als „bemerkenswert" bezeichnet wurde[83], hat das GZGB 1940 abgeschafft. „Die Schuldverhältnisse aus unerlaubter Handlung", bestimmt Art. 26, „richten sich nach dem Recht des Staates, in dessen Gebiet die unerlaubte Handlung begangen wurde."

d) Da das Schuldrecht, abgesehen vom Deliktsrecht, der Anknüpfung die allergrößten Schwierigkeiten bereitet, zog es der deutsche Gesetzgeber vor, von einer ausdrücklichen Regelung abzusehen[84]. Griechenland gehört zu den wenigen Staaten, die es, nach der Wendung Raapes, „gewagt haben, auch für das Obligationenrecht Kollisionsnormen aufzustellen"[85]. Art. 25 des GZGB 1940 lautet: „Die Schuldverhältnisse aus einem Vertrag richten sich nach dem Recht, dem sich die Vertragschließenden unterworfen haben. In Ermangelung eines solchen findet das Recht Anwendung, das dem Vertrag unter Berücksichtigung aller besonderen Umstände am angemessensten ist."[86] Die hier in Satz 2

Diese Gesetze waren auf Grund des Genfer Wechsel- und Scheckabkommens erlassen worden.

[79] Vgl. Streit-Vallindas, § 13, V, 290; Maridakis, Ausländerscheidung 11 Nr. 16.

[80] Maridakis, RabelsZ 11 (1937), 129; ders., Annuaire de l'Institut de Droit International 1957, II, 1—16 (Session d'Amsterdam).

[81] Diese Bestimmung wurde in Griechenland kritisiert: Spyropoulos, EEN 1937, 819 ff; Mavros, Them. 1938, 383 ff.

[82] Es ist zu erwähnen, daß das internationale Abkommen von Montreux vom 8. Mai 1937 über die Aufhebung des Kapitulationensystems in Ägypten, das in Griechenland durch das Notgesetz 755 vom 9. 8. 1937 ratifiziert wurde, die Rückverweisung ausdrücklich abgelehnt hatte. Art. 31 des „Règlement d'Organisation Judiciaire", das diesem Vertrag beigefügt worden war, bestimmte: „Par le terme loi national, on doit entendre les dispositions internes de cette loi à l'exclusion de ses dispositions de droit international privé." P. Vallindas, AID 1942, 202 f.

[83] Binder, RabelsZ 20 (1955) 455.

[84] Raape 455.

[85] Raape 455.

[86] Bemerkenswert ist, daß Maridakis bei der Auslegung dieser Vorschrift den Richter für die Regelung des konkreten Falles als Gesetzgeber ansieht und sich dabei auf die oben (§ 23 N. 61) erwähnte Stelle der Ninomachischen Ethik von Aristoteles beruft; Maridakis, IPR II, 35.

getroffene Regelung, die von Raape als „lehrreich" bezeichnet worden ist[87], stellt also nicht auf den subjektiven hypothetischen Willen sondern auf die objektive Interessenlage ab.

Das internationale Privatrecht des GZGB 1940 basiert auf der Gleichberechtigung der In- und Ausländer in bezug auf die bürgerlichen Rechte. Art. 4 GZGB, der dem Art. 38 des von der Redaktionskommission ausgearbeiteten endgültigen Entwurfes des Allgemeinen Teils entspricht, stellt fest, daß der Ausländer die gleichen bürgerlichen Rechte wie der Inländer genießt. Diese liberale Bestimmung, die auf dem Gebiet des Zivilprozeßrechts durch Art. 126 EG GZGB ergänzt wird[88], ist nicht neu für Griechenland. Eine entsprechende Bestimmung enthielten auch Art. 13 des Zivilgesetzes von 1856 und Art. 9 des kretischen Zivilgesetzbuches von 1904[89].

Das Problem der Qualifikation ist im GZGB nicht positiv gelöst worden; seine Lösung blieb vielmehr der Wissenschaft überlassen.

Den Art. 40 des Referenten-Vorentwurfs über das Retorsionsrecht[90] enthalten weder der Entwurf der Redaktionskommission noch das GZGB 1940.

In Zusammenhang mit der Neuregelung der Kollisionsnormen durch das GZGB enthält der Entwurf der neuen griechischen Zivilprozeßordnung eine Vorschrift (Art. 369), die nach dem Vorbild des § 293 der deutschen und des § 271 der österreichischen Zivilprozeßordnung das anzuwendende ausländische Recht als Recht und nicht, wie die griechische Rechtsprechung — im Gegensatz zur Lehre — noch jetzt nur als beweisbedürftige Tatsache behandelt[91]. Nach diesem Entwurf (Art. 610 Abs. 1) kann auch die Revision darauf gestützt werden, daß ausländisches Recht nicht oder falsch angewandt worden ist[92]. Der entgegengesetzten Regelung der deutschen Zivilprozeßordnung (vgl. § 549 Abs. 1 in Verbindung mit § 550), die auf dem Gedanken beruht, daß das Revisionsgericht nur die Rechtseinheit im Lande wahren und sein Ansehen nicht durch Fehlentscheidungen über ausländisches Recht gefährden soll, ist de lege ferenda nicht zuzustimmen, denn das Revisionsgericht ist am besten befähigt, ausländisches Recht richtig anzuwenden, und bei der zunehmenden internationalen Verflechtung ist höchst-

---

[87] Raape § 41 Nr. 30 a. E., S. 477.

[88] Art. 126 EG GZGB lautet: „Die Ausländer sind der Gerichtsbarkeit der inländischen Gerichte unterworfen; sie können nach den geltenden Vorschriften über Gerichtszustände wie Inländer klagen und verklagt werden."

[89] Siehe oben §1 III 3 und § 8 V.

[90] Dieser Artikel lautet: „Nach vorangegangener Begutachtung durch den Ministerrat kann durch Verordnung des Präsidenten der Demokratie gegen einen ausländischen Staat sowie dessen Angehörige und ihre Rechtsnachfolger ein Vergeltungsrecht zur Anwendung gebracht werden, wenn in diesem Staat das auf die griechischen Staatsangehörigen angewandte Recht ungünstiger ist als das auf dessen eigene Staatsangehörige oder die Angehörgen eines dritten Staates angewandte Recht." Bemerkenswert ist, was Kegel über den Art. 31 EG BGB schreibt, der das Vergeltungsrecht regelt: „Eine trostlose Vorschrift ist Art. 31 EG BGB . . . Art. 31 ist zum Glück niemals angewandt worden." Kegel, 174.

[91] Vgl. Baltazis, RabelsZ 11 (1937), 131 ff. sowie die Untersuchung von Michelakis, Beweisgegenstand.

[92] Vgl. Evrigenis 255 ff; dazu Georgakopoulos, RabelsZ 24 (1959) 195 ff.

richterliche Führung der Rechtsprechung in ausländischen Sachen dringend erwünscht[93].

4. Haftung der juristischen Personen

Die Frage der Haftung der juristischen Personen, die vor der Kodifizierung auf den mangelhaften Bestimmungen des römisch-byzantinischen Rechts beruhte, war in Griechenland umstritten.

Die griechische Rechtsprechung erklärte juristische Personen wegen unerlaubter Handlungen nur insoweit für haftbar, als sie durch diese Handlungen bereichert waren. Es wurde jedoch angenommen, daß diese Beschränkung der Haftung auf diejenigen Fälle keine Anwendung finde, bei denen es sich um schuldhafte Vertragsverletzungen der Organe handelte[94].

Was die Haftung des Staates angeht, hatte sich die griechische Rechtsprechung nicht ohne Schwankungen allmählich dahin entwickelt, daß der Staat nicht haftete, wenn es sich um eine vom Beamten grob fahrlässig oder arglistig verschuldete Schädigung handelte; nur wenn es sich um eine vom Beamten leicht fahrlässig verschuldete Schädigung handelte, haftete der Staat, jedoch war diese Haftung eine Bereicherungshaftung[95].

Diese Entwicklung der griechischen Rechtsprechung hat in Griechenland eine Reaktion der Wissenschaft ausgelöst, und führende griechische Rechtsgelehrte haben sich für eine Ausdehnung der Grenzen der Haftung der juristischen Personen und insbesondere der Haftung des Staates eingesetzt[96]. Unter dem Einfluß neuerer Gesetzgebungen, insbesondere des Art. 131 der Weimarer Verfassung, verstärkte sich auch in Griechenland diese Tendenz zur Ausdehnung der Grenzen der Staatshaftung[97].

Art. 44 des Entwurfes des Personenrechts hat nach dem Vorbild des § 31 BGB die Haftung der juristischen Personen für die Handlungen und Unterlassungen der sie vertretenden Organe eingeführt, sofern die Handlung oder die Unterlassung bei der Ausführung der ihnen übertragenen Pflichten stattgefunden hat (ebenso Art. 71 GZGB 1940).

Die Tendenz zur Erweiterung der Haftung des Staates für die Handlungen oder Unterlassungen seiner Organe stieß in der Revisionskommission auf Widerstand. Eine spezielle Kommission wurde eingesetzt, um die Frage weiter zu prüfen[98]. Doch setzte sich die Ansicht, die die Ausdehnung der Haftung des Staates befürwortete, schließlich durch. Nach Art. 45 des Entwurfes des Personenrechts haftet grundsätzlich der Staat oder die juristische Person öffentlichen Rechts für Schäden, die ein Beamter in Ausübung der ihm an-

---

[93] Kegel 165; Neuhaus 226.

[94] Vgl. AP 255/1932, Them. 1932, 660.

[95] Vgl. AP 20/1929 (Them. 1929, 277), 353/1930 (Them. 1931, 130), 130/1932 (Them. 1932, 413), 275/1933 (Them. 1933, 535).

[96] Vgl. die Schrift von Demertzis sowie Balis, Amtl. Protokolle der ersten Tagung der Anwaltskammern des Staates, Athen 1928, 153 ff.

[97] EPers 78 ff; vgl. Simantiras, RabelsZ 11 (1937) 778.

[98] Mitglieder dieser Kommission waren: K. Demertzis, G. Balis, M. Chatzakos und St. Papaphrangos; EAllgT 72.

vertrauten öffentlichen Gewalt widerrechtlich durch Handlungen oder Unterlassungen verursacht hat. Die Haftung des Staates ist jedoch ausgeschlossen, wenn die vom Beamten verletzte gesetzliche Vorschrift nicht den besonderen Schutz des Einzelnen, sondern hauptsächlich das allgemeine Wohl betrifft.

Während der endgültigen Ausarbeitung des GZGB im Jahre 1939 kam es zu einem heftigen Streit über diese Frage zwischen dem Justizministerium, das die Ausdehnung der Grenzen der Haftung des Staates befürwortete, und dem Finanzministerium, das die Haftung des Staates möglichst beschränken wollte. Das Finanzministerium hatte einen Gesetzentwurf ausgearbeitet, nach dem unter anderem auch jede rechtskräftige, gegen den Staat ergangene Entscheidung erst nach Ablauf von drei Jahren gegen den Staat sollte vollstreckt werden können[99]. In einer besonderen Sitzung, an der auch Ministerpräsident Metaxas teilnahm, ist die Frage entschieden worden. Aus diesem Grunde wurden die Bestimmungen über die Staatshaftung nicht in den Allgemeinen Teil des GZGB 1940, sondern in das später erlassene Einführungsgesetz (Art. 104 f) aufgenommen[100]. Sie entsprechen dem erwähnten Art. 45 des Entwurfes des Personenrechts und haben die Grenzen der Haftung des Staates beträchtlich erweitert[101].

5. Rechtsmißbrauch

Der individualistische Grundsatz des römischen Rechts „qui suo jure utitur neminem laedit" wurde am Ende des 19. und Anfang des 20. Jahrhunderts unter dem Einfluß von Billigkeitserwägungen und einer stärkeren Betonung des funktionellen Charakters der subjektiven Rechte allmählich zurückgedrängt. Das gemeine deutsche Recht hatte schon aus dem römischen Recht die exceptio doli übernommen[102]. Der Bundesrat hat im Jahre 1896 mit dem § 226 eine Vorschrift über das Schikaneverbot in das BGB aufgenommen, die zwar innerhalb des engen Rahmens des römischen Rechtssatzes „malitiis non indulgendum est" formuliert wurde, aber für die neuen Auf-

---

[99] Siehe den Wortlaut dieses Gesetzentwurfes bei Tambakopoulos 44 N. 55.

[100] Tambakopoulos, 45. Die Art. 104 und 105 EG GZGB lauten:
Art. 104: „Für Handlungen oder Unterlassungen der Organe des Staates, welche sich auf privatrechtliche Rechtsverhältnisse beziehen, oder in bezug auf sein Privatvermögen, haftet der Staat nach den Vorschriften des Zivilgesetzbuches über juristische Personen."
Art. 105: „Für rechtswidrige Handlungen oder Unterlassungen der Organe des Staates bei der Ausübung der ihnen übertragenen öffentlichen Gewalt haftet der Staat für Schadenersatz, es sei denn, daß die Handlung oder die Unterlassung unter Verletzung einer Vorschrift vorgenommen wurde, die zum Schutz des allgemeinen Interesses besteht. Mit dem Staat haftet als Gesamtschuldner auch die schuldige Person; die besonderen Vorschriften über Haftung der Minister bleiben unberührt."
Die gesamtschuldnerische Haftung des Beamten beim Vorliegen von Vorsatz oder grober Fahrlässigkeit wurde in Griechenland durch Art. 57 des Gesetzes 1811/1951 beseitigt; statt dessen hat der Staat ein Rückgriffsrecht gegen den Beamten. Vgl. die entsprechende Regelung in Art. 34 des deutschen Grundgesetzes.

[101] Siehe darüber die Untersuchung von Stasinopoulos.

[102] Lange 100.

fassungen über die Ausübung der Rechte sehr bezeichnend war. Die zu Anfang des 20. Jahrhunderts folgenden Zivilrechtskodifikationen haben der schrankenlosen Ausübung des Rechtes immer mehr Grenzen gesetzt. Art. 2 des SchwZGB von 1907 gewährt „dem offenbaren Mißbrauch eines Rechtes keinen Rechtsschutz", und Art. 1 des Zivilgesetzbuches der russischen sozialistischen föderativen Sowjet-Republik von 1922 hebt den sozialen und wirtschaftlichen Zweck des Rechts hervor: „Die zivilen Rechte werden durch das Gesetz geschützt, mit Ausnahme derjenigen Fälle, in denen sie im Widerspruch zu ihrer sozialen und wirtschaftlichen Zweckbestimmung ausgeübt werden."[103] Art. 74 des französisch-italienischen Entwurfes des Obligationenrechts von 1927 bestimmt, daß das Recht innerhalb der Grenzen ausgeübt werden muß, die von Treu und Glauben oder von dem Zweck, für den das Recht verliehen ist, bestimmt werden („les limites fixées par la bonne foi ou par le but, en vu duquel ce droit a été conféré"). Gegenüber den strengen Normen des Code civil hatte schon die französische Rechtsprechung den Begriff des „abus de droit" entwickelt, der der „idée morale"[104] entsprach.

Diese kurze Übersicht über die neuere Rechtsentwicklung, die auf überindividualistischen Gesichtspunkten beruhte, zeigt, daß im Jahre 1930, als die Ausarbeitung des GZGB begann, die Anschauungen einer Berücksichtigung des Rechtsmißbrauchs im Gesetz günstig waren. Der individualistische Liberalismus, „der sich in der Zeit der Ausarbeitung des BGB den Gedanken der goldenen Rücksichtslosigkeit zu eigen gemacht hatte"[105], war schon zurückgedrängt. Zwar kannte die griechische Rechtsprechung bei der Ausübung des Rechtes nur die Beschränkung des Grundsatzes des römischen Rechts „malitiis non est indulgendum"[106] (entsprechend dem § 226 BGB), jedoch zeigte sich der Gesetzgeber des GZGB sehr viel fortschrittlicher. Sowohl der Entwurf des Allgemeinen Teils als auch das GZGB 1940 haben unter Berücksichtigung der dargestellten Rechtsentwicklung die Unzulässigkeit des Rechtsmißbrauchs sehr beachtlich ausgestaltet.

In dem vom Referenten, Professor Maridakis, ausgearbeiteten Entwurf wurde der Grundsatz der Unzulässigkeit des Rechtsmißbrauchs sehr weit aufgefaßt. Art. 7 des Entwurfes, der offenbar unter dem Einfluß des Art. 2 des SchwZGB und des Art. 74 des französisch-italienischen Entwurfes von 1927 steht, lautet: „Die Ausübung des Rechtes genießt keinen Rechtsschutz, wenn sie die von Treu und Glauben, von den guten Sitten oder von dem Zweck, für den das Recht verliehen ist, gezogenen Grenzen überschreitet."[107]

---

[103] Tarchow 14. Vgl. Freund 115. Der Begriff der „destination économique et sociale des droits subjectifs" wurde in Frankreich auf Grund der théorie de l'abus de droit entwickelt; auf Grund dieser Theorie hat der Gesetzgeber des Zivilgesetzbuches der RSFSR den Art. 1 geschaffen; vgl. Campion 254 f., 309

[104] Ripert, Règle morale 152.

[105] Lange 99.

[106] EAllgT 120 f.

[107] Vgl. Fragistas, Festschrift für Martin Wolff 49. Dieselbe Bestimmung ist im Art. 6 des GZGB 1945 enthalten.

Einen ebenso weitgefaßten Mißbrauchsartikel hat Professor Balis im GZGB 1940 aufgestellt. Art. 281 lautet hier: „Die Ausübung eines Rechtes ist verboten, wenn sie offenbar die von Treu und Glauben oder von den guten Sitten oder vom sozialen oder wirtschaftlichen Zwecke des Rechtes gezogenen Grenzen überschreitet." Art. 281 des GZGB 1940 wurde nach dem Vorbild des erwähnten Art. 1 des Zivilgesetzbuches der russischen sozialistischen föderativen Sowjet-Republik von 1922[108] und des Art. 2 SchwZGB formuliert. In Griechenland ist jedoch die Ansicht vertreten worden, daß der Kerngedanke der in Art. 281 GZGB enthaltenen Generalklausel schon in der Gerechtigkeitslehre des Aristoteles zu finden sei[109].

Die Formel des Art. 281 GZGB 1940 weicht von der Formulierung des Art. 7 des Entwurfes in zwei Punkten ab:

a) Nach Art. 281 GZGB ist die mißbräuchliche Ausübung des Rechtes „verboten", während sie nach dem Entwurf „keinen Rechtsschutz genießt".
b) Im Falle des Mißbrauches wegen Zweckentfremdung erwähnt das GZGB „den sozialen oder den wirtschaftlichen Zweck" des Rechtes, während der Entwurf sich ganz allgemein auf jeden Zweck bezieht, für den das Recht verliehen ist.

Neben dem Art. 281 GZGB, der als allgemeine Rechtsmißbrauchsklausel gilt, stehen noch andere Bestimmungen dieses Gesetzes, die den Rechtsmißbrauch in speziellen Fällen mißbilligen[110]. Zwischen der allgemeinen Mißbrauchsklausel und den speziellen Mißbrauchsbestimmungen besteht ein quantitativer Unterschied. Bei dem allgemeinen Mißbrauchsbegriff muß eine „offenbare" Überschreitung der von Art. 281 erwähnten Grenzen vorliegen. Bei den speziellen Mißbrauchsbestimmungen muß gleichfalls eine Überschreitung dieser Grenzen vorliegen, aber sie braucht nicht „offenbar" zu sein[111].

Mit Art. 281 ist das Prinzip der Parteisouveränität in seiner früheren Form gefallen. Das subjektive Recht, das der „zentrale Begriff des Privatrechts und zugleich die letzte Abstraktion aus der Vielgestaltigkeit des Rechtslebens" ist[112], begründet im Sinne des Art. 281 GZGB nicht mehr die schrankenlose Willensherrschaft des Berechtigten, sondern eine pflichtgebundene Befugnis, die in sich auch die Verpflichtung zur Rücksichtnahme auf die Interessen des Schuldners einschließt[113]. Demzufolge sind die Begriffe „gesetzliche" und „soziale" Gerechtigkeit gleichwertig und gleichbedeutend; die subjektiven Rechte werden in Funktionen verwandelt, und die Moral des klassischen Kapitalismus wird durch eine auf soziologischer Grundlage ge-

---

[108] Vgl. Mantzoufas, Zivilgesetzbuch 15 f; ders., Privatrecht 15; Kavkas, Zivilgesetzbuch I, 108; Litzeropoulos, NB 1956, 234.

[109] Vgl. Mantzoufas, Zivilgesetzbuch 15 N. 3.

[110] Vgl. Art. 1386, 1387 und 1502 GZGB. Andere verwandte Bestimmungen, die den Art. 281 ergänzen, sind die Generalklauseln der Art. 200 (entsprechend § 157 BGB), 288 (entsprechend § 242 BGB) und 919 (entsprechend § 826 BGB).

[111] Fragistas, Festschrift für Martin Wolff 51.

[112] v. Thur I, 53.

[113] Gogos AcP 29 (1944) 85.

stützte Ethik des Personalismus ersetzt[114]. Die Erweiterung des Begriffs des Rechtsmißbrauchs wurde als eine der wichtigsten Neuerungen von der griechischen Praxis begrüßt, die den Art. 281 zum „königlichen Paragraphen" des GZGB von 1940 erhoben hat[115]. Dadurch wurde dem griechischen Richter freie Bahn zur Fortentwicklung des Rechts geöffnet. Er hat nun die Möglichkeit, in die Privatrechte einzugreifen, sofern er glaubt, daß diese gegen ihre sozialwirtschaftliche Bestimmung, gegen das Prinzip von Treu und Glauben oder gegen die guten Sitten ausgeübt werden[116].

§ 24. PROBLEME DES SCHULDRECHTS

I. Allgemeines

Das Schuldrecht des Kommissionsentwurfs ist grundsätzlich vom Schuldrecht des GZGB 1940 nicht verschieden. Nur wenige neue, im Entwurf nicht enthaltene Bestimmungen wurden von Professor Balis in das GZGB 1940 aufgenommen, wie z. B. Art. 299 (er entspricht dem § 253 BGB), Art. 387 (über die Auflösung des Vertrages wegen unvorhergesehener Änderung der Geschäftsgrundlage), Art. 622 (über die Verpflichtungen des Verpächters), Art. 634 (über das Mindestmaß der Dauer der Pacht eines landwirtschaftlichen Grundstückes) und Art. 784 (über die juristische Persönlichkeit der bürgerlich-rechtlichen Gesellschaft). Im übrigen entspricht die Fassung des GZGB 1940 weitgehend dem Entwurf der Redaktionskommission.

Ein charakteristisches Kennzeichen des GZGB 1940 ist vor allem sein sozialer Charakter, den die Bestimmungen des Schuldrechts in besonderem Maß widerspiegeln. Das Schuldrecht des GZGB beruht auf der Vertragsfreiheit und der Privatautonomie, aber einer unbeschränkten Willensherrschaft des Gläubigers sind Grenzen gesetzt[117]. Der Schuldner darf nicht Opfer des Schuldverhältnisses werden, und zahlreiche Bestimmungen des Schuldrechts des GZGB bestehen zum Schutz desjenigen Schuldners, der aus Armut, Notlage oder Unerfahrenheit Objekt einer Ausbeutung des Gläubigers geworden ist. Solche Bestimmungen sind z. B. Art. 332 § 2 (über die Nichtigkeit der Vereinbarung, welche im voraus die Haftung des Arbeitgebers ausschließt oder beschränkt, auch wenn es sich um Erlaß der Haftung wegen leichter Fahrlässigkeit handelt — anders § 276 Abs. 2 BGB), Art. 388 (über die Auflösung des Vertrages wegen unvorhergesehener Änderung der Geschäftsgrundlage), die Art. 409 und 707 (über die Herabsetzung der unver-

---

[114] Mantzoufas, Zivilgesetzbuch 15.

[115] Fragistas, Festschrift für Martin Wolff, 50. Die Berufung auf den Rechtsmißbrauchsartikel 281 des GZGB ist so häufig in der griechischen Praxis, daß man vor einem „Mißbrauch des Rechtsmißbrauchsartikels" gewarnt hat; vgl. Rammos, ND 1949, 129.

[116] Über die reichhaltige griechische Rechtsprechung zu Art. 281 siehe bei Therapos. Vgl. auch Mantzoufas, Privatrecht, 10 ff. sowie unten § 31, 2, II c.

[117] Gogos, S. VII.

hältnismäßig hohen Vertragsstrafe oder des unverhältnismäßig hohen Lohnes des Maklers), Art. 588 (über die Kündigung der Miete einer Wohnung ohne Kündigungsfrist im Falle einer erheblichen Gefährdung der Gesundheit des Mieters), Art. 679 (über die Nichtigkeit des Verzichtes des Dienstverpflichteten auf Rechte), Art. 764 (über die Nichtigkeit der Vereinbarung, wonach einer der Gesellschafter vom Gewinn ausgeschlossen oder vom Verlust befreit wird), Art. 200 und Art. 288, die den Grundsatz von Treu und Glauben sanktionieren (sie entsprechen den §§ 157 und 242 BGB). Diese und andere entsprechende Bestimmungen des Schuldrechtes des GZGB werden durch die im Allgemeinen Teil enthaltenen Art. 179 und 281 ergänzt, die die Nichtigkeit des Wuchergeschäftes und die Unzulässigkeit des Rechtsmißbrauchs feststellen.

Erwähnenswert im Hinblick auf ihren sozialen Charakter ist auch die Vorschrift des Art. 634 GZGB über das Mindestmaß der Dauer der Pacht eines landwirtschaftlichen Grundstückes, die für einen Zeitraum von mindestens vier Jahren vereinbart werden muß; wurde sie kürzer bestimmt, so gilt sie für vier Jahre. Diese von Balis eingefügte Bestimmung wurde zwar in Griechenland von einigen Juristen kritisiert[118], aber sie hat offensichtlich zum Ziel, einerseits die Produktivität der Landwirtschaft zu fördern und andererseits die ärmeren Gesellschaftsschichten, und zwar die armen Pächter, die ihre Arbeit zur Erhöhung der Produktivität des landwirtschaftlichen Grundstückes leisten, zu schützen. Diese sollen das Recht haben, die Produkte ihrer Mühe für eine längere Zeit zu genießen[119]. Darin liegt der tiefere soziale Sinn dieser Bestimmung, den die griechische Rechtsprechung erkannt hat[120].

Der soziale Charakter des Schuldrechts des GZGB 1940 ist Ausfluß von Billigkeitserwägungen. Die Idee der „Billigkeit“ und der „Milde“ im Recht (griechisch „ἐπιείκεια“, im römischen Recht „aequitas“) hat ihren Ursprung in der altgriechischen Philosophie[121]. Der griechische Gedanke des „Mittle-

---

[118] Vgl. Kousoulakos, EEN 1946, 195; es ist jedoch bemerkenswert, daß Art. 76 des EG GZGB 1945 dieselbe Bestimmung enthält.

[119] Vgl. Tambakopoulos, Them. 1940, 373.

[120] Die herrschende Meinung in Griechenland nimmt an, daß Art. 634 GZGB nur dann anwendbar sei, wenn es sich um die Pacht eines landwirtschaftlichen Grundstückes handelt, dessen Bewirtschaftung einer gewissen Arbeit bedarf. Er sei nicht anwendbar, wenn der Pächter den Pachtvertrag nur zur Nutzung der wildwachsenden Pflanzen des landwirtschaftlichen Grundstückes (z. B. bei sog. „Milchpacht“) abgeschlossen hat. Vgl. AP 534/1956, EEN 1957, 251. Abweichende Ansichten vertreten der Präsident des Areopag, K. Kavkas, Schuldrecht, I, 404 N. 1a, und der Vizepräsident des Areopag, S. Mavromichalis, ND 1957, 1 ff.

[121] Vgl. P. Trude, Der Begriff der Gerechtigkeit in der aristotelischen Rechts- und Staatsphilosophie, Berlin 1955, 115 ff; ferner Michelakis, Platons Lehre sowie dazu H. J. Wolff, ZSS, 72 (1955) 383 ff. „Τὸ γὰρ ἐπιεικὲς δοκεῖ δίκαιον εἶναι, ἔστι δὲ ἐπιεικὲς τὸ παρὰ τὸν γεγραμμένον νόμον δίκαιον“ Aristoteles, Rhetorik A 13 (1374a, 26); vgl. dazu Pringsheim, Jusaequum und Jus strictum, ZSS 42 (1922) 648 f. „τό τε γὰρ ἐπιεικὲς δικαίου τινὸς ὂν βέλτιόν ἐστι δίκαιον, καὶ οὐχ ὡς ἄλλο τι γένος ὂν βέλτιόν ἐστι τοῦ δικαίου. ταυτὸν ἄρα δίκαιον καὶ ἐπιεικές, καὶ ἀμφοῖν σπουδαίοιν ὄντοιν κρεῖττον τὸ ἐπιεικές. ποιεῖ δὲ τὴν ἀπορίαν ὅτι τὸ ἐπιεικὲς δίκαιον μέν ἐστιν, οὐ τὸ κατὰ νόμον δέ, ἀλλ’ ἐπανόρθωμα νομίμου δικαίου“, Aristoteles, Nikomachische Ethik V, 14 (1137b, 8). „Schon Aristoteles“, schreibt Radbruch, „hat in jenem

ren" und der „Symmetrie" hatte schon im byzantinischen Schadenersatzrecht Einfluß gehabt[122]. In neuerer Zeit wurde der Gedanke der Billigkeit und Milde erneut in die Schadenersatzlehre aufgenommen[123]. Der Begriff des nicht vollständigen, sondern aus Billigkeitserwägungen durch den Richter geminderten Schadenersatzes wurde vom GZGB 1940 übernommen. Es enthält zahlreiche Bestimmungen, nach welchen der Schuldner aus Billigkeitserwägungen nicht den vollen, sondern nur einen „angemessenen" Schadenersatz zu entrichten hat (z. B. Art. 225, 286, 331, 387, 675, 918)[124].

Das Schuldrecht des GZGB beruht also auf einer sozial verstandenen Vertragsfreiheit. Es wird durch den Grundsatz des guten Glaubens beherrscht und betrachtet weiterhin die Vertragstreue als die Grundlage des Rechtsverkehrs (Art. 200 und 288). Die gegenseitige Rücksichtnahme bei den Verhandlungen vor dem Vertragsabschluß wird ausdrücklich in Art. 197 gefordert. Das Schuldrecht des GZGB beruht im übrigen auf dem Verschuldensprinzip; die Gefährdungshaftung gilt ausnahmsweise. Die Redaktionskommission hat sich bewußt entschlossen, die wichtigsten und häufigsten Fälle der Gefährdungshaftung außerhalb des GZGB zu lassen[125].

Wesentliche Unterschiede des Schuldrechts des GZGB gegenüber dem Schuldrecht des BGB sind: Die einfachere Regelung der Unmöglichkeit der Leistung (vgl. unten II 1), die ausdrückliche Regelung der Sukzessivlieferungsverträge (Art. 386) und des Wegfalls der Geschäftsgrundlage (Art. 388, vgl. unten II 2) sowie die Regelung der Deliktshaftung durch eine Generalklausel (vgl. unten II 8).

Im übrigen hat dem Schuldrecht des GZGB 1940 in bezug auf Inhalt und Formulierung der einzelnen Artikel zum größten Teil das deutsche BGB als Vorbild gedient. Sowohl die Anordnung des Stoffes als auch zahlreiche Lösungen sind von ihm übernommen worden, eine nicht erstaunliche Tatsache, da das Schuldrecht des BGB eine vortreffliche Vervollkommnung des vor ihm geltenden gemeinen römischen Rechts ist und das GZGB 1940 seinerseits das im größten Teil Griechenlands damals noch geltende römisch-byzantinische Obligationenrecht kodifiziert und den gegenwärtigen Lebensbedürfnissen und wissenschaftlichen Fortschritten angepaßt hat. Das Schuldrecht des BGB wie das des GZGB fußen auf denselben römisch-rechtlichen Grundlagen, und darauf ist ihre Ähnlichkeit zurückzuführen. Das GZGB

---

berühmten Kapitel der Nikomachischen Ethik (V, 14) sich um das Dilemma bemüht, daß die Billigkeit besser als die Gerechtigkeit sein solle und doch nicht wohl etwas der Gerechtigkeit Entgegengesetzes sein könne, vielmehr nur eine Art der Gerechtigkeit. Schon er hat aber auch die Lösung angedeutet, daß Gerechtigkeit und Billigkeit nicht verschiedene Werte, sondern verschiedene Wege sind, zu dem einheitlichen Rechtswerte zu gelangen." Radbruch 127.

[122] Triantaphyllopoulos, AID 1946, 157 ff.

[123] E. Rabel I, 510 N. 4; Schnitzer II, 415 ff.

[124] P. Zepos, Festschrift für Martin Wolff 167 ff.

[125] Im GZGB sind (wie im BGB) Fälle der Gefährdungshaftung enthalten, dic von relativ geringerer Bedeutung sind (z. B. Art. 834 ff. über die Haftung der Gastwirte, Art. 924 über die Haftung des Tierhalters). Das GZGB weist jedoch dem deutschen BGB gegenüber eine beträchtliche Neigung zum Verursachungsprinzip auf (vgl. unten § 31 II 2 d).

hat jedoch in mancher Hinsicht einen eigenen Charakter und ergänzt auch Lücken, die sich im Schuldrecht des BGB finden und hier zum größten Teil durch die Theorie und die Rechtsprechung ausgefüllt werden (so z. B. Art. 386 und Art. 388).

Der Code civil konnte dem Schuldrecht des GZGB nicht als Vorbild dienen; denn dieses Werk aus dem Jahre 1804, dessen Bestimmungen an die gegenwärtige soziale Wirklichkeit erfolgreich anzupassen der französischen Rechtsprechung gelang, war einerseits zu alt, und andererseits entfernte sich das französische Schuldrecht oft wesentlich von dem in Griechenland geltenden[126].

Folgt das Schuldrecht des GZGB also zum größten Teil dem deutschen BGB, so gibt es aber auch erhebliche Einflüsse anderer ausländischer Rechte, von denen folgende von Bedeutung sind:

a) Das schweizerische Obligationenrecht hat die Bestimmungen des GZGB 1940 über die Pacht eines landwirtschaftlichen Grundstückes, über den Dienstvertrag, über den Auftrag, über die Gesellschaft und über die Bürgschaft wesentlich beeinflußt. Außerdem hat es auch auf einige weitere bedeutende Bestimmungen des GZGB eingewirkt[127].

b) Die Art. 641—647 GZGB 1940 über die Teilpacht wurden nach dem Vorbild der Art. 468, 472, 473, 476, 481 und 482 des französisch-italienischen Gesetzentwurfes des Obligationenrechts von 1927 formuliert, dessen Einfluß auch im übrigen nicht unwesentlich ist. Die wichtige Vorschrift des Art. 784 GZGB über die juristische Persönlichkeit der bürgerlich-rechtlichen Gesellschaft wurde ebenfalls diesem Entwurf (Art. 565) nachgebildet.

c) Die Novation (Art. 436—439 GZGB) wurde unter dem Einfluß des Code civil (Art. 1271—1278) gestaltet. Art. 566 Abs. 2 GZGB über die Wiederkaufsfrist entspricht dem Art. 1660 C. c. Art. 614 GZGB über das Verhältnis zwischen dem Mieter und dem neuen Eigentümer des vermieteten Grundstücks, der den Grundsatz des römisch-byzantinischen Rechts „Kauf bricht Miete" beseitigt hat, ist der Regelung des Art. 1743 C. c. (in der alten Fassung vor der Ordonnance vom 17. 10. 1945) gefolgt. Die Vorschriften des GZGB über die Gläubigeranfechtung (actio Pauliana, Art. 946 ff.) entsprechen der Regelung, die im An-

---

[126] Man denke z. B. an die rückwirkende dingliche Wirkung der Auflösung der gegenseitigen Verträge (Art. 1184 C. c.). Vgl. Planiol-Ripert-Esmein VI, Nr. 434. In diesen Fällen trat in Griechenland die Auflösung des gegenseitigen Vertrages mit obligatorischer Wirkung ein.

[127] Die Art. 648, 649, 654, 659, 664, 668, 673, 675 und 680 (über den Dienstvertrag) des GZGB 1940 entsprechen z. B. den Art. 319 Abs. 1, 320 Abs. 2, 330 Abs. 2, 336, 340, 343, 353, 355, 322 des SchwOR, ebenso die Art. 630, 632, 633 (über die Pacht eines landwirtschaftlichen Grundstückes), 714, 715, 716, 717, 727 (über den Auftrag), 744, 747, 764, 772, 773 (über die Gesellschaft), 867, 868, 869 (über die Bürgschaft), 604, 605 (über das Pfandrecht an den eingebrachten Sachen des Mieters) des GZGB 1940, den Art. 299, 297, 292, 398 Abs. 1 und 2, 398 Abs. 3, 399, 397 Abs. 1, 405 Abs. 2, 531 Abs. 3, 536, 533 Abs. 3, 545 Abs.1, 545 Abs. 2, 511 Abs. 1 und 3, 511 Abs. 2, 503 Abs. 2, 272, 273 des SchwOR.

schluß an Art. 1167 C. c. von der französischen Wissenschaft und Rechtsprechung auf der Grundlage des römischen Rechts entwickelt worden war[128].

d) Art. 297 GZGB 1940 (der zum Schadenersatz Verpflichtete hat diesen in der Regel in Geld zu leisten), der von der Regelung des § 249 BGB abweicht, ist dem § 884 des ungarischen Gesetzentwurfes von 1914 nachgebildet. Dieser Regelung waren schon die drei lokalen Zivilgesetzbücher gefolgt[129]. Auch die Vorschriften der Art. 523 und 674 GZGB 1940 über den Übergang der Gefahr bei einem bedingten Kauf und über die Zusprechung einer angemessenen Entschädigung für den Arbeitnehmer im Fall der Kündigung des Dienstvertrages aus wichtigem Grunde wurden diesem Gesetzentwurf (§§ 1118 und 1325) entnommen[130]. Ferner wurde Art. 679 GZGB über die Nichtigkeit des Verzichtes des Dienstverpflichteten auf bestimmte Rechte nach dem Vorbild des § 1164 des österreichischen ABGB formuliert.

e) Endlich gibt es auch Bestimmungen des GZGB von 1940, die andere Gesetze zum Vorbild haben; das Rechtsinstitut der Viehpacht z. B. (Art. 639—640 GZGB) wurde nach dem Vorbild des kretischen Zivilgesetzbuches von 1904 (Art. 1014—1016) und des griechischen Entwurfes von 1874 (Art. 1707—1709) gestaltet. Auch bei der Ausgestaltung des Rechtsinstituts der Benachteiligung der Gläubiger (Art. 939—942, actio Pauliana) haben im wesentlichen das kretische Zivilgesetzbuch (Art. 1328—1337) und der griechische Entwurf von 1874 (Art. 2003—2007), die der französischen Lehre über die actio Pauliana folgten, als Vorlage gedient[131].

Das Schuldrecht des GZGB 1940 ist eine glückliche Kombination der aus ausländischen Rechtsordnungen und griechischen Gesetzen entnommenen Elemente mit dem römisch-byzantinischen Obligationenrecht, die der griechischen sozialen Wirklichkeit angemessen ist.

II. Einzelfragen

1. Unmöglichkeit der Leistung

Das Problem der Unmöglichkeit der Leistung, wie es in den §§ 306 ff. BGB geregelt wird, gehört zu den dunkelsten und umstrittensten Fragen der zivilrechtlichen Dogmatik. Der von dem Referenten für das Schuldrecht, Professor Triantaphyllopoulos, ausgearbeitete Entwurf hat die Ergebnisse einer vielseitigen Untersuchung zu dieser Materie und einer tiefgreifenden Kritik an der Regelung des deutschen Gesetzgebers berücksichtigt. „Die schwa-

---

[128] Trambos, AID 1937, 106; vgl. unten § 31 II 2e. Siehe auch Guicas, RIDC 1953, 55 ff.

[129] Vgl. oben § 6 V.

[130] Gesetzentwurf eines bürgerlichen Gesetzes für Ungarn, veröffentlicht durch das königlich-ungarische Justizministerium, Budapest 1914.

[131] Vgl. Kavkas Zivilgesetzbuch I, 350 f.

chen Seiten des deutschen Systems", schreibt Triantaphyllopoulos, „zeigen sich hauptsächlich in den Bestimmungen der §§ 306 ff. BGB, die die Rechtsfolgen der sogenannten ursprünglichen objektiven Unmöglichkeit regeln und die von zweifelhafter Zweckmäßigkeit sind."[132] Die wichtigste Besonderheit der von Triantaphyllopoulos vorgeschlagenen Regelung besteht darin, daß die rechtspolitisch falsche Regel des § 306 BGB (impossibilium nulla obligatio est) keinen Platz im GZGB gefunden hat. Es sei erwähnt, daß der später, im Jahre 1936, von der Akademie für deutsches Recht veröffentlichte Entwurf über die Leistungsstörungen diese Regel ebenfalls nicht übernommen hat[133].

Das GZGB 1940, das abgesehen von einigen unbedeutenden Änderungen dem von dem Referenten vorgeschlagenen System folgt, ist das erste der neueren Zivilgesetzbücher, das die von der Pandektistik entworfene Regelung des Problems der Unmöglichkeit der Leistung aufgegeben und hier eine ganz neue Regelung getroffen hat[134]. Es unterscheidet zwar zwischen anfänglicher und nachträglicher Unmöglichkeit, hat aber das Verschulden des Schuldners zum allgemeinen Kriterium für die Rechtsfolgen der unmöglichen Leistung erhoben. Aus den Vorschriften des GZGB, die die Rechtsfolgen der unmöglichen Leistung regeln, seien die wichtigsten von ihnen hier in wörtlicher Übersetzung wiedergegeben:

Die Artikel, welche die anfängliche Unmöglichkeit regeln, lauten:

Art. 362: Wer eine Leistung versprochen hat, die bei dem Abschluß des Vertrages entweder aus allgemeinen Gründen oder aus Gründen, welche die Person des Versprechenden betreffen, unmöglich ist, ist zum Ersatz des durch die Nichterfüllung dem Gläubiger entstandenen Schadens verpflichtet. Die Vorschrift des Art. 337 findet auch hier entsprechende Anwendung.

Art. 363: Der Schuldner ist, sofern das Gesetz nicht ein anderes bestimmt, von jeder Verpflichtung aus dem Versprechen einer unmöglichen Leistung frei, wenn er bei dem Abschluß des Vertrages ohne Verschulden nicht wußte, daß die Leistung unmöglich sei. Der Schuldner hat aber, sobald er von der Unmöglichkeit der Leistung Kenntnis erhält, dem Gläubiger davon Anzeige zu machen. Die Vorschrift des Art. 338 findet auch hier Anwendung.

Art. 364: Wenn beim Versprechen einer unmöglichen Leistung der Gläubiger zur Zeit des Abschlusses des Vertrages wußte oder wissen mußte, daß die Leistung unmöglich ist, findet die Vorschrift des Art. 300 entsprechende Anwendung.

Die Artikel, welche die nachträgliche Unmöglichkeit regeln, lauten folgendermaßen:

---

[132] Triantaphyllopoulos, RabelsZ 10 (1936) 56.

[133] Vgl. Schriften der Akademie für deutsches Recht: Die Lehre von den Leistungsstörungen, Denkschrift des Ausschusses für Personen-, Vereins- und Schuldrecht, vorgelegt von Heinrich Stoll (1936).

[134] Vgl. Zepos, Schuldrecht I, 147. Das SchwOR (Art. 20) steht unter dem Einfluß des BGB (§ 306).

Art. 335: Ist die Leistung in der Zeit, in der sie bewirkt werden soll, im ganzen oder zum Teil entweder aus allgemeinen Gründen oder aus Gründen, welche den Schuldner betreffen, unmöglich, so ist der Schuldner zum Ersatz des dadurch dem Gläubiger entstehenden Schadens verpflichtet.

Art. 336: Der Schuldner wird von jeder Verpflichtung wegen Unmöglichkeit der Bewirkung der Leistung frei, wenn er nachweist, daß die Unmöglichkeit die Folge eines von ihm nicht zu vertretenden Umstandes ist. Er hat aber sogleich, nachdem er von der Unmöglichkeit der Bewirkung Kenntnis genommen hat, davon dem Gläubiger Anzeige zu machen.

Das GZGB 1940 steht also auf dem Standpunkt, daß jemand, der etwas versprochen hat, grundsätzlich an sein Versprechen gebunden ist. Demnach kommt es lediglich auf die Zeit an, zu der der Schuldner die Leistung zu bewirken hat (Leistungszeit). Ist der Schuldner zu dieser Zeit aus Verschulden (Kennen oder Kennenmüssen, Tun oder Unterlassen) nicht imstande, seine Schuld zu erfüllen, so haftet er auf Schadenersatz wegen Nichterfüllung, gleichgültig, ob es sich um eine ursprüngliche oder nachträgliche, eine objektive oder subjektive Unmöglichkeit handelt[135]. Bei ursprünglicher objektiver Unmöglichkeit ist der Vertrag gültig[136], der Schuldner haftet jedoch dann nicht, wenn er beim Vertragsschluß ohne Verschulden nicht wußte, daß die Leistung unmöglich war (Art. 363 GZGB). Wenn beim Versprechen einer unmöglichen Leistung der Gläubiger zur Zeit des Vertragsabschlusses wußte oder wissen mußte, daß die Leistung unmöglich ist, findet die Vorschrift des Art. 300 (über das mitwirkende Verschulden) entsprechende Anwendung. Die Regelung der Unmöglichkeit der Leistung beruht also auf dem Verschulden des Schuldners und ist damit auf einer einfacheren Grundlage als im römisch-byzantinischen Recht und im BGB aufgebaut.

Was die grundsätzliche Einteilung der Leistungsstörungen angeht, so ist zu erwähnen, daß der schon genannte Entwurf der Akademie für deutsches Recht über die Leistungsstörungen deren Einteilung in Unmöglichkeit und Verzug aufgegeben und das Problem von Grund auf neu zu erfassen versucht hatte. Begriffe wie „Treupflicht" und „Schutzpflicht" (§ 2) tauchten auf, andere (Unmöglichkeit) verschwanden[137]. Diese Auffassungen wurden bei der endgültigen Fassung des GZGB 1940 nicht mehr berücksichtigt, denn die Abfassung und Verkündung des GZGB wäre durch die Verarbeitung solcher mehr rechtstechnischer Verbesserungen allzu lange hinausgeschoben worden[138].

Bezüglich der sog. positiven Vertragsverletzungen enthielt der vom Referenten ausgearbeitete Vorentwurf folgende Bestimmung (Art. 51): „Hat der Schuldner eine Leistung ausgeführt, aber nicht gehörig, so finden die Vorschriften über Unmöglichkeit der Leistung entsprechende Anwendung." Die

---

[135] Näheres siehe bei Triantaphyllopoulos, RabelsZ 10 (1936) 56 ff. und bei Simonetos 25 ff.; zu letzterem Titze, RabelsZ 13 (1940/1941) 287 ff. Vgl. auch Frangos sowie Zepos, Schuldrecht I, 139 ff.

[136] Kavkas, Zivilgesetzbuch I, 131; Zepos, Schuldrecht I, 149.

[137] Stoll 25 ff., 30 ff. und 61.

[138] Litzeropoulos, RabelsZ 12 (1938/1939) 78.

Redaktionskommission hat diesen Artikel, auf den Vorschlag des Referenten selbst, nicht übernommen, weil einerseits Unmöglichkeit der Leistung und Verzug nur zwei verschiedene, lediglich besonders typische Erscheinungsformen ein und desselben Begriffs, des Begriffs der anomalen Entwicklung des Schuldverhältnisses seien, so daß die Dogmatik auch ohne eine solche Vorschrift zur Konstruktion der sog. positiven Vertragsverletzungen gelangen könne, und andererseits der Versuch des österreichischen ABGB, in § 918 Abs. 1 (in der Fassung vom Jahre 1916) die sog. positiven Vertragsverletzungen zu berücksichtigen, Schwierigkeiten herbeigeführt habe[139].

2. Unvorhergesehene Änderung der Geschäftsgrundlage

Das Dogma der Unverletzbarkeit der vertraglichen Bindung ist im Prinzip des römischen Rechts „pacta sunt servanda" ausgesprochen. Untreue oder Vertragsbruch gleichen gesetzwidrigem Handeln, wie schon Aristoteles in seiner Rhetorik bemerkt hat[140]. Die allgemeine Frage jedoch, ob geschlossene Verträge einseitig wieder aufgelöst werden können, ist nahezu so alt wie das Institut des Vertrages selbst[141].

Am Anfang des 20. Jahrhunderts ist diese Frage dringend geworden, besonders unter dem Einfluß der gewaltigen Ereignisse und Umwälzungen, die dem ersten Weltkrieg gefolgt sind. Der römische Grundsatz „pacta sunt servanda", der während des 19. Jahrhunderts infolge der individualistischen Auffassungen im Recht als unantastbarer Baustein des Privatrechts galt, wurde erschüttert. Seine strenge Anwendung entsprach nicht mehr den nach dem Kriege eingetretenen neuen wirtschaftlichen und sozialen Notwendigkeiten und war dem Rechtsgefühl fremd geworden[142]. Billigkeitserwägungen forderten einen besonderen Schutz des Schuldners, dessen Verpflichtung mit Rücksicht auf die Gegenleistung aus außerordentlichen und unvorhergesehenen Gründen unverhältnismäßig lästig wurde. Mangels konkreter Bestimmungen im Gesetz hat man versucht, eine rechtstheoretische Grundlage zu schaffen, um die einseitige Auflösung des Vertrages zu rechtfertigen. So wurden in Deutschland die Doktrin vom Wegfall der Geschäftsgrundlage[143] und die Lehre von der Nichtzumutbarkeit der Leistung[144], in Frankreich die théorie de l'imprévision entwickelt[145]. Alle diese Versuche

---

[139] Triantaphyllopoulos, RabelsZ 10 (1936) 55; Simonetos 38.

[140] „ἡ γὰρ συνθήκη νόμος ἐστιν ἴδιος καὶ κατὰ μέρος . . . . ., ὥστε ὅστις ἀπιστεῖ ἢ ἀναιρεῖ συνθήκην τοὺς νόμους ἀναιρεῖ", Aristoteles. Rhetorik, A 13 (1374a 26). Vgl. Coing, Zum Einfluß der Philosophie des Aristoteles auf die Entwicklung des römischen Rechts, ZSS 69 (1952) 38 N. 58.

[141] Hedemann, RabelsZ 12 (1938/1939) 714.

[142] Ripert, Règle morale 150.

[143] Oertmann, Die Geschäftsgrundlage, Ein neuer Rechtsbegriff, Leipzig 1921.

[144] Nipperdey, Vertragstreue und Nichtzumutbarkeit der Leistung, Mannheim 1921.

[145] Planiol-Ripert-Esmein VI, N. 391, 394.

neigten dazu, die clausula rebus sic stantibus zu einer beherrschenden Generalklausel des Obligationenrechts auszugestalten. Nach dem ersten Weltkrieg hat schon die Rechtsprechung des Reichsgerichts in Anlehnung an die §§ 157 und 242 BGB die clausula rebus sic stantibus bzw. die Theorie der Geschäftsgrundlage angewandt[146]. Das Schweizer Bundesgericht hatte ebenfalls die clausula rebus sic stantibus anerkannt[147]. Der italienische Kassationshof gibt im Jahre 1926 zu, daß die clausula rebus sic stantibus unter ganz besonderen Verhältnissen der Kriegs- und der ersten Nachkriegsjahre ihre Berechtigung habe[148]. In einigen Ländern führte diese Tendenz zu einer gesetzgeberischen Regelung. Gegenüber der strengen Norm des Art. 1134 C. c. (pacta sunt servanda) wurden in Frankreich die durch den Krieg veränderten Umstände und die sich daraus ergebenden Wirkungen auf Handelsgeschäfte durch das Gesetz vom 21. 1. 1918 geregelt, das unter dem Namen „Loi Faillot“ bekannt ist[149]. Auch Art. 269 des polnischen Obligationenrechts von 1933 hat die clausula rebus sic stantibus sehr beachtlich ausgestaltet[150]. Im Jahre 1939 wurden die Studien über das Thema „Der Vertrag und die veränderten Umstände“ veröffentlicht, die aus den Beratungen der deutsch-italienischen Arbeitsgemeinschaft im März 1939 in Wien erwachsen waren[151].

Diese Rechtsentwicklung hat auch das griechische Rechtsdenken beeinflußt. Im Gegensatz zu der Rechtsprechung des Areopag, der dem römischen Grundsatz pacta sunt servanda treu geblieben war, hatten einige Gerichte unterer Instanz in gewissen Fällen aus Billigkeitserwägungen die clausula rebus sic stantibus angewandt[152]. Die griechische Rechtslehre hatte sich — in Anlehnung an die Lehre Windscheids von der Voraussetzung und an die Theorie vom Wegfall der Geschäftsgrundlage — einstimmig für die clausula rebus sic stantibus eingesetzt[153].

Angesichts dieser Entwicklung durfte der Gesetzgeber des GZGB das Problem nicht übersehen und hat die Rechtsfolgen der veränderten Umstände bei gegenseitigen Verträgen ausdrücklich geregelt. Die von der Rechtswissenschaft im Anschluß an die Theorie der Geschäftsgrundlage und an die Unmöglichkeitslehre entwickelten Formeln der unzumutbaren Leistung haben in Art. 388 des GZGB 1940 zu einer sehr bemerkenswerten Lösung geführt. Art. 388 lautet:

> Haben sich die Umstände, auf denen hauptsächlich die Parteien mit Rücksicht auf Treu und Glauben und die Verkehrssitte den Abschluß eines gegenseitigen Vertrages aufgebaut hatten, später aus außerordentlichen Gründen geändert, die nicht vorhergesehen werden konnten, und wurde

---

[146] RGZ 100, 130; 102, 273; 103, 177; 107, 124; 108, 379.
[147] Ziegler, RabelsZ 5 (1931) 686 ff.
[148] Rheinstein, RabelsZ 1 (1927) 620.
[149] Planiol-Ripert-Esmein VI Nr. 395; Zweigert 64 ff.
[150] Rukser, RabelsZ 8 (1934) 363.
[151] Hedemann, RabelsZ 12 (1938/1939) 714 ff.
[152] Sakketas, ErmAK, Anm. 8 zu Art. 388; vgl. auch Emmanuel 37.
[153] Sakketas, ErmAK, Anm. 7 zu Art. 388.

wegen dieser Änderung die Leistung dem Schuldner mit Rücksicht auch auf die Gegenleistung unverhältnismäßig lästig, so kann auf Antrag des Schuldners das Gericht nach eigenem Ermessen die Leistung auf ein gehöriges Maß herabsetzen oder die Lösung des Vertrages im ganzen oder in bezug auf den nicht ausgeführten Teil bestimmen. Wird die Lösung des Vertrages angeordnet, so erlöschen die Verpflichtungen daraus zur Leistung, und die Vertragschließenden sind gegenseitig verpflichtet, die empfangenen Leistungen nach den Vorschriften über ungerechtfertigte Bereicherung herauszugeben.

Der vom Referenten für den Allgemeinen Teil, Professor Maridakis, ausgearbeitete Vorentwurf enthielt in Art. 94 eine entsprechende Bestimmung:

> Der Vertrag kann vom Richter revidiert oder aufgehoben werden, wenn infolge außergewöhnlicher, wichtiger und unvorhergesehener Umstände die Verhältnisse, unter welchen der Vertrag abgeschlossen war, sich vollkommen geändert haben und infolge dieser Änderung die Erfüllung des Vertrages gegen Treu und Glauben und die Billigkeit verstößt. Wenn der Richter den Vertrag revidiert oder aufhebt, kann er denjenigen, welcher von Verpflichtungen frei wird, zu angemessenem Schadenersatz an den anderen Teil verurteilen, falls es die Billigkeit erfordert.

Diese Bestimmung des Vorentwurfes weicht von Art. 388 GZGB 1940 in zwei Punkten ab. Einmal läßt Art. 94 die Revidierung sowohl der gegenseitigen als auch der einseitigen Verträge zu, während Art. 388 GZGB nur von „gegenseitigen Verträgen" spricht. Ferner sieht im Gegensatz zu Art. 388 GZGB 1940 der Art. 94 des Vorentwurfes — offenbar unter dem Einfluß der französischen Loi Faillot[154] — einen „angemessenen Schadenersatz" vor, falls es die Billigkeit erfordert[155].

Die Redaktionskommission hat eine ausdrückliche Anerkennung der Gestaltungsmöglichkeit des Richters als gefährlich für die Sicherheit des Rechtsverkehrs betrachtet und hat darum den Art. 94 des Vorentwurfes in den endgültigen Entwurf des Schuldrechts nicht übernommen, sondern die Ansicht vertreten, daß es besser sei, die Lösung dieser Frage der Wissenschaft zu überlassen, um so mehr als der Richter nach Art. 1 des Entwurfes des Allgemeinen Teils die Befugnis hatte, mangels eines Gesetzes oder einer Gewohnheit „nach der Regel, welche der zeitgenössische Gesetzgeber aufgestellt haben würde", zu entscheiden[156].

Hinsichtlich der Zweckmäßigkeit des Art. 388 GZGB wurden in Griechenland viele Bedenken zum Ausdruck gebracht. Die Besatzungsregierung Tsolakoglou hat sich im Jahre 1941 unter anderem auch auf diese „gefährliche" Bestimmung berufen, um die Verschiebung des Inkrafttretens des GZGB auf unbestimmte Zeit zu rechtfertigen[157]. In der Redaktionskommission des GZGB 1945 fand wiederum eine längere Debatte statt, und eines der Mitglie-

---

[154] Art. 2 der Loi Faillot bestimmt, daß die Aufhebung des Vertrages je nach den Umständen mit oder ohne Schadenersatz ausgesprochen werden kann.

[155] Vgl. Simonetos, AID 1940, 342 ff.

[156] Vgl. oben § 23 II 1.

[157] Them. 1941, 176.

der dieser Kommission äußerte ebenfalls Zweifel an der Zweckmäßigkeit dieser Vorschrift[158]. Zwar enthielt der von Triantaphyllopoulos und Maridakis ausgearbeitete Entwurf des GZGB 1945 eine entsprechende Bestimmung, aber die Regierung Sophoulis hat sie im endgültigen Text des GZGB 1945 gestrichen[159].

Der von Professor Balis formulierte Art. 388 des GZGB 1940, dessen Fassung auch im Ausland gelobt wurde[160], ist von grundlegender Bedeutung. Im Falle der Änderung der Geschäftsgrundlage kann der Richter gestaltend eingreifen. Auf diese Weise bekommt der griechische Richter eine Stellung im Rechtsleben, die es ihm ermöglicht, das GZGB unter Anpassung an die jeweiligen Lebensbedürfnisse immer auf der Höhe der Zeit zu halten[161].

3. Wuchergeschäfte

Art. 3 des griechischen Gesetzes Nr. ΓΛΩΖ von 1911 sah in Anlehnung an das österreichische Gesetz vom 28. 5. 1881 die Anfechtbarkeit des Kreditgeschäftes vor, durch das sich jemand unter Ausbeutung der Notlage, des Leichtsinns oder der Unerfahrenheit des anderen Teiles für sich oder für einen Dritten Vermögensvorteile für eine Leistung versprechen oder gewähren läßt. Diese Bestimmung galt nur für die Kreditgeschäfte (z. B. Darlehen), fand aber auf die entgeltlichen Rechtsgeschäfte (z. B. Kauf)[162] keine entsprechende Anwendung[163]. Infolgedessen wurde die Frage gestellt, ob der Geltungsbereich dieser Vorschrift auf die entgeltlichen Rechtsgeschäfte ausgedehnt werden sollte. Das Prinzip des römisch-byzantinischen Rechts „ἐπὶ τῆς πράσεως καὶ τῆς ἀγορασίας ἔξεστι κατὰ φύσιν ἀλλήλους ἐν τῷ τιμήματι περιγράφειν τοὺς συναλλάσσοντας“[164] (Pomponius ait in pretio emptionis et venditionis naturaliter licere contrahentibus se circumvenire)[165] hatte die Moral im Kaufrecht nachteilig beeinflußt[166]. In der Revisionskommission wurde die Ansicht vertreten, daß die Ausdehnung der Anwendung des Art. 3 des Gesetzes von 1911 auf das Gebiet der entgeltlichen Rechtsgeschäfte nicht nur verfrüht, sondern auch für die bis dahin herrschende Verkehrssitte und für die Rechtssicherheit gefährlich sei[167].

Der Abschnitt des Entwurfes des Schuldrechts über Begründung und Inhalt der Verträge enthält die Bestimmung über die Wuchergeschäfte. Und

---

[158] EAK 585.

[159] EAK 585 Nr. 1. Der Justizminister der Regierung Sophoulis, G. Mavros, hat schon im Jahre 1940 die betreffende Bestimmung im GZGB 1940 kritisiert; vgl. Mavros, Them. 1940, 263 ff.

[160] Vgl. RHDI 1950, 284.

[161] Vgl. Gogos S. VIII. Siehe auch unten § 31 II 2 b.

[162] Beim Kauf galt die Beschränkung der „laesio enormis„. Der Verzicht des Verkäufers auf Anfechtung des Kaufvertrages wegen „laesio enormis“ war jedoch zulässig.

[163] Vgl. oben § 14 III.

[164] Basiliken 10, 4, 16.

[165] Dig. 4, 4, 16 § 4 (Ulpianus).

[166] ESch. 30.

[167] ESch. 29 ff.

zwar ist nach ihr jedes Wuchergeschäft anfechtbar, ohne Rücksicht darauf, ob es sich um einen Kreditvertrag handelt oder nicht (Art. 63 Abs. 1, im Gegensatz zu der Regelung des Gesetzes von 1911). Die Voraussetzungen des wucherischen Geschäftes wurden im griechischen Entwurf nicht nach dem französisch-italienischen Entwurf von 1927 geregelt (objektive Voraussetzungen, vgl. Art. 22), sondern gemäß dem Gesetz von 1911, das der griechischen Rechtsprechung keine Schwierigkeiten bereitet hatte[168].

Das GZGB 1940 (Art. 179) hat in Anlehnung an § 138 Abs. 2 BGB die Anwendung des Art. 3 des Gesetzes von 1911 auf die entgeltlichen Rechtsgeschäfte ausgedehnt und die Wuchergeschäfte für nichtig erklärt. Das GZGB 1945 dagegen bestimmte, daß die Wuchergeschäfte anfechtbar sind (Art. 377)[169].

4. Novation

Über die Novation enthielt der endgültige Entwurf des Schuldrechtes keine Bestimmungen, denn es herrschte in der Revisionskommission die Ansicht, daß die Novation nur im römischen Recht notwendig gewesen, im heutigen Recht aber überflüssig sei, in welchem sie, abgesehen von dem gezogenen und dem eigenen Wechsel, durch die Abtretung, die das römische Recht nicht kannte, und durch die Schuldübernahme ersetzt werden könne[170].

Dagegen enthält das GZGB 1940 vier Artikel über die Novation (Art. 436 bis 439) nach dem Vorbild sowohl der Art. 1271—1280 C. c. als auch des Art. 206 des französisch-italienischen Gesetzentwurfes von 1927. Das GZGB 1945 enthielt ebenfalls Bestimmungen über die Novation, obwohl einer seiner Verfasser, Professor Triantaphyllopoulos, in der Revisionskommission im Jahre 1930 Vorschriften über die Novation für überflüssig gehalten hatte und die Revisionskommission sich seinem Vorschlag angeschlossen hatte. Die im GZGB 1945 enthaltenen Bestimmungen über die Novation (Art. 461 bis 464) setzen jedoch voraus, daß der Novationsvertrag zwischen dem Gläubiger und dem Schuldner geschlossen wird und eine neue „causa" oder eine neue Leistung betrifft. Im Gegensatz zum GZGB 1940 (vgl. Art. 436) kennt das GZGB 1945 die Novation inter alias personas nicht. Die Novation inter alias personas wurde vom Gesetzgeber des GZGB 1945 als überflüssig angesehen und sollte durch die Anweisung, die Abtretung und die Schuldübernahme ersetzt werden[171].

5. Dienstvertrag

Für die Formulierung des Rechtes des Dienstvertrages standen der Revisions- und Redaktionskommission ausgearbeitete Materialien zur Verfügung, und zwar der Gesetzentwurf von 1913 „über den Dienstvertrag",

---

[168] Triantaphyllopoulos, RabelsZ 10 (1936) 37.
[169] Über die verschiedene Regelung der Rechtsfolgen der Wuchergeschäfte nach dem BGB und nach dem Code civil siehe Zajtay, AcP 157 (1958) 490 ff.
[170] ESch. 32 ff.
[171] Triantaphyllopoulos, ND 1946, 172 ff.

den der aus Vertretern der Arbeitnehmer und Arbeitgeber bestehende oberste Arbeitsrat beim Wirtschaftsministerium erarbeitet hatte. Dieser Entwurf, der die arbeitsvertragsrechtlichen Vorschriften des römischen Rechts und der drei lokalen Zivilgesetzbücher zu ersetzen bestimmt war, hatte das SchwOR (Art. 319 ff.) zum Vorbild[172].

Das charakteristische Merkmal des von der Redaktionskommission ausgearbeiteten Entwurfes über den Dienstvertrag liegt hauptsächlich darin, daß die Vertragsfreiheit und der Privatwille möglichst begrenzt werden sollten. Diese Richtung steht im Einklang mit dem zeitgenössischen Recht, das dazu neigt, die Bestimmungen des Dienstvertrages als zwingendes Recht zu bezeichnen.

Die Revisionskommission beschäftigte sich hauptsächlich mit der Frage der kollektiven Arbeitsverträge. In der Kommission wurde die Ansicht vertreten, man solle — ohne sich durch den im griechischen Volk herrschenden Eindruck von der damaligen politischen Ordnung in Italien beeinflussen zu lassen — bei dem System des von der faschistischen Regierung Mussolini erlassenen Dekrets vom 3. 4. 1926 stehen bleiben, wonach der Inhalt der kollektiven Arbeitsverträge von den Organen der rechtsprechenden Gewalt näher bestimmt wurde und für alle Beteiligten verbindlich war. Diesem System sei es in Italien gelungen, die Gegensätze der Gesellschaftsklassen aufzuheben und eine gute Arbeitsdisziplin zur Hebung des persönlichen und des öffentlichen Wohlstandes zu schaffen.

Dieser Vorschlag, den Anachronismus des Verbotes kollektiver Arbeitsverträge — die den Arbeitnehmern als ein wichtiges Mittel zur Verfügung standen, um das Gleichgewicht der Beziehungen zwischen Arbeit und Kapital herzustellen — in die griechische Gesetzgebung einzuführen, sei jedoch unter dem in Griechenland geltenden System des Schutzes der Grundrechte nicht annehmbar, wie Ministerpräsident E. Venizelos erklärte; denn jenes Dekret entspreche dem System des faschistischen Staates, und es sei deshalb unmöglich, solche Bestimmungen unter einer demokratischen Verfassung anzuwenden[173].

Sowohl der endgültige Entwurf des Schuldrechts als auch das GZGB 1945 enthalten keine Bestimmung über die kollektiven Arbeitsverträge, da die Ansicht herrschte, daß diese Frage nicht Inhalt des Zivilgesetzbuches, sondern Gegenstand der speziellen Arbeitsgesetzgebung sein solle. Das GZGB 1940 dagegen enthält eine Bestimmung (Art. 680) über die kollektiven Arbeitsverträge nach dem Vorbild der Art. 322 Abs. 1 und 323 des SchwOR[174]. Das GZGB 1945 regelte den Dienstvertrag ausführlicher als das GZGB 1940 und enthielt für die Arbeitnehmer günstigere Vorschriften[175]. Erwähnenswert

---

[172] Vgl. oben § 11.

[173] ESch. 47. Vgl. nun das griechische Gesetz Nr. 3239/1955.

[174] Siehe dazu J. von Gierke, ZHR 115 (1952) 189.

[175] Das GZGB 1945 regelt z. B. den Lehrvertrag, nämlich den Vertrag zwischen Meister und Lehrling (Art. 739—740). Bei probeweiser Beschäftigung darf die Probezeit einen Monat nicht übersteigen; innerhalb dieser Zeit ist beiderseits einwöchige Kündigung zulässig (Art. 735—736). Darüber enthält das GZGB 1940 keine Bestimmung. Näheres siehe Kousoulakos, EEN 1946, 195 ff.

ist auch der Unterschied der vom GZGB 1940 und vom GZGB 1945 benutzten Terminologie hinsichtlich der Bezeichnung des Arbeitgebers und Arbeitnehmers. Während im GZGB 1940 der Dienstverpflichtete „ἐκ μισθωτὴς ἐργασίας" (locator operarum) und der Dienstberechtigte „μισθωτὴς ἐργασίας" (conductor operarum) heißt, benutzt das GZGB 1945 entsprechend die Terminologie „μισθοδότης" und „μισθωτὸς". Diese letztere Bezeichnung des Arbeitnehmers überwiegt heute in der griechischen Literatur und Rechtsprechung.

6. Verlagsvertrag

In der Revisionskommission wurde die Frage gestellt, ob die Vorschriften über den Verlagsvertrag, die dem griechischen Recht bis dahin fehlten, in das GZGB selbst (nach dem Vorbild des SchwOR, Art. 380 ff.) oder in ein besonderes Gesetz aufgenommen werden sollten. Sieben Vereinigungen geistig Schaffender haben der Revisionskommission eine diesbezügliche Denkschrift unterbreitet[176], in der sie verlangten, daß das GZGB Vorschriften über den Verlagsvertrag enthalten solle. Der endgültige Entwurf des Schuldrechts enthielt jedoch keine entsprechende Bestimmung, da in der Revisionskommission die Ansicht herrschte, daß die Normen über den Verlagsvertrag Gegenstand einer Spezialgesetzgebung sein sollten[177].

Das GZGB 1940 enthält eine Bestimmung über das Recht auf die Geistesschöpfungen (Art. 60). Die gleiche Bestimmung ist im GZGB 1945 enthalten (Art. 95).

7. Gesellschaft — Gemeinschaft

Der Entwurf des Schuldrechts folgte dem System des deutschen BGB, nach dem eine bürgerlich-rechtliche Gesellschaft keine juristische Persönlichkeit erlangt, auch dann nicht, wenn sie einen wirtschaftlichen Zweck verfolgt. Die Redaktionskommission hat auf Vorschlag des Referenten für das Schuldrecht, Professor Triantaphyllopoulos, die Konstruktion des Gesellschaftsvermögens als Gesamthandvermögen im Entwurf nicht übernommen, einerseits, weil diese Denkform dem griechischen Rechtsleben unbekannt sei, und andererseits, weil diese Regelung beim Mangel an öffentlichen Büchern, aus denen die Bindungen des Vermögens ersichtlich gemacht werden könnten, Gefahren für Dritte mit sich bringen würde[178]. Das GZGB 1940 folgte dagegen in Art. 784 dem französisch-italienischen Entwurf des Obligationenrechts von 1927 (Art. 565), nach dem eine bürgerlich-rechtliche Gesellschaft, sofern sie einen wirtschaftlichen Zweck verfolgt, juristische Persönlichkeit erlangt bei Beachtung der zu diesem Zweck für die offenen Handelsgesell-

---

[176] Die Denkschrift war von den Vereinigungen der Journalisten, der Künstler, der Schriftsteller usw. verfaßt worden; ESach 34.

[177] ESch. 35.

[178] Triantaphyllopoulos, RabelsZ 10 (1936) 64. ESch. 232 ff.

schaften bestehenden Publizitätsvorschriften. Eine entsprechende Bestimmung enthielt auch das GZGB 1945 (Art. 821).

Im Entwurf des Schuldrechts waren keine Bestimmungen über die Gemeinschaft enthalten. Im Gegensatz dazu enthalten sowohl das GZGB 1940 (Art. 785—805) als auch das GZGB 1945 (Art. 822—842) Bestimmungen über die Gemeinschaft nach dem Vorbild der §§ 741—758 des deutschen BGB. Das GZGB 1940, das dem § 745 Abs. 1 BGB und dem Prinzip „die Stimmen werden nicht gezählt, sondern gewogen"[179] folgt, bestimmt: „Die Stimmenmehrheit ist nach der Größe der Anteile zu berechnen" (Art. 789 Abs. 2). Im GZGB 1945 heißt es dagegen (Art. 826): „Über die ordnungsmäßige Verwaltung und Benutzung des gemeinschaftlichen Gegenstandes entscheidet die Stimmenmehrheit der Teilhaber, die zugleich mehr als die Hälfte des Gegenstandes vertritt."

8. Unerlaubte Handlungen

Was die unerlaubten Handlungen angeht, schwankte die Revisionskommission zwischen dem deutschen und dem französischen System. Professor Demertzis hat sich dem von Triantaphyllopoulos als Referenten vorgeschlagenen System des Code civil entgegengestellt und betont, daß das System des deutschen BGB, nach dem die unerlaubten Handlungen enumerativ erfaßt werden, für die griechische juristische Praxis brauchbarer sei.

Die Revisionskommission folgte einem Mischsystem. Der Entwurf des Schuldrechts enthält eine Aufzählung von unerlaubten Handlungen (System des deutschen BGB) und — nach dem Vorbild des Art. 1382 Code civil[180] — eine Generalklausel über die Haftung aus unerlaubter Handlung: „Wer gesetzwidrig einem anderen schuldhaft Schaden zufügt, ist zum Schadenersatz verpflichtet" (Art. 534 des Entwurfes). Das System der Generalklausel für die Haftung aus unerlaubten Handlungen war der in Griechenland herrschenden juristischen Praxis angepaßt; die Zivilgesetzbücher von Samos (Art. 1903), von Kreta (Art. 1320) und der Ionischen Inseln (Art. 1298) enthielten ebenfalls derartige Generalklauseln. Ferner hatte die griechische Rechtsprechung im Geltungsbereich des römisch-byzantinischen Rechts die Lex Aquilia so großzügig angewandt, daß sie dazu neigte, diese der Generalklausel des Art. 1382 C. c. gleichzustellen[181].

Von den besonderen Vorschriften des Kapitels über die unerlaubten Handlungen ist Art. 535 Abs. 2 des Entwurfes des Schuldrechts zu erwähnen, wonach auch derjenige zum Schadenersatz verpflichtet ist, welcher einem

---

[179] Vgl. Balis, Them. 1946, 225.

[180] Die berühmte Bestimmung des Art. 1382 C. lautet: „Tout fait quelconque de l'homme, qui cause à autrui un dommage, oblige celui par la faute duquel il est arrivé, à le réparer."

[181] Vgl. die Entscheidungen des Areopag AP 207/1935 (EEN 1935, 953) sowie des OLG Athen 554/1932 (Them. 1932, 563) und 1431/1938 (EEN 1938, 554); ferner die Untersuchung von Angelis und Michaelides-Nouaros AID 1943, 162 ff.

anderen „Schaden durch Rechtsmißbrauch zugefügt hat"[182]. Im Gegensatz dazu nimmt heute, obgleich das geltende GZGB keine entsprechende Bestimmung enthält, die herrschende Meinung in Griechenland an, daß kein Schadenersatzanspruch wegen Rechtsmißbrauchs entstehe, sofern der Rechtsmißbrauch nicht zugleich eine unerlaubte Handlung im Sinne des Art. 914 GZGB darstellt[183].

§ 25. PROBLEME DES SACHENRECHTS

I. Allgemeines

Sowohl der von der Redaktionskommission ausgearbeitete Entwurf des Sachenrechts als auch die griechischen Zivilgesetzbücher von 1940 und 1945 folgten auf dem Gebiete des Sachenrechts zum größten Teil dem deutschen BGB, allerdings mit einigen wesentlichen Abweichungen[184]. Im übrigen hat Balis bei der Abfassung des GZGB 1940 einige Modifikationen an den Bestimmungen des Entwurfes (z. B. im Recht des Besitzes) vorgenommen. Gegenüber dem früheren griechischen Sachenrecht wurden wesentliche Neuerungen eingeführt.

Die Vorschriften über die Sachen und ihre Einteilung wurden weitgehend aus dem griechischen Gesetz vom 21. Juni 1837 und dem deutschen BGB übernommen. Der Sachbegriff ist aber nicht nur auf körperliche Gegenstände beschränkt (wie in § 90 BGB), sondern umfaßt auch die Naturkräfte, die der rechtlichen Herrschaft unterworfen werden können (Art. 947 Abs. 2 GZGB, entsprechend Art. 713 SchwZGB)[185]. Anders als das BGB enthält das GZGB eine Bestimmung (Art. 966) über die Sachen, die dem Verkehr entzogen sind[186].

---

[182] Vgl. die entsprechende Bestimmung des Art. 74 § 2 des französisch-italienischen Entwurfes des Obligationenrechts von 1927: „Doit également réparation celui qui a causé un dommage à autrui en excédant, dans l'exercise de son droit, les limites fixées par la bonne foi ou par le but en vue duquel ce droit a été conferé."

[183] Kavkas, Schuldrecht II, 650 ff., § 4 zu Art. 914; vgl. auch Balis, Allgemeiner Teil 426. Siehe aber P. Zepos, Schuldrecht II, 767.

[184] Die Bestimmungen über Eigentum und Eigentumsbeschränkungen (Art. 999 ff.), über Eigentumserwerb (Art. 1034 ff.), Schutz des Eigentums (Art. 1094 ff.), Miteigentum (Art. 1113 ff.), persönliche Dienstbarkeiten (Art. 1142 ff.) und das Pfandrecht an beweglichen Sachen (Art. 1209 ff.) sind zum größten Teil entsprechenden Normen des BGB nachgebildet. Im einzelnen weichen jedoch diese Bestimmungen oft wesentlich vom BGB ab. Ein Beispiel dafür bietet der Fall der persönlichen Dienstbarkeiten; vgl. dazu Simitis AcP 157 (1958) 429 ff. Auch zahlreiche Artikel über das Besitzrecht, über die Sachen und ihre Einteilung und über die Grunddienstbarkeiten folgen den entsprechenden Bestimmungen des BGB. Vgl. Kavkas, Zivilgesetzbuch I, 353 ff.

[185] Vor dem Inkrafttreten des GZGB nahm die griechische Rechtsprechung an, daß der elektrische Strom nicht unter den Sachbegriff zu subsumieren sei; vgl. die AP 142/1917, Them. 1917—1918, 434 mit Anmerkungen. Daher hat das GZGB die Frage durch eine positive Vorschrift geregelt; vgl. Pratsikas, Them. 1943, 261.

[186] Entsprechende Bestimmungen enthielten schon die Art. 13—15 des Gesetzes vom 21. Juni 1837 (vgl. oben § 8 III).

Zwar erinnert die ganze Konstruktion des Besitzrechts im GZGB an die Regelung des Besitzrechts im BGB, doch weist sie Abweichungen vom BGB auf. Im Gegensatz zum Entwurf des Sachenrechts, der nach dem Vorbild des BGB zwischen unmittelbarem und mittelbarem Besitzer unterschied (Art. 27 ff. des Entwurfes), kennt das GZGB 1940 diese Unterscheidung nicht. Es behält die römisch-rechtliche Unterscheidung zwischen possessio (νομή) und detentio (κατοχή) bei. Der Detentor (Mieter, Verwahrer etc.) kann die Besitzansprüche gegen den Entzieher oder Störer ausüben, selbst wenn die Entziehung oder Störung mit Willen des Besitzers erfolgt ist (Art. 997 GZGB, abweichend von § 869 BGB)[187]. Der in der Revisionskommission vorgelegte Vorschlag, bei den Besitzklagen in bestimmten Fällen Einwendungen aus dem Recht zum Besitze (entsprechend Art. 927 SchwZGB) zuzulassen, weil der Besitz durch die Bestimmungen der griechischen Zivilprozeßordnung über die einstweilige Verfügung hinreichend geschützt sei, so daß für einen besonderen Prozeß über den Besitz kein praktisches Bedürfnis mehr vorliege, wurde von der Mehrheit der Revisionskommission abgelehnt[188].

Eine wichtige Neuerung gegenüber dem bis dahin geltenden Recht ist die Verallgemeinerung des Grundsatzes des gutgläubigen Eigentumserwerbs vom Nichtberechtigten (Art. 1036 GZGB, entsprechend dem § 935 BGB), der früher nach dem Gesetz Nr. ΑΣΜΔ von 1885 „über die Inhaberpapiere" nur für Geld und Inhaberpapiere galt.

Das Erbbaurecht (superficies) und die dingliche Erbpacht (Emphyteuse) wurden beseitigt. Diese Rechtsinstitute entsprechen keinem praktischen Bedürfnis mehr; sie wurden von den langfristigen Mietverträgen und dem Stockwerkseigentum ersetzt[189].

Nach dem BGB ist eine Übertragung des Eigentums an einem Grundstück unter Eigentumsvorbehalt unwirksam, weil die Auflassung keine Bedingung oder Befristung verträgt (§ 925 Abs. 2)[190], dagegen ist sie nach dem GZGB möglich (vgl. Art. 532 GZGB)[191].

Ferner sind die Unterschiede zwischen dem BGB und dem GZGB bei der Regelung der Ersitzung hervorzuheben. Nach dem BGB wird zwar Eigentum an einem Grundstück durch Buchersitzung (§ 900) und daneben durch Aufgebotsverfahren (§ 927) erworben; diese beiden Erwerbsarten haben aber kaum praktische Bedeutung, da ihre Voraussetzungen nur ganz ausnahmsweise gegeben sind[192]. Im griechischen Rechtsverkehr spielt dagegen der Eigentumserwerb an Grundstücken durch Ersitzung eine bedeutende Rolle.

---

[187] Bei verbotener Eigenmacht eines Dritten gegen den unmittelbaren Besitzer hat nach dem BGB (§ 869) nicht in erster Linie der unmittelbare Besitzer (z. B. der Mieter) den Besitzschutz in Gestalt der Besitzansprüche, sondern der mittelbare Besitzer (z. B. der Vermieter), dem der Anspruch zusteht, die Wiedereinräumung des Besitzes an den unmittelbaren Besitzer zu verlangen: Westermann 106 ff.; F. Baur 67.

[188] Makris, RabelsZ 9 (1935) 600; vgl. Art. 991 GZGB.

[189] Vgl. Balis, Them. 1940, 273.

[190] Westermann 380 ff.; Baur 176.

[191] Zepos, Schuldrecht II, 136.

[192] Baur 42; Lent, Sachenrecht 100.

Nach dem GZGB wird Eigentümer einer unbeweglichen Sache derjenige, der sie in gutem Glauben, mit gültigem Erwerbsgrund (iusta causa) und zehn Jahre lang mit dem Willen, sie zu eigen zu haben, in seinem Besitz gehabt hat (Art. 1041, ordentliche Ersitzung); dasselbe gilt für denjenigen, der eine unbewegliche Sache zwanzig Jahre lang mit Aneignungswillen in seinem Besitz gehabt hat (Art. 1045, außerordentliche Ersitzung). Daher kennt das GZGB im Gegensatz zum BGB[193] einen Anspruch aus früherem Besitz in der Form der actio Publiciana bei Grundstücken (Art. 1112 GZGB). Abweichend vom § 937 Abs. 2 BGB bestimmt Art. 1044 Abs. 2 GZGB, daß der nachfolgende böse Glaube beim Ersitzungserwerb nicht schadet (mala fides superveniens non nocet).

Das GZGB weist Abweichungen vom BGB auch bei der Regelung der Eigentumsübertragung an Grundstücken und im Hypothekenrecht auf. Hinsichtlich der Eigentumsübertragung ist hervorzuheben, daß dazu bei Grundstücken eine „iusta causa" erforderlich ist (Art. 1033 GZGB, vgl. Art. 656 in Verbindung mit Art. 665 des SchwZGB)[194], bei beweglichen Sachen dagegen nicht (Art. 1034 GZGB). Das GZGB kennt nur die streng akzessorische Hypothek (Art. 1257); es enthält keine Bestimmungen über Grundschuld und Hypothekenbrief. Es kennt auch nicht die Eigentümerhypothek[195] und die Rentenschuld.

Das GZGB gibt eine enumerative Aufzählung der dinglichen Rechte. Dingliche Rechte sind nur 1.) das Eigentum, 2.) die Dienstbarkeiten, 3.) das Pfandrecht und 4.) die Hypothek (Art. 973 GZGB).

Neben dem BGB haben auf das Sachenrecht des GZGB 1940 sowohl andere ausländische Zivilgesetzbücher als auch ältere griechische Gesetze eingewirkt.

a) Die französische Zivilgesetzgebung hat wesentlich die Bestimmungen des GZGB 1940 über die Transkription und über die Hypothek beeinflußt; denn die griechischen Gesetze vom 11. 8. 1836 „über Hypothe-

---

[193] Vgl. Lent, Sachenrecht 143.

[194] Die Frage des vertraglichen Eigentumserwerbs an einem Grundstück oder an einer beweglichen Sache wurde vom GZGB 1945 in Art. 1072, 1073 geregelt. Die Fassung dieser Artikel gab Anlaß zu Meinungsverschiedenheiten: Während Triantaphyllopoulos und Maridakis in der Begründung zum GZGB 1945 ausdrücklich erwähnen, daß dieses die Eigentumsübertragung sowohl an beweglichen als auch an unbeweglichen Sachen als kausal auffaßt (vgl. EAK 591), vertrat Balis die Ansicht, daß diese Regelung nicht der Fassung der Art. 1072 f GZGB 1945 zu entnehmen sei; er meint, diese Vorschriften, die die iusta causa beim Eigentumserwerb nicht ausdrücklich verlangen, bestimmen genau das Gegenteil, nämlich daß die Eigentumsübertragung an beweglichen und unbeweglichen Sachen abstrakt sei und daß Art. 1072 GZGB 1945 bei der Übertragung des Eigentums an Grundstücken der Einführung des dem deutschen Recht bekannten Abstraktionsprinzips in Griechenland Vorschub leiste; vgl. Balis, Them. 1946, 226.

[195] Nach dem BGB (§ 1163) erwirbt der Eigentümer die Hypotheken, wenn die Forderung, für welche die Hypothek bestellt ist, nicht zur Entstehung gelangt oder erlischt. Nach dem GZGB dagegen (Art. 1317 und 1321) erlischt die Hypothek durch den auf irgendeine Weise erfolgenden Untergang der Forderung oder durch Vereinigung des Eigentums- und des Hypothekenrechts in derselben Person (Konfusion).

ken" und vom 29. 10. 1856 „über Transkription", denen das GZGB folgte, waren bereits entsprechenden französischen Gesetzen nachgebildet[196]. Die Vorschriften des Gesetzes Nr. Τϟ vom 29. Oktober 1856 (über Transkription des Eigentums an Grundstücken) wurden im GZGB 1940 (Art. 1192 ff.) mit einigen Abänderungen beibehalten. Die Bestimmungen des Gesetzes vom 11. 8. 1836 über die Hypothek, welche auf dem französischen Transkriptionssystem beruhten, wurden vom GZGB 1940 (Art. 1257 ff.) ebenfalls mit unwesentlichen Abänderungen übernommen. Insgesamt wurde das bis zum Inkrafttreten des GZGB 1940 geltende Transkriptionssystem ebenso wie das Hypothekenrecht vom griechischen Gesetzgeber fast unverändert beibehalten. Die Aufrechterhaltung des Transkriptionssystems ist auf das Fehlen eines Grundbuchs in Griechenland zurückzuführen. — Auch an einigen anderen Stellen lassen sich Einflüsse des Code civil auf das Sachenrecht des GZGB 1940 feststellen, und zwar bei den Eigentumsbeschränkungen, dem Eigentumserwerb, den Grunddienstbarkeiten, den persönlichen Dienstbarkeiten und dem Pfandrecht an beweglichen Sachen[197].

b) Einflüsse des SchwZGB auf das Sachenrecht des GZGB von 1940 sind ebenfalls spürbar. So sind z. B. Art. 1028 (über die Verpflichtungen desjenigen, der einen Brunnen oder eine Quelle hat) und 1031 (über die Leitung durch ein fremdes Grundstück) den Art. 710 Abs. 1 und 691 SchwZGB nachgebildet.

c) Schließlich wurden die Art. 1018 (über die Duldung von Ausbesserungen durch den Nachbarn) und 1223 (über den Untergang oder die Zwangsenteignung des Pfandes) dem ungarischen Gesetzentwurf von 1914 (§§ 412 und 598) entnommen, während die Art. 1029, 1030 (über die Durchleitung durch ein fremdes landwirtschaftliches Grundstück) nach dem Vorbild der Art. 598, 599 des italienischen Codice civile von 1865, der Art. 704, 705 des griechischen Entwurfes von 1874 und der Art. 368, 369 des kretischen Zivilgesetzbuches von 1904 formuliert wurden[198].

II. Einzelfragen

1. Eigentum

In der Revisionskommission machte sich die Tendenz bemerkbar, die Rechtsmacht des Eigentümers an seinem Eigentum zugunsten der Allge-

[196] Vgl. oben § 8 II und IV.

[197] So entsprechen die Bestimmungen der Art. 980 Abs. 2 (über die Ausübung des Besitzes durch einen anderen), 1012 (über die Verpflichtung zur Duldung eines Notweges), 1069 (über die Alluvio, die Anschwemmung), 1071 (über die im Fluß entstandene Insel), 1072, 1073 (über das verlassene Flußbett), 1136—1139 (über das Erlöschen einer Dienstbarkeit), 1174 (über den Nießbrauch an verbrauchbaren Sachen) des GZGB 1940 den Art. C. c. 2231, 682, 556, 561, 563, 562, 703—707, 587.

[198] Über die Quellen der einzelnen Bestimmungen des Sachenrechts im GZGB siehe Kavkas, Zivilgesetzbuch I, 353—512.

meinheit unter sozialen Gesichtspunkten zu beschränken, und zwar über den Rahmen der Eigentumsbeschränkungen des deutschen BGB (§§ 904 ff.) hinaus. Diese Tendenz stand im Einklang mit der sozialpolitischen Richtung der damaligen liberalen Regierung E. Venizelos, die die Zwangsenteignung der großen Besitzungen zugunsten der besitzlosen Landbevölkerung herbeigeführt hatte. Hier ist besonders der Vorschlag des Ministerpräsidenten E. Venizelos zu erwähnen, das Recht des Eigentümers eines städtischen Grundstückes zu beschränken, falls dieser das Grundstück nicht bebauen sollte. Diesem Vorschlag wurde entgegengehalten, er nähere sich kommunistischen Vorstellungen über das Eigentum[199].

Ferner wurde die Frage gestellt, ob das GZGB eine Bestimmung nach dem Vorbild des Art. 153 der Weimarer Reichsverfassung erhalten sollte: „Eigentum verpflichtet. Sein Gebrauch soll zugleich Dienst sein für das gemeine Beste." Eine solche Norm, so meinte man, wäre ein Wegweiser für die Interpreten des Rechts und würde die soziale Funktion des Eigentums betonen. Im Entwurf des Sachenrechts wurde diese Bestimmung aber nicht berücksichtigt, weil, wie der Justizminister N. Avraam erklärte, eine entsprechende Vorschrift in Art. 19 der griechischen Verfassung von 1927 aufgenommen werden sollte, jedoch unterblieb aus „Zweckmäßigkeitserwägungen" auch dies[200].

Sowohl der Entwurf des Sachenrechts (Art. 47) als auch das GZGB 1940 (Art. 1000) bestimmen, daß der Eigentümer einer Sache, soweit nicht das Gesetz oder Rechte Dritter entgegenstehen, über die Sache „nach Belieben verfügen kann". Diese Bestimmung entfernt sich kaum von der individualistischen Auffassung des Gesetzgebers des Code civil, nach der „la proprieté est le droit de jouir et disposer des choses de la manière la plus absolue" (Art. 544), und spiegelt den Inhalt des § 903 BGB wider. Julius von Gierke schrieb hierzu: „Leider ist die grundsätzlich unsoziale Fassung des Inhaltes des Eigentums in § 903 BGB — grundsätzlich schrankenloses Recht — und ebenso die schlechte Fassung des Umfanges des Grundeigentums in § 940 BGB (Erstreckung in den ganzen Raum über und unter der Oberfläche) wörtlich vom griechischen Gesetz übernommen worden."[201] Art. 1000 GZGB 1940 stimmt mit § 903 BGB inhaltlich überein, weicht jedoch im Wortlaut insofern davon ab, als der Eigentümer nicht mit der Sache nach Belieben „verfahren", sondern über die Sache nach Belieben „verfügen" kann (offenbar unter dem Einfluß des Art. 641 des SchwZGB).

Das GZGB 1945 war in diesem Punkte weiter gegangen; unter Berücksichtigung der in der Revisionskommission geführten Diskussionen betont es die soziale Funktion des Eigentumsrechtes: „Die Ausübung des Eigentumsrechtes im Sinne einer sozialen Funktion stellt eine Verpflichtung des Eigen-

---

[199] ESach. 32. In diesem Zusammenhang ist bemerkenswert, daß nach dem italienischen Codice civile von 1942 eine Enteignung nicht nur zulässig ist, wenn das öffentliche Interesse sie gebietet, sondern auch wenn die Ausnutzung des Eigentums vernachlässigt wird; Schnitzer I, 201.

[200] ESach. 32.

[201] J. v. Gierke, ZHR 115 (1952) 191.

tümers dar“ (Art. 1041 GZGB 1945). Diese Vorschrift, die an den Art. 153 der Weimarer Verfassung erinnert, sollte den Richter als Auslegungsregel binden[202]. Aus Anlaß dieses Artikels schrieb Maridakis, daß man aus einigen Artikeln solchen Inhalts auf den Geist schließen könne, in welchem ein Zivilgesetzbuch abgefaßt worden sei[203]. Dagegen wurde die Ansicht vertreten, daß dieser rechtstheoretische Grundsatz für das GZGB 1940 überflüssig wäre, denn er sei dem Mißbrauchsartikel 281 zu entnehmen[204]. Die Fassung des Art. 281 GZGB 1940 ist aber negativ („Die Ausübung des Rechtes ist verboten“) und betrifft alle Rechte; dagegen ist die Fassung des Art. 1041 des GZGB 1945 positiv: der Eigentümer soll das Eigentumsrecht als soziale Funktion ausüben[205]. Eine entsprechende Bestimmung hätte in das GZGB 1940 um so mehr aufgenommen werden müssen, als dessen Gesetzgeber ebenfalls die Auffassung von der sozialen Funktion des Eigentums vertrat. So heißt es in der von Professor Balis ausgearbeiteten Denkschrift zum GZGB vom 17. Dezember 1939: „Das Eigentum ist nicht hier ein individuelles Recht, sondern eine soziale Funktion; es kann dem individuellen Willen nicht gestattet werden, dem Interesse der Allgemeinheit entgegenzutreten.“[206]

Es ist allerdings festzustellen, daß das Hervorheben der sozialen Funktion des Eigentums durch eine ausdrückliche Bestimmung im Gesetz zwar ein rechtstheoretisches Interesse hat, jedoch nicht von großer praktischer Bedeutung ist. Zwar bestimmt z. B. Art. 14 Abs. 2 des deutschen Grundgesetzes vom 23. Mai 1949: „Eigentum verpflichtet. Sein Gebrauch soll zugleich dem Wohl der Allgemeinheit dienen“; man nimmt aber in Deutschland an, daß diesem Rechtssatz praktische Bedeutung nur bei größeren und wertvollen Objekten zukommt, bei denen ein öffentliches Interesse in Frage kommt[207]. Nach herrschender Auffassung enthält diese Bestimmung sogar lediglich eine verfassungsrechtliche Grundpflicht von nur sittlicher Bedeutung[208].

2. Stockwerkseigentum

Die griechische Gesetzgebung kannte bis zum Jahre 1929 im Geltungsbereich des römisch-byzantinischen Rechts keine Bestimmung über das Stockwerkseigentum; nur die drei lokalen Zivilgesetzbücher enthielten Vorschriften darüber[209]. Dieses Rechtsinstitut wurde im 17. und 18. Jahrhundert während der Herrschaft der Piraten im Mittelmeer hauptsächlich auf

---

[202] Vgl. Radbruch 242.
[203] Maridakis, ND 1946, 144.
[204] Balis, Them. 1946, 233.
[205] Maridakis, ND 1946, 144.
[206] Vgl. Kousoulakos, EEN 1946, 191 N. 19.
[207] Lent, Sachenrecht 93.
[208] Vgl. Maunz, Deutsches Staatsrecht (Kurzlehrbuch), 10. Aufl., München und Berlin 1961, 137; F. Baur 161. In diesem Zusammenhang sei das Wort Radbruchs zitiert: „Die Gesetzgebung ist in der Lage, die ‚soziale Hypothek des Eigentums‘ aus dem sittlichen in den rechtlichen Geltungsbereich zu erheben.“ Radbruch 242.
[209] Vgl. oben § 6 V.

den Kykladen und auf den Ionischen Inseln entwickelt, wo die Bewohner zum Zwecke einer wirksamen Verteidigung gegen die Seeräuber gezwungen waren, sich in Städten und Ansiedlungen zu konzentrieren, in denen auf Grund des Mangels an ausreichender bebaubarer Bodenfläche vielstökkige Häuser erbaut wurden[210]. Im Jahre 1929 trat das Gesetz 3741/1929 in Kraft, das zum ersten Mal für ganz Griechenland das bis dahin nur in wenigen Teilen bestehende Rechtsinstitut eingeführt hat[211]. Im Jahre 1930 gab es jedoch noch keine nennenswerten Erfahrungen mit der Awendung dieses neuen Systems. Deshalb kam es zu einer längeren Debatte sowohl in der Redaktionskommission als auch in der Revisionskommission darüber, ob das GZGB das Rechtsinstitut des Stockwerkseigentums, welches mit dem Prinzip des römischen Rechts „superficies cedit solo" bricht, anerkennen und Bestimmungen darüber enthalten sollte.

Die sehr ernsten Bedenken gegen das Stockwerkseigentum, welche schon beim Erlaß des Gesetzes 3741/1929 zum Ausdruck kamen, wurden erneut geltend gemacht. Sie bezogen sich einerseits auf die schwierigen und verwickelten Verhältnisse, welche die Gemeinschaft der verschiedenen Stockwerkseigentümer desselben Gebäudes schafft, und andererseits auf die Gefahr, daß dieses Institut bei dem geltenden Transkriptionssystem zu vollkommener Unübersichtlichkeit der Eigentumsverhältnisse an Grundstücken führen könne[212]. Die Professoren Balis und Maridakis waren der Meinung, daß die Anerkennung des Stockwerkseigentums als Institution für Griechenland überflüssig sei und zu einer dauernden Quelle von Rechtsstreitigkeiten werden könne[213]. P. Thiväos bemerkte, selbst die damalige bauliche Entwicklung in Athen rechtfertige seine Einführung nicht. Im Gegensatz dazu vertraten die Professoren Demertzis und Triantaphyllopoulos die Ansicht, das GZGB solle dieses Rechtsinstitut enthalten, da es zur Behebung einer bestehenden sozialen Not dienen könne. Ministerpräsident Venizelos hat damals den Mitgliedern der Revisionskommission erklärt: „Meine Herren, ich bitte Sie, mit Ihrer wissenschaftlichen Geltung die Anerkennung des Rechtsinstituts des Stockwerkseigentums durchzusetzen."[214]

In der Revisionskommission wurde es als ein Mangel des Stockwerkseigentums bezeichnet, daß es die Zerstückelung des Eigentums in viele kleine Teile zur Folge habe[215]. Aber die Möglichkeit der Teilung des Eigentums ist der größte Vorzug des Stockwerkseigentums besonders in sozialer Hinsicht. Denn sie verschafft auch den ärmeren Gesellschaftsschichten die Möglichkeit, eine Wohnung zu erwerben, und führt dadurch zur Entspannung der sozialen Gegensätze. Bemerkenswert ist, daß die Französische Revolution

---

[210] ESach. 45; vgl. Zepos, Das Stockwerkseigentum (griechisch), Athen 1931, 34 ff. Bemerkenswert ist, daß Elemente des Rechtsinstituts des Stockwerkseigentums dem altgriechischen Recht bekannt gewesen waren; siehe Pappoulias, ZSS 27 (1906) 363 ff.

[211] Vgl. oben § 14 VII.

[212] Makris, RabelsZ 9 (1935) 600.

[213] ESach. 10 Anm. 1.

[214] ESach. 47.

[215] ESach. 74.

von 1789 in Grenoble, wo das Rechtsinstitut des Stockwerkseigentums bereits existierte, milde vonstatten ging.

Die von dem Referenten P. Thiväos ausgearbeitete Begründung zum Sachenrecht ging auch auf das deutsche Recht ein und schlug vor, daß das GZGB dem BGB folgen solle, welches keine Vorschriften über das Stockwerkseigentum enthält[216]. Diese Ansicht ließ aber die damals (im Jahre 1930) in Deutschland bereits vorhandene Tendenz zur Rezeption dieses Rechtsinstituts außer acht[217].

Der von der Redaktionskommission ausgearbeitete Entwurf des Sachenrechts enthielt schließlich Bestimmungen über das Stockwerkseigentum (Art. 164—165). Die inzwischen in Griechenland zu beobachtende Entwicklung hat den Befürwortern dieses Rechtsinstituts recht gegeben. Unter dem Einfluß dieser Entwicklung hat Professor Balis in das GZGB 1940 Vorschriften über das Stockwerkseigentum aufgenommen (Art. 1002 und 1117), obgleich er, wie erwähnt, im Jahre 1930 in der Revisions- und Redaktionskommission die gegenteilige Ansicht vertreten hatte[218].

3. Transkription

Wie in der Begründung zum Entwurf des Sachenrechts dargelegt wird, wäre es erwünscht gewesen, in das GZGB das System der Grundbücher nach dem deutschen und schweizerischen Vorbild aufzunehmen, aber dieses System setzte die Errichtung eines Katasters voraus, der in Griechenland nicht existiert[219]. Deshalb blieben Revisions- und Redaktionskommission im Grunde bei den Bestimmungen des griechischen Gesetzes vom 29. 10. 1856 „über Transkription", welches auf dem französischen Transkriptionssystem beruhte.

Die Transkription in den Transkriptionsbüchern ist für die Eigentumsübertragung an Grundstücken von konstitutiver Bedeutung. Bei dem Transkriptionsamt des Bezirkes des Grundstückes sind im Transkriptionsbuch alle Rechtsgeschäfte einzutragen, durch die ein dingliches Recht an Grundstücken

---

[216] ESach. 9.

[217] Vgl. die Schrift über das Stockwerkseigentum von E. H. W. Meyer aus dem Jahre 1930.

[218] J. von Gierke hat die Fassung der Art. 1002 und 1117 gelobt (ZHR 115 [1952] 191); sie lauten: Art. 1002. Sondereigentum an einem Gebäudestockwerk oder an einem Stockwerksteil kann nur durch Rechtsgeschäft des Eigentümers des ganzen Grundstücks begründet werden. Als Stockwerke gelten auch die Keller und die unter dem Dach sich befindenden Zimmer.
Art. 1117. Bei einem Gebäude ist der Eigentümer eines Stockwerks oder einer Abteilung desselben ohne weiteres Miteigentümer mit entsprechendem Anteil an den einzelnen Teilen des ganzen Grundstücks, die zum gemeinsamen Gebrauch auch den übrigen Eigentümern dienen, wie es insbesondere der Grund, die Fundamente, die Grundmauern, das Dach und der Hof sind.

[219] D. Pappoulias arbeitete einen Gesetzentwurf zur Einführung des Grundbuchsystems in Griechenland aus; P. Vallindas, Mnemosyna Pappoulia 10. Die Errichtung eines Katasters ist jedoch auf technische Schwierigkeiten gestoßen; vgl. Varvaressos 147 ff.

begründet, übertragen oder aufgehoben wird. Das Transkriptionsbuch ist nicht wie das Grundbuch nach dem Realfoliensystem eingerichtet, sondern es besteht aus einer Sammlung der einzelnen Erwerbsurkunden, die geordnet und gebunden werden. Neben dem Transkriptionsbuch gibt es auch das Transkriptionsregister, das nach dem Personalfoliensystem eingerichtet ist. In dem Transkriptionsregister wird ein besonderes Registerblatt nicht für das Grundstück, sondern nur für die Namen der Vertragschließenden eingerichtet. Neben den Namen der Parteien wird der abgeschlossene Vertrag und das Grundstück bezeichnet, das dieser Vertrag betrifft. Zur Eigentumsübertragung an einem Grundstück ist die Transkription (d. h. die Eintragung des Rechtsgeschäftes in das Transkriptionsbuch und das Transkriptionsregister) erforderlich. Die Transkriptionsbücher und -register genießen nicht den öffentlichen Glauben der Grundbücher (§ 892 BGB).

§ 26. PROBLEME DES FAMILIENRECHTS

I. Allgemeines

Die Gestaltung der Rechtsinstitute des Familienrechts ist in Griechenland immer Gegenstand besonderer Diskussionen gewesen. Auf dem Gebiet des Familienrechts übte die griechisch-orthodoxe Kirche von jeher einen wesentlichen Einfluß aus. Deshalb berührte eine so oder so geartete Regelung der Rechtsinstitute des Familienrechts das Interesse der Kirche, die in diesen Fragen jeweils sehr empfindlich reagierte, und ihre Einmischung hat der jeweiligen Gestaltung einiger Rechtsinstitute des Familienrechts eine gewisse religiöse Färbung gegeben. Darauf sind unter anderem auch die leidenschaftlichen und stürmischen Debatten, die in der Redaktions- und Revisionskommission auf dem Gebiet des Familienrechts geführt wurden, und die Kritik, die in Griechenland am Entwurf des Familienrechts des GZGB geübt wurde, zurückzuführen.

Der Entwurf des Familienrechts folgte einer von dem bis damals geltenden Recht abweichenden und vielleicht für die damalige griechische Gesellschaft gewagten sozialen Richtung. Einige Rechtsinstitute des bis damals in Griechenland geltenden Familienrechts sollten nach den Bestimmungen des Entwurfes fast von Grund auf umgestaltet werden. Die Bestimmungen über die Zulassung der Zivilehe, die Aufhebung einiger Eheverbote, die Aufhebung der Verpflichtung der Eltern zur Bestellung einer Mitgift zugunsten ihrer Tochter, die weitgehenden Befugnisse des Vormundschaftsgerichts nach dem Vorbild des deutschen BGB sind einige der wichtigsten Neuerungen des Entwurfes. Diese Richtung ist vor allem auf den Einfluß des Vorsitzenden der Redaktions- und der Revisionskommission und Referenten für das Familienrecht, Professor Demertzis, zurückzuführen, der im Jahre 1936 Ministerpräsident wurde und als Wissenschaftler und Persönlichkeit gleich hohen Rang besaß[220] und der über diese Neuerungen hinaus sogar Vorschläge für

---

[220] Vgl. einen Nachruf in AID 1936, 171 ff.

die Gleichberechtigung von Ehemann und Ehefrau und für die Rezeption eines Gütergemeinschaftssystems zwischen den Ehegatten vorgelegt hat. Der Entwurf des Familienrechts des GZGB hätte noch gewagtere Bestimmungen enthalten, die damals keines der neueren Zivilgesetzbücher enthielt, wenn die Pro-femina-Referate von Demertzis nicht auf den konservativeren Geist der anderen Mitglieder der Revisionskommission gestoßen wären[221]. Trotzdem war das Familienrecht des Entwurfes der Teil, der im Vergleich mit den anderen Teilentwürfen die wichtigsten Neuerungen enthielt, und es zog Kritik und Beschwerden der griechisch-orthodoxen Kirche auf sich[222]. Der konfessionelle Charakter eines wichtigen Teils des griechischen Familienrechts sollte nach den Bestimmungen des Entwurfes beseitigt werden. Der Umstand, daß wichtige Tatbestände des Familienrechts auch der sittlichen oder religiösen Ordnung unmittelbar unterstehen, und die daraus folgende enge Verknüpfung rechtlicher Fragen mit solchen sittlicher oder religiöser Natur hat auch der Redaktions- und Revisionskommission große Schwierigkeiten bereitet; in gewissen Fällen mußte die rechtlich beste und rationellste Entscheidung Einwendungen sittlich-religiöser Natur weichen[223].

Professor Balis hat bei der Gesamtredaktion das Familienrecht des Entwurfes der Redaktionskommission unter Berücksichtigung der inzwischen geübten Kritik weitgehend geändert. Der im Jahre 1938 an Balis vergebene Auftrag der Regierung Metaxas sprach von „Berücksichtigung der religiösen Überlieferungen und der moralischen Traditionen der Nation“. Das bedeutete eine indirekte, aber klare Verurteilung der in dem Entwurf enthaltenen Bestimmungen, die von dem damals geltenden Familienrecht abwichen. Wie Balis selbst betonte, beherrscht ein konservativer Geist das Familienrecht des GZGB 1940[224].

Zwar gab dennoch besonders das Familienrecht Anlaß zur Kritik am GZGB 1940[225], es ist aber zu bemerken, daß das von den Professoren Triantaphyllopoulos und Maridakis später ausgearbeitete GZGB 1945 auf dem Gebiete des Familienrechts, abgesehen von einigen Einzelfällen, vom GZGB

---

221 Thiväos, EEN 1937, 369; vgl. Georgopoulos, EEN 1935, 273 ff.

222 Vgl. oben § 19 I Nr. 95.

223 Makris, RabelsZ 9 (1935) 602.

224 Them. 1940, 259 f.

225 Z. B. wurde Art. 1622 Abs. 4 über die Unfähigkeit der Frauen zur Übernahme einer Vormundschaft über Minderjährige durch das Gesetz 3192/1955 aufgehoben. Ferner wurde Art. 1568, wonach der Adoptierende stets das fünfzigste Lebensjahr vollendet haben muß, um einen anderen an Kindes Statt annehmen zu dürfen, scharf kritisiert; siehe R. Tsibris, I. Roussos, P. Papatheodoropoulos in Them. 1954, 140, 270 und 775; auch ein Schreiben des Nationalrates der Griechinnen, ebd. 1167; Stefanopoulos, ÖstJZ 1960, 422. Eine Vorschrift ähnlich dem § 1745 BGB (Möglichkeit der Befreiung von dem Alterserfordernis) enthält das GZGB nicht. In diesem Zusammenhang sei erwähnt, daß dem Art. 1572 des GZGB zu entnehmen ist, daß der Adoptierte sich nach dem Tode des Adoptierenden — falls nicht ein Adoptionsverhältnis mit dem Ehegatten des Verstorbenen fortbesteht — erneut adoptieren lassen kann, eine Frage, die in Deutschland wegen der unklaren Fassung der §§ 1749 und 1753 BGB umstritten ist; vgl. die Entscheidung des BayObLG vom 19. 2. 1960, NJW 1960, 1060.

1940 nicht verschieden ist[226]. Einige der wichtigsten Unterschiede zwischen den beiden Gesetzen seien hier erwähnt:

a) Die verschiedene Regelung des Anspruchs der Verlobten auf immateriellen Schaden (vgl. unten II, 1).

b) Die Eigentumsvermutung zugunsten des Ehemannes und seiner Gläubiger (praesumtio Muciana) gilt nach dem GZGB 1940 (Art. 1396) für alle im Besitz oder in der Detention eines der beiden Ehegatten befindlichen beweglichen Sachen (abgesehen von den zum persönlichen Gebrauch der Frau bestimmten beweglichen Sachen), ohne Rücksicht auf die Zeit des Besitz- oder Detentionserwerbs. Nach dem GZGB 1945 (Art. 1443) dagegen gilt diese Eigentumsvermutung nur für die während der Dauer der Ehe erworbenen beweglichen Sachen.

c) Die Klage auf Anfechtung der Ehelichkeit des Kindes ist nach dem GZGB 1940 (Art. 1472 Abs. 1) nur gegen den besonderen Vormund des Kindes zu richten. Nach dem GZGB 1945 (Art. 1527 Abs. 2) ist diese Klage auch gegen die Mutter zu richten, um zu vermeiden, daß die Mutter ohne eigene Kenntnis des Ehebruchs bezichtigt wird[227].

d) Nach dem GZGB 1940 (Art. 1544 Abs. 1) verjährt die Klage des unehelichen Kindes oder der Mutter auf Feststellung der Vaterschaft (Vaterschaftsklage) nach Ablauf von fünf Jahren nach der Geburt. Diese kurzfristige Verjährung gefährdet die Rechte des Kindes gegenüber dem außerehelichen Vater[228]. Daher bestimmt das GZGB 1945 (Art. 1608), daß das Recht der Mutter auf Erhebung der Vaterschaftsklage mit der Volljährigkeit des Kindes und das entsprechende Recht des Kindes nach Ablauf von zwei Jahren nach seiner Volljährigkeit erlischt.

e) Das GZGB 1940 bestimmt (Art. 1585 Abs. 1): „Hört während der Minderjährigkeit des an Kindes Statt angenommenen Kindes die väterliche Gewalt oder die Kuratel oder die Vormundschaft des Annehmenden aus irgendeinem Grunde auf, so geht sie n i c h t wieder auf den leiblichen Elternteil über." Nach dem GZGB 1945 dagegen geht in diesem Fall die väterliche Gewalt kraft Gesetzes auf den leiblichen Elternteil über (Art. 1648).

f) Nach dem GZGB 1945 (vgl. Art. 1686) dürfen Frauen eine Vormundschaft übernehmen, nach dem GZGB 1940 dagegen nicht — mit Ausnahme der Mutter und der Großmutter des Minderjährigen (Art. 1622 Abs. 4 GZGB 1940, aufgehoben durch das Gesetz 3192/1955; vgl. unten, II, 7).

g) Nach dem GZGB 1940 (Art. 1666 ff.) hat die Emanzipation des Minderjährigen (der das 18. Lebensjahr vollendet hat) den Charakter eines Rechtsgeschäfts, das eine Geschäftsfähigkeit sui generis des Minderjährigen zur Folge hat, d. h. der Minderjährige kann einige Rechtshandlungen selbst, ohne Zustimmung seines Kurators, die wichtigsten

[226] Vgl. oben § 19 I Nr. 97.
[227] Vgl. EAK 597.
[228] Vgl. EAK 598.

Rechtsgeschäfte aber nur mit Zustimmung seines Kurators vornehmen (vgl. Art. 1674 ff. GZGB 1940). Nach dem GZGB 1945 (Art. 61 ff.) kann der Minderjährige, der das 18. Lebensjahr vollendet hat, auf Antrag des Vaters oder des Vormundes durch Gerichtsentscheidung für emanzipiert erklärt werden. Er hat dann die rechtliche Stellung eines Volljährigen. Diese Regelung des GZGB 1945, der entsprechende Bestimmungen des kretischen Zivilgesetzbuches als Vorbild gedient haben[229], steht dem Rechtsinstitut der Volljährigkeitserklärung des deutschen Rechts (§§ 3 ff. BGB) nahe.

h) Im Gegensatz zum GZGB 1940 (Art. 1700) kennt das GZGB 1945 das Rechtsinstitut der kraft Gesetzes eintretenden Entmündigung eines wegen eines Verbrechens Verurteilten nicht (vgl. dazu oben § 22). Dieses Institut wurde von Triantaphyllopoulos und Maridakis als „rückständig" bezeichnet[230]. Das GZGB 1945 kennt nur eine Art Pflegschaft über die zu Gefängnis von mindestens zwei Jahren Verurteilten, die berechtigt sind, die Bestellung eines gerichtlichen Beistandes zu beantragen (Art. 80 GZGB 1945).

Das Familienrecht des GZGB 1940 spiegelt also im wesentlichen das bis dahin geltende Recht wider. Zwar hat das deutsche BGB auch auf die familienrechtlichen Bestimmungen dieses Gesetzes eingewirkt[231], aber sein Einfluß ist hier geringer als in den übrigen Teilen des GZGB 1940. Der Formulierung des Familienrechts des GZGB haben als Vorlagen auch wesentlich das damals geltende römisch-byzantinische Recht, einige griechische Gesetze, das SchwZGB und der Code civil gedient. So sind z. B. die Vorschriften für die Vormundschaft über Minderjährige zum größten Teil dem Gesetz Nr. ΧΠΘ von 1861 nachgebildet, welches französisches Recht wiedergab[232], und die Bestimmungen über die unehelichen Kinder wurden hauptsächlich der griechischen Verordnung vom 17. 7. 1926 „über die Stellung unehelicher Kinder" entnommen, die weitgehend dem SchwZGB (Art. 303 ff.) nachgebildet war[233].

II. Einzelfragen

1. Verlöbnis

Sowohl der Entwurf des Familienrechts als auch die Zivilgesetzbücher von 1940 und 1945 folgten hier fast wörtlich den §§ 1297—1302 des deutschen BGB und wurden deshalb kritisiert[234]. Nur die Frage des der unbescholtenen Verlobten zustehenden Geldersatzes bei immateriellem Schaden (vgl. § 1300 des deutschen BGB) wurde jeweils verschieden geregelt.

---

[229] EAK 582.
[230] EAK 583.
[231] Z. B. die Bestimmungen, die das Verlöbnis, die Ehescheidung und das Unterhaltsrecht regeln.
[232] Vgl. oben § 8 VII.
[233] Vgl. unten § 29 III.
[234] Vgl. Gazis, Them. 1935, 59.

Der Entwurf des Familienrechts enthielt eine Bestimmung (Art. 4) über den Geldersatz bei immateriellem Schaden für die unbescholtene Verlobte, die ihrem Verlobten die Beiwohnung gestattet hat (Deflorationsklage, sog. Kranzgeld). Diese Bestimmung, die fast eine wörtliche Übersetzung des § 1300 BGB war, war schon vor der Ausarbeitung des GZGB 1940 von einigen griechischen Juristen nicht nur als unsittlich und nicht der Billigkeit entsprechend bezeichnet, sondern auch als zu mechanisch vom deutschen BGB übernommene Vorschrift kritisiert worden; denn man vertrat die Ansicht, daß diesen Anspruch sowohl die Verlobte, auch wenn sie nicht unbescholten war, als auch der Verlobte haben müßten, und zwar ohne daß die Voraussetzung der Beiwohnung erforderlich sei[235]. Die Fassung des § 1300 BGB, die dem Art. 4 des Entwurfes als Vorbild gedient hatte, hat auch in Deutschland selbst Kritik erfahren[236].

Es wäre daher zu erwarten gewesen, daß das GZGB 1940 beiden Verlobten einen weitergehenden Schutz zusprechen würde. Jedoch enthält es keine entsprechende Bestimmung. Deshalb nimmt die herrschende Meinung in Griechenland an, daß die Verlobte, auch wenn sie ihrem Verlobten die Beiwohnung gestattet hat, keinen Anspruch auf Geldersatz aus immateriellem Schaden gegen ihn geltend machen kann, sofern nicht die Voraussetzungen einer unerlaubten Handlung (Art. 914, 919, 921, 932 GZGB) vorliegen[237].

Das GZGB 1945 zeigte sich den Verlobten gegenüber günstiger und wurde deswegen zu Recht gelobt[238], denn es folgte der Regelung des Art. 93 SchwZGB, der beiden Verlobten einen weitergehenden Schutz als § 1300 BGB zuspricht, und bestimmte in Art. 1392:

> Erleidet durch den Verlöbnisbruch ein Verlobter ohne sein Verschulden eine schwere Verletzung in seinen persönlichen Verhältnissen, so kann der andere, falls ihn ein Verschulden trifft, zu einer Entschädigung in Geld wegen des immateriellen Schadens oder der seelischen Beeinträchtigung verurteilt werden.

Diese Regelung stand im Einklang mit der Rechtsprechung des ökumenischen Patriarchats von Konstantinopel[239].

2. Eheschließungsform

In Griechenland hielt man die Zivilehe nicht für eine soziale Notwendigkeit. Dies geht einerseits zurück auf die religiöse Einheitlichkeit der griechischen Bevölkerung, die sich fast geschlossen zur griechisch-orthodoxen

---

[235] Vgl. Glossographos, EEN 1935, 474; Kousoulakos, EEN 1935, 32.

[236] Vgl. Leonard, Arch. f. bürg. R. 10, 3 f; Kegel 237.

[237] Roilos, Anm. 40 und 43 zu Art. 1347; Michaelides-Nouaros, Familienrecht 37 Nr. 3. Der von diesen Bestimmungen der Verlobten zugesprochene Schutz ist beschränkt; denn sie setzen Vorsatz (Art. 919) oder eine strafbare Handlung, betrügerische Versprechungen usw. (Art. 921) voraus, während der Rücktritt vom Verlöbnis als solcher nicht als unerlaubte Handlung im Sinne des Artikels 914 angesehen wird.

[238] Kousoulakos, EEN 1946, 194.

[239] Kousoulakos a. a. O.

Konfession bekennt, andererseits beruht diese Haltung auf einem historischen Grund, daß nämlich die Mitwirkung der griechisch-orthodoxen Kirche bei der Eheschließung mit der nationalen Existenz und der nationalen Wiedergeburt verbunden ist. In dem christlichen Volk des byzantinischen Reiches hatte sich allmählich die kirchliche Trauung als Eheschließungsform eingebürgert. Kaiser Leo der Weise hat diese Volkssitte bestätigt und die kirchliche Einsegnung der Ehe als obligatorische Eheschließungsform vorgeschrieben[240]. Unter dem türkischen Joch (1453—1821) lag, wie oben schon gezeigt wurde, die Entscheidung über Rechtsstreitigkeiten grundsätzlich in den Händen der griechischen Kirche[241], unter deren Führung und Schutz das griechische Volk lebte. Dies führte zu einer engeren Verbindung zwischen der Kirche und dem Staat, die einen wichtigen Einfluß auf die jeweilige Gestaltung der Institutionen des Familienrechts ausübte, dessen Bestimmungen stets im Rahmen der Weltanschauung der orthodoxen Kirche geregelt wurden. „Sowohl in der Zeit der türkischen Herrschaft als auch im neuen Staat hat das griechische Volk in der kirchlichen Trauung den ehebegründenden Akt erblickt . . . Die Tradition der kirchlichen Eheschließung wurzelt tief im griechischen Volk."[242] Es sei auch erwähnt, daß die griechischen Verfassungen der Jahre 1843, 1864, 1911, 1927 und 1952 in Art. 1 jeweils eine Bestimmung über den Schutz und die Beachtung der Rechtsinstitute und Dogmen der griechisch-orthodoxen Kirche enthalten.

Es war also nur natürlich, daß in einer solchen Atmosphäre die in der Revisionskommission vertretene Ansicht, die obligatorische religiöse Eheschließung solle aufgehoben werden, auf Widerstand stieß. Professor Triantaphyllopoulos schlug die Aufhebung der obligatorischen religiösen Eheschließung und die Einführung der Zivilehe vor[243]. Der Vorsitzende der Partei der demokratischen Union, A. Papanastassiou, der einer sozialistischen Richtung zuneigte, und die Professoren Varvaressos und Svolos vertraten ebenfalls die Ansicht, daß der Zwang zur religiösen Eheschließung gegen die individuelle Freiheit der Bürger verstieße, zumal wenn die die Ehe eingehenden Personen sich zu keiner Religion bekennen[244]. A. Papanastassiou betonte: „Ich bin der Meinung, daß wir nicht rückständiger als die nördlichen Völker sein dürfen. Wir müssen ein tiefes religiöses Gewissen haben, das keinen religiösen Zwang verträgt. Wir haben eine ernste Aufgabe zu erfüllen, und zwar unsere Gesetze und unsere Institutionen so zu formulieren, daß wir ein vollständiges und zeitgemäßes Werk präsentieren."

Diese Ansicht bekämpfte besonders Professor Balis, der an die in Griechenland traditionelle Bindung zwischen der Kirche und der Familie erinnerte und vorschlug, daß die obligatorische religiöse Eheschließung grundsätzlich erhalten bleiben solle[245].

---

[240] Zachariae von Lingenthal, Geschichte 72.
[241] Vgl. oben § 1 II.
[242] Fragistas, RabelsZ 9 (1945) 386 f.
[243] EFam. 13.
[244] EFam. 424—427.
[245] EFam. 13 und 437—438.

Um die Zwistigkeiten beizulegen, hat Ministerpräsident E. Venizelos einen Vorschlag vorgelegt, nach dem die religiöse Eheschließung nur dann obligatorische Voraussetzung einer gültigen Ehe sein sollte, wenn beide Personen, welche die Ehe eingehen wollen, vor dem Standesbeamten erklären, daß sie sich zu einer Religion bekennen, von der die Ehe als Sakrament angesehen wird. „Ich bin für die Gewissensfreiheit", betonte Venizelos, „aber ich sage dem Bürger, daß er auch aufrichtig sein soll. Er darf nicht sagen, daß er christlich-orthodox ist, sofern er die Dogmen und die Sakramente der orthodoxen Kirche nicht anerkennt."[246]

Im Entwurf des Familienrechts wurde schließlich die kirchliche Eheschließungsform vorgeschrieben, wenn beide Eheleute der griechisch-orthodoxen Kirche oder einer Religion angehören, die die Ehe als Sakrament anerkennt (Art. 22). Damit wurde die kirchliche Trauung für die Katholiken gefordert, nicht aber für die Angehörigen der evangelischen Kirche, die die Sakramentsnatur der Ehe leugnet[247].

Der Entwurf des Familienrechts bestimmte in Art. 22—26, daß die Zivilehe in folgenden Fällen genüge:

a) wenn die Eheleute verschiedenen Religionen (z. B. der christlichen, jüdischen, mohammedanischen) oder verschiedenen Konfessionen (wie der orthodoxen, katholischen oder protestantischen) angehören;
b) wenn die Eheleute vor dem Standesbeamten die Erklärung abgeben, daß sie keiner anerkannten Religion angehören (Freireligiöse) oder daß sie einer Konfession angehören, die die Ehe nicht als Sakrament anerkennt;
c) wenn bei obligatorischer kirchlicher Einsegnung die Kirche im konkreten Fall die Einsegnung der Ehe aus Gründen verweigert, die das Zivilrecht nicht als Ehehindernis anerkennt[248].

Mit der Zulassung der Zivilehe für Mischehen, d. h. Ehen zwischen Christen verschiedener Konfessionen, sollte die in Griechenland vielumstrittene Frage[249] rechtlich bedeutungslos werden, ob die von einem katholischen Pfarrer eingesegnete Ehe zwischen Orthodoxen und Katholiken rechtswirksam sei[250].

Gegen diese Bestimmungen protestierte die orthodoxe Kirche[251], während sich gleichzeitig Widerspruch auch bei einem Teil der griechischen Juristen erhob[252]. Auf Grund der am Entwurf geübten Kritik enthält das GZGB 1940 keine Bestimmung über die Zivilehe und erklärt ohne Ausnahme für die Angehörigen der griechisch-orthodoxen Kirche nur die religiöse Eheschließung als gültig. Das gleiche gilt auch bei der Ehe eines Christen der

---

[246] EFam. 429.
[247] Fragistas, RabelsZ 9 (1935) 387.
[248] Vgl. Fragistas a. a. O.
[249] Vgl. oben § 8 VI.
[250] Der Areopag (Plenarentscheidung 280/1932, Them. 1932, 692) hat sich gegen die Wirksamkeit ausgesprochen; die Ehe müsse von dem orthodoxen Priester eingesegnet werden.
[251] Vgl. oben § 19 I Nr. 95.
[252] Vgl. oben § 19 I Nr. 94.

griechisch-orthodoxen Konfession mit einem Christen einer anderen Konfession (Art. 1367 GZGB 1940)[253]. Was die Form der Eheschließung zwischen Personen anderer Konfessionen angeht, bestimmt das GZGB 1940, daß die kultische Handlung bei der betreffenden Eheschließung so zu erfolgen habe, wie es die Religion einer jeden der die Ehe eingehenden Personen erfordert (Art. 1371 GZGB 1940). Die gleiche Regelung findet sich auch im GZGB 1945 (Art. 1413 und 1417)[254].

3. Eheverbote

Die orthodoxe Kirche hatte während der byzantinischen Zeit aus historischen und sozialen Gründen viele Eheverbote sanktioniert. Die Revisionskommission beschloß die Aufhebung einiger dieser Verbote. Nach den Bestimmungen des Entwurfes des Familienrechts ist im Gegensatz zu dem damals (im Jahre 1930) geltenden Recht die Eingehung der Ehe gestattet:

a) zwischen einem Christen und einem Andersgläubigen (Religionsunterschied);
b) zwischen Personen, welche wegen Ehebruchs miteinander verurteilt wurden[255];
c) zwischen dem Adoptierenden und dem Adoptierten „beim Vorliegen wichtiger Gründe" nach dem Erlöschen der Adoption (Art. 16 Abs. 2);

---

[253] Die im Ausland zivil geschlossenen Ehen von Griechen orthodoxen Glaubens sind der griechischen Rechtsordnung gegenüber ungültig, selbst wenn sie nach dem Rechte des Ortes der Eheschließung gültig sind; vgl. dazu Maridakis, Rev. crit. de droit international 1952, 661 ff. Auf dieses Beispiel beruft sich Kegel, um Art. 13 Abs. 3 EG BGB (der die Ortsform in Deutschland für alle Ehen zwingend macht) als „rechtspolitisch verfehlt" zu bezeichnen; denn er führt zu Nichtehen in Deutschland, wenn Fremde dort ihrer Heimatform folgen (z. B. Griechen orthodoxen Glaubens), und zu Nichtehen im Heimatstaat, wenn die Fremden sich der deutschen standesamtlichen Form anbequemen, der Heimatstaat aber zwingend kirchliche Trauung verlangt (wie Griechenland); Kegel 245.

[254] Vgl. oben § 19 I Nr. 97. Aus der vom GZGB getroffenen Regelung zieht Schnitzer den generellen Schluß, daß das Eherecht in den einzelnen Ländern „am stärksten refraktär gegenüber Übernahme fremder Vorbilder" sei; Schnitzer 215.

[255] In diesem Zusammenhang sei bemerkt, daß das geltende griechische Recht den Ehebruch strenger als das deutsche behandelt: Nach deutschem Eherecht ist eine Ehe zwischen Ehebruchspartnern zwar verboten und nichtig (§§ 6 I, 22 I EheG), eine Befreiung von diesem Eheverbot jedoch zulässig und nur beim Vorliegen wichtiger Gründe zu versagen (§ 22 II EheG i. d. Fassung des Familienrechtsänderungsgesetzes vom 11. 8. 1961); wird sie nachträglich erteilt, so macht sie die nichtige Ehe rückwirkend gültig (§ 22 II Ehegesetz). Dem GZGB ist eine solche Befreiungsmöglichkeit unbekannt. Im Gegensatz zum deutschen Eherecht stellt aber der Ehebruch im griechischen Recht ein Eheverbot nur dann dar, wenn die Personen, die die Ehe eingehen wollen, wegen Ehebruchs miteinander strafrechtlich verurteilt worden sind (Art. 1363 GZGB); ist die frühere Ehe wegen des Ehebruchs geschieden worden, aber keine strafrechtliche Verurteilung erfolgt, so liegt das Ehehindernis nicht vor; Michaelides-Nouaros, Familienrecht 88. Ferner ist nach griechischem Strafrecht der Ehebruch ohne Rücksicht darauf strafbar, ob die Ehe fortbesteht oder geschieden ist (Art. 357 des griechischen StGB). Nach deutschem Strafrecht dagegen ist der Ehebruch nur dann strafbar, wenn seinetwegen die Ehe geschieden worden ist (§ 172 des deutschen StGB). Über den Ehebruch als Scheidungsgrund siehe unten II 6.

d) zwischen dem Vormund und dem Mündel, sofern die Ehe im Interesse des Minderjährigen geboten ist (Art. 20);

e) zwischen Blutsverwandten in der Seitenlinie bis zum vierten Grad (z. B. zwischen Vettern ersten Grades) und zwischen verschwägerten Verwandten in der Seitenlinie, auch bis zum dritten Grad „beim Vorliegen wichtiger Gründe" (Art. 12—13).

Das heute geltende GZGB 1940 sieht, entsprechend den Auffassungen der griechisch-orthodoxen Kirche, in allen erwähnten Fällen ohne Ausnahme Hindernisse für die Eingehung einer Ehe und spricht Eheverbote aus (Art. 1353, 1356, 1357, 1360, 1362, 1363). Entsprechende Bestimmungen über diese Ehehindernisse enthielt auch das GZGB 1945 (Art. 1399, 1402, 1403, 1406, 1408, 1409). Ferner enthalten sowohl das GZGB 1940 (Art. 1355) als auch das GZGB 1945 (Art. 1401) die folgende Vorschrift: „Die vierte Ehe ist verboten, sofern eine gültige dritte Ehe vorangegangen ist." Sie war im Entwurf des Familienrechts nicht enthalten[256].

4. Persönliche Rechtsbeziehungen zwischen den Ehegatten

Dieses Thema hat zu einer stürmischen Debatte zwischen den Mitgliedern der Revisionskommission geführt. Initiator war der Vorsitzende der Redaktions- und Revisionskommission und Referent für das Familienrecht, Professor Demertzis, dessen liberaler Geist durch die von ihm vorgeschlagene und vielleicht damals für Griechenland gewagte soziale Richtung bei der Gestaltung der persönlichen Beziehungen zwischen den Ehegatten eine so heftige Reaktion der meisten Mitglieder der Revisionskommission verursachte, daß Demertzis gleichsam zur Verteidigung erklärte, sein ganzes Leben beweise, daß er nicht zum „linken Flügel" gehöre[257].

In seinem Referat betonte er: „Wir können bei einem ganz neuen Zivilgesetzbuch nicht übersehen, daß die Anerkennung des Vorranges des Mannes bei der Regelung der persönlichen Beziehungen der Ehegatten durch das Gesetz nicht mehr dem wirklichen Begriff der Ehe entspricht, wie diese sich von Tag zu Tag unter dem Druck der Notwendigkeit der heutigen Gesellschaft gestaltet. Sofern die Emanzipation der Frau eine täglich bewiesene Notwendigkeit darstellt, die vor allem auf gebieterischen wirtschaftlichen Gründen beruht, wäre die Verkennung dieser Wahrheit und das Beharren auf der konventionellen Lüge, wie es die Anerkennung des Vorranges des Mannes bei der Regelung des ehelichen Zusammenlebens durch das Gesetz wäre, nicht das Werk eines einsichtigen Gesetzgebers."[258] Aus solchen Gründen legte Professor Demertzis einen Vorschlag vor, nach dem das GZGB die Gleichberechtigung zwischen den Ehegatten anerkennen sollte, und zwar dergestalt, daß die Ehegatten bei der Regelung der ehe-

---

[256] Über die Ehehindernisse nach dem GZGB siehe Stefanopoulos, ÖstJZ 1959, 452 ff.

[257] EFam. 523.

[258] EFam. 26.

lichen Lebensgemeinschaft und besonders bei der Bestimmung des Wohnsitzes oder des Aufenthaltes, der Ausübung des Berufes, der Erziehung der Kinder usw. die gleichen Rechte haben und über etwaige Meinungsverschiedenheiten zwischen ihnen die Gerichte entscheiden sollten. Diese Auffassungen, die die Bestimmungen des deutschen Gleichberechtigungsgesetzes vom 18. 6. 1957 vorwegnehmen, bestärkte auch Professor Svolos, der betonte: „Wir, die das neueste Zivilgesetzbuch in der Welt redigieren, dürfen uns nicht von den Vorurteilen verführen lassen . . ., die die Würde des Menschen herabsetzen."[259] Der Führer der Partei der demokratischen Union A. Papanastassiou erinnerte auch daran, daß die griechische Verfassung von 1927 die Rechtsgleichheit der Geschlechter anerkannt habe[260].

Fast die Gesamtheit der Mitglieder der Revisionskommission stand der Gleichberechtigung zwischen Ehemann und Ehefrau entgegen. Die herrschende Meinung in der Kommission war, daß die Überlegenheit des Ehemannes bei der Regelung der ehelichen Lebensgemeinschaft in der griechischen Familie eine soziale Wirklichkeit sei, daß die griechische Frau und besonders die Frau der bäuerlichen Familien die Notwendigkeit einer solchen Gleichberechtigung nicht einsähe und daß es einen Führer, der die letzte Entscheidung haben muß, in jeder Gemeinschaft gebe[261].

Es war in der Tat charakteristisch, daß die Bestimmung des Art. 490 § 2 Abs. 7 der griechischen Zivilprozeßordnung, die die Zuständigkeit des Amtsrichters in bezug auf die häusliche Ruhe und Ordnung regelte und der Ehefrau das Recht zusprach, in gewissen Fällen von Meinungsverschiedenheiten zwischen den Ehegatten bei dem Gericht eine Klage gegen den Ehemann zu erheben[262], in Griechenland in der Praxis nicht angewandt worden war, da derartige Klagen nicht erhoben worden waren[263].

Professor Balis erinnerte daran, daß der deutsche Reichstag, als er über den Entwurf des BGB diskutierte, einen entsprechenden Vorschlag über die Gleichberechtigung zwischen Ehemann und Ehefrau zurückgewiesen habe und der betreffende Vorschlag als Utopie charakterisiert worden sei. Obgleich später (im Jahre 1919) die Weimarer Verfassung in Art. 119 bestimmte, daß „die Ehe auf der Gleichberechtigung der beiden Geschlechter beruht", nahm man bei der Auslegung des BGB an, daß dieser theoretische Grundsatz der Weimarer Verfassung keinen Einfluß auf die Bestimmungen des BGB ausübe und daß durch die Verfassungsnorm keine Modifikation des deutschen BGB eingetreten sei[264].

Bei der Abstimmung der Revisionskommission über die Gleichberechtigung zwischen Ehemann und Ehefrau haben nur die Professoren Demertzis, Varvaressos und Svolos diese bejaht, während die anderen 18 Mitglieder sie ablehnten[265].

---

[259] EFam. 526.
[260] EFam. 549.
[261] EFam. 541 ff.
[262] Erläuterungen zu dieser Bestimmung siehe bei Georgopoulos 275 ff.
[263] EFam. 542 und 545.
[264] EFam. 543.
[265] EFam. 553.

Ferner wurde die Frage gestellt, ob die Ehefrau einen Beruf ohne die Einwilligung ihres Mannes ausüben könne. Über dieses Thema gab es die Spezialvorschrift des Art. 4 des griechischen HGB, die dem Art. 4 des französischen Code de commerce entspricht und noch heute gilt: „Die Ehefrau kann ohne Ermächtigung ihres Ehemannes nicht öffentlich Handel treiben."[266] Außer diesem Artikel des HGB enthielt die griechische Gesetzgebung keine entsprechende Bestimmung. Deshalb war die Frage streitig, ob die Frau nach dem damals in Griechenland geltenden Recht einen Beruf ohne die Einwilligung ihres Ehemannes ausüben konnte[267].

Art. 48 des Entwurfes des Familienrechts, der nach dem Vorbild des inzwischen durch das Gleichberechtigungsgesetz aufgehobenen § 1354 BGB und des Art. 160 SchwZGB formuliert wurde, bestimmte, daß der Mann in allen Angelegenheiten, die das gemeinschaftliche eheliche Leben und insbesondere den Wohnsitz, Aufenthalt oder Beruf der Frau betreffen, die letzte Entscheidung hat, die Frau aber nicht verpflichtet ist, sich der Entscheidung des Mannes zu fügen, sofern diese sich als Rechtsmißbrauch darstellt, offensichtlich unvorteilhaft für die Familie ist oder dem moralischen und materiellen Beitrag der Frau zur Förderung der ehelichen Lebensgemeinschaft nicht entspricht. Entsprechende Vorschriften enthalten auch das GZGB 1940 (Art. 1387), das den Mann als „Haupt der Familie" bezeichnet[268], und das GZGB (Art. 1433), die im Gegensatz zu Art. 48 des Entwurfes nur den Fall des Rechtsmißbrauchs des Mannes erwähnen.

5. Vermögensrechtliche Beziehungen der Ehegatten

In Griechenland ist das Dotalsystem stets das traditionelle Ehegüterrechtssystem gewesen. Die Bestellung der dos war sehr häufig die Voraussetzung für die Gründung einer Familie. Auch das Ionische Zivilgesetzbuch sah als einziges Ehegüterrechtssystem das Dotalsystem vor, gestaltete es allerdings im einzelnen nach dem Vorbild des französischen Rechts[269].

Professor Demertzis schlug als Referent die Erhaltung des Dotalsystems mit gleichzeitiger vermögensrechtlicher Selbständigkeit der Ehegatten (Gütertrennung) vor, empfahl aber außerdem die Rezeption einer Art Errungenschaftsgemeinschaftssystem, das den Ehegatten zur Wahl gestellt werden sollte und wonach das Vermögen, das sie nach ihrer Eheschließung durch eigene oder gemeinschaftliche Arbeit erwerben, beiden gemeinschaftlich gehören sollte[270]. Demertzis betonte, daß ein Gütergemeinschaftssystem unter verschiedenen Formen in Deutschland, Italien, Frankreich und

---

[266] Zitiert nach: Die Handelsgesetze des Erdballs VIII, Berlin 1908, Die griechische Handelsgesetzgebung 9.

[267] Triantaphyllopoulos bejahte diese Frage, während Balis die entgegengesetzte Ansicht vertrat; EFam. 544 und 564.

[268] Diese Stellung wird jedoch heute als soziale Funktion im Interesse des Familienganzen aufgefaßt; Michaelides- Nouaros, Familienrecht 173, 175.

[269] Fragistas, RabelsZ 9 (1935) 397.

[270] Ausdrücklich gegen die Rezeption des Gütergemeinschaftssystems spricht sich die Begründung zum Gesetz 4680 vom 13. 5. 1930 aus, durch das die Revisions- und die Redaktionskommission im Jahre 1930 eingesetzt wurden, KTh. 1930, 296.

Spanien gelte und daß das GZGB ein ausgearbeitetes Gütergemeinschaftssystem als Vorbild für die von den Ehegatten zu treffende Regelung ihrer vermögensrechtlichen Beziehungen zueinander umfassen sollte, da der Zweck der Ehe ein moralischer und insbesondere sozialer sei und beide Ehegatten ihre Arbeit zur Erfüllung der Ehe leisteten[271]. Es sei hier erwähnt, daß Paul Koschaker, dem im Jahre 1934 ein Exemplar des Entwurfes des Familienrechts des GZGB zugesandt wurde, sich in seiner Antwort für eine solche vermögensrechtliche Regelung zwischen den Ehegatten einsetzte[272].

Bekämpft wurde dieser Vorschlag besonders von Balis, Tzagris und Thiväos, die betonten, daß das von dem Referenten vorgeschlagene Gütergemeinschaftssystem, auch wenn es als vertraglicher Güterstand in das GZGB aufgenommen würde, nicht nur ungerecht dem Manne gegenüber, sondern auch gefährlich für den Rechtsverkehr sein würde: es sei in Griechenland der Ehemann, der hauptsächlich arbeite und das Geld verdiene, während die Erwerbsmöglichkeit der Ehefrau unbedeutend sei; ferner gefährde ein solches System die Rechte Dritter, und zwar der Gläubiger des Mannes[273]. Aus diesen Gründen hat die Revisionskommission den Vorschlag für ein ausgearbeitetes Gütergemeinschaftssystem abgelehnt[274].

Die Richtigkeit dieser Entscheidung ist zweifelhaft, denn die Frau, besonders die Frau der bäuerlichen Familien, arbeitet in Griechenland in der Regel im Haus oder im Geschäft ihres Mannes oder auf dem Felde oder als berufstätige Frau und leistet ihre Arbeit für die Vermehrung des Vermögens des Mannes und für den Wohlstand der Familie und trägt so zur Bildung des nach der Eheschließung erworbenen Vermögens des Mannes bei[275].

Weder das GZGB 1940 noch das GZGB 1945 enthalten ein ausgearbeitetes Gütergemeinschaftssystem. Beide folgen dem Dotalsystem und stellen abweichend vom Code civil, vom BGB und vom SchwZGB den Eheschließenden kein ausgearbeitetes Gütergemeinschaftssystem zur Wahl; der Gedanke der Gütergemeinschaft in all seinen Formen ist ihnen fremd[276].

---

[271] EFam. 584.

[272] Vgl. den Auszug aus dem in griechischer Sprache abgefaßten Schreiben Koschakers, EEN 1934, 20.

[273] EFam. 584—588.

[274] Der Vorschlag wurde mit 11 gegen 7 Stimmen abgelehnt. Für die Einführung eines ausgearbeiteten Gütergemeinschaftssystems stimmten: Demertzis, Aravantinos, Triantaphyllopoulos, Varvaressos, Maridakis, Svolos, Zakas; zwei Mitglieder, Pappoulias und Vasiliou, enthielten sich der Stimme. EFam. 597.

[275] Vgl. Paparrigopoulos, EEN 1934, 111.

[276] Art. 1402 GZGB, der den Eheschließenden die Möglichkeit gewährt, durch Ehevertrag ihre vermögensrechtlichen Beziehungen zu regeln, wird in der griechischen Praxis selten angewandt. Denn der Ehevertrag kann nicht auf Gewohnheiten oder ein ausländisches Gesetz verweisen (Art. 1403 GZGB 1940, entsprechend auch Art. 1454 I GZGB 1945). Daraus folgt, daß die Ehegatten, falls sie nicht dem Dotalsystem folgen wollen, im Ehevertrag eine Art Gesetz schaffen müssen, das die Bestimmungen des von ihnen gewünschten Systems vollständig enthält. Die Eheschließenden vermeiden diese komplizierte Regelung. Deshalb gilt in der griechischen Praxis als einziges Ehegüterrechtssystem das Dotalsystem, im übrigen Gütertrennung. Vgl. Pratsikas, Them. 1943, 263; Tousis, § 72 N. 1, 158 f.

Es stellte sich ferner die Frage, ob die juristische Verpflichtung der Eltern (des Vaters bzw. der Mutter) zur Bestellung einer Mitgift zugunsten ihrer Tochter erhalten bleiben oder aufgehoben werden solle. Es handelte sich nicht nur um eine Aussteuer, sondern um eine Mitgift, die dem Vermögen und der sozialen Stellung des Vaters bzw. der Mutter entsprechen mußte.

Die Professoren Demertzis, Triantaphyllopoulos und Svolos setzten sich für die Aufhebung dieser Verpflichtung der Eltern ein und betonten, daß keine der neueren Gesetzgebungen eine solche Verpflichtung der Eltern anerkenne[277], daß eine solche Bestimmung anachronistisch sei und eine Ungleichheit zwischen Knaben und Mädchen eines Elternpaares schaffe[278]. Professor Svolos betonte: „Die Auffassung der Leute in Griechenland war bis vor kurzem, daß die Geburt eines Mädchens ein Unglück für die Familie darstellt. Diese Auffassung war erwachsen aus dem Gefühl, daß in jenem Augenblick nicht ein Mensch geboren wird, sondern eine Schuld ... Die Basis der Überlieferung, aus der die so geringschätzige Abwertung der Frau entstand, ist in großem Maß auch die Verpflichtung des Vaters zur Bestellung der Mitgift."[279] P. Aravantinos, Privatdozent an der Universität Athen, forderte ebenfalls die Aufhebung jener Verpflichtung mit der Begründung, die Gesellschaft dürfe nicht auf den Parasitismus gegründet werden, sondern auf die Arbeit und auf die Gesundheit[280].

Der griechische Gesetzentwurf von 1874 hatte bereits in Art. 224 — nach dem Vorbild des Art. 204 Code civil — eine ausdrückliche Bestimmung über die Aufhebung der Verpflichtung der Eltern zur Bestellung einer Mitgift zugunsten ihrer Tochter enthalten.

Professor Balis vertrat jedoch die Ansicht, daß die Verpflichtung der Eltern erhalten bleiben solle, da in Griechenland die Mädchen im heiratsfähigen Alter noch nicht ohne die finanzielle Hilfe ihrer Eltern auf ihre Verheiratung hoffen könnten; die sozialen Verhältnisse bewiesen, daß die Verheiratung einer Frau ohne Mitgift sehr schwierig sei[281].

Die Revisionskommission beschloß endlich mit 15 gegen 2 Stimmen die Aufhebung der Verpflichtung der Eltern zur Bestellung einer Mitgift zugunsten ihrer Tochter. Nur die Professoren Balis und Poligenis stimmten für die Aufrechterhaltung dieser Verpflichtung[282]. Der endgültige Entwurf des Familienrechts enthielt keine Bestimmung darüber. Er sah nur eine Aussteuer nach dem Vorbild der jetzt durch das Gleichberechtigungsgesetz vom 18. 6. 1957 aufgehobenen §§ 1620—1623 des deutschen BGB vor (Art. 163 des Entwurfes). Dagegen enthalten sowohl das GZGB 1940 (Art. 1495—1498) als auch das GZGB 1945 (Art. 1554—1557) wieder Bestimmungen über die Verpflichtung der Eltern zur Bestellung einer Mitgift zugunsten ihrer Tochter[283].

---

277 Nur § 1220 des österreichischen ABGB spricht von einem „angemessenen Heiratsgut", das die Eltern verpflichtet sind, ihrer Tochter als Mitgift zu geben.
278 EFam. 599 ff.
279 EFam. 600.
280 EFam. 602.
281 EFam. 600.
282 EFam. 602.
283 Vgl. Stefanopoulos, AcP 157 (1958) 494 ff.

Schenkungen zwischen den Ehegatten während der Dauer der Ehe wurden im Entwurf des Familienrechts verboten (Art. 57), nach dem GZGB 1940 sind sie gestattet (argumentum e contrario aus Art. 1460; vgl. auch Art. 1514 GZGB 1945).

6. Ehescheidung

Die Redaktions- und die Revisionskommission beschlossen, grundsätzlich die Bestimmungen des nach dem Vorbild des BGB abgefaßten Gesetzes 2228/1920 „über die Ehescheidung"[284] in das GZGB aufzunehmen. Der Revisionskommission standen also zu diesem Thema ausgearbeitete Gesetzesmaterialien zur Verfügung. Sie beschäftigte sich hauptsächlich mit dem Vorschlag von Maridakis, der die Ehescheidung nicht nur wegen schuldhafter Zerrüttung des ehelichen Verhältnisses, sondern auch wegen objektiver Zerrüttung der Ehe, die auf einem „wichtigen Grund" beruht und kein Verschulden der Ehegatten voraussetzt, gestatten wollte. Maridakis betonte, daß es dem System der objektiven Zerrüttung des ehelichen Verhältnisses gelänge, die Erpressungen zwischen den Ehegatten und die verbotenen Abkommen, die oft zur Beschleunigung oder zur Erreichung der Ehescheidung geschlossen werden, zu verhindern. Er erinnerte auch daran, daß der deutsche Professor für Kirchenrecht, Kahl, sich im Reichstag für die Einführung des Scheidungsgrundes der objektiven Zerrüttung eingesetzt habe[285].

Dieser Ansicht ist die Revisionskommission nicht gefolgt, da sie einen nachteiligen Einfluß des Systems der objektiven Ehezerrüttung auf alle Gesellschaftsschichten fürchtete. Schon der in Griechenland verbreitete Irrtum, daß das Gesetz 2228/1920 in Art. 5 die Ehescheidung wegen bloßer „Nichtübereinstimmung der Charaktere der Ehegatten" gestatte, ohne das Verschulden eines der Ehegatten vorauszusetzen, hatte die Institution der Ehe nachteilig beeinflußt[286]. Professor Triantaphyllopoulos erklärte, durch die Statistiken von Bertillon und durch die Forschungen von Durkheim ließe sich beweisen, daß ein Gesetz, je mehr es die Ehescheidung erleichtere, desto ungünstiger die Ehe beeinflusse[287]. Aus diesen Gründen haben weder der Entwurf des Familienrechts noch die Zivilgesetzbücher von 1940 und 1945 diesen Scheidungsgrund der objektiven Zerrüttung des ehelichen Verhältnisses zugelassen. Die Ehescheidung wird ausnahmsweise bei Eintritt einer objektiven Zerrüttung des ehelichen Verhältnisses gestattet in den Fällen der Geisteskrankheit, der Verschollenheit und der Unfähigkeit zum Geschlechtsverkehr (Art. 1443—1446 GZGB 1940).

Einige Unterschiede zwischen dem griechischen und dem deutschen Ehescheidungsrecht seien hier erwähnt:

a) Im Gegensatz zum griechischen Recht kennt das deutsche Recht einen

---

[284] Vgl. darüber oben § 14 V.
[285] EFam. 609 ff.
[286] EFam. 611. Vgl. Triantaphyllopoulos, Familienrecht 13.
[287] EFam. 612.

allgemeinen Scheidungsgrund der objektiven Ehezerrüttung (§ 48 EheG).

b) Der Ehebruch ist im griechischen Recht ein absoluter Scheidungsgrund (vgl. Art. 1439 GZGB) in dem Sinne, daß das Gericht ohne weiteres die Scheidung erklärt, wenn der Kläger den Ehebruch beweist, es sei denn, daß der Kläger dem Ehebruch zugestimmt hat. Nach deutschem Recht (§ 42 EheG) wird dagegen die Scheidung versagt, wenn der andere Ehegatte den Ehebruch nicht als ehestörend empfunden hat, was der Beklagte beweisen muß[288].

c) Im deutschen Recht gilt als Scheidungsgrund jede schwere ansteckende oder ekelerregende Krankheit eines Ehegatten, wenn Heilung oder Beseitigung der Ansteckungsgefahr in absehbarer Zeit nicht zu erwarten ist (§ 46 EheG)[289]. Im griechischen Recht ist die einzige Krankheit, die einen Scheidungsgrund darstellt, neben der Geisteskrankheit (Art. 1443 GZGB, entsprechend § 45 EheG) und der Unfähigkeit zum Geschlechtsverkehr (Art. 1446 GZGB), der Aussatz (Art. 1444 GZGB). Diese Regelung wird damit begründet, daß die sittliche Bindung der Ehe sich gerade in den Fällen offenbaren muß, in denen der kranke Ehegatte des Beistandes des gesunden Ehegatten bedarf[290].

d) Im deutschen Recht ist bei Verbindung einer Aufhebungsklage mit einer Scheidungsklage im Eheaufhebungsurteil auch die Scheidungsschuld zu berücksichtigen (§ 18 der 1. DVO zum EheG vom 27. Juli 1938)[291]; die Richtigkeit dieser Regelung ist de lege ferenda sehr zweifelhaft[292]. Im griechischen Recht dagegen ist die Verbindung der Schuldfragen für Eheaufhebung und Scheidung unzulässig[293].

f) Nach deutschem Recht behält die geschiedene Frau den Familiennamen des Mannes; sie kann auch den Familiennamen aus einer früheren Ehe annehmen, vorausgesetzt, daß aus jener Ehe gemeinsame Abkömmlinge vorhanden sind (§ 54, 55 Abs. 2 EheG). Nach griechischem Recht dagegen nimmt die geschiedene Ehefrau stets ihren Mädchennamen wieder an (Art. 1452 GZGB).

7. Vormundschaftsrecht

Nach den vormundschaftsrechtlichen Bestimmungen des GZGB 1940 (Art. 1589 ff.), die zum größten Teil dem Gesetz Nr. XIIΘ von 1861 nachgebildet

---

[288] Vgl. die Entscheidung des BGH, BGHZ 18, 190. H. Lehmann, Familienrecht 122; Beitzke 112.

[289] Zu diesen Krankheiten werden gezählt: Offene Tuberkulose und Syphilis wegen der Ansteckungsgefahr (Beitzke 115), ein künstlicher Darmausgang (RGZ 165, 352) als ekelerregend. Die Scheidung wegen Krankheit ist aber nicht schlechthin zulässig, sondern nur dann, wenn sie den Beklagten nicht außergewöhnlich hart treffen würde (§ 47 EheG).

[290] Vgl. die von Balis ausgearbeitete Denkschrift vom 17. 12. 1939 zum GZGB.

[291] Vgl. BGHZ 29, 265.

[292] Siehe darüber Beitzke 41.

[293] Vgl. Tousis 267 N. 1a; Maridakis, Ehescheidung 134.

sind, das seinerseits französisches Recht wiedergab (vgl. oben § 8 VII), ist die Vormundschaft in der Hauptsache eine Familieninstitution. Es gilt die gesetzliche Vormundschaft. Der Vormund wird ausnahmsweise vom Gericht bestellt, die Aufsicht über ihn führen fast ausschließlich der Gegenvormund und der Familienrat, dessen Einsetzung bei jeder Vormundschaft obligatorisch ist. Die engeren Verwandten des Mündels werden vom Gesetz zu Mitgliedern des Familienrates berufen.

Dieses System des Gesetzes Nr. ΧΠΘ von 1861 hatte in der Praxis erhebliche Mängel gezeigt, insbesondere hatte sich der Familienrat als unbrauchbar erwiesen[294]. Der Entwurf des Familienrechts räumte daher der staatlichen Aufsicht einen erheblich weiteren Raum ein. Er schlug einen Mittelweg ein zwischen dem Gesetz Nr. ΧΠΘ von 1861 und dem Vormundschaftsrecht des BGB, das auf einer ganz anderen Grundlage aufgebaut ist, indem es die Vormundschaft als vornehmlich staatliche Institution auffaßt. Die Beteiligung des Staates an der Vormundschaft wurde sehr erweitert. Nach den Bestimmungen des Entwurfes wird der Vormund stets vom Vormundschaftsgericht ernannt (Art. 333), wobei aber der von dem überlebenden Elternteil ernannte Vormund und die nahen Verwandten des Mündels bevorzugt werden (Art. 335). Die Einsetzung des Vormundschaftsrates (so heißt im Entwurf der Familienrat) ist nicht fakultativ (wie im BGB), sondern obligatorisch; er wird vom Vormundschaftsgericht nach freiem Ermessen besetzt, wobei allerdings die Verwandten des Mündels, sofern sie dem Gericht geeignet erscheinen, bevorzugt werden sollen (Art. 351). Den Vorsitz im Vormundschaftsrat hat der Vormundschaftsrichter, dem der Entwurf weitgehende Aufsichtsmöglichkeiten gab. Die Beteiligung des Richters an der Aufsicht sollte diese besonders wirksam gestalten (Art. 360, 361, 363 und 366). Hielt das Vormundschaftsgericht eine Vermögensverwaltung wegen zu geringen Wertes des Vermögens für nicht erforderlich, so übte der Vormundschaftsrichter allein die Befugnisse des Vormundschaftsrats aus (Art. 352).

Der Entwurf sah ferner zwei wesentliche Neuerungen gegenüber dem früheren Vormundschaftsrecht vor:

a) Frauen dürfen eine Vormundschaft über Minderjährige übernehmen. Die gleiche Regelung sah auch das GZGB 1945 vor (vgl. Art. 1686). Art. 49 Abs. 4 des Gesetzes von 1861, der der alten Fassung des Art. 442 Abs. 3 C. c. entsprach, hatte den Frauen die Übernahme einer Vormundschaft untersagt mit Ausnahme der Mutter und der Großmutter des Minderjährigen.

b) Obgleich der Entwurf keine „elterliche“, sondern eine „väterliche“ Gewalt über das minderjährige Kind kennt, kann diese von der Mutter ausgeübt werden, falls der Vater gestorben oder für verschollen erklärt ist oder die väterliche Gewalt verwirkt (Art. 168 Abs. 2 des Entwurfes).

Gegen diese Regelung des Vormundschaftsrechts im Entwurf des Familienrechts wurden in Griechenland viele Bedenken zum Ausdruck gebracht, deren Vertreter vor allem den Standpunkt vertraten, daß die gerichtliche

---

[294] Makris, RabelsZ 9 (1935) 608.

und verwaltungsmäßige Organisation Griechenlands der im Entwurf enthaltenen Neuregelung des Vormundschaftsrechts nicht entspreche[295]. Unter Berücksichtigung dieser Kritik hat das GZGB 1940 das System des Gesetzes von 1861 fast unverändert beibehalten. Jedoch wurde inzwischen Art. 1622 Abs. 4 GZGB 1940, wonach Frauen mit Ausnahme der Mutter und der Großmutter des Minderjährigen zur Übernahme einer Vormundschaft unfähig waren, durch das Gesetz 3192/1955 aufgehoben.

Auch hinsichtlich der Rechtsstellung der Mutter folgte das GZGB dem alten Recht. Danach steht dem Vater stets die väterliche Gewalt über das minderjährige Kind zu; ist der Vater nicht imstande, diese auszuüben, so ersetzt ihn die Mutter (Art. 1500 GZGB 1940). Die Mutter tritt als selbständig berechtigt erst hervor, wenn die väterliche Gewalt durch den Tod des Vaters, durch Verschollenheitserklärung oder durch Verwirkung endet. Dann erhält die Mutter die Stellung eines Vormundes, doch ist dies keine elterliche Gewalt. Zwar hat sie die Sorge für Person und Vermögen, aber nicht den Nießbrauch an Kindesvermögen. Auch kann der Vater sie durch einen Beistand beschränken (Art. 1590, 1591, 1628)[296].

§ 27. PROBLEME DES ERBRECHTS

I. Allgemeines

Am Anfang des 20. Jahrhunderts sind in Griechenland einige Gesetze auf dem Gebiet des Erbrechts in Kraft getreten (wie z. B. die Gesetze von 1911 „über Testamente", 2310/1920 „über die Intestaterbfolge" und andere), welche die römisch-rechtlichen Vorschriften abgeändert und später der Formulierung der Bestimmungen des GZGB als Vorbild gedient haben. Das GZGB folgte in seinem 5. Buch weitgehend dem bis zu seinem Inkrafttreten geltenden Erbrecht, sucht dieses aber zugleich den heutigen Anschauungen und Bedürfnissen anzupassen. Bei dieser Arbeit hat das deutsche BGB[297], welches in seinem Erbrecht vielfach römisches Recht wiedergibt, als Vorbild ge-

---

[295] Sakketas, Them. 1936, 822. Vgl. die von Balis ausgearbeitete Denkschrift zum GZGB vom 17. Dezember 1939. Siehe auch Katzambas, Them. 1936, 749 ff.

[296] Scharfe Kritik an diesen Bestimmungen hat J. v. Gierke geübt, ZHR 115 (1952) 200, 204.

[297] Die vom GZGB 1940 getroffene Regelung über den Inhalt des Testaments (Art. 1785 ff.), die Annahme und Ausschlagung der Erbschaft (Art. 1846 ff.), die Erbunwürdigkeit (Art. 1860 ff.), die Erbschaftsklage (Art. 1871 ff.), die Ausgleichspflicht (Art. 1895 ff.), den Fideikommiß (Einsetzung eines Nacherben, Art. 1923 ff.) sowie über den Erbschaftskauf (Art. 1942 ff.), den Erbschein (Art. 1956 ff.), die Vermächtnisse (Art. 1967 ff.) und die Auflage (Art. 2011 ff.) entsprechen z. B. zum größten Teil der Regelung des deutschen BGB. Auch einige Bestimmungen über die gesetzliche Erbfolge, den Pflichtteil u. a. sind dem BGB nachgebildet (so z. B. die Art. 1813, 1816, 1817, 1819, 1830, 1832 und 1834 GZGB 1940, die den §§ 1924, 1926, 1928, 1930, 2310, 2311 [und 2313] und 2316 BGB entsprechen). Im einzelnen vgl. dazu Kavkas, Zivilgesetzbuch II, 153 ff., und Simantiras, RabelsZ 12 (1938/1939) 736 ff.

dient, wie auch die meisten griechischen Spezialgesetze auf diesem Gebiet schon weitgehend dem BGB gefolgt waren. Außerdem haben auch der Code civil, das SchwZGB und der ungarische Gesetzentwurf von 1914 auf das Erbrecht des GZGB eingewirkt. Einheimisches Gewohnheitsrecht wurde ebenfalls berücksichtigt.

Gegenüber dem bis zum Inkrafttreten des GZGB geltenden Erbrecht sind folgende wesentliche Neuerungen zu erwähnen: Die Beseitigung der Unterscheidung zwischen Testament und Kodizill, die Einführung eines allgemeinen Ehegattennoterbrechts (Art. 1825 Abs. 1), die Beseitigung des Grundsatzes des römischen Rechts „nemo pro parte testatus pro parte intestatus decedere potest", die Einführung des ipso-jure Erwerbes der Erbschaft (Art. 1846) sowie die Rechtsinstitute des Erbscheines (Art. 1956 ff.), der gerichtlichen Liquidation des Nachlasses (Art. 1913 ff.) und des Systems der „réserve" in bezug auf den Pflichtteil (Art. 1825 Abs. 2).

Im einzelnen sei kurz zur Herkunft der erbrechtlichen Normen des GZGB folgendes gesagt:

a) Die Bestimmungen der Gesetze von 1911 „über Testamente" und 2310/1920 „über die Intestaterbfolge", die erhebliche Einflüsse des BGB erkennen lassen, wurden vom Gesetzgeber des GZGB 1940 mit wenigen Abänderungen übernommen.

b) Der Gestaltung des Rechtsinstituts des Pflichtteils hat das französische System der „réserve" (Art. 914 C. c.) als Vorbild gedient. Art. 1717 über die Unzulässigkeit des gemeinschaftlichen Testaments wurde dem Art. 968 C. c. nachgebildet. Das geheime Testament (Art. 1738 ff. des GZGB) wurde nach dem Vorbild des „testament mystique" des C. c. (Art. 976 ff.) ausgestaltet. Unter seinem Einfluß (Art. 791 und 1130 C. c.) bestimmt das GZGB ferner, daß der Erbvertrag unzulässig ist (Art. 368).

c) Das Rechtsinstitut der gerichtlichen Liquidation des Nachlasses (Art. 1913—1922) wurde im wesentlichen nach dem Vorbild der Art. 593 bis 597 SchwZGB ausgestaltet. Zur Vermeidung der Zerstückelung von Landwirtschaften, deren Ausdehnung in Griechenland ohnehin gering ist, kann das Gericht unter Anwendung des Art. 1899 das landwirtschaftliche Unternehmen dem fähigsten Miterben zusprechen. Diese Bestimmung wurde dem SchwZGB (Art. 620) entnommen.

d) Art. 1928 (Verbot der Veräußerung der Erbschaft oder der Verfügung darüber, falls dies durch letztwillige Verfügung des Erblassers verboten wurde) wurde dem ungarischen Gesetzentwurf von 1914 (§ 1635) entnommen, ebenso die Art. 1992 (Vermächtnis aller Forderungen) und 1933 (Vermächtnis einer Schuld), die den §§ 1691 und 1694 des ungarischen Entwurfes entsprechen. Das sog. Vindikationsvermächtnis schließlich (Art. 1996 GZGB) wurde nach dem Vorbild der §§ 1672, 1673 und 1878 dieses Entwurfes ausgestaltet.

e) Die elterliche Teilung (Art. 1891—1894) ist ein Rechtsinstitut des griechischen Gewohnheitsrechts und war bereits in den Art. 1252—1256 des griechischen Gesetzentwurfes von 1874 enthalten.

Insgesamt hat das Erbrecht des GZGB zwar einen eigenen Charakter (z. B.

bei der Regelung der elterlichen Teilung, Art. 1891 ff., und bei der Regelung des Pflichtteilsrechtes, Art. 1825 ff.), weitgehend jedoch ist es dem BGB nachgebildet[297a]. In einigen Punkten weicht es jedoch vom BGB wesentlich ab. Einige der wichtigsten Unterschiede zwischen dem Erbrecht des GZGB und dem des BGB seien hier erwähnt:

a) Im Gegensatz zum BGB (§§ 1941 und 2271 ff.) sind nach dem GZGB (Art. 1717 bzw. 368) sowohl das gemeinschaftliche Testament als auch der Erbvertrag nichtig.
b) Der Pflichtteilsberechtigte ist nach dem GZGB in Ansehung seiner Quote Erbe und nicht wie nach dem BGB Nachlaßgläubiger (vgl. unten II, 4).
c) Im Gegensatz zum BGB ist nach dem GZGB die gesetzliche Erbfolge nicht unbegrenzt (vgl. unten II, 3).
d) Bei der Regelung der beschränkten Haftung des Erben und des Schutzes der Nachlaßgläubiger hat das GZGB die umständliche Regelung des BGB (Nachlaßverwaltung und Nachlaßkonkurs im Zusammenhang mit den Erschöpfungseinreden des Erben auf Grund Gläubigeraufgebotes oder bei Bedürftigkeit des Nachlasses) vermieden und eine einfachere Regelung getroffen. Nach dem GZGB kann der Erbe ohne weiteres die Erbschaft mit der Rechtswohltat des Inventars annehmen (Art. 1902 ff., beneficium inventarii). Dies gilt sogar für den Fiskus (Art. 118 EG GZGB) und für die minderjährigen Erben (Art. 1513 GZGB) kraft Gesetzes. Zum Schutz der Nachlaßgläubiger enthält das GZGB Vorschriften über die gerichtliche Liquidation der Erbschaft (Art. 1913 ff.) nach dem Vorbild des SchwZGB (Art. 593 ff.).

II. Einzelfragen

1. Erbanfallsgründe

Die Revisionskommission beschloß einstimmig, daß Prinzip des römischen Rechts „nemo pro parte testatus pro parte intestatus decedere potest", das im Anwendungsbereich des römisch-byzantinischen Rechts noch galt, zu beseitigen. Dieses Prinzip war schon auf Samos, auf den Ionischen Inseln und auf Kreta aufgehoben worden[298], und keines der neueren europäischen Zivilgesetzbücher hatte diesen Satz übernommen. Der im römisch-byzantinischen Recht geltende Grundsatz der Ausschließlichkeit der testamentarischen Berufung, nach dem ein vom Erblasser neu errichtetes Testament das frühere Testament durch seine bloße Existenz aufhebt (nemo pluribus testamentis decedere potest), wurde ebenfalls beseitigt (vgl. Art. 1764 GZGB).

Ferner wurde die Frage gestellt, ob der Erbvertrag, nämlich der Vertrag des Erblassers mit einem Dritten über die Erbschaft, als dritter Erbanfallsgrund (neben der Erbfolge kraft Testamentes und der gesetzlichen Erbfolge) aner-

---

[297a] Vgl. vorige Note.
[298] EErb. 11.

kannt werden solle[299]. Das BGB (§ 1941) und das SchwZGB (Art. 494) bejahen diese Frage und erkennen einen solchen Vertrag als gültig an. Im römisch-byzantinische Recht war der Erbvertrag unzulässig, abgesehen von dem durch die Novelle 19 des Kaisers Leo des Weisen geregelten Fall[300], den auch der Code civil als einzige Ausnahme vom Verbot des Erbvertrages kennt (Art. 1082)[301]. Im Ionischen Zivilgesetzbuch (Art. 681 und 1044 § 2) und im Zivilgesetzbuch von Samos (Art. 1068, 1374 § 2, 1716 und 1740 § 2), die dem Code civil (Art. 791 und 1130) folgten, war der Erbvertrag ebenfalls unzulässig[302]. Die Revisionskommission hat ebenso wie dann das GZGB (Art. 368) diese Regelung beibehalten, da der Vertrag über die Erbschaft eines Lebenden nicht nur als Verstoß gegen die guten Sitten[303], sondern auch als eine übermäßige Einschränkung der Testierfreiheit des Erblassers angesehen wurde. Balis führte in seinem Referat aus, daß das deutsche BGB und das SchwZGB auf Grund einheimischen Gewohnheitsrechts und einer langen Tradition sich für den Erbvertrag entschieden hätten[304].

2. Erbfolge kraft Testamentes

Das GZGB gilbt der gewillkürten Erbfolge den Vorrang vor der gesetzlichen. In dieser Richtung folgt es dem BGB, das stark unter dem Einfluß der Vorstellung stand, die freie Willensherrschaft des Erblassers sei die allein legitimierte Lenkerin des Erbgutes[305]. Bei der Regelung des Pflichtteils hat jedoch das GZGB der Testierfreiheit des Erblassers engere Grenzen als das BGB gezogen, wie unten näher darzulegen sein wird.

Die Revisionskommission beschloß, die Vorschriften des Gesetzes über Testamente vom Jahre 1911 (s. oben § 14 II) mit einigen Abänderungen[306] in das GZGB aufzunehmen. Der größte Teil seiner Bestimmungen findet sich

---

[299] Gegen die Rezeption des Erbvertrages ausdrücklich die Begründung zum Gesetz 4680 vom 13. 5. 1930, durch das die Revisions- und die Redaktionskommission eingesetzt wurden; KTh. 1930, 296.

[300] Vgl. Zachariae von Lingenthal, Geschichte 148 Nr. 433; Maridakis, Novellen 241.

[301] Art. 1082 Code civil lautet: „Les pères et mères, les autres ascendants, les parents collatéraux des époux, et même les étrangers, pourront, par contrat de mariage, disposer de tout ou partie des biens qu'ils laisseront au jour de leur décès tant au profit desdits époux, qu'au profit des enfants à naître de leur mariage dans le cas où le donateur survivrait à l'époux donataire.
Pareille donation, quoique faite au profit seulement des époux où de l'un d'eux, sera toujours, dans ledit cas de survie du donateur, présumée faite au profit des enfants et descendants à naître du mariage."

[302] Balis, Handbuch 32.

[303] Bemerkenswert ist, daß der Erbvertrag auch im römischen Recht als „unsittlich" abgelehnt wird; Kaser II, 340.

[304] EErb. 11 ff.

[305] Bartholomeyczik 38.

[306] So wurde z. B. die in dem Gesetz von 1911 beibehaltene Unterscheidung zwischen Testament und Kodizill beseitigt und die Bestimmung des Art. 13 aufgehoben, nach der das Testament nichtig war, sofern Priester als Zeugen bei der Errichtung eines Testamentes mitgewirkt hatten; vgl. oben § 14 II Nr. 35.

fast wörtlich im GZGB 1940 wieder[307]. Zwar läßt das GZGB bei der Regelung der Form der Testamente Einflüsse des BGB erkennen, es weist jedoch im einzelnen Verbesserungen gegenüber dem BGB auf. Nach dem BGB ist z. B. Voraussetzung der Anwendung der §§ 2238 Abs. 4 und 2242 Abs. 3 die „Überzeugung des Richters oder des Notars" von dem Unvermögen des Erblassers, Geschriebenes zu lesen oder zu schreiben. Diese Fassung der betreffenden Vorschriften führte in Deutschland zu widersprüchlicher Rechtsprechung[308]. Die entsprechenden Bestimmungen des GZGB (Art. 1736 und 1744) finden dagegen Anwendung, wenn der Erblasser erklärt, daß er nicht imstande ist, Handgeschriebenes zu lesen, oder daß er nicht schreiben kann, oder daß er seine Unterschrift auf der Urkunde, welche seinen Willen enthält, nicht hat leisten können[309]. So wurde in Griechenland der durch die Fassung der §§ 2238 Abs. 4 und 2242 Abs. 3 BGB verursachte Streit vermieden.

3. Gesetzliche Erbfolge

Seit dem Jahre 1920 galt in Griechenland das Gesetz 2310 „über die Intestaterbfolge", das, dem deutschen BGB folgend, das Parentelsystem eingeführt hatte (s. oben § 14 VI). Dieses System, dessen Elemente auch dem altgriechischen Recht[310] und dem byzantinischen Recht der Ekloge[311] bekannt gewesen waren, wurde im GZGB mit einigen Abänderungen[312] beibehalten. In der Revisionskommission machte sich die Tendenz bemerkbar, bei der gesetzlichen Erbfolge die jüngeren Erben zu begünstigen und den Kreis der gesetzlichen Erben einzuschränken.

Diese Kommission beschäftigte sich mit der Frage, welche Verwandten des Erblassers in der zweiten Erbordnung berufen sein sollten. Nach der Novelle 118 Justinians, die in Griechenland bis zum Jahre 1920 galt, waren in der zweiten Erbordnung gemeinschaftlich die Eltern und die Geschwister des Erblassers berufen. Im Gegensatz dazu waren nach dem Gesetz 2310/1920 „über die Intestaterbfolge" in dieser Erbordnung zunächst nur die Eltern des Erblassers berufen, während die Geschwister des Erblassers erst dann erben konnten, wenn beide Eltern oder ein Elternteil verstorben waren (Art. 2, diese Regelung ist offenbar von § 1925 BGB übernommen worden). Die Revisionskommission hielt die Regelung der Novelle 118 Justinians für richtiger, da sie für die jüngeren Verwandten, nämlich für die Geschwister des Erblassers, günstiger war, die das nachgelassene Vermögen nicht nur im eigenen Interesse, sondern auch im Interesse der Allgemeinheit besser ver-

---

[307] Vgl. Markianos, RabelsZ 25 (1960) 69.

[308] Vgl. die Entscheidung des BGH vom 30. 10. 1959 (NJW 1960, 813) mit Anmerkung von Bärmann.

[309] Über die Testamentformen nach dem GZGB siehe Stefanopoulos, ÖstJZ 1961, 376 ff.

[310] Vgl. Koschaker, ZSS 51 (1931) 427 ff.

[311] Vgl. Zachariae von Lingenthal, Geschichte 136 ff., und Petropoulos, Geschichte 1288 ff.

[312] Z. B. wurde der persönliche Anspruch des Staates gegen den überlebenden Ehegatten (vgl. oben § 14 VI Nr. 51) beseitigt.

wenden und vermehren könnten. Art. 96 des Entwurfes des Erbrechts bestimmte, daß „in der zweiten Ordnung gemeinschaftlich die Eltern des Erblassers, die Geschwister sowie die Kinder und die Enkel von vorverstorbenen Geschwistern des Erblassers berufen sind" (ebenso Art. 1814 GZGB 1940).

Nach dem Gesetz 2310/1920 waren die Vettern ersten Grades des Erblassers gesetzliche Erben in der dritten Erbordnung. In der Revisionskommission herrschte jedoch die Ansicht, daß die verwandtschaftliche Verbindung der Mitglieder der Familie sich mit der Zeit hauptsächlich auf Aszendenten, Deszendenten und Geschwister beschränkt habe, während die verwandtschaftliche Verbindung zwischen den Vettern ersten Grades sich in der gegenwärtigen Gesellschaft gelockert habe. Das gesetzliche Erbrecht der Vettern ersten Grades entbehre nicht nur der Rechtfertigung der gesetzlichen Erbfolge, die auf der zwischen engen Verwandten bestehenden gegenseitigen Zuneigung und Liebe beruhe, sondern auch einer sozialen Grundlage, da die Vettern des Erblassers in der Regel keinen Beitrag zur Bildung seines Vermögens leisten[313].

Aus diesen Gründen beschloß die Revisionskommission, die Vettern ersten Grades aus dem Katalog der gesetzlichen Erben zu streichen (Art. 97, 98 des Entwurfes des Erbrechts). Dieser Regelung folgte auch das GZGB 1945 (Art. 1838). Im Gegensatz dazu anerkennt das GZGB 1940 in Art. 1816 die Vettern ersten Grades als gesetzliche Erben in der dritten Erbordnung. Professor Balis vertrat die Ansicht, daß nur diese Regelung mit dem auf dem Gebiet des Familienrechts des GZGB herrschenden Geist der verwandtschaftlichen Verbindung im Einklang stehe. Die Streichung der Vettern ersten Grades aus dem Katalog der gesetzlichen Erben sei nämlich inkonsequent, insofern die Blutsverwandtschaft bis zum vierten Grade in der Seitenlinie, d. h. zwischen Vettern ersten Grades, ein Eheverbot begründet (Art. 1356 GZGB 1940)[314]. Dieser Argumentation wurde aber mit Recht entgegengehalten, daß die auf dem Gebiet des Familienrechts getroffene Regelung über das Eheverbot zwischen Vettern ersten Grades ihren Grund darin habe, daß die Revisionskommission nicht nur die Auffassungen der griechisch-orthodoxen Kirche, sondern auch die biologischen Gründe, die für dieses Eheverbot sprechen, berücksichtigt habe[315]. Erwähnt sei auch, daß das GZGB 1945 die Urgroßeltern als gesetzliche Erben nicht anerkennt. Im Gegensatz dazu sind sie nach dem GZGB 1940 (Art. 1817, der dem § 1928 BGB entspricht) in der vierten Erbordnung berufen.

Ferner beschäftigte sich die Revisionskommission mit dem Erbrecht des überlebenden Ehegatten. In der Redaktionskommission haben Maridakis und P. Thiväos die Meinung vertreten, das Erbrecht des überlebenden Ehegatten solle von der Dauer der ehelichen Lebensgemeinschaft abhängen. Wenn diese nämlich ein Jahr nicht übersteige, soll das Erbrecht des überlebenden Ehegatten aufgehoben oder vermindert werden, da oft Menschen

313 EErb. 21 ff. Vgl. EAK 599.
314 Vgl. die von Balis ausgearbeitete Denkschrift zum GZGB. vom 17. 12. 1939.
315 Vgl. Varvaressos, EErb. 23.

eine Ehe eingehen zu dem einzigen Zweck, den anderen, vielleicht kurz vor seinem Tode stehenden Ehegatten zu beerben[316]. Dagegen setzten sich die Professoren Demertzis, Triantaphyllopoulos und Balis für die Anerkennung eines allgemeinen, ohne Ausnahme geltenden Erbrechtes des überlebenden Ehegatten (ohne Rücksicht auf die Dauer der ehelichen Lebensgemeinschaft) ein. Sie erinnerten auch daran, daß die Redaktionskommission des Gesetzes 2310/1920, die sich mit dieser Frage besonders befaßt hatte, zum gleichen Ergebnis gekommen war. Dieser Meinung hat sich dann auch die Revisionskommission mit 14 gegen 5 Stimmen angeschlossen[317], da die eheliche Liebe und Zuneigung, auf denen die Rechtfertigung der gesetzlichen Erbfolge hauptsächlich beruhe, nicht immer mit dem Maß der Dauer der ehelichen Lebensgemeinschaft zu bemessen sei. Überdies sterbe selten einer der Ehegatten einige Tage nach der Eheschließung; vielmehr dauere die Ehe in der Regel ziemlich lange. Der Gesetzgeber solle grundsätzlich Rechtsnormen nicht für das aufstellen, was ausnahmsweise, sondern für das, was meistens und in der Regel geschehe.

Bei der vom GZGB getroffenen Regelung der gesetzlichen Erbfolge sind folgende Punkte hervorzuheben:

a) Die gesetzliche Erbfolge ist nicht unbegrenzt wie im BGB, sondern auf die Abkömmlinge, die Eltern, die Geschwister (bzw. ihre Kinder und Enkel), die Großeltern (bzw. ihre Kinder und Enkel), die Urgroßeltern und den überlebenden Ehegatten des Erblassers beschränkt (Art. 1813 bis 1820 GZGB)[318].

b) Nach dem BGB fällt dem überlebenden Ehegatten der ganze Nachlaß zu, falls außer ihm nur Abkömmlinge der Großeltern des Erblassers oder Verwandte der vierten und jeder weiteren Ordnung überleben (§ 1931 Abs. 2 BGB). Nach dem GZGB erbt der Ehegatte neben Verwandten der ersten Erbordnung ein Viertel und neben Verwandten der drei weiteren Erbordnungen die Hälfte des Nachlasses. Nur wenn kein gesetzlicher Erbe lebt, erbt der überlebende Ehegatte den ganzen Nachlaß (Art. 1820—1821 GZGB).

4. Pflichtteil

Die wichtigste Frage auf dem Gebiete des Erbrechts, mit der sich die Revisionskommission befaßte, war die Rechtsnatur des Pflichtteilsrechtes. Das damals in Griechenland (im Geltungsbereich des römisch-byzantinischen

---

[316] EErb. 6 und 24 ff.

[317] EErb. 27.

[318] Die Regelung des BGB (§ 1929, unbegrenztes gesetzliches Verwandtenerbrecht) wurde auch in Deutschland selbt kritisiert; vgl. Bartholomeyczik 47. Das SchwZGB und das österreichische ABGB kennen das unbegrenzte Verwandtenerbrecht nicht; Art. 460 SchwZGB läßt nur die Verwandten der dritten Ordnung erben und beschränkt Urgroßeltern auf einen lebenslänglichen Nießbrauch, während § 731 Abs. 4 ABGB noch die Urgroßeltern, nicht aber ihre Abkömmlinge erben läßt.

Rechts) geltende Pflichtteilsrecht beruhte im wesentlichen auf der Novelle 115 Justinians[319].

Bekanntlich gibt es grundsätzlich zwei verschiedene Systeme für die Regelung des Pflichtteilsrechts:

a) Das System der Geldforderung des Pflichtteilsberechtigten. Der Berechtigte ist nur Gläubiger, nicht Erbe; sein Anspruch ist aber an einer Quote des Nachlaßwertes zu bemessen. Diesem System folgen das deutsche BGB (§ 2303) und das österreichische ABGB (§ 784).

b) Das System der „réserve" ist ein zwingendes gesetzliches Erbrecht auf eine Quote des Nachlasses. Der Pflichtteilsberechtigte wird in Ansehung der Quote seines Pflichtteils als Erbe betrachtet und ist deshalb berechtigt, seinen Pflichtteil aus den erbschaftlichen Gegenständen in natura zu beanspruchen. Diesem System folgen der Code civil (Art. 913 ff.) und das SchwZGB (Art. 470 ff.).

Das System des Code civil (réserve) findet sich schon im Zivilgesetzbuch von Samos und dem der Ionischen Inseln sowie im Gesetzentwurf von 1874[320].

Der Referent für das Erbrecht, Professor Balis, trat für das System des deutschen BGB ein, da das System der „réserve" des Code civil das Ergebnis langjähriger Anwendung und eines gewissen Landesgewohnheitsrechtes sei und ein notwendiges Miteigentum zwischen Erben und Pflichtteilsberechtigten schaffe, dessen Konsequenzen, wie die Erfahrung bewiesen hätte, für den weiteren wirtschaftlichen Wert der Erbschaftsgegenstände sehr abträglich seien; denn es gebe Fleißige und Faule, Geschickte und Ungeschickte, Männer, Frauen und Minderjährige, die am Tage nach dem Tode des Erblassers als Miteigentümer (Miterben) an den Gegenständen der Erbschaft auftreten würden, während der Erblasser nach dem System des deutschen BGB die ganze Erbschaft zwischen den Erben, je nach der Fähigkeit jedes einzelnen, verteilen könne[321].

Dagegen setzten sich Professor Triantaphyllopoulos und der Anwalt P. Thiväos für das System des Code civil (réserve) ein und betonten, daß das obligatorische Recht des Pflichtteilsberechtigten diesem keine Sicherheit gegen die Gefahr der Zahlungsunfähigkeit des Erben gewähre; denn der Erbe könne die ganze Erbschaft verwerten, bevor der Pflichtteilsberechtigte sein Recht geltend macht. Überdies habe der Pflichtteilsberechtigte nach dem System des deutschen BGB die Eigenschaft eines Gläubigers der Erbschaft und wäre daher verpflichtet, mit den übrigen (anderen) Gläubigern der Erbschaft zu konkurrieren. Auch Aravantinos trat für die Rezeption des Systems des Code civil ein unter Hinweis darauf, daß das System des BGB hauptsächlich deshalb gelobt worden sei, weil Deutschland in die Arena der wirtschaftlichen Konkurrenz der Großmächte erst als letztes Land eingetreten sei; es bedürfe deswegen vielen Geldes, und das System des

---

[319] Balis, Handbuch §§ 94 ff.
[320] EErb. 33.
[321] EErb. 29 f.

deutschen BGB entspräche durch die Regelung des Pflichtteils diesem Bedürfnis, da es die Bewegung des Kapitalumlaufes erleichtere. Griechenland aber befände sich nicht in einer entsprechenden wirtschaftlichen Situation[322].

Die Revisionskommission ist schließlich dem französischen System der „réserve" gefolgt, das sich sowohl im GZGB 1940 (Art. 1825) als auch im GZGB 1945 (Art. 1846) findet. Nach dem GZGB hat also das Pflichtteilsrecht den Charakter eines Noterbrechts. Es ist jedoch zu bemerken, daß das System des GZGB wesentliche Unterschiede gegenüber dem des Code civil aufweist:

a) Nach dem GZGB unterliegt die ganze Erbschaft der „réserve", d. h. der Pflichtteilsberechtigte kann sein Pflichtteilsrecht (das in der Hälfte des gesetzlichen Erbteils besteht) auf alle Nachlaßgegenstände geltend machen. Das GZGB folgt im einzelnen nicht dem Code civil (Art. 913 ff.) hinsichtlich der Einteilung des Nachlasses in zwei Quoten: eine verfügbare (quotité disponible) und eine nicht verfügbare (réserve).

b) Nach dem GZGB 1940 wird der Pflichtteilsberechtigte mit dem Erbfall ipso jure Erbe; er braucht, wie jeder andere Erbe, die Erbschaft nicht anzunehmen, kann die ipso jure erworbene Erbschaft aber nur binnen einer bestimmten Frist ausschlagen. Bemerkenswert ist, daß andere Rechtsordnungen, die dem System der réserve folgen, einen ipso-jure-Erwerb der Erbschaft durch den Pflichtteilsberechtigten ablehnen (Art. 920 ff. C. c. und Art. 522 SchwZGB)[323].

c) Das GZGB erweitert gegenüber dem Code civil den Kreis der Pflichtteilsberechtigten; Pflichtteilsberechtigte sind nicht nur die Abkömmlinge und die Aszendenten des Erblassers (wie im französischen Recht)[324], sondern auch der überlebende Ehegatte.

Es ist schließlich zu erwähnen, daß das GZGB 1945 (Art. 1951) im Gegensatz zum GZGB 1940 (in dem keine entsprechende Bestimmung zu finden ist) eine Vorschrift über die sog. cautela Socini[325] enthält: Ist einem Pflichtteilsberechtigten etwas über den Pflichtteil hinaus hinterlassen unter der Bedingung, daß er sich eine die ganze Zuwendung betreffende Beschränkung gefallen läßt, so kann der Pflichtteilsberechtigte entweder das Hinterlassene mit der Beschränkung annehmen oder die Zuwendung ausschlagen und sein Pflichtteil geltend machen. Obgleich das GZGB 1940 keine entsprechende Bestimmung enthält, schließt es jedoch diese Regelung nicht aus; die Beschränkung wird aber nicht berücksichtigt, soweit sie sich auf den Pflichtteil bezieht[326].

---

[322] EErb. 32 f.
[323] Vgl. Simantiras, RabelsZ 12 (1938/39) 750 N. 1.
[324] Vgl. Hallstein, RvglHWB V, 626 ff.
[325] Vgl. dazu Dernburg II, 1041 ff.
[326] Balis, Erbrecht 210.

5. Erbschein

Das Rechtsinstitut des Erbscheins war dem griechischen Zivilrecht unbekannt. Zur Legitimation des Erben stellte der zuständige Bürgermeister sog. „Verwandtschaftszeugnisse" aus, die aber keine Vermutung der Erbeneigenschaft begründeten und deren Ausstellung auf einer eidlichen Bestätigung von zwei Zeugen vor dem Amtsrichter beruhte. Es wurde daher die Frage gestellt, ob das GZGB Bestimmungen über den Erbschein nach dem Vorbild des deutschen BGB enthalten solle.

Professor Balis als Referent widersetzte sich der Rezeption dieses Rechtsinstituts, das er als unbrauchbar und zwecklos bezeichnete, sofern der Antragsteller Beweise erbringen und einen Prozeß führen müsse, um die Ausstellung eines Erbscheines von einem Gericht zu erreichen. Zu diesem Zweck genüge aber die Erhebung einer Feststellungsklage ohne die komplizierte Regelung des Erbscheines[327]. Trotz dieses Referates von Professor Balis beschloß die Revisionskommission, das Rechtsinstitut des Erbscheines nach dem Vorbild des deutschen BGB (§§ 2353—2361) in das GZGB aufzunehmen. Sowohl der Entwurf des Erbrechts (Art. 230 ff.) als auch die Zivilgesetzbücher von 1940 (Art. 1956 ff.) und von 1945 (Art. 1984 ff.) enthalten Bestimmungen über den Erbschein. Für die Erteilung des Erbscheines gilt das einfache, in der Zivilprozeßordnung festgelegte formlose Verfahren auf Antrag hin ohne die Verzögerung des ordentlichen Verfahrens (Art. 121 EG GZGB 1940).

---

[327] EErb. 5.

Sechstes Kapitel

Zu einigen Institutionen

§ 28. VORBEMERKUNG

Mit der Entstehung des GZGB steht in unmittelbarem Zusammenhang die Untersuchung der Entstehungsgeschichte und der Entwicklung der in ihm enthaltenen Institutionen. Eine ausführliche Abhandlung dieser Frage würde jedoch den Rahmen der vorliegenden Arbeit sprengen. Im folgenden werden wir die Entwicklung einiger Institutionen in Griechenland anhangsweise und in Grundzügen behandeln, nur um einige typische Beispiele der Entwicklung von Institutionen, die im GZGB enthalten sind, zu geben. Im Anschluß an diese skizzenhafte Untersuchung werden wir die Frage behandeln, zu welchem Rechtskreis das GZGB gehört.

§ 29. DIE RECHTSSTELLUNG DER UNEHELICHEN KINDER

I. Von der Befreiung Griechenlands bis zum Jahre 1926

1. Gemeines Recht

Abgesehen von den Ionischen Inseln und von der Insel Samos galt seit der königlichen Verordnung vom 23. 2. 1835 (oben § 4 I) das römisch-byzantinische Familienrecht in ganz Griechenland als gemeines Recht.

Nachdem das Konkubinat als Rechtsinstitut von den Kaisern Basilios Macedon und Leo dem Weisen aufgehoben worden war[1], wurden die Konkubinatskinder den übrigen unehelichen Kindern gleichgestellt. Nach dem römisch-byzantinischen Recht hatte das uneheliche Kind kein Recht seinem Vater gegenüber. Es herrschte deshalb in Griechenland die Ansicht, daß das uneheliche Kind die Nachforschung nach der Vaterschaft wegen mangelnden rechtlichen Interesses nicht begehren könne[2]. Diese Ansicht erinnerte an die alte Fassung des Art. 340 des Code civil: „La recherche de la paternité est interdite."

---

[1] Zachariae von Lingenthal, Geschichte 58.
[2] Rammos 79.

Gegenüber der Mutter waren die unehelichen Kinder jedoch den ehelichen Kindern gleichgestellt. Nur solche Kinder, die einer „verbotenen Geschlechtsverbindung" (damnato coitu) entstammten, hatten beiden Eltern gegenüber kein Recht. Diese Ausnahme beruhte auf den justinianischen Bestimmungen C. 5. 5. 6, Nov. 12. 1—3, Nov. 74. 6 und Nov. 89. 15[3]. Die herrschende Meinung in Griechenland nahm an, daß diese Vorschriften nur die aus einer Blutschande (liberi ex incestis) geborenen Kinder betreffen, die aus einem Ehebruch oder einer Doppelehe stammenden Kinder aber diesen Bestimmungen nicht unterworfen seien[4]. Das Gesetz 2310/1920 „über die Intestaterbfolge" sah dann allerdings ein Erbrecht aller unehelichen Kinder der Mutter gegenüber vor. Art. 11 Abs. 2 dieses Gesetzes bestimmte ausdrücklich, daß alle unehelichen Kinder ihre Mutter und deren Blutsverwandte beerben könnten.

Ferner herrschte in Griechenland die Ansicht, daß die Nov. 89, 12 § 3 Justinians, welche einen bestimmten Wert übersteigende unentgeltliche Zuwendungen des Vaters an die Konkubinatskinder und ihre Mutter untersagt hatte, wenn eheliche Abkömmlinge vorhanden waren, nicht mehr gelte, denn die Anwendung dieser Novelle setze das Bestehen des Rechtsinstituts des Konkubinats voraus, welches, wie gesagt, durch die Kaiser Basilios Macedon und Leo dem Weisen abgeschafft worden war[5].

Im Justinianischen Recht konnten nur die Konkubinatskinder durch nachträgliche Ehe ihrer Eltern (legitimatio per subsequens matrimonium) oder durch Verordnung (rescriptum principis) legitimiert werden[6]. Nach der Abschaffung des Konkubinats war daher in Griechenland die Frage streitig, ob die Bestimmungen über die Legitimation auf alle unehelichen Kinder entsprechende Anwendung finden könnten oder nicht. Die herrschende Ansicht bejahte die Frage, schloß jedoch die Anwendung dieser Bestimmungen auf die Legitimation jener Kinder aus, die einer Blutschande oder einem Ehebruch entstammten[7].

Die Novellen 74, 3 und 89, 11 § 2 Justinians, durch welche den Eltern die Annahme ihrer unehelichen Kinder an Kindes Statt (Arrogatio) verboten wurde, wurden in Griechenland als nicht anwendbar betrachtet, weil auch sie das Konkubinat voraussetzten. Diese Ansicht wurde noch durch das Argument verstärkt, daß Hauptzweck dieses Verbotes die Festigung des Rechtsinstituts der Legitimation war, das im Justinianischen Recht nur für die Konkubinatskinder galt[8].

Die griechische Rechtsprechung hatte ferner den Vertrag als gültig anerkannt, durch den der Vater die Verpflichtung einging, dem unehelichen

---

[3] Rammos 79.
[4] Krassas - Roilos, Erbrecht § 18 Nr. 8 und 119; Kalligas V § 108.
[5] Paparrigopoulos V, § 189; Kalligas V, § 131.
[6] Rammos 36 ff. und 84.
[7] Kalligas IV, §§ 190 ff.; Krassas-Pratzikas § 199; Gutachten des Staatsanwalts am Areopag Nr. 1621/1892, Them. 1900—1901, 79.
[8] Rammos 82 ff.

Kind Unterhalt zu gewähren[9]. Im Gegensatz dazu hatte sie aber Ansprüche der Mutter auf die durch die Geburt des Kindes entstandenen Kosten (z. B. Entbindungskosten oder Unterhaltsanspruch der Mutter und des unehelichen Kindes) zurückgewiesen[10]. Solche Ansprüche wurden jedoch zuerkannt, wenn die Empfängnis des Kindes die Folge einer vorangegangenen strafbaren Handlung (z. B. Entführung, Notzucht) war[11].

Die dargestellte Rechtsstellung der unehelichen Kinder beruhte auf dem römisch-byzantinischen Recht. Es entstand jedoch die Frage, ob die Bestimmungen dieses Rechts durch das Zivilgesetz vom 29. 10. 1856 und durch das Gesetz von 1861 (über die Vormundschaft über Minderjährige) geändert worden seien. Gemäß Art. 14 Abs. 4 des Zivilgesetzes von 1856 ist Grieche auch der, welcher von einer ausländischen Mutter und einem griechischen außerehelichen Vater geboren ist, sofern er von dem Vater anerkannt wurde. Art. 87 dieses Gesetzes bestimmt, daß, wenn die Anerkennung des Kindes durch eine Erklärung der Eltern vor dem Standesbeamten erfolgt, der standesamtliche Akt vor zwei Zeugen errichtet werden muß. Ferner heißt es in Art. 87 des Gesetzes von 1861: „Bei einer Vormundschaft über anerkannte uneheliche Kinder finden die Bestimmungen der Art. 10, 11 und 13—18 entsprechende Anwendung."

Diese Vorschriften sprachen zwar über die Anerkennung von unehelichen Kindern, regelten diese jedoch im einzelnen nicht. Dazu wurde von einem Teil der griechischen Rechtslehre die Ansicht vertreten, daß durch diese Vorschriften die freiwillige Anerkennung der unehelichen Kinder in Griechenland eingeführt worden sei und die anerkannten Kinder dieselben Rechte haben sollten, die früher die Konkubinatskinder hatten[12]. Diese Ansicht, der de lege ferenda zuzustimmen war, wurde aber von der Mehrheit der Autoren mit der Begründung abgelehnt, daß die erwähnten Bestimmungen dem in den Jahren 1856—61 ausgearbeiteten Entwurf eines griechischen Zivilgesetzbuches entnommen worden seien und das Inkrafttreten anderer Bestimmungen dieses Entwurfes voraussetzten, welche die freiwillige Anerkennung nach dem System des Code civil regelten. Da aber diese letzteren nicht in Kraft getreten seien, könnten die Art. 14 Abs. 4 und 87 des Zivilgesetzes von 1856 und Art. 87 des Gesetzes von 1861 keine Anwendung finden[13].

2. Die lokalen Zivilgesetzbücher

Das Ionische Zivilgesetzbuch, das dem System des Code civil folgte, ließ abgesehen von den Fällen der Kinder aus Blutschande oder Ehebruch die freiwillige Anerkennung der Vaterschaft oder der Mutterschaft der unehe-

---

[9] Rammos 84 ff.

[10] AP 310/1929, Them. 1930, 196.

[11] Vgl. AP 167/1915, (Them. 1915—1916, 593), 199/1920 (Them. 1920—1921, 577), und 45/1921 (Them. 1921/1922, 18).

[12] Kalligas IV, § 178; AP 286/1908, Them. 1909—1910, 193.

[13] Krassas-Pratzikas § 198; Rammos 88 f.; AP 89/1929, Them. 1929, 394.

lichen Kinder zu (Art. 242). Die gerichtliche Nachforschung nach der Vaterschaft war nur dann zulässig, wenn die Empfängnis des Kindes infolge einer Entführung der Mutter erfolgt war (Art. 247). Zwischen den Eltern und dem freiwillig oder gerichtlich anerkannten Kind entstand ein gegenseitiges Erbrecht (Art. 642—648, 652—653). Die anerkannte Tochter hatte gegen die Eltern oder gegen deren Erben einen Anspruch auf Mitgift (Art. 644, 648). Außer Blutschande- oder Ehebruchskindern konnten ferner alle unehelichen Kinder durch nachfolgende Ehe ihrer Eltern legitimiert (Art. 237—240) oder von diesen adoptiert werden[14].

Das Zivilgesetzbuch von Samos enthielt entsprechende Bestimmungen, wobei zu erwähnen ist, daß es die Legitimation der unehelichen Kinder sowohl durch nachfolgende Ehe ihrer Eltern (Art. 284) als auch durch Verordnung (Art. 288) zuließ[15].

Das Kretische Zivilgesetzbuch enthielt, wie bereits gesagt, kein besonderes Buch über das Familienrecht. Auf Kreta galt daher insoweit das im übrigen Griechenland geltende römisch-byzantinische Recht.

II. Die Verordnung vom 14./17. 7. 1926 „über die Stellung unehelicher Kinder"

Auf Grund der oben unter I 1 dargestellten Auffassung von der Unanwendbarkeit der justinianischen Novellen 18 c. 5, 89 c. 12 §§ 4—6 haben die unehelichen Kinder bis zum Jahre 1926 keinen Anspruch gegen ihren Erzeuger gehabt[16]. Am Anfang des 20. Jahrhunderts setzte in Griechenland eine Bewegung ein zur Verbesserung der Rechtsstellung der unehelichen Kinder[17]. Die im Jahre 1911 eingesetzte Kommission zur Ausarbeitung eines Zivilgesetzbuches hat im Jahre 1915 zwei Gesetzentwürfe über die Rechtsstellung der unehelichen Kinder ausgearbeitet. Im Jahre 1920 wurde auf Anregung des Nationalrates der griechischen Frauen und der Vereinigung für die Rechte der Frau eine Kommission aus Rechtsgelehrten eingesetzt, die einen dritten Gesetzentwurf ausarbeitete, der zum größten Teil dem System des SchwZGB von 1907 gefolgt ist. Keiner dieser Gesetzentwürfe wurde dem Parlament vorgelegt[18].

Der rechtliche Schutz der unehelichen Kinder war jedoch den sittlichen Anschauungen Griechenlands nicht fremd[19]. Das von griechischen Juristen ausgearbeitete Moldauische Zivilgesetzbuch von 1817 sprach den unehelichen Kindern ein Unterhalts- und Erbrecht gegen den außerehelichen Vater zu[20]. Die griechischen Gerichte hatten während der Periode Kapodistrias

---

[14] Rammos 89 ff.
[15] Rammos 91 f.
[16] Fragistas, RabelsZ 3 (1929) 205.
[17] Siehe z. B. Makkas, Die unehelichen Kinder, Athen 1911, und eine Denkschrift des „Lykeion Ellinidon", Them. 1920/1921, 125 ff.
[18] Rammos 94 ff.
[19] Vgl. Triantaphyllopoulos, Familienrecht 30.
[20] Vgl. oben § 1 III 3.

(1828—1831) ex aequo et bono den unehelichen Kindern wenigstens ein Unterhaltsrecht gegen den außerehelichen Vater zugesprochen[21]. Es war deswegen unverständlich, warum in Griechenland bis zum Jahre 1926 kein Schutzgesetz für die unehelichen Kinder erlassen worden war. Die Begründung zur Verordnung vom 13. 11. 1927 „über die Stellung unehelicher Kinder“ erinnert an das Wort des französischen Rechtsgelehrten Jules Favre: „Si c'est une loi qui m'a paru la honte de la civilisation, c'est celle qui interdit la recherche de la paternité.“[22]

Im Jahre 1926 trat die Verordnung vom 12. 5. 1926 „über die Stellung unehelicher Kinder“ in Kraft, die sehr radikal war. Nach dem Vorbild des sowjetischen Rechts ließ diese Verordnung eine ausnahmslose freiwillige oder gerichtliche Anerkennung der Vaterschaft zu, die die Gleichstellung der unehelichen Kinder mit den ehelichen zur Folge hatte[23]. Diese Verordnung wurde in Griechenland scharf kritisiert, weil sie die Fundamente und alten Traditionen der griechischen Gesellschaft untergrabe, und schließlich durch die Verordnung vom 14./17. 7. 1926 aufgehoben. Im Jahre 1927 wurde jedoch eine neue Verordnung vom 13. 11. 1927 in Kraft gesetzt, und die Frage war streitig, ob die Verordnung vom 14./17. 7. 1926 oder jene vom 13. 11. 1927 galt. Der Streit bezog sich auf die Verfassungsmäßigkeit des Erlasses dieser Verordnungen[24]. Die herrschende Ansicht nahm an, daß die Rechtsstellung der unehelichen Kinder durch die Verordnung vom 14./17. 7. 1926 geregelt worden sei. Beide Verordnungen enthielten zum größten Teil ähnliche Bestimmungen.

Im Jahre 1926 standen dem griechischen Gesetzgeber grundsätzlich fünf verschiedene Systeme zur Wahl[25]:

a) Das System, nach dem überhaupt keine Klage auf Nachforschung nach der Vaterschaft (Vaterschaftsklage) statthaft war (wie es z. B. in Bulgarien galt).
b) Das System des romanischen Rechtskreises, nach dem die Vaterschaftsklage nur in gewissen Fällen gestattet ist, aber die so anerkannten Kinder den ehelichen fast völlig gleichgestellt sind.
c) Das System des deutschen BGB und des österreichischen ABGB, nach dem die Vaterschaftsklage immer statthaft ist, die Kinder aber nach

---

[21] Siehe Begründung zur Verordnung vom 13. November 1927 „über die Stellung unehelicher Kinder“ in KTh 1927, 453.

[22] Vgl. vorige Note. Bemerkenswert ist, daß Julius von Gierke bei einer Untersuchung der Regelung des GZGB die Regelung des deutschen Rechts „nach unseren heutigen Auffassungen eine Kulturschande“ nennt; J. von Gierke ZHR 115 (1952) 200., Art. 6, Abs. 5 des Bonner Grundgesetzes: „Den unehelichen Kindern sind durch die Gesetzgebung die gleichen Bedingungen für ihre leibliche und seelische Entwicklung und ihre Stellung in der Gesellschaft zu schaffen wie den ehelichen Kindern“, stellt einen Programmsatz und nicht ein aktuelles Recht dar; Maunz, 83 ff. Über die Rechtsstellung der unehelichen Kinder in Deutschland nach der Teilreform durch das Familienrechtsänderungsgesetz von 1961 siehe W. Dunz, NJW 1961, 2139 ff.

[23] Rammos 95.

[24] Rammos 96 ff.

[25] Siehe darüber Fragistas, RabelsZ 3 (1929) 206 ff.

Feststellung der Vaterschaft lediglich einen Unterhaltsanspruch gegen ihren Vater haben.

d) Das System des SchwZGB, nach dem die Vaterschaftsklage immer statthaft ist, aber die unehelichen Kinder lediglich einen Unterhaltsanspruch haben und nur in bestimmten Fällen den ehelichen Kindern fast ganz gleichgestellt werden.

e) Das System der völligen Gleichstellung der unehelichen Kinder mit den ehelichen (wie z. B. in der Sowjetunion). Diesem System war, wie gesagt, der griechische Gesetzgeber der Verordnung vom 12. 5. 1926 gefolgt.

Die Verordnung vom 14./17. 7. 1926 „über die Stellung unehelicher Kinder", die bis zum Inkrafttreten des GZGB 1940 galt, ist zum größten Teil dem System des SchwZGB gefolgt, wie es auch schon der im Jahre 1920 von Maridakis ausgearbeitete Gesetzentwurf getan hatte. Die Verordnung vom 14./17. 7. 1926 regelte die freiwillige und die gerichtliche Anerkennung der Vaterschaft und die durch nachfolgende Ehe oder durch Verordnung erfolgte Legitimation der unehelichen Kinder. Den unehelichen Kindern wurden Unterhalts- und Erbrechte gegen den Vater zugesprochen. Wie die Bestimmungen dieser Verordnung zum größten Teil den Art. 302 ff. SchwZGB nachgebildet sind, so haben sie ihrerseits der Formulierung der entsprechenden Vorschriften des GZGB 1940 (Art. 1530 ff.) als Vorbild gedient. Die Verordnung vom 14./17. 7. 1926 wurde durch Art. 87 EG GZGB 1940 aufgehoben.

III. Die Regelung des GZGB

Die Regelung dieser Frage im GZGB ist ein Kompromiß zwischen der deutschen und der romanischen Auffassung. Der Schutz, den es den unehelichen Kindern gewährt, geht aber über das deutsche wie über das französische Recht hinaus. Da das GZGB hier im wesentlichen die Regelung der Verordnung vom 14./17. 7. 1926 übernimmt, entspricht sein System weitgehend dem des SchwZGB[26].

Im Verhältnis zu seiner Mutter und zu den Verwandten der Mutter hat das uneheliche Kind wie im deutschen Recht kraft Gesetzes die rechtliche Stellung eines ehelichen (Art. 1530).

Hinsichtlich des Verhältnisses zum Vater bestimmt das GZGB, daß das freiwillig anerkannte Kind, sofern im Gesetz nichts anderes bestimmt ist, die Rechte und die Pflichten eines ehelichen Kindes hat (Art. 1537). Das bedeutet: Das freiwillig anerkannte Kind erhält den Familiennamen des Vaters und hat einen vollen Unterhaltsanspruch gegen den Vater und dessen Erben. Es hat auch dem Vater gegenüber ein Erbrecht, das dem des ehelichen Kindes entspricht, allerdings auf die Hälfte reduziert wird, wenn das uneheliche Kind mit ehelichen Abkömmlingen oder Eltern oder mit der Ehefrau zusammentrifft (Art. 1539). Die außereheliche Tochter hat nach der freiwilligen Anerkennung einen Anspruch gegen den Vater auf Bestellung einer

---

[26] Vgl. dazu Balis, Familienrecht 327.

Mitgift[27]. Das freiwillig anerkannte Kind kann im Haushalt des Vaters mitwohnen; ist der Vater allerdings verheiratet, so setzt die Ausübung dieses Rechts die Zustimmung der Ehefrau des Vaters voraus (Art. 1538). Andererseits ist das freiwillig anerkannte Kind zum Unterhalt seines Vaters verpflichtet, wenn der Vater außerstande ist, sich selbst zu unterhalten[28].

Denselben Schutz gewährt das GZGB den unehelichen Kindern im Falle der sog. vollkommenen gerichtlichen Anerkennung der Vaterschaft, die auf eine Anerkennungsklage hin erfolgt. Die vollkommene gerichtliche Anerkennung tritt in bestimmten Fällen ein, die das Gesetz (Art. 1555) ausdrücklich erwähnt[29]. In diesen Fällen hat das uneheliche Kind die erwähnten Rechte und Pflichten eines freiwillig anerkannten Kindes. Liegt keiner der im Art. 1555 enthaltenen Fälle vor, so erwirbt das uneheliche Kind durch die gerichtliche Anerkennung (die sog. unvollkommene gerichtliche Anerkennung) nur einen Unterhaltsanspruch gegen den Vater (Art. 1545)[30].

Zwar entspricht die Rechtsstellung der unehelichen Kinder nach dem GZGB weitgehend der vom SchwZGB getroffenen Regelung[31], doch schließt das GZGB im Gegensatz zum SchwZGB (Art. 304) und zu den romanischen Rechten die freiwillige und die gerichtliche Anerkennung der im Ehebruch erzeugten Kinder nicht aus.

§ 30. DIE PFLICHT ZUM ERSATZ DES IMMATERIELLEN SCHADENS

I. Von der Befreiung Griechenlands bis zum Inkrafttreten des GZGB 1940

Das römisch-byzantinische Recht kannte die Pflicht zum Ersatz des immateriellen Schadens im Sinne der Entschädigung in Geld nicht. Seit dem Jahre 1859 hatte jedoch die griechische Rechtsprechung demjenigen das Recht auf

---

[27] Mantzoufas, Privatrecht 78.

[28] Mantzoufas a. a. O.

[29] Art. 1555 GZGB lautet: „Die gerichtliche Anerkennung der Vaterschaft hat, sofern die Anerkennungsklage zu Lebzeiten des Vaters erhoben wurde, alle Folgen der freiwilligen Anerkennung: 1. wenn die Empfängnis des Kindes nach einem vorherigen Verlöbnis mit der Mutter oder infolge von Notzucht oder Entführung oder Verführung der Mutter im Sinne der Vorschriften des Strafgesetzbuches erfolgte; 2. wenn der Vater zur Empfängniszeit Vormund der Mutter war oder sie unter seiner Sorge oder in Abhängigkeitsverhältnis zu ihm stand oder er mit ihr zusammenlebte."

[30] Erwähnenswert ist, daß nach dem Familienrechtsentwurf (Art. 273, 274) alle diejenigen, die innerhalb der kritischen Empfängniszeit der Mutter beigewohnt haben, für den Unterhalt des Kindes gesamtschuldnerisch haften sollten, soweit sich nicht aus den Umständen die offenbare Unmöglichkeit der Empfängnis der Mutter aus dem Geschlechtsverkehr ergab (Art. 273 Abs. 3) oder diese eine gewerbsmäßige Dirne war (Art. 273 Abs. 4). Diese Regelung wurde mit der Begründung kritisiert, daß der Unterhaltsanspruch der Kinder gegen den außerehelichen Vater seinen Grund in der außerehelichen Verwandtschaft habe und nicht als Strafe aufzufassen sei; Rammos, AID 1936, 470.

[31] Vgl. Stefanopoulos, ÖstJZ 1960, 57 ff.

Wiedergutmachung des immateriellen Schadens im Sinne einer Entschädigung in Geld zuerkannt, gegen den eine strafbare Handlung begangen worden war[32]. Die Rechtsprechung stützte sich dabei sowohl auf eine ausdehnende Auslegung der römisch-rechtlichen Vorschriften über die actio injuriarum aestimatoria[33] als auch auf Art. 6 der griechischen Strafprozeßordnung von 1834, wobei bemerkenswert ist, daß sie diesen Artikel der Strafprozeßordnung, der eine prozessuale Vorschrift war, als materielles Recht anwandte[34].

Leider wurde diese Ansicht, der zuzustimmen war, nicht lange vertreten. Die griechischen Romanisten beriefen sich ihr gegenüber auf die römisch-byzantinischen Vorschriften, welche die Wiedergutmachung des immateriellen Schadens im Sinne der Entschädigung in Geld nicht kennen, insbesondere auf die Vorschrift der Basiliken 60, 2, 3 (σῶμα ἐλεύθερον οὐ διατιμᾶται) und der Digesten 9, 1, 3 (. . . cum liberum corpus aestimationem non recipiat)[35]. Sie fügten hinzu, daß Art. 6 der Strafprozeßordnung eine prozessuale Vorschrift sei, deren Anwendung das Vorhandensein materiell-rechtlicher Vorschriften über die Wiedergutmachung des immateriellen Schadens voraussetze. Unter dem Einfluß dieser Argumentation begann die griechische Rechtsprechung seit dem Jahre 1880, die Ansprüche auf Wiedergutmachung immateriellen Schadens zurückzuweisen[36].

Zu Anfang des 20. Jahrhunderts setzte in Griechenland insbesondere unter dem Einfluß der im Jahre 1909 eingetretenen politischen Umgestaltung eine stärkere Tendenz zum Schutz des Rechts auf die eigene Persönlichkeit ein. Diese Tendenz fand ihren Niederschlag in den Art. 5, 12 und 14 der griechischen Verfassung von 1911. Diese Bestimmungen gaben ein Recht auf Ersatz immaterieller Schäden im Sinne der Entschädigung in Geld in folgenden drei Fällen: a) bei Freiheitsberaubung, b) bei Beeinträchtigung des Rechts auf die Unverletzlichkeit der Wohnung und c) bei Verletzung des Privatlebens durch die Presse.

Im Jahre 1918 wurde das Gesetz 1699 „über Wiedergutmachung zugunsten des Verletzten" erlassen, welches in Griechenland das Recht auf Wiedergutmachung des immateriellen Schadens durch eine Entschädigung in Geld einführte. Wegen einer strafbaren Handlung konnte das Strafgericht, unabhängig vom Schadenersatz für den Vermögensschaden, dem Verletzten

---

[32] Litzeropoulos, Rechtsprechung I, 139 N. 1.

[33] Vgl. Kaser I, 520 ff.

[34] Art. 6 der griechischen Strafprozeßordnung von 1834 lautet: „Bestehen infolge einer Übertretung, eines Vergehens oder eines Verbrechens Privatansprüche auf Wiedergutmachung immateriellen Schadens, Schadenersatz oder Kosten, so entscheidet darüber das Strafgericht auf Antrag des Verletzten durch eine strafrechtliche Entscheidung. Sonst werden solche Klagen an die zuständigen Zivilgerichte verwiesen."

[35] Es fällt auf, daß die zum kommunistischen Rechtskreis gehörenden Rechte mit einer Argumentation, die an die zitierte römisch-byzantinische Vorschrift erinnert, die Pflicht zum Ersatz des immateriellen Schadens im Sinne der Entschädigung in Geld ablehnen; vgl. Tarchow 112.

[36] Litzeropoulos, Rechtsprechung I, 140.

eine Entschädigung in Geld für die verletzte Ehre oder für die seelische Beeinträchtigung zuerkennen.

Anfänglich hat die griechische Rechtsprechung hierbei eine ausdehnende Auslegung angewandt und angenommen, daß sowohl derjenige, der unmittelbar, als auch derjenige, der mittelbar durch die begangene strafbare Handlung geschädigt wurde, das Recht auf Wiedergutmachung des immateriellen Schadens habe. Im Falle der Tötung einer Person z. B. wurde den Eltern, den Geschwistern, den Abkömmlingen und dem Ehegatten des Getöteten ein Anspruch auf Entschädigung in Geld für die seelische Beeinträchtigung zuerkannt[37].

Seit dem Jahre 1924 ist die griechische Rechtsprechung jedoch einer konservativeren Richtung gefolgt. Sie nahm an, daß nur der durch eine strafbare Handlung unmittelbar Verletzte das Recht habe, Wiedergutmachung des immateriellen Schadens zu verlangen. Sie berief sich auf den Wortlaut des Art. 1 des Gesetzes 1699/1918, der nur von den „Verletzten" und nicht von anderen Personen sprach. Diese Auslegung hat den Kreis der Berechtigten beträchtlich eingeschränkt: Dritte Personen, auch wenn sie durch enge Verwandtschaft mit dem Getöteten verbunden waren und infolge der an ihm begangenen strafbaren Handlung eine seelische Beeinträchtigung erlitten hatten, hatten keinen Anspruch auf eine Genugtuung in Geld hierfür. Das Recht auf die Wiedergutmachung des immateriellen Schadens wurde als höchstpersönliches Recht betrachtet, es war daher nicht übertragbar und ging nicht auf die Erben über vor einer rechtskräftigen Feststellung durch das Urteil eines Strafgerichts[38]. Diese enge Auslegung des Gesetzes 1699/1918, die in mancher Hinsicht an die actiones vindictam spirantes des römischen Rechts[39] erinnert, wurde von führenden griechischen Juristen kritisiert[40].

Auf dem Gebiet der Wiedergutmachung immateriellen Schadens ist ferner Art. 16 des Gesetzes 2228/1920 „über Ehescheidung" zu erwähnen, der dem Art. 151 Abs. 2 des SchwZGB entspricht und bestimmt: „Hat sich die Tatsache, die den Scheidungsgrund bildet, unter solchen Umständen ereignet, daß für die Person des unschuldigen Ehegatten eine schwere Beleidigung erfolgt ist, so kann das Gericht durch das Scheidungsurteil den allein an der Scheidung Schuldigen verpflichten, dem Unschuldigen eine Geldsumme zur moralischen Wiedergutmachung zu entrichten." Die griechische Rechtslehre hat diese Geldsumme zur Wiedergutmachung immateriellen Schadens nicht als Privatstrafe, sondern als Schadensersatz betrachtet[41]. So vollzog sich in Griechenland eine Wendung vom Privatstraf-Charakter zum Schadenersatz-Charakter der Wiedergutmachung des immateriellen Schadens[42].

Die lokalen Zivilgesetzbücher enthielten ebenfalls Bestimmungen über die Wiedergutmachung des immateriellen Schadens. Das Kretische Zivil-

---

[37] Litzeropoulos, Rechtsprechung I, 140 N. 3.
[38] AP 861/1929, Dik. 1930, 63.
[39] Vgl. dazu Kaser I, 511 ff.
[40] Litzeropoulos, Rechtsprechung I, 141.
[41] Maridakis, Ehescheidung 228 Nr. 31.
[42] P. Zepos, AID 1943, 330.

gesetzbuch und das Zivilgesetzbuch von Samos gewährten ein Recht auf Wiedergutmachung des immateriellen Schadens nur bei den durch Gesetz festgelegten unerlaubten Handlungen[43]. Das Ionische Zivilgesetzbuch dagegen gab dieses Recht sowohl beim Vorliegen einer unerlaubten Handlung als auch beim Vorliegen einer Vertragsverletzung[44].

II. Rechtsvergleichende Bemerkungen

Die vom GZGB getroffene Regelung der Frage der Wiedergutmachung des immateriellen Schadens ist von ausländischen Rechten wesentlich beeinflußt. Zum besseren Verständnis seiner Regelung scheint daher ein kurzer Überblick über die Lösungen dieser Frage in den ausländischen Rechtsordnungen, die auf das GZGB eingewirkt haben, zur Zeit seiner Entstehung zweckmäßig.

Die Frage, ob eine Genugtuung in Geld wegen eines immateriellen Schadens nur in den durch Gesetz bestimmten Fällen oder auch in anderen Fällen, die nicht enumerativ im Gesetz genannt werden, gefordert werden kann, wird von den verschiedenen Rechtsordnungen nicht einheitlich geregelt.

Das deutsche BGB stellt den Grundsatz auf, daß ein immaterieller Schaden grundsätzlich nicht in Geld berechnet und deshalb nicht durch Geldleistung ausgeglichen werden kann (§ 253); nur ausnahmsweise sieht es einen Ausgleich immateriellen Schadens vor (vgl. §§ 847 und 1300). Das RG hat jedoch Bedenken gegen diese Regelung geäußert. „Wer daher nur vertraglich für eine Körper- oder Gesundheitsbeschädigung einzustehen hat", meint es, „der braucht für den durch diese bewirkten immateriellen Schäden keinen Ersatz zu leisten, obwohl ein innerer Grund für diese Verschiedenheit der Haftung aus Verträgen und aus unerlaubten Handlungen vielleicht nicht aufzufinden ist."[45]

Im französischen Recht herrscht eine vom deutschen Recht abweichende Regelung. Der Begriff der Wiedergutmachung eines immateriellen Schadens wurde durch die französische Rechtsprechung entwickelt. Es ist zur Ehre der französischen Theorie und Rechtsprechung zu sagen, daß sie auf Grund der in dem berühmten Art. 1382 C. c. enthaltenen Generalklausel angenommen haben, der Begriff des Schadens (dommage) umfasse sowohl den Vermögensschaden als auch den immateriellen Schaden (dommage morale)[46]. Ferner berücksichtigt man in Frankreich den immateriellen Schaden in einigen Fällen auch im Bereich der Verträge.

Es ist bemerkenswert, daß die italienische Rechtsprechung auf Grund des

---

[43] Vgl. Art. 1321, 1322, 1324 und 1325 des Kretischen Zivilgesetzbuches und Art. 1904 des Zivilgesetzbuches von Samos.

[44] Dies hatte die Rechtslehre unter dem Einfluß des französischen Rechtsdenkens bei der Auslegung des Art. 1298 des Ionischen Zivilgesetzbuches angenommen; vgl. P. Zepos, AID 1943, 331.

[45] RGZ 65, 21.

[46] Vgl. Planiol-Ripert No. 547; R. Demogue, Traité des obligations en général, IV, Paris 1924, No. 417 ff.

Art. 1151 des Codice civile (in der alten Fassung vom Jahre 1865), der dem Art. 1382 Code civil nachgebildet war, der von der französischen Rechtsprechung vorgenommenen, lobenswerten ausdehnenden Auslegung nicht gefolgt ist. Sie hat angenommen, daß die Wiedergutmachung eines immateriellen Schadens grundsätzlich nur bei strafbaren Handlungen gefordert werden könne[47].

Ferner ist zu erwähnen, daß der ungarische Entwurf eines Zivilgesetzbuches (in der Fassung von 1928) den immateriellen Schaden im Bereich der Verträge ebenfalls ausdrücklich berücksichtigt hat. „Wer wegen einer vorsätzlich oder aus grober Fahrlässigkeit begangenen unerlaubten Handlung oder wegen einer begangenen Pflichtverletzung zum Schadensersatz verpflichtet ist", bestimmt § 1114 Abs. 1 dieses Entwurfes, „der hat, sofern mit Rücksicht auf die Umstände des Falles die Billigkeit es erfordert, auch für den Schaden des Beschädigten, der kein Vermögensschaden ist, einen entsprechenden Schadensersatz in Geld zu leisten."

Das SchwOR läßt eine Genugtuung in Geld wegen immateriellen Schadens bei bestimmten unerlaubten Handlungen, und zwar bei Tötung eines Menschen oder Körperverletzung (Art. 47) und bei Verletzung in den persönlichen Verhältnissen (Art. 49) zu. Das Hervorheben „der persönlichen Verhältnisse" in Art. 49 SchwOR ist darauf zurückzuführen, daß das SchwZGB ein allgemeines subjektives Persönlichkeitsrecht kennt (Art. 27—28).

Schließlich ist zu erwähnen, daß Art. 85 des französisch-italienischen Entwurfes des Obligationenrechts von 1927, der die Wiedergutmachung eines immateriellen Schadens regelt, ausdrücklich bestimmt, daß der Begriff des „Schadensersatzes" auch die Wiedergutmachung des immateriellen Schadens umfaßt: „L'obligation de réparation s'étend à tout dommage matériel ou moral causé par l'acte illicite."

III. Die Regelung des GZGB

Der auf Grund des Gesetzes 1699/1918 gewährte Anspruch auf Wiedergutmachung eines immateriellen Schadens war sehr beschränkt. Dieses Gesetz ließ den Anspruch auf Wiedergutmachung eines immateriellen Schadens nur dann zu, wenn eine strafbare Handlung vorlag und der Täter durch ein Urteil des Strafgerichts zu Strafe verurteilt worden war. Diese Regelung wurde in der Revisionskommission des GZGB kritisiert. Man befürwortete eine Ausweitung der von dem Gesetz 1699 vorgesehenen Lösung auf andere Fälle[48].

Der von der Redaktionskommission ausgearbeitete Entwurf des Schuldrechts stand in der Frage der Wiedergutmachung eines immateriellen Schadens unter dem Einfluß der französischen Auffassung. Art. 534 dieses Entwurfes folgt dem Art. 1382 C. c. und bestimmt: „Wer gesetzwidrig einem anderen schuldhaft Schaden zufügt, ist zum Schadensersatz verpflichtet."

---

[47] Vgl. Andrioli, D'Ovidio, Scorza, **RabelsZ 10 (1936) 232 f; R. Demogue** (vorige Note) No. 427.

[48] ESch. 58.

Art. 551 dieses Entwurfes, der dem Art. 85 des französisch-italienischen Entwurfes von 1927 entspricht, bestimmt: „Der Schadensersatz umfaßt auch die Wiedergutmachung eines immateriellen Schadens." Ferner ist hervorzuheben, daß eine Vorschrift wie der § 253 BGB in den Entwurf des Schuldrechts absichtlich nicht aufgenommen worden war, damit Theorie und Praxis auch im Bereich der Verträge je nach den Umständen den immateriellen Schaden ebenso berücksichtigen könnten, wie es in Frankreich geschieht[49]. Auch eine Vorschrift wie § 847 Abs. 2 BGB (über das Verbot der Abtretung und des Überganges des Anspruchs auf immateriellen Schaden auf die Erben) wurde in den Entwurf nicht aufgenommen.

Das GZGB 1940 ist von dieser Regelung des Entwurfes des Schuldrechts abgewichen. Art. 299 GZGB 1940 ist eine wörtliche Übersetzung des § 253 BGB. Daraus folgt, daß der immaterielle Schaden im Bereich der Verträge nicht berücksichtigt werden kann, es sei denn, daß eine unerlaubte Handlung vorliegt. Das GZGB 1940 sieht die Wiedergutmachung eines immateriellen Schadens in den folgenden Fällen vor:

a) bei Verletzung des Rechts auf die eigene Persönlichkeit oder auf den Namen (Art. 59),
b) bei der Ehescheidung, wenn der Scheidungsgrund sich unter solchen Umständen ereignet hat, daß für die Person des unschuldigen Ehegatten eine schwere Beleidigung erfolgt ist (Art. 1453, vgl. Art. 16 des Gesetzes 2228/1920, oben I a. E.),
c) bei unerlaubten Handlungen (Art. 932).

Es ist festzustellen, daß diese Vorschriften nicht auf einheitlichen rechtstheoretischen Grundlagen beruhen. Die Spezialvorschriften der Art. 59 und 1453 sprechen von dem „Schuldigen" und beruhen daher auf dem Verschuldensprinzip. Dagegen läßt die allgemeine Bestimmung des Art. 932 beim Vorliegen einer unerlaubten Handlung einen Anspruch auf eine Wiedergutmachung eines immateriellen Schadens zu, ohne ein Verschulden des Verpflichteten vorauszusetzen; er beruht auf dem Verursachungsprinzip. Diese widersprechende Regelung ist darauf zurückzuführen, daß die Art. 59 und 1453 GZGB dem SchwZGB (Art. 29 und 151 Abs. 2) entnommen wurden, wo ein Verschulden des Verpflichteten gefordert wird, während Art. 932 GZGB dem Art. 85 des französisch-italienischen Entwurfes von 1927 gefolgt ist, der auf dem Verursachungsprinzip beruht[50].

Die griechische Rechtsprechung hat daher den Art. 932 GZGB, der die Wiedergutmachung eines immateriellen Schadens regelt, unter bestimmten Voraussetzungen, auch im Bereich der sog. Gefährdungshaftung bei Arbeitsunfällen angewandt[51]. Ferner hat das GZGB eine dem § 847 Abs. 2 des deutschen BGB entsprechende Vorschrift (Art. 933) aufgenommen. Damit ist das GZGB der vor seinem Inkrafttreten griechischen Rechtsprechung gefolgt, die, wie gesagt, auf Grund des Gesetzes 1699/1918 die Abtretung

[49] Triantaphyllopoulos, RabelsZ 10 (1936) 53—54.
[50] P. Zepos, AID 1943, 344—345.
[51] Vgl. AP 337/1959, NB 1959, 1085, mit Anmerkung von Lipovatz.

und den Übergang des Anspruchs auf immateriellen Schaden auf die Erben nicht zuließ. Im Gegensatz zu dem Entwurf des Familienrechts, der dem § 1300 BGB folgend der unbescholtenen Verlobten, die ihrem Verlobten die Beiwohnung gestattet hat, einen Anspruch auf Ersatz des immateriellen Schadens gewährte, und zum GZGB 1945, das der Regelung des Art. 93 SchwZGB folgte, enthält das GZGB keine entsprechende Bestimmung[52]. Nur die natürlichen, nicht aber die juristischen Personen können schließlich nach herrschender Meinung auf Grund des Art. 932 GZGB die Wiedergutmachung eines immateriellen Schadens verlangen[53] (Ausnahmen bei üblen Nachreden und bei Verleumdungen).

Im Gegensatz zu dieser Regelung des GZGB 1940 war das GZGB 1945 dem oben dargestellten Entwurf des Schuldrechts gefolgt[54].

§ 31. DAS GRIECHISCHE ZIVILGESETZBUCH IM RAHMEN DER RECHTSKREISE

I. Zum Problem der Rechtskreise

Zum Abschluß dieser Untersuchung über die Entstehung des griechischen Zivilgesetzbuches, bei welcher ausländische Rechtsordnungen so vielfach eine bedeutende Rolle gespielt haben, bleibt die Frage zu prüfen, welchem Rechtskreis das GZGB zuzurechnen ist.

Das Problem der Einteilung der Rechtsordnungen der Welt in Rechtskreise wird von den Rechtsvergleichern nicht einheitlich gelöst. Die Versuche, Rechtskreise festzustellen und die nationalen Rechtsordnungen bestimmten Rechtskreisen zuzuweisen, gehen jeweils von verschiedenen Unterscheidungskriterien aus. Einige der wichtigsten dieser Versuche sind die folgenden:

Levy-Ullmann schlug im Jahre 1922 vor, die Rechtssysteme der Welt in drei Rechtskreise einzuteilen: in den kontinentalen Rechtskreis, den der englischsprechenden Länder und den islamischen Rechtskreis. Für diese Einteilung benutzte er ein klares Unterscheidungskriterium, nämlich die verschiedene Bedeutung der Rechtsquellen in den betreffenden Rechtssystemen[55].

René David teilt die Rechtsordnungen der Welt in fünf Rechtsfamilien ein: okzidentale Rechte, sowjetische Rechte, Islam, Hindu-Recht und chinesisches Recht. Diese Einteilung gründet er hauptsächlich auf ein ideologisches Kriterium, nämlich auf die verschiedenen Religionen, die philosophischen Anschauungen und die ökonomische und soziale Struktur[56].

---

[52] Vgl. oben § 26 II 1.

[53] AP 70/1953, Them. 1953, 374. Siehe aber Zepos, Schuldrecht II, 796 N. 2 und Triantaphyllopoulos, ND 1950, 5.

[54] Vgl. Triantaphyllopoulos, ND 1946, 165.

[55] Lévy-Ullmann I, 85 ff.

[56] R. David 222 ff.

Arminjon-Nolde-Wolff unterscheiden sieben Rechtskreise: den französischen, germanischen, skandinavischen, englischen, russischen, islamischen Rechtskreis und die Familie des Hindu-Rechts. Diese Autoren meinen, daß die Rechtsordnungen selbst zu studieren seien („pour pouvoir rationellement classer les systèmes juridique modernes il faut les étudier à euxmêmes“), und zwar unabhängig von geographischen, rassischen und sonstigen Faktoren[57].

K. Zweigert kritisiert die aufgeführten und andere ähnliche Versuche zur Einteilung der Rechtssysteme der Welt in Rechtskreise folgendermaßen: „Die bisherigen Versuche, Unterscheidungskriterien für die Erkenntnis von Rechtskreisen und für die Einordnung nationaler Rechtsordnungen in solche Rechtskreise zu fixieren, überzeugen wegen ihrer Eindimensionalität, d. h. deshalb nicht, weil sie überwiegend auf nur ein Unterscheidungskriterium abstellen. Und die im Ergebnis fortgeschrittenere Lehre von Arminjon-Nolde-Wolff ließ uns im Stich, wenn wir nach den Kriterien fragen, nach denen die Rechtsordnungen selbst zu studieren seien. Auch die Lehre von René David, die Rechtsordnungen ausschließlich nach Ideologien im weiteren Sinne zu klassifizieren, kann uns wegen solcher Eindimensionalität nicht gewinnen ... Entscheidend ist vielmehr folgendes: Einzelne Rechtsordnungen und ganze Gruppen von Rechtsordnungen haben je bestimmte Stile. Die rechtsvergleichende Forschung muß danach trachten, diese Rechtsstile in den Griff zu bekommen und die Gruppierung in Rechtskreise nach den entscheidenden Stilelementen, nach stilprägenden Faktoren vorzunehmen.“[58]

Zweigert unterscheidet im Rahmen der Lehre von den Rechtskreisen mehrere, und zwar folgende stilprägenden Faktoren:

a) Die historische Herkunft. Dieses Kriterium beruhe auf der geschichtlichen Entwicklung, auf die eine moderne Rechtsordnung zurückblickt.
b) Eine spezifische juristische Denkweise könne stilprägend sein. So sei z. B. ein Merkmal des deutschen und des romanischen Rechtskreises der Zug zur Abstraktion der rechtlichen Norm, während das englische Common Law sich von Entscheidung zu Entscheidung durch eine allmählich wachsende Tradition entwickelt habe.
c) Besonders kennzeichnende Rechtsinstitute.
d) Die Art der Rechtsquellen und die Methode ihrer Auslegung im Zusammenhang mit Eigenheiten der Gerichtsorganisation.
e) Ideologien im Sinne politisch-ökonomischer Doktrinen oder im Sinne von das Recht prägenden Religionen. So seien z. B. die Gerechtigkeitsvorstellungen der kommunistischen Systeme verschieden von denen der zum romanischen, deutschen, angelsächsischen oder nordischen Rechtskreis gehörenden Rechte[59].

Zweigert teilt die Rechtssysteme der Welt mit einer leichten Nuancierung der Lehre von Arminjon-Nolde-Wolff in acht Rechtskreise ein: romanischer

---

[57] Arminjon-Nolde-Wolff I, 42 ff.
[58] Zweigert, Legal Essays 46; ders., RabelsZ 17 (1952) 401 ff.
[59] Zweigert, Legal Essays 48 ff.

Rechtskreis, deutscher Rechtskreis, nordischer Rechtskreis, angelsächsischer Rechtskreis, kommunistischer Rechtskreis, fernöstlicher (nichtkommunistischer) Rechtskreis, islamischer Rechtskreis und Rechtskreis des Hindu-Rechts[60].

II. Die Zuweisung des GZGB

Was die Zuweisung des GZGB zu einem der obengenannten Rechtskreise angeht, scheinen hauptsächlich zwei der erwähnten Unterscheidungskriterien maßgebend zu sein:

1. Geschichtliche Entwicklung

Entscheidend für die Zuweisung des GZGB zu einem Rechtskreis ist seine historische Herkunft, d. h. die geschichtliche Entwicklung, auf die es zurückblickt. Durch die Schilderung der dem GZGB voraufgehenden Rechtsentwicklung im ersten Teil dieser Arbeit ist klargeworden, daß hauptsächlich zwei Rechtskreise auf das griechische Zivilrecht und daher auf die Gestaltung des GZGB eingewirkt haben: der romanische und der deutsche. Die Frage „Zu welchem Rechtskreis gehört das GZGB?" kann also folgendermaßen umgestaltet und inhaltlich beschränkt werden: Gehört das GZGB zum deutschen oder zum romanischen Rechtskreis oder ist es einem neuen Rechtskreis zuzurechnen?

2. Kennzeichnende Rechtsinstitute

a) Allgemeines

Bevor wir die Frage beantworten, ist es notwendig, ein anderes Kriterium für die Einordnung einer Rechtsordnung in einen Rechtskreis zu untersuchen. Es handelt sich um das Kriterium der bestimmten kennzeichnenden Rechtsinstitute. Überblickt man den materiellrechtlichen Inhalt des GZGB im ganzen, so stellt man fest, daß das GZGB die Kennzeichen der geschilderten Rechtsentwicklung trägt. Zwar läßt es Einflüsse des romanischen Rechtskreises erkennen und hat auch durchaus einen eigenen Stil und einen eigenen Charakter, zum größten Teil ist es jedoch dem BGB nachgebildet.

Im folgenden werden wir zunächst einige Rechtsinstitute des GZGB erwähnen, die Anlaß gaben, die Ansicht zu vertreten, daß das GZGB weder zum romanischen noch zum deutschen Rechtskreis gehöre, sondern ein Mischsystem, eine Mischrechtsordnung darstelle. Es soll sich dabei um keine dogmatische Abhandlung von Institutionen des GZGB handeln, sondern um eine kurze rechtsvergleichende Darstellung, die der Frage der Zuweisung des GZGB zu einem Rechtskreis dienen soll. Als repräsentative Rechtsordnungen des deutschen und romanischen Rechtskreises nehmen wir das deutsche und das französische Zivilrecht.

---

[60] Zweigert, Legal Essays 55.

b) Vertragstreue

Ein grundlegendes Problem des Zivilrechts ist das der Vertragstreue, also die Frage, ob geschlossene Verträge einseitig wieder aufgelöst werden können oder nicht. In dieser Frage weisen das französische und das deutsche Rechtsdenken einen wesentlichen Unterschied auf. Trotz des im BGB und im Code civil niedergelegten Grundsatzes der Vertragstreue sind das Schrifttum und die Rechtsprechung beider Länder verschiedene Wege gegangen.

Der französische Kassationshof hat an der wörtlichen Auslegung des in Art. 1134 C. c. enthaltenen Grundsatzes „pacta sunt servanda" festgehalten und eine Befreiung von der Verbindlichkeit nur dann gewährt, wenn die Erfüllung des Vertrages durch einen nach Vertragsabschluß eingetretenen und vom Schuldner nicht zu vertretenden Umstand absolut unmöglich geworden ist. Er hat immer wieder mit besonderem Nachdruck darauf hingewiesen, daß der Vertrag nicht nur für die Parteien, sondern auch für den Richter als Gesetz gilt[61]. Die in Frankreich entwickelte Imprevisionslehre (théorie de l'imprévision), auf Grund derer man das Dogma der Unverletzbarkeit der vertraglichen Bindung zu brechen versuchte, wurde hauptsächlich auf dem Gebiet des Verwaltungsrechts angewandt[62].

Im Gegensatz zu dieser individualistischen Betrachtungsweise wurde von der deutschen Lehre und Praxis das Schuldverhältnis als ein Zustand des Gemeinschaftslebens gewertet, mit dem die Idee der schrankenlosen Willensherrschaft unvereinbar ist. Die von der deutschen Rechtslehre und Rechtsprechung entwickelte Lehre vom Wegfall der Geschäftsgrundlage schenkte den veränderten Umständen rechtliche Beachtlichkeit[63].

Das GZGB ist dem von der deutschen Rechtswissenschaft eingeschlagenen Weg gefolgt. Art. 388 GZGB regelt ausdrücklich die Rechtsfolgen der unvorhergesehenen Änderung der Geschäftsgrundlage[64]. Die rechtstheoretischen Vorlagen dieses Artikels sind: Die Lehre vom Wegfall der Geschäftsgrundlage, der von Nipperdey entwickelte Gedanke der Nichtzumutbarkeit der Leistung und die in Frankreich entwickelte Imprevisions-Lehre. Obwohl sich

---

[61] Zweigert, Die Einwirkung des Krieges 58 ff.; A. Maier 52 ff.

[62] Zweigert (vorige Note) 61 ff.; A. Maier 57 ff. Es ist charakteristisch, daß in Frankreich die Rechtsfolgen des Eintritts veränderter Umstände im Bereich des Privatrechts nach dem ersten und nach dem zweiten Weltkrieg durch Spezialgesetze geregelt wurden; so wurden nach dem ersten Weltkrieg das Gesetz vom 22. Januar 1918 (das als Loi Faillot bekannt ist) und nach dem zweiten Weltkrieg die „Loi permettant la résiliation de certains contrats" vom 22. April 1949 erlassen. Vgl. A. Maier 27 ff. Ferner ist es bemerkenswert, daß die Rechtsprechung eines anderen Landes des romanischen Rechtskreises, nämlich Italiens, vor dem Inkrafttreten des Codice civile von 1942 (der unter dem Einfluß des deutschen Rechtsdenkens in den Art. 1467—1469 den Wegfall der Geschäftsgrundlage ausdrücklich regelt) in Anlehnung an die französische juristische Denkweise angenommen hatte, daß die Lehre von der clausula rebus sic stantibus unter den ganz besonderen Verhältnissen der Kriegs- und der ersten Nachkriegsjahre ihre Berechtigung habe; Rheinstein, RabelsZ 1 (1927) 620.

[63] Über die Lehre vom Wegfall der Geschäftsgrundlage siehe Soergel-Siebert, Anm. 227 ff., zu § 242; Staudinger-Weber, Anm. E 31 ff. zu § 242.

[64] Siehe den Wortlaut des Art. 388 GZGB oben § 24 II 2.

diese Lehren gegenseitig überschneiden, betont jede einzelne ein verschiedenes Element. Aus der Kombination dieser Elemente ist der Art. 388 des GZGB entstanden:

Der Hinweis dieses Artikels auf die Umstände, auf denen die Parteien mit Rücksicht auf Treu und Glauben und die Verkehrssitte den Abschluß eines gegenseitigen Vertrages aufgebaut hatten, läßt Einflüsse der Lehre von der objektiven Geschäftsgrundlage erkennen, die auf Grund des § 242 BGB entwickelt wurde.

Die Änderung der Geschäftsgrundlage darf nach Art. 388 GZGB erst nachträglich eintreten und muß die Folge von außerordentlichen Gründen sein, die nicht vorhergesehen werden konnten. Hier scheint ein Einfluß der französischen Lehre von der imprévision vorhanden zu sein, welche nur völlig unvorhersehbare Ereignisse berücksichtigt, die in Verbindung mit „höherer Gewalt" den Vertrag in seiner Bedeutung von Grund auf verändern[65].

Eine dritte Voraussetzung für die Anwendung des Art. 388 GZGB besteht darin, daß die Leistung wegen der Änderung der Geschäftsgrundlage dem Schuldner auch mit Rücksicht auf die Gegenleistung unverhältnismäßig lästig geworden ist. In diesem Punkt läßt die Vorschrift Einflüsse des von Nipperdey entwickelten Gedankens der Nichtzumutbarkeit der Leistung erkennen[66].

Es ist also festzustellen, daß die Einstellung des GZGB zum Problem der Vertragstreue zwar Einflüsse der französischen théorie de l'imprévision aufweist, jedoch vor allem unter dem Einfluß der im deutschen Rechtskreis entwickelten Lösung steht.

c) Rechtsmißbrauch

Ein anderes grundlegendes Problem des Zivilrechts ist das des Rechtsmißbrauchs, das sich auf das Verhältnis des subjektiven Rechts zur objektiven Rechtsordnung bezieht[67]. Die Ausgestaltung des Rechtsmißbrauchsbegriffs in der Neuzeit ist hauptsächlich der französischen Theorie und Praxis zu verdanken, von denen die théorie de l'abus de droit entwickelt wurde.

Im Bereich des deutschen Rechtskreises werden die rechtlichen Schranken der Rechtsausübung von Treu und Glauben bestimmt. Auf Grund des § 242 BGB wird in Deutschland in ständiger Rechtsprechung angenommen, daß die Ausübung eines Rechts unzulässig ist, wenn sie mit Rücksicht auf die Verkehrssitte gegen Treu und Glauben verstößt[68]. Auf dem Prinzip von Treu und Glauben beruht auch die vom SchwZGB in Art. 2 getroffene Regelung:

---

[65] Mantzoufas, Privatrecht 29; P. Zepos, RHDI 1950, 27 ff. Eine abweichende Regelung gilt in Deutschland. „Es fällt auf", so schreibt W. Siebert, „daß die neuere und die neueste deutsche Rechtsprechung auf die Voraussehbarkeit keinen entscheidenden Wert gelegt hat." Soergel-Siebert I, Anm. 255 a. E. zu § 242.

[66] Mantzoufas, Privatrecht 29 ff.

[67] Schnitzer II, 418 ff.

[68] Soergel-Siebert I, Anm. 112 zu § 242.

„Jedermann hat in der Ausübung seiner Rechte und in der Erfüllung seiner Pflichten nach Treu und Glauben zu handeln. Der offenbare Mißbrauch eines Rechts findet keinen Rechtsschutz."

Von einem anderen Standpunkt gehen die zum kommunistischen Rechtskreis gehörenden Rechte aus. Hier ist der soziale und wirtschaftliche Zweck des Rechts maßgebend. Art. 1 des Zivilgesetzbuches der russischen sozialistischen föderativen Sowjet-Republik von 1922 lautet: „Die zivilen Rechte werden durch das Gesetz geschützt mit Ausnahme derjenigen Fälle, in denen sie im Widerspruch zu ihrer sozialen und wirtschaftlichen Zweckbestimmung ausgeübt werden." Diese Bestimmung wurde in die Zivilgesetzbücher der anderen Staaten der Sowjet-Union und mit einigen Abänderungen in die meisten Zivilgesetzbücher der sogenannten Volksrepubliken übernommen[69].

Der Gesetzgeber des GZGB hat bei der Lösung des Problems des Rechtsmißbrauchs sowohl die im deutschen als auch die im kommunistischen Rechtskreis getroffene Regelung berücksichtigt. Art. 281 des GZGB, wegen seiner Wichtigkeit als königlicher Paragraph des GZGB bezeichnet[70], lautet: „Die Ausübung eines Rechtes ist unzulässig, wenn sie offenbar die von Treu und Glauben oder von den guten Sitten oder vom sozialen oder wirtschaftlichen Zweck des Rechtes gezogenen Grenzen überschreitet."

Der Hinweis dieses Artikels auf Treu und Glauben läßt Einflüsse des deutschen Rechtskreises erkennen, während der letzte Teil der Bestimmung, der den sozialen und wirtschaftlichen Zweck des Rechts hervorhebt, dem erwähnten Art. 1 des Zivilgesetzbuches des RSFSR entnommen wurde[71].

Der Inhalt des Begriffs „sozialer und wirtschaftlicher Zweck des Rechts" ist, wie überhaupt der ganze Begriff des Rechtsmißbrauchs, eine reine Auslegungsfrage und steht immer in engem Zusammenhang mit der jeweils bestehenden Wirtschafts- und Sozialordnung. Meistens verstößt die mißbräuchliche Rechtsausübung gegen Treu und Glauben, und das genügt, um die Ausübung eines Rechts als unzulässig zu bezeichnen. Die ausdrückliche Erwähnung des sozialen und wirtschaftlichen Zweckes des Rechts im Gesetz erweitert jedoch den Begriff des Rechtsmißbrauchs. Die griechische Rechtsprechung wendet den Rechtsmißbrauchsartikel am häufigsten auf dem Gebiet des Arbeitsrechts an, und zwar auf das Kündigungsrecht des Arbeitgebers.

Einige Fälle der griechischen Rechtsprechung seien hier angeführt: Die Kündigung des Arbeitsvertrages von seiten des Arbeitgebers ist als Mißbrauch und daher als unwirksam zu bezeichnen, wenn der wirkliche Grund der Kündigung in der Teilnahme eines Arbeiters an einem Streik besteht. Das gleiche gilt, wenn der wirkliche Grund der Kündigung darin liegt, daß der Arbeiter zur Wahrung seiner Interessen eine Klage gegen den Arbeitgeber erhoben hat oder daß er andere Arbeiter zum Streik oder zur Klageerhebung angestiftet hat[72].

---

[69] Tarchov 14 ff. Vgl. auch oben § 23 II 5 Nr. 103.
[70] Fragistas, Festschrift für Martin Wolff 50.
[71] Vgl. oben § 23 II 5 Nr. 108.
[72] Fragistas, Festschrift für Martin Wolff 57; vgl. auch Mantzoufas, Privatrecht 97 ff.

Vom rechtsvergleichenden Standpunkt aus ist es interessant, daß die schweizerische Rechtsprechung den Rechtsmißbrauchsartikel des SchwZGB auf die Kündigungen von Dienstverträgen nicht anwenden will, gerade in dem Gebiet, wo Art. 281 GZGB von der griechischen Rechtsprechung am häufigsten angewandt wird[73].

Ferner wurde in Griechenland die Ansicht vertreten, daß die soziale Funktion des Eigentumsrechts dem Art. 281 des GZGB zu entnehmen sei[74].

d) Unerlaubte Handlungen

Auf dem Gebiet der unerlaubten Handlungen läßt das GZGB Einflüsse sowohl des Code civil als auch des BGB erkennen. Nach dem Vorbild des Code civil (Art. 1382) enthält das GZGB in Art. 914 eine Generalklausel: „Wer gesetzwidrig einem anderen schuldhaft Schaden zufügt, ist zum Schadenersatz verpflichtet." Neben dieser Generalklausel enthält das GZGB, dem System des BGB folgend, eine Aufzählung von unerlaubten Handlungen.

Zwar geht das GZGB bei der Regelung der unerlaubten Handlungen vom Verschuldensprinzip aus, es weist jedoch unter dem Einfluß des französischen Rechtsdenkens eine beträchtliche Neigung zum Verursachungsprinzip auf. Es sind folgende Fälle hervorzuheben:

§ 847 BGB, der beim Vorliegen bestimmter unerlaubter Handlungen einen Anspruch auf Schmerzensgeld zuläßt, findet Anwendung sowohl auf schuldhafte unerlaubte Handlungen als auch auf die im BGB enthaltenen Fälle der Gefährdungshaftung (z. B. im Falle des § 833 Abs. 1 BGB, Haftung des Tierhalters). Das GZGB geht weiter. Art. 932 GZGB läßt einen Anspruch auf Schmerzensgeld bei jeder unerlaubten Handlung zu. Diese Vorschrift, die dem Art. 85 des französisch-italienischen Entwurfes des Obligationenrechts von 1927 nachgebildet ist, beruht sowohl auf dem Verschuldens- als auch auf dem Verursachungsprinzip. Z. B. hat der durch ein Auto Verletzte einen Anspruch auf Schmerzensgeld gegen den Kraftfahrzeugeigentümer, auch wenn diesen kein Verschulden trifft[75]. Ebenso hat der Arbeiter, der wegen eines Arbeitsunfalls eine Verletzung erlitten hat, einen Anspruch auf Schmerzensgeld gegen den Arbeitgeber, wenn Fahrlässigkeit des Verrichtungsgehilfen des Arbeitgebers vorliegt, ohne Rücksicht darauf, ob der Arbeiter versichert war oder nicht[76]. In diesen Fällen entsteht nach deutschem Recht kein Anspruch auf Schmerzensgeld[77].

Eine andere interessante Abweichung des GZGB von der Regelung der unerlaubten Handlungen im BGB ist folgende: Anders als gemäß § 831 BGB ist die Haftung des Dienst- und Geschäftsherrn für das Verschulden seines

---

[73] Fragistas, Festschrift für Martin Wolff 60.

[74] Vgl. oben § 25 II 1.

[75] Kavkas, Schuldrecht II, 842 N. 1; Triantaphyllopoulos, ND 1950, 4; vgl. auch Kitzopanos, NB 1956, 435 f. Es wird aber auch die entgegengesetzte Ansicht vertreten.

[76] Vgl. oben § 30 III.

[77] Vgl. Lieberwirth 19 ff. und 81 ff.

Verrichtungsgehilfen in Anlehnung an den Code civil (Art. 1384) als eine Art der Gefährdungshaftung ausgestaltet[78]. Das GZGB (Art. 922) gewährt dem Dienst- oder Geschäftsherrn die Möglichkeit des Entlastungsbeweises (im Sinne des § 831 BGB) nicht.

Ebenso ist die Haftung des Grundstücksbesitzers bei Gebäudeeinsturz nach dem GZGB strenger als nach dem BGB. Nach § 836 Abs. 1 BGB tritt die Ersatzpflicht des Grundstücksbesitzers nicht ein, wenn der Besitzer zum Zwecke der Abwendung der Gefahr die im Verkehr erforderliche Sorgfalt beobachtet hat. Art. 925 GZGB gewährt dem Grundstücksbesitzer diese Entlastungsmöglichkeit nicht.

Neben dieser Tendenz des GZGB zum Verursachungsprinzip ist auf dem Gebiet der unerlaubten Handlungen ferner bemerkenswert, daß das GZGB einen Anspruch auf Ersatz des immateriellen Schadens im Falle einer schuldhaften mißbräuchlichen Rechtsausübung zuläßt. Nach deutschem Recht verstößt zwar die mißbräuchliche Rechtsausübung gegen Treu und Glauben, stellt aber nur ausnahmsweise eine unerlaubte Handlung dar, nämlich wenn es sich um eine vorsätzliche sittenwidrige Schädigung handelt, also § 826 BGB gegeben ist. Nach dem GZGB stellt eine schuldhafte mißbräuchliche Rechtsausübung stets eine unerlaubte Handlung dar, auch wenn der Berechtigte nur leicht fahrlässig gehandelt hat. Der infolge einer schuldhaften mißbräuchlichen Rechtsausübung Geschädigte kann Schadensersatz verlangen, und zwar auch für den immateriellen Schaden[79].

e) Actio Pauliana

Ein anderes Rechtsinstitut, in dem das GZGB vom deutschen Recht abweicht, ist die sogenannte actio Pauliana. Sowohl nach deutschem als auch nach griechischem Recht gibt es zugunsten des Gläubigers zwei Arten der Anfechtung von Rechtshandlungen des Schuldners. Die eine von ihnen, die konkursmäßige Anfechtung, wird vom Konkursverwalter zum Zwecke der Vermehrung der Konkursmasse geltend gemacht. Die andere, d. h. die Anfechtung außerhalb des Konkurses, steht dem einzelnen Gläubiger zu und dient zur Befriedigung seines Anspruchs. Die erstere ist eine Kollektivklage, die letztere eine Individualklage.

Zwar kennt das deutsche Recht die actio Pauliana als Individualklage, jedoch steht die konkursmäßige Anfechtung im Vordergrund. Die actio Pauliana als Individualklage ist eine Ausnahme im deutschen Recht[80], die Regel ist die konkursmäßige Anfechtung.

---

[78] Vgl. Tripler 9.

[79] Fragistas, Festschrift für Martin Wolff 66.

[80] Im deutschen Recht (Anfechtungsgesetz vom 21. 7. 1879) steht die Anfechtung (außerhalb des Konkurses) dem einzelnen Gläubiger unter der Voraussetzung zu, daß die auf Zahlung einer bestimmten Geldsumme gerichtete Forderung des Gläubigers fällig ist, der Gläubiger einen vollstreckbaren Schuldtitel erlangt und die Zwangsvollstreckung in das Vermögen des Schuldners zu einer vollständigen Befriedigung des Gläubigers nicht geführt hat (oder anzunehmen ist, daß sie zu solcher nicht führen wird); Lent, Zwangsvollstreckung 151.

Im griechischen Recht kann die konkursmäßige Anfechtung nur gegen Kaufleute geltend gemacht werden, weil nach ihm nur Kaufleute in Konkurs fallen (Art. 525 HGB). Daher wurde im GZGB die actio Pauliana als allgemeine Individualklage geregelt. Über die Gläubigeranfechtung (actio Pauliana) wurden in das GZGB Bestimmungen aufgenommen, die der Regelung entsprechen, die auf Grund des Art. 1167 Code civil von der französischen Wissenschaft und Rechtsprechung entwickelt worden ist[81]. Nach dem GZGB steht die Anfechtung von Rechtshandlungen des Schuldners dem einzelnen Gläubiger zu und dient zur Befriedigung seines Anspruchs. Die Anfechtungsklage ist grundsätzlich eine Individualklage, sie ist eine Wirkung des dem Gläubiger zustehenden Forderungsrechts.

f) Eigentumsübertragung

Bei der Regelung der Eigentumsübertragung an beweglichen Sachen weicht das deutsche vom französischen Recht wesentlich ab. Der Code civil (Art. 711 und 1138) beruht auf dem Vertragsprinzip. Das Eigentum an beweglichen Speziessachen wird allein durch übereinstimmende Willenserklärungen übertragen, ohne daß überdies noch eine Tradition erforderlich ist[82]. Die Regelung des BGB (§ 929) dagegen beruht auf dem Traditionsprinzip. Zur Übertragung des Eigentums an beweglichen Sachen ist Einigung und Übergabe der Sache erforderlich.

Das GZGB ist bei der Regelung der Eigentumsübertragung an beweglichen Sachen dem System des BGB, nämlich dem Traditionssystem, gefolgt, das als „ein Atavismus des Sachenrechts" bezeichnet worden ist[83]. Auch ist wie im deutschen Recht bei der Eigentumsübertragung an beweglichen Sachen das dingliche und das obligatorische Rechtsgeschäft scharf geschieden, das dingliche Rechtsgeschäft nämlich ist abstrakt (Art. 1034 GZGB).

Diese Übereinstimmung des GZGB mit dem BGB besteht aber nur bei der Eigentumsübertragung an beweglichen Sachen. Hinsichtlich der Eigentumsübertragung an unbeweglichen Sachen finden sich erhebliche Unterschiede. Bei der Eigentumsübertragung an Grundstücken ist das GZGB dem System des SchwZGB (Art. 656 in Verbindung mit Art. 664) gefolgt. Das dingliche Rechtsgeschäft, durch welches das Eigentum an einem Grundstück übertragen wird, ist nach dem GZGB nicht abstrakt, wie im deutschen Recht, sondern kausal. Der Eigentumserwerb setzt einen „gültigen Erwerbsgrund", eine „iusta causa" voraus (Art. 1033 GZGB). Die Nichtigkeit oder die Anfechtbarkeit des obligatorischen Rechtsgeschäfts hat die Nichtigkeit oder die Anfechtbarkeit des dinglichen Rechtsgeschäfts zur Folge. Es ist auch zu erwähnen, daß das Liegenschaftsrecht des GZGB nicht auf dem System des Grundbuchs, sondern auf dem französischen Transkriptionssystem beruht[84].

---

[81] Vgl. oben § 24 I.
[82] Vgl. Plesmann 1 ff.; Braun 5 ff.
[83] Th. Süss, Festschrift für Martin Wolff 141 Nr. 1.
[84] Vgl. oben § 25 II 3.

g) Ehe

Auf dem Gebiet des Familienrechts herrscht, abgesehen von der Regelung der Rechtsstellung der unehelichen Kinder, im GZGB ein konservativer Geist. Das GZGB kennt die Zivilehe nicht. Die Ehe der Angehörigen der griechisch-orthodoxen Kirche (d. h. die Ehe fast aller Griechen, denn fast alle Griechen bekennen sich zur griechisch-orthodoxen Konfession) besteht ohne kirchliche Trauung durch einen Priester dieser Kirche nicht (Art. 1367 GZGB). Das gleiche gilt auch bei der Ehe eines Christen der griechisch-orthodoxen Konfession mit einem Christen einer anderen Konfession (z. B. mit einem Katholiken oder mit einem Protestanten). Bei den Eheverboten ist die Religionsverschiedenheit zu erwähnen. Die Ehe zwischen einem Christen und einem Andersgläubigen (z. B. einem Juden, Buddhisten oder Mohammedaner) ist verboten und daher nichtig (Art. 1353 GZGB).

Diese Regelung, die auf den Einfluß der griechisch-orthodoxen Kirche zurückzuführen ist, bringt das oben zu I erwähnte, von Zweigert aufgestellte Unterscheidungskriterium der Ideologien im Sinne rechtsprägender Religionen in Erinnerung.

h) Dotalsystem

Auf dem Gebiet des Familienrechts sind ferner die vermögensrechtlichen Beziehungen der Ehegatten zu erwähnen. Das GZGB stellt den Grundsatz der vermögensrechtlichen Selbständigkeit der Ehegatten auf (Art. 1397). Die Ehe als solche übt keine Wirkung auf das Vermögen der Ehegatten aus. Das gesetzliche Ehegüterrechtssystem ist das Dotalsystem, im übrigen Gütertrennung. Abweichend vom BGB, vom Code civil und vom SchwZGB stellt das GZGB den Eheschließenden kein ausgearbeitetes Gtütergemeinschaftssystem zur Wahl[85].

Das Dotalsystem des GZGB weicht in wichtigen Punkten vom römischen Dotalsystem ab. Die Rechtsstellung des Mannes ist unter dem Einfluß des Code civil (Art. 1549 Abs. 1 und 2) umgestaltet worden. Wenn im Dotalvertrag nichts anderes bestimmt ist, ist der Mann nicht dominus dotis, sondern er hat nur die Verwaltung und den Nießbrauch an den Dotalgrundstücken. Das Eigentum an ihnen bleibt der Frau, und zwar auch dann, wenn die Mitgift von einem Dritten bestellt ist (Art. 1412 Abs. 2 GZGB). Der Mann erwirbt aber das Eigentum an den beweglichen Dotalsachen, wenn im Dotalvertrag nichts anderes bestimmt wurde (Art. 1412 Abs. 1 GZGB).

i) Uneheliche Kinder

Weiter ist die vom GZGB getroffene Regelung auf dem Gebiet der Rechtsstellung der unehelichen Kinder hervorzuheben. Es wurde schon ausgeführt, daß diese Regelung ein Kompromiß der deutschen und der romani-

---

[85] Vgl. oben § 26 II 5 Nr. 276.

schen Auffassung ist und zum größten Teil der vom SchwZGB getroffenen Regelung entspricht[86].

j) Vormundschaftsrecht

Weiter ist die Regelung des Vormundschaftsrechts erwähnenswert. Was dieses Rechtsinstitut angeht, ist vom vergleichenden rechtsgeschichtlichen Standpunkt aus bemerkenswert, daß die romanischen Länder das aus dem germanischen Recht stammende Prinzip der Obervormundschaft der Familie übernommen haben, während das deutsche Recht das aus dem römischen Recht stammende Prinzip der staatlichen Obervormundschaft übernommen hat[87].

Im französischen Recht gilt die gesetzliche Vormundschaft. Die Vormundschaft fällt kraft Gesetzes an den nächsten Verwandten des Mündels. Die Aufsicht über den Vormund führt weitgehend der Familienrat, dessen Einsetzung bei jeder Vormundschaft obligatorisch ist (Art. 397 ff. C. c.)[88].

Das deutsche Recht kennt die gesetzliche Vormundschaft nicht, abgesehen von dem Fall des § 35 des Jugendwohlfahrtsgesetzes, nach dem die Jugendämter kraft Gesetzes Amtsvormund für alle unehelichen Kinder ihres Bezirkes sind (sog. Amtsvormundschaft). Im deutschen Recht gilt das Bestellungsprinzip. Jeder Vormund muß vom Vormundschaftsgericht bestellt werden. Die Einsetzung des Familienrates ist nicht wie im französischen Recht obligatorisch, sondern fakultativ und vom Ermessen des Vormundschaftsgerichts abhängig; sie erfolgt selten[89]. Bei der Vornahme der wichtigsten Rechtsgeschäfte bedarf der Vormund im deutschen Recht nicht der Zustimmung des Familienrates (wie im französischen Recht), sondern nur der Genehmigung des Vormundschaftsgerichts bzw. des Gegenvormundes.

Daraus folgt, daß das Vormundschaftsrecht des Code civil auf dem Familienprinzip, auf der Obervormundschaft der Familie beruht, während das Vormundschaftsrecht des BGB auf dem Gedanken der staatlichen Obervormundschaft aufgebaut ist.

Das GZGB ist dem französischen System gefolgt. Wie im französischen Recht gilt auch nach dem GZGB die gesetzliche Vormundschaft (Art. 1590 ff. GZGB). Die Einsetzung des Familienrates ist wie im französischen Recht bei jeder Vormundschaft obligatorisch (Art. 1612 und 1665 Abs. 2 GZGB). Die wichtigsten Rechtsgeschäfte im Namen des Mündels (z. B. Veräußerung von Grundstücken, Annahme oder Ausschlagung einer Erbschaft, Abschluß von Pacht- und Mietverträgen über drei bzw. über fünf Jahre usw.) kann der Vormund nur mit einem Gutachten des Familienrates und mit Erlaubnis des Gerichtes vornehmen (Art. 1647 GZGB). Es findet also in der Regel eine doppelte Kontrolle statt, nämlich durch den Familienrat und durch das Gericht.

---

[86] Vgl. oben § 29 III.
[87] Vgl. Beitzke 198; Schneider 2 ff.; Abderhalden 83; 91 ff.
[88] Schneider 96 ff.
[89] Beitzke 200.

Vergleicht man das Vormundschaftsrecht des GZGB mit dem des Code civil, so erhellt, daß das GZGB dem Wirkungskreis des Vormundes engere Grenzen gezogen und die Aufsichtsbefugnisse des Familienrates ausgedehnt hat[90].

k) Testierfreiheit

Auf dem Gebiet des Erbrechts strebt das GZGB, dem System des Code civil folgend, danach, die Testierfreiheit des Erblassers bis zu seinem Tode möglichst aufrechtzuerhalten.

Nach dem BGB kann die Testierfreiheit eines geschäftsfähigen Erblassers zu seinen Lebzeiten ausgeschlossen werden. So, wenn sich der Erblasser durch einen Erbvertrag bindet oder wenn er ein gemeinschaftliches Testament errichtet hat und sein Ehegatte stirbt (§§ 1941 und 2271 Abs. 2). Im Gegensatz dazu ist nach dem Code civil (Art. 791, 968 und 1130) und nach dem GZGB (Art. 368 und 1717) sowohl der Erbvertrag als auch das gemeinschaftliche Testament[91] unzulässig.

Bei der Regelung dieser Rechtsinstitute geht das BGB von dem Gedanken der Parteiautonomie und der Vertragsfreiheit aus. Dagegen legt das GZGB wie der Code civil den Hauptwert auf den Schutz der Testierfreiheit, die es bis zum Tode des Erblassers erhalten will.

l) Pflichtteil

Ferner ist auf dem Gebiet des Erbrechts zu erwähnen, daß das GZGB bei der Regelung des Pflichtteils, wenn auch mit wesentlichen Abweichungen, dem französischen System der „réserve“ folgt (vgl. oben § 27 II 4).

m) Rück- und Weiterverweisung

Auf dem Gebiet des IPR hat das GZGB (Art. 32) abweichend vom französischen und vom deutschen IPR die Rück- oder Weiterverweisung durch eine positive Vorschrift (Art. 32) ausdrücklich abgelehnt (vgl. oben § 23 II 3).

III. Schlußbemerkungen

Die vorstehend erwähnten Rechtsinstitute sind einige der wichtigsten, welche Einflüsse des romanischen Rechtskreises im GZGB erkennen lassen

---

[90] Das französische Recht unterscheidet z. B. zwischen den Immobiliar- und Mobiliarklagen. Zur Erhebung einer Immobiliarklage (action immobilière), durch die ein dingliches Recht an einer unbeweglichen Sache geltend gemacht wird, ist die Autorisation des Familienrates erforderlich (Art. 464 C. c.); dagegen kann der Vormund die sog. Mobiliarklagen (dazu gehören auch die Besitzklagen) ohne Ermächtigung des Familienrates erheben. Das GZGB hat außer der Immobiliarklage auch jede Klage über einen Gegenstand, dessen Wert 50 Drachmen (d. h. etwa 7 DM) übersteigt, der Zustimmung des Familienrates unterworfen (Art. 1651 GZGB).

[91] Es ist zutreffend gesagt worden, daß das gemeinschaftliche Testament zu den „Zankäpfeln“ des IPR gehört; vgl. Raape 426 ff. und Kegel 332.

oder eine vom BGB abweichende Regelung treffen. Abgesehen von ihnen und noch einigen anderen[92] ist das GZGB jedoch zum größten Teil dem BGB nachgebildet.

Die besondere Regelung der erwähnten Rechtsinstitute einerseits und die Tatsache, daß das GZGB zum größten Teil dem BGB nachgebildet ist, andererseits, hat jedoch zu der Ansicht geführt, daß das GZGB weder zum romanischen noch zum deutschen Rechtskreis gehöre. Michaelides-Nouaros, Professor für Zivilrecht an der Universität Athen, hat in einer Reihe von Vorträgen, die er an der Universität Nancy gehalten hat und die unter dem Titel „les systèmes juridiques des peuples européens" veröffentlicht worden sind, die Ansicht vertreten, daß das GZGB keinem der bisherigen Rechtskreise, also auch nicht dem deutschen Rechtskreis zuzurechnen sei. Er schlägt vor, den bisherigen Rechtskreisen einen weiteren hinzuzufügen, dem die „Systèmes éclectiques ou mixtes" zuzurechnen seien. Er will dazu Italien und Griechenland zählen. Die zivilrechtlichen Kodifikationen Italiens und Griechenlands, meint er, befolgten eine auswählende Methode und ließen Einflüsse sowohl des deutschen als auch des romanischen Rechtskreises erkennen, während sie gleichzeitig in vielen Punkten vom französischen und deutschen Recht abwichen und daher einen eigenen Charakter hätten. Dies rechtfertige die Anerkennung eines neuen Rechtskreises unter dem Namen „systèmes éclectiques ou mixtes", dem das italienische und das griechische Zivilrecht zuzurechnen seien[93]. Er beruft sich dabei auf Wieacker, der in seiner „Privatrechtsgeschichte der Neuzeit" schreibt: „Der neue Codice civile von 1942 und die Zivilprozeßreform zeigen eine vollkommene Selbständigkeit von der romanischen Rechtsfamilie; sie stehen in vielem der mitteleuropäischen Rechtsfamilie, vor allem dem SchwZGB, näher. Es wäre unangemessen, so eigenständige Leistungen einer der beiden anderen kontinentalen Familien zuzuweisen."[94]

Dieser Ansicht, die das italienische und das griechische Zivilgesetzbuch einem neuen Rechtskreis unter dem Namen „systèmes éclectiques ou mixtes" zuweisen will, ist meines Erachtens nicht zuzustimmen. Die Terminologie „systèmes éclectiques ou mixtes" enthält in sich schon das indirekte, aber klare Eingeständnis, daß diese Mischsysteme keine selbständigen, keine alleinstehenden Systeme sind, sonst wären sie keine Mischsysteme. Sie sind vielmehr Mischsysteme deshalb, weil sie starke Einflüsse anderer „origineller" Rechtskreise erkennen lassen[95], weil sie sich von diesen ableiten und den größten Teil ihres zivilrechtlichen Stoffes aus ihnen geschöpft haben. Die Anerkennung eines neuen, eigenen Rechtskreises scheint erst dann begründet, wenn sich nicht der überwiegende Einfluß eines der bisherigen großen Rechtskreise feststellen läßt. Die Frage ist also nicht, ob eine Rechtsordnung ein „système éclectique ou mixte" (Mischsystem) ist oder nicht. Die Frage ist vielmehr, ob und

---

[92] Weitere Unterschiede zwischen dem BGB und dem GZGB siehe oben §§ 23 I, 24 I, 25 I, 26 und 27 I.

[93] Michaelides-Nouaros, Systèmes 30 und 69 ff.

[94] Wieacker 302.

[95] Zweigert, Legal Essays 54 N. 2.

welcher der großen Rechtskreise auf ein solches Mischsystem überwiegend eingewirkt hat.

Auf Grund dieses Kriteriums sind das SchwZGB dem deutschen und der italienische Codice civile von 1942 dem romanischen Rechtskreis zuzurechnen. Zwar läßt das SchwZGB Einflüsse des romanischen Rechtskreises erkennen (vgl. z. B. die Generalklausel des Art. 41 SchwOR und die Regelung der Rechtsnatur des Pflichtteilsrechts in Art. 470 ff. SchwZGB) und hat im ganzen einen eigenen Charakter, es ist jedoch dem deutschen Rechtskreis zuzurechnen, weil dieser Rechtskreis überwiegend auf die Gestaltung des SchwZGB eingewirkt hat. Der italienische Codice civile von 1942 läßt zwar Einflüsse des deutschen Rechtskreises erkennen (z. B. bei der Regelung des Wegfalls der Geschäftsgrundlage, Art. 1467—1469) und zeigt ebenfalls vielfach einen eigenen Charakter, trotzdem ist er dem romanischen Rechtskreis zuzurechnen, weil der Einfluß dieses Rechtskreises auf das italienische Zivilrecht überwiegt[96]. Dementsprechend muß auch das griechische Zivilgesetzbuch demjenigen Rechtskreis zugerechnet werden, der auf das GZGB und auf das griechische Zivilrecht überwiegend eingewirkt hat. Wenn man auf Grund dieses Kriteriums die Frage beantworten will, ist das GZGB ohne Bedenken dem deutschen Rechtskreis zuzurechnen.

Schon bei der Gliederung des Stoffes des GZGB zeigt sich der große Einfluß des BGB. Das GZGB ist, dem System des BGB folgend, in fünf Bücher gegliedert: Allgemeiner Teil, Schuldrecht, Sachenrecht, Familienrecht und Erbrecht. Die Gliederung der einzelnen Bücher und der einzelnen Kapitel folgt ebenfalls zum größten Teil dem BGB[97].

Es handelt sich aber nicht um eine bloße äußerliche Ähnlichkeit, die sich auf die Gliederung des Stoffes beschränkt, sondern um einen tieferen Einfluß des BGB und des deutschen Rechtsdenkens auf den materiellrechtlichen Inhalt der einzelnen Bestimmungen des GZGB, das abgesehen von den oben erwähnten sowie einigen anderen Rechtsinstituten zum größten Teil dem BGB nachgebildet ist. Es scheint jedoch notwendig, hier noch einmal einen ganz kurzen Überblick über den Einfluß des BGB und des deutschen Rechtsdenkens auf das GZGB und auf das griechische Zivilrecht in den einzelnen Materien zu geben.

Das erste Buch des GZGB (Allgemeiner Teil) ist zum größten Teil dem BGB und dem SchwZGB nachgebildet. Von den 286 Artikeln des Allgemeinen Teils des GZGB sind ungefähr zwei Drittel dem BGB und 32 Artikel dem SchwZGB entnommen[98]. Zusammen entsprechen also drei Viertel der Vorschriften des Allgemeinen Teils der Regelung des BGB und des SchwZGB. Die wichtigsten Bestimmungen, die dem SchwZGB entnommen wurden, sind diejenigen über die Verschollenheit und über das Recht auf die eigene Persönlichkeit. Die Bestimmungen über die Rechtsgeschäfte, über Vertretung und Vollmacht, über Bedingungen und Fristen und über Verjährung wur-

---

[96] Zweigert, Legal Essays 54 N. 2.
[97] Vgl. Valticos, 57.
[98] Vgl. Kavkas, Zivilgesetzbuch I, 1 ff.; vgl. oben § 23 N. 42 und 51—56.

den zum größten Teil dem BGB entnommen. Dazu ist noch zu bemerken, daß solche Vorschriften des Allgemeinen Teils des GZGB, die nicht im BGB zu finden sind, weitgehend unter dem Einfluß der deutschen Rechtslehre formuliert worden sind. So wurden z. B. die Art. 197, 198 des GZGB, die die Haftung für Verschulden beim Vertragsschluß regeln, unter dem Einfluß der in Deutschland entwickelten Lehre von der culpa in contrahendo geschaffen.

Das zweite Buch des GZGB (Schuldrecht) trägt noch stärker den Stempel des Einflusses des BGB. Von den 209 Artikeln des Allgemeinen Schuldrechts des GZGB sind ungefähr vier Fünftel den entsprechenden Bestimmungen des BGB nachgebildet. Von den 451 Artikeln des Besonderen Schuldrechts des GZGB entsprechen ungefähr zwei Drittel der Regelung des BGB[99]. Einige Bestimmungen des Schuldrechts des GZGB, die nicht im BGB zu finden sind, wurden wiederum unter dem Einfluß der deutschen Rechtslehre formuliert (so z. B. Art. 386 über den Sukzessivlieferungsvertrag[100] und der bereits erwähnte Art. 388 über die unvorhergesehene Änderung der Geschäftsgrundlage). Kennzeichnende Rechtsinstitute des deutschen Rechtskreises (wie z. B. die Generalklauseln der §§ 157, 242 und 826 BGB, die intensive Erfassung des Instituts der ungerechtfertigten Bereicherung, die Doktrin vom Wegfall der Geschäftsgrundlage) finden sich im Schuldrecht des GZGB wieder (Art. 200, 288, 388, 904 ff. und 919).

Was das Sachenrecht und das Erbrecht des GZGB angeht, so sind mehr als die Hälfte der entsprechenden Bestimmungen des GZGB dem BGB nachgebildet[101].

Nur auf dem Gebiet des Familienrechts ist der Einfluß des BGB auf das GZGB nicht so stark gewesen. Von den 364 Artikeln des Familienrechts des GZGB wurden aber immerhin ungefähr drei Siebtel dem BGB entnommen[102]. Manche Rechtsinstitute, wie Verlöbnis, Ehescheidung, Unterhaltsrecht und andere, sind sehr weitgehend dem BGB nachgebildet.

Überblicken wir also das GZGB im ganzen, so erhellt, daß es sich sehr eng an das deutsche Recht anlehnt. In Griechenland wurde deshalb das GZGB als ein Kind der Pandektistik bezeichnet[103].

Zwar würde diese Feststellung genügen, um das GZGB dem deutschen Rechtskreis zuzuweisen, es muß jedoch darüber hinaus bemerkt werden, daß nicht nur die Regelung der einzelnen Rechtsinstitute des GZGB zum größten Teil der im deutschen Rechtskreis getroffenen Regelung folgt, sondern daß der gesamte Geist des griechischen Zivilrechts dem deutschen Rechtsdenken entspricht. So strahlen auch die Entwicklungen der deutschen Rechtsprechung und Lehre ihren Einfluß immer wieder auf das griechische Recht aus. Nur drei charakteristische Beispiele seien dafür erwähnt:

---

[99] Vgl. Kavkas, Zivilgesetzbuch I, 112 ff.
[100] Vgl. Emmanuel 40.
[101] Vgl. oben § 25 I Nr. 184 und § 27 I Nr. 297.
[102] Vgl. Kavkas, Zivilgesetzbuch II, 1 ff.
[103] Michaelides-Nouaros, Systèmes 28, schreibt: „Le code civil grec de 1940 est un enfant de la science des pandectistes." Vgl. auch Thiväos, ND 1946, 79 und 127.

Es wurde schon oben dargelegt, daß der Entwurf der neuen griechischen Zivilprozeßordnung das ausländische Recht als Recht und nicht als Tatsache behandelt[104]. Das ist auf den Einfluß der im deutschen Rechtskreis getroffenen Regelung zurückzuführen, während in den meisten romanischen Ländern, in England und in den meisten Einzelstaaten der USA das ausländische Recht wie eine Tatsache zu beweisen ist[105].

Vor Inkrafttreten des GZGB war der Begriff der Verwirkung der griechischen Rechtsprechung nicht vertraut. Nach seinem Inkrafttreten hat sie, gestützt auf den Rechtsmißbrauchsartikel und unter dem Einfluß des deutschen Rechtsdenkens, diese Rechtsfigur übernommen[106].

Nach der ständigen Rechtsprechung des griechischen Kassationshofes ist die Einrede der Arglist gegen die Berufung auf Formmangel nicht zulässig[107]. Ein Teil der griechischen Rechtslehre und einige Zivilgerichte unterer Instanz[108] folgen der entgegengesetzten Ansicht; zur Stützung ihrer Argumentation berufen sie sich auf das deutsche Schrifttum und auf die deutsche Rechtsprechung[109], die seit langem auf Grund des § 242 BGB die Einrede der Arglist gegen die Berufung auf Formmangel zugelassen haben[110]. Die in diesem und in vielen anderen Fällen zu beobachtende Berufung auf die deutsche Literatur und Judikatur hat ihren Sinn darin und beruht darauf, daß das griechische Zivilrecht seinem gesamten Geist nach zum deutschen Rechtskreis gehört.

Überblicken wir also im ganzen einerseits die im ersten Teil dieser Untersuchung geschilderte geschichtliche Entwicklung, auf die das GZGB zurückblickt, und andererseits den materiellrechtlichen Inhalt dieses Gesetzes, so ergibt sich klar, daß der Einfluß des BGB und des deutschen Rechtsdenkens auf das GZGB und das griechische Zivilrecht insgesamt zwar nicht ausschließlich, jedoch überwiegend ist. Wir sind daher der Meinung, daß wegen dieses überwiegenden Rechtseinflusses das GZGB dem deutschen Rechtskreis zugerechnet werden muß[111].

---

[104] Vgl. oben § 23 II 3.

[105] Kegel 162.

[106] *Fragistas*, Festschrift für Martin Wolff 65; *Karakantas*, Verwirkung 170 ff.; *Papachristou*, NB 1960, 171.

[107] AP 150/1951, (Them. 1951, 371) und 361/1952 (Them. 1952, 594). Vgl. *Plagianakos* NB 1958, 419.

[108] Vgl. die Entscheidungen des OLG Korfu 59/1951 (Them. 1951, 779) und des OLG Thessaloniki 914/1953 (Them. 1954, 523) sowie die Anmerkungen zu letzteren.

[109] Vgl. *G. Vallindas*, Anm. zu Art. 904 a. E.

[110] *Soergel-Siebert* I, Anm. 212 zu § 242.

[111] Vgl. *Arminjon-Nolde-Wolff* II, Nr. 611, S. 424; *Wieacker* 292 N. 18, 298 und 302; *Schnitzer* I, 215; *Holleaux*, RIDC 1952, 627 f.; *P. Vallindas*, RHDI 1954, 268 f. „Was Griechenland angeht", so schreibt *K. Zweigert*, „so ist es meines Erachtens dem deutschen Rechtskreis zuzurechnen; obwohl die neue Kodifikation hier Zweifel lassen könnte, spricht dafür der Einfluß der deutschen Pandektistik des 19. Jahrhunderts, dessen Fortwirken sich auch daran erweist, daß Griechenland seinen besten juristischen Nachwuchs noch heute an die deutschen Universitäten schickt." *Zweigert*, Legal Essays 55.

Es wäre aber ein großer Irrtum, zu glauben, daß das GZGB lediglich eine neue Ausgabe des BGB sei. Die vorstehende Untersuchung hat vielmehr gezeigt, daß das GZGB in der Übernahme von Vorschriften und Institutionen sehr wählerisch gewesen ist und durchaus Eigenart und Selbständigkeit besitzt und daher — wie das SchwZGB — eine eigene Stellung innerhalb der deutschen Rechtsfamilie und in der Geschichte der Kodifikationen des Zivilrechts einnimmt. Das Ergebnis der vorliegenden Untersuchung umreißen daher am besten folgende Sätze von Sontis, Professor für Zivilrecht an der Universität Athen, die auch als Schlußwort dieser Arbeit gelten können: „Griechenland ist das einzige Land gewesen, welches Deutschland auf dem Wege begleitet hat, den dieses nach dem Sieg des Begründers der historischen Rechtsschule erst zurücklegen mußte, um zur Kodifikation zu gelangen. Daß die griechische Wissenschaft in ihrem Bemühen, auch ihrerseits dies Ziel zu erreichen, die bedeutendste Hilfe von der deutschen empfing, war eine natürliche Folge jener Gemeinsamkeit. Diese Hilfe hat aber nicht zu einer Unterwerfung unter das gebotene Vorbild geführt. Als sie kam, hatte bereits die griechische Wissenschaft einen bedeutenden Grad an Reife und Selbständigkeit erreicht, der ihr ermöglichte, das bisherige Maß der Rechtskontinuität nicht aufzugeben."[112]

---

[112] *Sontis*, ZSS 78 (1961) 385.

Literaturverzeichnis

(Die selbständigen Veröffentlichungen werden in den Fußnoten lediglich mit Verfassernamen und Seitenzahl angeführt, soweit mehrere Werke des gleichen Autors benutzt wurden, außerdem mit dem im Literaturverzeichnis angegebenen Kurztitel, Aufsätze und sonstige Artikel mit Verfassernamen und Fundstelle; Rezensionen sind durch ein R gekennzeichnet. Verfassernamen und Titel der griechischen Veröffentlichungen mußten aus typographischen Gründen leider transkribiert werden.)

Abderhalden, Hildegard, Vormund und Mündel im englischen Recht, verglichen mit französischem und deutschem Recht (Beiträge zum ausländischen und internationalen Privatrecht 16). Berlin 1939

Aeby, Frédéric, La propriété des appartements. Brüssel 1960

Äschylos, Eumenides

Anastasiadis, El., Epi tou Schediou tou Astikou Kodikos [Über den Entwurf des Zivilgesetzbuches]: Them. 1939, 145—154

Andrioli, D'Ovidio, Scorza, Italienische Rechtsprechung aus den Jahren 1933, 1934, 1935: RabelsZ 10 (1936) 226—269

Angelis, Philipp D., O Aquilios nomos kai i nomologiaki epharmogi tou [Die lex Aquilia und ihre Anwendung in der Rechtsprechung]. Athen 1934

Aravantinos, Panagiotis, Peri tou Germanikou Astikou Kodikos en schesei pros tin kodikopoiesin tou Ellinikou Dikaiou [Über das deutsche BGB im Verhältnis zur Kodifizierung des griechischen Rechts]: Ephimeris tis Ellinikis kai Gallikis Nomologias 25 (1905/1906) 494—502 [Zeitschrift der griechischen und französischen Rechtsprechung]

Aristoteles, Ninomachische Ethik

ders., Rhetorik

Arminjon-Nolde-Wolff, Traité de droit comparé I. Paris 1950

Balis, Georgios, Encheiridion klironomikou dikaiou [Handbuch des Erbrechts]. 3. Aufl. Athen 1934 (= Handbuch)

ders., Genikai Archai tou Astikou Dikaiou (Kata ton Kodika) [Allgemeiner Teil des bürgerlichen Rechts, gemäß dem GZGB]. 6. Aufl. 1951 (= Allgemeiner Teil)

ders., Klironomikon Dikaion (kata ton Kodika) [Erbrecht, gemäß dem GZGB]. 3. Aufl. Athen 1952 (= Erbrecht)

ders., Oikogeneiakon Dikaion [Familienrecht]. Athen 1956 (= Familienrecht)

ders., Paratiriseis epi tou nomou tokoglyfias kai aischrokerdeias [Bemerkungen zum Gesetz über den Wucher]: Them. 1912/1913, 190—192

ders., I kata planin en Elladi epharmogi astikou dikaiou mipote eisachthentos [Die irrtümliche Anwendung niemals eingeführten bürgerlichen Rechts in Griechenland]: Meletai epi tou ischyontos astikou dikaiou [Studien zum geltenden bürgerlichen Recht]. 2. Aufl. Athen 1934, 146—165 (= Studien)

ders., O dikastis kai ta kena tou Astikou Kodikos [Der Richter und die Lücken des Zivilgesetzbuches]: Them. 1940, 273—276
ders., O «Ellinikos» (!) Astikos Kodix tou 1945 [Das „griechische" (!) Zivilgesetzbuch von 1945]: Them. 1946, 217—235
ders., Apologias anatropi [Widerlegung einer Verteidigung]: Them. 1946, 377 bis 381
Baltatzis, Aristides, R: Syntagmation Nomikon Alexandrou Ioannou Ypsilanti Woewoda Igemonos pasis Ungrowlachias, 1780 [Das Syntagmation Nomikon des Fürsten Alexander Ypsilanti, Woiwoden der Ungrowalachei, 1780]: RabelsZ 10 (1936) 1015 f.
ders., Die Behandlung des ausländischen Rechts im griechischen Zivilprozeß: RabelsZ 11 (1937) 131—137
Bartholomeyczik, Horst, Erbrecht, Ein Studienbuch. 4. Aufl. München—Berlin 1960
Baur, Fritz, Lehrbuch des Sachenrechts. München—Berlin 1960
Beitzke, Günther, Familienrecht, Ein Studienbuch. 10. Aufl. München—Berlin 1962
von Below, Georg, Die Ursachen der Rezeption des römischen Rechts in Deutschland. München—Berlin 1905
Benakis, Christos A., Kritikoi Kodikes, Astikoi Nomoi eisachthentes en Kriti, Kritikos Astikos Kodix [Kretische Gesetzbücher, in Kreta eingeführte Zivilgesetze, Kretisches Zivilgesetzbuch]. Heraklion 1928
Berechet, Stefan Gr., Der Einfluß des byzantinischen auf das alte rumänische Recht: Mnemosyna Pappoulia, Athen 1934, 29—44
Binder, Heinz, Zur Auflockerung des Deliktsstatuts: RabelsZ 20 (1955) 401—499
Bisoukides, Perikles, s. v. Griechisches Recht: Handwörterbuch der Rechtswissenschaft hrsg. von Fritz Stier-Somlo und Alexander Elster III, Berlin—Leipzig 1928, 15—24
Braun, Hans Theo, Das Vertragssystem des Code civil beim Eigentumserwerb an Mobilien. Diss. Berlin 1937
Burckhardt, Walther, Methode und System des Rechts. Zürich 1936
Campion, L., La théorie de l'abus de droit. Brüssel—Paris 1925
Chapeaurouge, Edmund de, Rechtsgrund- und Vollzugsgeschäfte im französischen und im deutschen Recht. Diss. Leipzig 1935
Chatzidakis, Andreas, Paratiriseis epi tou Schediou „peri mikton gamon" (Nr. 799/1941) [Bemerkungen zum Entwurf des Gesetzesdekrets „über die Mischehen", Nr. 799/1941]: AID 1945, 122—137
Chauveau, Paul, Traité de droit maritime. Paris 1958
Chiotis, Panagiotis, Istoria tou Ioniou Kratous apo systaseos avtou mechris Enoseos [Geschichte des Jonischen Staates von seiner Gründung bis zur Vereinigung]. Zakynthos 1874—1877
Coing, Zum Einfluß der Philosophie des Aristoteles auf die Entwicklung des römischen Rechts, ZSS 69 (1952), 38 ff.
Daskalakis, Ch. E., s. v. Phanariotai [Phanarioten]: MEE XXIII, 815 f.
David, René, Traité élémentaire de droit comparé. Paris 1950
Demertzis, Konstantinos, Eythyni tou kratous ek ton paranomon praxeon kai paraleipseon ton ypallilon [Haftung des Staates aus gesetzwidrigen Handlungen und Unterlassungen der Beamten]. Athen 1903
Demogue, Traité des obligations en général, IV, Paris, 1924
Dernburg, Heinrich, System des römischen Rechts II. 8. Aufl. Berlin 1912
Dunz, Walter, Das neue Familienrechtsänderungsgesetz: NJW 1961, 2137—2141
Dyovouniotis, Georgios, Ionios Politikos Kodix [Jonisches Zivilgesetzbuch]. Athen 1901

ders., Ai genikai kateuthintiriai grammai tou neou Ellinikou Astikou Kodikos [Die allgemeinen Richtlinien des neuen griechischen Zivilgesetzbuches]: AID 1935, 446—457

Egger, August, Kommentar zum Schweizerischen Zivilgesetz II, 3 (Das Familienrecht). 2. Aufl. Zürich 1948

Eisler, R., Wörterbuch der philosophischen Begriffe. Berlin 1910

Emmanuel, Demetrios Sp., Der Kauf nach geltendem griechischem Recht und nach dem griechischen Entwurf im Vergleich zum deutschen Recht. Diss. Hamburg 1937

Entwurf des GZGB, siehe Schedion

Ermineia tou Astikou Kodikos [Kommentar zum Zivilgesetzbuch, hrsg. von Professoren und Dozenten der Universitäten Athen und Thessaloniki unter Mitwirkung von Mitgliedern des Staatsrats und des Areopag]. Athen 1949 ff. (= ErmAK)

Escarra, Jean, Cours de droit commercial. Paris 1952

Evrigenis, Demetrios J., I epharmogi allodapou dikaiou [Die Anwendung ausländischen Rechts]. Thessaloniki 1956

Frangos, J., Die Unmöglichkeit der Leistung nach dem griechischen Entwurf eines bürgerlichen Rechtes (Recht der Schuldverhältnisse). Diss. Bonn 1937

Freund, Heinrich, Das Zivilrecht Sowjetrußlands. Mannheim—Berlin—Leipzig 1924

Fragistas, Char. N., Die Vaterschaftsklage der unehelichen Kinder nach dem griechischen Gesetz vom 13. November 1927: RabelsZ 3 (1929) 205—221

ders., Das Eherecht im Entwurf des griechischen BGB: RabelsZ 9 (1935) 384—404

ders., Contribution à l'Etude de la Technique du code civil Grec: RHDI 1951, 40—63

ders., Der Rechtsmißbrauch nach dem griechischen Zivilgesetzbuch: Festschrift für Martin Wolff, Tübingen 1952, 49—66

Gazis, Andreas Ant., To dikaion tou gamou kai ton periousiakon scheseon ton syzygon kata to Schedion Astikou Kodikos [Das Recht der Ehe und der vermögensrechtlichen Beziehungen der Ehegatten nach dem Entwurf des Zivilgesetzbuches]: Them. 1935, 59—82

Georgakas, Omeros I., Messiniaka ethima [Gewohnheitsrechte von Messenien]: AID 1941, 173—199

Georgakopoulos, Leonidas N., R: Evrigenis, I epharmogi allodapou dikaiou [Die Anwendung fremden Rechts]: RabelsZ 24 (1959) 195—197

Georgiadis, Philipp, Die Rechtsverhältnisse der Insel Samos. Diss. Erlangen 1912

Georgopoulos, Alexandros, Peri armodiotitos Eirinodikon, Proedron, Epheton klp. kai peri wathmon dikaiodosias [Über die Zuständigkeit der Friedensgerichte, Gerichtspräsidenten, Landgerichte, Oberlandesgerichte und sonstigen Gerichte und über die Instanzen der Gerichtsbarkeit]. Athen 1932

ders., Kriseis epi tou Kodikos Oikogeneiakou Dikaiou [Bemerkungen zum Kodex des Familienrechts]: Dik. 1936, 264—269

Gerota, Demeter, s. v. Rumänien: RvglHWB I, 187—200

von Gierke, Julius, Das Zivilgesetzbuch von Griechenland: ZHR 115 (1952), 186—204

Glässing, Voraussetzungen der Adoption. Eine rechtspolitische und rechtsvergleichende Studie. Frankfurt a. M. und Berlin 1957

Glossographos, Anmerkung zu OLG Düsseldorf 26. 6. 1934: EEN 1935, 465—474

Gogos, Demetrius, Das Zivilgesetzbuch von Griechenland (Materialien zum ausländischen und internationalen Privatrecht 1). Berlin—Tübingen 1951

ders., Das griechische bürgerliche Gesetzbuch vom 15. März 1940: AcP N. F. 29 (1944) 78—101

Gogos-Aubin, Das internationale Privatrecht im griechischen Zivilgesetzbuch von 1940: RabelsZ 15 (1949/1950) 240—285
Grabbanis, B., O Astikos Kodix [Das Zivilgesetzbuch]: Estia (Tageszeitung) vom 5. Juni 1945
Guicas, Panagiotis J., L'action paulienne dans le nouveau Code civil hellénique en vigueur: RIDC 1953, 55—65
Hallstein, Walter, s. v. Pflichtteilsrecht: RvglHWB V, 622—635
Heck, Philipp, Begriffsbildung und Interessenjurisprudenz. Tübingen 1932
Hedemann, Justus Wilhelm, Der Vertrag und die veränderten Umstände, Deutsch-italienische Studie: RabelsZ 12 (1938/1939) 714—733
Hedemann-Lehmann-Siebert, Volksgesetzbuch, Grundregeln und Buch I, Entwurf und Erläuterungen, Arbeitsbericht der Akademie für deutsches Recht. München und Berlin 1942
Heimbach, G., Griechisch-römisches Recht im Mittelalter und in der Neuzeit, III. Periode: Ersch und Gruber, Allgemeine Enzyklopädie der Wissenschaften und Künste 87, Leipzig 1869, 34 ff.
Heinisch, Manfred, Beendigung und Nichtigkeit der Adoption. Diss. Marburg 1958
Herzog, Emil, Pragmateia peri tou Procheirou i tis Exabiblou Konstantinou tou Armenopoulou [Abhandlung über das Procheiron oder die Hexabiblos des Konstantin Harmenopoulos]. München 1837
Holleaux, G., R: Demetrius Gogos, Das Zivilgesetzbuch von Griechenland: RIDC 1952, 626 f.
Jorga, N., Byzance après Byzance. Bukarest 1935
Kalligas, Paulos, Systima Romaikou Dikaiou kath'a en Elladi politevetai [System des römischen Rechts, wie es in Griechenland gilt]; IV. Peri oikogeneiakou dikaiou [Über Familienrecht]. 4. Aufl. Athen 1932. V. Peri klironomikou dikaiou [Über Erbrecht]. 4. Aufl. Athen 1930
Kambanis, Arist., Ioannis Antoniou Kapodistrias [Johannes Ant. Kapodistrias]: MEE XIII, 762—768
Kambitzis, A., Peri tis prosymbatikis eythynis, Eythyni ek ton diagragmateuseon [Über die vorvertragliche Haftung, Haftung aus den Verhandlungen]. Athen 1960
Karakantas, Stelios Chr., I apagoreusis tis diatheseos ton adiatimiton proikoon akiniton en to synchrono Elliniko Dikaio [Das Verbot der Veräußerung der nichttaxierten Dotalgrundstücke im heutigen griechischen Recht]. Thessaloniki 1940 (= Dotalgrundstücke)
ders., I achrisia kai i askisis tou dikaiomatos en to elliniko dikaio [Die Verwirkung und die Rechtsausübung im griechischen Recht]. Athen 1954 (= Verwirkung)
Kaser, Max, Das römische Privatrecht, I. Abschnitt: Das altrömische, das vorklassische und klassische Recht. München 1955. II. Abschnitt: Die nachklassischen Entwicklungen. München 1959
Katzambas, G., O neos astikos mas kodix [Unser neues Zivilgesetzbuch]: Them. 1936, 232 f., 749—752, 825—827, 955 f.
Kavkas, Konst. A., Astikos Kodix [Zivilgesetzbuch]. I—II Athen 1947 (= Zivilgesetzbuch)
ders., Enochikon Dikaion [Schuldrecht]. I—II 3. Aufl. Athen—Thessaloniki 1960 f. (= Schuldrecht)
ders., Schedion Astikou Kodikos, Oikogeneiakon Dikaion, Paratiriseis [Entwurf des Zivilgesetzbuches. Familienrecht. Bemerkungen]: Dik. 1934, 518—523
Kegel, Gerhard, Internationales Privatrecht, Ein Studienbuch. München—Berlin 1960
Kitzopanos, D. P., Thanatosis diawatou ex ameleias odigou autokinitou [Tötung

eines Passanten durch Fahrlässigkeit des Fahrers eines Kraftfahrzeuges ...]: NB 1956, 435 f.
Koschaker, Paul, Die Krise des römischen Rechts und die romanistische Rechtswissenschaft. München—Berlin 1938 (= Krise)
ders., Europa und das römische Recht. 2. Aufl. München—Berlin 1953 (= Europa)
ders., Griechische Rechtsurkunden aus Dura in Mesopotamien: ZSS Rom. Abt. 51 (1931) 427—430
Kostogiannis, St., s. v. Kriti, Dikaion, O Astikos Kodix ... [Kreta. Recht. Zivilgesetzbuch ...]: MEE XV, 200
Kousoulakos, Georgios P., Ex aphormis tis ithikis ikanopoiiseos tis proswlitheisis mnistis [Zur Frage der moralischen Entschädigung der verletzten Verlobten]: EEN 1935, 28—32
ders., I enarxis epharmogis tou ellinikou Astikou Kodikos [Der Beginn der Anwendung des griechischen Zivilgesetzbuches]: EEN 1946, 80
ders., To zitima tou Astikou Kodikos [Die Frage des Zivilgesetzbuches]: EEN 1946, 185—209
Krassas, Alkibiades Ch., Systima astikou dikaiou [System des bürgerlichen Rechts]. IV Oikogeneiakon dikaion [Familienrecht] 5. Aufl. bearb. von Pratsikas. Athen 1927. V. Klironomikon dikaion [Erbrecht]. 6. Aufl. bearb. von Roilos. I—II Athen 1932—1935
Kyriakopoulos, El. G., Maurer, Georgios Loudowikos ippotis von [Georg Ludwig Ritter von Maurer]: MEE XVI, 655 f.
Lampiris, La Législation sociale en Grèce de 1869 à 1919: Les transformations du droit dans les principaux depuis cinquante ans I, Paris 1922, 231—246
Lange, Heinrich, Allgemeiner Teil (Kurzlehrbuch). 4. Aufl. München—Berlin 1958
Laskaris, S. Th., Peri mikton gamon en Elladi [Über Mischehen in Griechenland]: Them. 1920/1921, 509—512, 524—528, 541—544
Lehmann, Heinrich, Allgemeiner Teil des Bürgerlichen Gesetzbuches. 12. Aufl. Berlin 1960 (= Allgemeiner Teil)
ders., Deutsches Familienrecht. 3. Aufl. Berlin 1960 (= Familienrecht)
Lent, Friedrich, Sachenrecht, Ein Studienbuch. 7. Aufl. München—Berlin 1958 (= Sachenrecht)
ders., Zwangsvollstreckungs- und Konkursrecht (Kurzlehrbuch). 7. Aufl. München—Berlin 1958 (= Zwangsvollstreckung)
Leonhard, R., Das persönliche Eherecht des Entwurfs eines bürgerlichen Gesetzbuches für das deutsche Reich: Arch. bürg. Recht 10, 1—28
Levy-Ullmann, Henri, Observations générale sur les communications relatives aux droit privé dans les pays étrangers: Les transformations du droit dans les principaux pays depuis cinquante ans I, Paris 1922, 81—107
Liakopoulos, Elias, I systasis tou gamou en to schedio tou astikou kodikos [Die Eingehung der Ehe im Entwurf des Zivilgesetzbuches]: EEN 1937, 106—108
Lieberwirth, R., Das Schmerzensgeld, Systematische Darstellung und Entscheidungssammlung. 2. Aufl. Heidelberg 1961
Lipsius, Justus Hermann, Das attische Recht und Rechtsverfahren I. Leipzig 1905
Litzeropoulos, Alexandros G., I nomologia os paragon diaplaseos tou idiotikou dikaiou [Die Rechtsprechung als Faktor der Gestaltung des Privatrechts]: I. Thessaloniki 1932 (= Rechtsprechung)
ders., Klironomikon dikaion [Erbrecht] I. 2. Aufl. Athen 1957 ff.
ders., To peri poliseos kephalaion tou schediou enochikou dikaiou (arthra 193—249) [Das Kapitel über den Kauf im Entwurf des Schuldrechts, Art. 193—249]: Them. 1937, 613—640

ders., Das Kaufrecht im Entwurf des griechischen Bürgerlichen Gesetzbuchs: RabelsZ 12 (1938/1939) 75—101
ders., I schesis nomou kai ethimou kata to neon astikon dikaion [das Verhältnis von Gesetz und Gewohnheitsrecht nach dem neuen bürgerlichen Recht]: Them. 1941, 97—106
ders., Kai palin epi tis anastolis tis ischyos tou Astikou Kodikos [Noch einmal über den Aufschub des Inkrafttretens des Zivilgesetzbuches]: Them. 1941, 349—351
ders., Kritikai paratiriseis epi tou protou bibliou tou Astikou Kodikos tou 1940 [Kritische Bemerkungen zum ersten Buch des Zivilgesetzbuches von 1940]: EEN 1946, 137—150
ders., Ta deka prota eti tou Astikou Kodikos [Die ersten zehn Jahre des Zivilgesetzbuches]: NB 1956, 230—244
ders., O Georgios Balis kai to ergon tou [Georg Balis und sein Werk]: NB 1957, 617—629
ders., R: A. Kambitzis, Peri tis prosymbatikis eythinis [Über die vorvertragliche Haftung]: NB 1961, 425—429
Maier, Alfred, Die Bedeutung „veränderter Umstände" im französischen Recht und die théorie de l'imprévision. Diss. München 1954
Makarov, A. N., Die Quellen des internationalen Privatrechts. Berlin 1929
Makkas, L., Ta notha tekna [Die unehelichen Kinder]. Athen 1911
Makris, Them. D., Die Grundgedanken für die Ausarbeitung des Entwurfs eines griechischen Zivilgesetzbuches: RabelsZ 9 (1935) 586—614
ders., Peri to problima tou Astikou Kodikos [Über das Problem des Zivilgesetzbuches]: AID 1943, 472—507
Mamopoulos, Pierre, Code civil hellénique (Collection de l'Institut français d'Athenes, Serie juridique). Athen 1956
Mantzoufas, Georgios A., Das griechische Zivilgesetzbuch und seine theoretischen Grundlagen. Athen 1954 (= Zivilgesetzbuch)
ders., I ermineia Zeiller protypon tou Kodikos Kallimachi [Der Zeillersche Kommentar als Vorlage des Kodex Kallimachis]. Athen 1955 (= Kodex Kallimachis)
ders., Über griechisches Privatrecht. Athen 1956 (= Privatrecht)
Maridakis, Georgios S., To astikon dikaion en tais nearais ton Byzanstinon Autokratoron [Das Zivilrecht in den Novellen der byzantinischen Kaiser]. Athen 1922 (= Novellen)
ders., Diazygion allodapon en Elladi [Ehescheidung von Ausländern in Griechenland]. Athen 1933 (= Ausländerscheidung)
ders., To diazygion kata to en Elladi ischyon dikaion [Die Ehescheidung nach dem in Griechenland geltenden Recht]. 2. Aufl. Athen 1937 (= Ehescheidung)
ders., Idiotikon diethnes dikaion kath'a ichyei eis tin Ellada [Internationales Privatrecht, wie es in Griechenland gilt] II. Athen 1954 (= IPR)
ders., Die internationalprivatrechtlichen Bestimmungen im Entwurf eines griechischen bürgerlichen Gesetzbuches: RabelsZ 11 (1937) 111—130
ders., O Ellinikos Astikos Kodix tou 1945 [Das griechische Zivilgesetzbuch von 1945]: ND 1946, 130—158
ders., Ta kyria charaktiristika tis ellinikis kodikopoiiseos [Die Hauptmerkmale der griechischen Kodifikation]: Praktika tis Akadimias Athinon 22 (1947) 310—333 [Verhandlungen der Akademie Athen] und Sonderabdruck S. 1—23, Athen 1947
ders., La tradition européenne et le code civil hellénique: Studi in Memoria P. Koschaker II, Mailand 1954, 157—179

ders., Les principaux traits de la recente codification hellénique touchant le droit international privé: Recueil de cours de l'Académie de droit international 85 (1954 I) 110—223

ders., Le renvoi en droit international privé, Rapport définitif: Annuaire l'Institut de Droit International 1957 II (Session d'Amsterdam) 1—16

Markianos, Demetrios J., Griechische Rechtsprechung zum Familien- und Erbrecht des ZGB 1946—1959: RabelsZ 25 (1960) 69—148

Maunz, Theodor, Deutsches Staatsrecht, Ein Studienbuch, 10. Aufl. München—Berlin 1961

von Maurer, Georg Ludwig, Das griechische Volk in öffentlicher, kirchlicher und privatrechtlicher Beziehung vor und nach dem Freiheitskampfe bis zum 31. Juli 1834. I—III. Heidelberg 1835

Mavromichalis, S., To arthron 634 tou Astikou Kodikos [Der Artikel 634 des Zivilgesetzbuches]: ND 1957, 1—3

Mavros, Georgios J., To idiotikon diethnes dikaion en to Schedio tou Astikou Kodikos [Das internationale Privatrecht im Entwurf des Zivilgesetzbuches]: Them. 1938, 369—385

ders., I anatheorisis i katargisis ton symwaseon ypo tou dikastou kai to arthron 388 tou Astikou Kodikos [Die Revision oder Aufhebung der Verträge durch den Richter und der Artikel 388 des Zivilgesetzbuches]: Them. 1940, 263 f.

ders., I eisigitiki ekthesis tou Astikou Kodikos [Die Begründung zum Zivilgesetzbuch]: Them. 1940, 576

ders., Prepei na epharmosthi o Astikos Kodix? [Muß das Zivilgesetzbuch angewandt werden?]: Athinaika Nea (Tageszeitung) vom 14. 3. 1945

Meinecke, Friedrich, Die Entstehung des Historismus, hrsg. von Carl Hinrichs. München 1959

Mendelssohn Bartholdy, Karl, Geschichte Griechenlands von der Eroberung Konstantinopels durch die Türken im Jahre 1453 bis auf unsere Tage II. Leipzig 1874

Meyer, E. H. Wilhelm, Das Stockwerkseigentum, Ein Vorschlag zur Förderung des Wohnungsbaues. Berlin 1930

Mezger, Edmund, Strafrecht, I. Allgemeiner Teil, Ein Studienbuch. 9. Aufl. München—Berlin 1960

Michaelidas-Nouaros, Georgios, Oikogeneiakon Dikaion [Familienrecht]. Athen — Thessaloniki 1952 ff. (= Familienrecht)

ders., Les systèmes juridiques des peuples européens. Athen 1958 (= Systémes)

ders., Eythyni ex adikimatos enanti tou echontos dikaioma epi pragmatos kata ton neon astikon kodika [Haftung aus Delikt gegenüber dem Inhaber eines Rechtes auf eine Sache nach dem neuen Zivilgesetzbuch (Art. 914)]: AID 1943, 153—179

Michelakis, Emmanuel M., Peri tou antikeimenou tis dikonomikis apodeixeos [Über den Gegenstand des prozessualen Beweises]. Diss. Athen 1940 (= Beweisgegenstand)

ders., Platons Lehre von der Anwendung des Gesetzes und der Begriff der Billigkeit bei Aristoteles. München 1953 (= Platons Lehre)

Mitteis, Heinrich, Deutsche Rechtsgeschichte, Ein Studienbuch, neubearb. von H. Lieberich. 6. Aufl. München—Berlin 1960

Moutousis, Panag., Paratiriseis epi tou kephalaiou peri patrikis exousias tou schediou astikou kodikos tis syntaktikis epitropis (arthra 168—238) [Bemerkungen zum Kapitel über die väterliche Gewalt im Entwurf der Redaktionskommission zum Zivilgesetzbuch (Artt. 168—238)]: Them. 1936, 776—781 und 805—812

Mylonopoulos, S. A. ., s. v. Ionios (astikos) kodix [Jonisches (Zivil-) gesetzbuch]: MEE XIII, 88
Neuhaus, Die Grundbegriffe des Internationalen Privatrechts, Berlin u. Tübingen 1962
Niboyet, J.-P., Manuel de droit international privé. Paris 1928
Nipperdey, H. C., Vertragstreue und Nichtzumutbarkeit der Leistung. Mannheim—Berlin—Leipzig 1921
Nomikos, O Astikos Kodix [Das Zivilgesetzbuch]: Embros (Tageszeitung) vom 8. 3. 1945 und 15. 3. 1945
Oertmann, Paul, Die Geschäftsgrundlage, Ein neuer Rechtsbegriff. Leipzig 1921
Pantazopoulos, Nikolaos J., Astikos Kodix kai «ethnikon» dikaion [Zivilgesetzbuch und „nationales" Recht]. Athen 1945 (= Zivilgesetzbuch)
ders., Apo tis «logias paradoseos» eis ton Astikon Kodika [Von der „gelehrten Tradition" zum Zivilgesetzbuch]. Athen 1947
ders., Istoriki eisagogi eis tas pigas tou ellinikou dikaiou [Historische Einführung in die Quellen des griechischen Rechts]. 2. Aufl. Thessaloniki—Athen 1959 (= Quellen)
ders., Tina peri tis ennoias ton «pronomion» epi tourkokratias [Einiges über den Begriff der „Privilegien" während der Türkenherrschaft]: AID 1943, 449—471
Papachristou, A., I apodynamosis tou dikaiomatos kai i epharmogi tis [Die Verwirkung des Rechts und ihre Anwendung]: NB 1960, 167—172
Papamarkos, Phil., O nomos 2310 en Eptaniso [Das Gesetz 2310 auf den Ionischen Inseln]: Them. 1921/1922, 77
Papapanos, Konst. Ant., s. v. Griechenland: RvglHWB I, 73—78
Paparrigopoulos, P., To en Elladi ischyon astikon dikaion [Das in Griechenland geltende Zivilrecht]. V. Klironomikon dikaion [Erbrecht], ergänzte Neuauflage durch Jer. D. Pintos. Athen 1932
Pappoulias, D., Zur Geschichte der Superficies und des Stockwerkseigentums: ZSS Rom. Abt. 27 (1906) 363 f.
Paschalis, Demetrios P., Kykladika thesmia met' anekdoton engrafon [Gewohnheitsrechte auf den Kykladen, mit unveröffentlichten Urkunden]: AID 1939, 212—261
Perdikas, Panagiotis L., O Astikos Kodix os nomikon kai politikon problima enanti tou ischyontos dikaiou [Das Zivilgesetzbuch als juristisches und politisches Problem gegenüber dem geltenden Recht]. Athen 1945
Petimezas, Thrasyboulos G., Emporikon Dikaion [Handelsrecht] I. Athen 1925
Petropoulos, Georgios A., Istoria kai Eisigiseis tou Romaikou Dikaiou [Geschichte und Institutionen des römischen Rechts]. Athen 1944 (=Geschichte)
ders., I elliniki symboli eis tin ereunan tis istorias tou dikaiou [Der griechische Beitrag zur rechtshistorischen Forschung]. Athen 1945 (= Beitrag)
Pezmazoglou, M., O Astikos Kodix einai idi en efarmogi [Das Zivilgesetzbuch ist bereits in Anwendung]: Ellinikon Aima (Tageszeitung) vom 31. 3. 1945
Philippides, Telemachos G., Der Einfluß der deutschen Strafrechtswissenschaft in Griechenland: ZStW 70 (1958) 291—313
Phiorakis, Styl., Paratiriseis tines epi ton en Kriti ischyouson peri diazygiou diataxeon [Einige Bemerkungen über die in Kreta geltenden Vorschriften über die Scheidung]: Dik. 1936, 258—260
Phourkiotis, Konstantinos, Peri ton arthron 1081 ep. tou Ellinikou Astikou Kodikos [Über die Art. 1081 ff. des griechischen Zivilgesetzbuches]: AID 1942, 125—139
Phrangoulis, Ep., Astikos Kodix tis Igemonias Samou met' aitiologikis ektheseos [Zivilgesetzbuch des Fürstentums Samos mit Begründung]. Samos 1899

Plagianakos, Georgios J., Charaktir tis ek tou adikaiologitou ploutismou agogis en periptosei mi tiriseos tou ypo tou nomou apaitoumenou systatikou tis dikaiopraxias typou [Charakter der Klage aus ungerechtfertigter Bereicherung im Falle der Nichtbeachtung der durch das Gesetz für ein Rechtsgeschäft vorgeschriebenen Form]: NB 1958, 412—420
Planiol-Ripert-Esmein, Traité pratique de droit civil français VI, Obligations P. 1. 2. Aufl. Paris 1952
Plesmann, Hans Eduard, Der Eigentumsübergang beim Kauf im französischen Recht. Diss. Göttingen 1929
Politis, Nikolaos, Ekloge apo ta tragoudia tou Ellinikou laou [Auswahl aus den Liedern des griechischen Volkes] 1. Aufl., Athen 1914
Pop, I mnisteia [Das Verlöbnis]: Ethnos (Tageszeitung) vom 26. 12. 1934
Potamianos, Phokion G., Ai ex adikimaton enochai kai to Schedion tou Ellinikou Astikou Kodikos [Die Schuldverhältnisse aus unerlaubten Handlungen und der Entwurf des griechischen Zivilgesetzbuches]: AID 1937, 244—313
Pratsikas, Christos P., I ex adiathetou klironomiki diadochi [Die Intestaterbfolge]. 3. Aufl. Athen 1928
ders., O astikos tis Ellados kodix, [Das Zivilgesetzbuch von Griechenland]: Them. 1930, 273—290
ders., Nomothetika problimata epi tinon thesmon tou oikogeneiakou dikaiou (gamos—diazygion) kai to schedion tou astikou imon kodikos [Gesetzgeberische Probleme bei einigen Institutionen des Familienrechts (Ehe—Scheidung) und der Entwurf unseres Zivilgesetzbuches]: Them. 1940, 129—138
ders., Chairetismos pros ton ellinikon astikon kodika [Gruß an das griechische Zivilgesetzbuch]: Them. 1940, 243—252
ders., Anti apikideiou eis Armenopoulon [Statt eines Nachrufes auf Armenopoulos]: Them. 1940, 270—272
ders., Ai kyrioterai diaforai tou astikou imon kodikos apo tou nyn ischyontos dikaiou [Die wichtigsten Unterschiede unseres Zivilgesetzbuches vom derzeit geltenden Recht]: Them. 1940, 711—713, 1941, 485 und 1942, 81 f.
ders., O Ellinikos Astikos Kodix kai to Proxenikon Dikastirion Alexandrias [Das griechische Zivilgesetzbuch und das Konsulargericht in Alexandrien]: Them. 1945, 12—14
Pringsheim, Jus aequum und Jus strictum, ZSS 42 (1922), 648 ff.
Racine, Les plaideurs
Raape, Leo, Internationales Privatrecht. 5. Aufl. Berlin—Frankfurt a. M. 1961
Rabel, Ernst, Das Recht des Warenkaufs, Eine rechtsvergleichende Darstellung. I. Berlin—Leipzig 1936
ders., Das griechische Privatrecht und die Umwelt: AID 1934, 1—13
ders., Der Entwurf eines einheitlichen Kaufgesetzes: RabelsZ 9 (1935) 1—79, 339—363
Radbruch, Gustav, Rechtsphilosophie. 5. Aufl., besorgt von E. Wolf. Stuttgart 1956
Rallis-Renieris, Encheiridion tou romaikou dikaiou ypo tou Ferdinandou Mackeldey, metafrasthen ek tou germanikou [Handbuch des römischen Rechts von Ferdinand Mackeldey, aus dem Deutschen übersetzt]. I. Athen 1838
Rammos, Georgios Th., Peri katastaseos exogamon teknon kata to par' imin ischyon dikaion [Über die Rechtsstellung der unehelichen Kinder nach dem bei uns geltenden Recht]. Athen 1932
ders., Epi tou pemptou titlou tou dimosieuthentos schediou tou oikogeneiakou dikaiou «peri nomikis katastaseos ton exogamon teknon» [Über den fünften Titel des veröffentlichten Entwurfs des Familienrechts „über die Rechtsstellung der unehelichen Kinder"]: AID 1936, 468—484

ders., I katachrisis dikaiomatos eis tin Politikin Dikonomian meta ton Astikon Kodika [Der Rechtsmißbrauch in der Zivilprozeßordnung nach dem Inkrafttreten des Zivilgesetzbuches]: ND 1949, 125—129

Rheinstein, Max, Gesetzgebung, Rechtsprechung und Literatur Italiens im zweiten Halbjahr 1926: RabelsZ 1 (1927) 604—654

Ripert, Georges, La règle morale dans les obligations civiles. Paris 1925 (= règle morale)

ders., Le régime démocratique et le droit civil moderne. 2. Aufl. Paris 1948 (= régime)

Riezler, Erwin, Rechtsmißbrauch und Schikane: RvglHWB VI, 1—9

Roilos, Georgios L., Oikogeneiakon Dikaion (Astikos Kodix) [Familienrecht (Zivilgesetzbuch)]. Athen 1946 ff.

Rotondi, M., s. v. Codice civile: Enciclopedia Italiana X (1931) 682—684

Rukser, Udo, Das neue polnische Obligationenrecht: RabelsZ 8 (1934) 342—375

Sakellariadis, Spilios Ch., Peri tou en Thessaloniki Nomophylakos kai Kritou Konstantinou Armenopoulou [Über den Nomophylax und Richter in Thessaloniki Konstantinos Armenopoulos]: AID 1945, 191—212

Sakketas, J., O Astikos mas Kodix, Epitropeia kai epimeleia [Unser Zivilgesetzbuch. Vormundschaft und Sorgerecht]: Them. 1936, 821—824, 847 f. und 874—877

Saratsis, Alex., O Astikos Kodix kai oi Ellines tis Aigyptou [Das Zivilgesetzbuch und die Griechen in Ägypten]: Them. 1945, 172 f.

Savidis, X., Le nouveau code civil hellénique. Athen 1940

Schedion Astikou Kodikos ekponithen ypo tis Syntaktikis Epitropis, Dikaion Prosopon [Entwurf des GZGB, ausgearbeitet von der Redaktionskommission, Personenrecht; enthält den Vorentwurf des Referenten, den von der Redaktionskommission ausgearbeiteten endgültigen Entwurf sowie die Motive und die Protokolle zum Personenrecht]. Athen 1936 (= EPers.)

Schedion Astikou Kodikos ekponithen ypo tis Syntaktikis Epitropis, Genikai Archai [Entwurf des GZGB, ausgearbeitet von der Redaktionskommission, Allgemeiner Teil; enthält den Vorentwurf des Referenten, den von der Redaktionskommission ausgearbeiteten endgültigen Entwurf sowie die Motive und Protokolle zum Allgemeinen Teil]. Athen 1936 (= EAllgT)

Schedion Astikou Kodikos ekponithen ypo tis Syntaktikis Epitropis, Enochikon Dikaion [Entwurf des GZGB, ausgearbeitet von der Redaktionskommission, Schuldrecht; enthält den Vorentwurf des Referenten, den von der Redaktionskommission ausgearbeiteten endgültigen Entwurf sowie die Motive und Protokolle zum Schuldrecht]. Athen 1935 (= ESch.)

Schedion Astikou Kodikos ekponithen ypo tis Syntaktikis Epitropis, Empragmaton Dikaion [Entwurf des GZGB, ausgearbeitet von der Redaktionskommission, Sachenrecht; enthält den Vorentwurf des Referenten, den von der Redaktionskommission ausgearbeiteten endgültigen Entwurf sowie die Motive und Protokolle zum Sachenrecht]. Athen 1936 (= ESach.)

Schedion Astikou Kodikos ekponithen ypo tis Syntaktikis Epitropis, Oikogeneiakon Dikaion [Entwurf des GZGB, ausgearbeitet von der Redaktionskommission, Familienrecht; enthält den Vorentwurf des Referenten, den von der Kommission ausgearbeiteten endgültigen Entwurf sowie die Motive und Protokolle zum Familienrecht]. Athen 1933 (= EFam.)

Schedion Astikou Kodikos ekponithen ypo tis Syntaktikis Epitropis, Klironomikon Dikaion [Entwurf des GZGB, ausgearbeitet von der Redaktionskommission, Erbrecht; enthält den Vorentwurf des Referenten, den von der Redaktionskommission ausgearbeiteten endgültigen Entwurf sowie die Motive und Protokolle zum Erbrecht]. Athen 1936 (= EErb.)

Schneider, Paul, Der Familienrat im französischen, italienischen und deutschen Recht. Diss. Halle 1933
Schnitzer, Adolf F., Vergleichende Rechtslehre. 2. Aufl. Basel 1961
Schwarz, Andreas B., Das schweizerische Zivilgesetzbuch in der ausländischen Rechtsentwicklung. Zürich 1950
ders., Einflüsse deutscher Zivilistik im Ausland: Symbolae Friburgenses in honorem Ottonis Lenel, Leipzig 1935, 425—482 (= Symbolae)
ders., Der Einfluß der Professoren auf die Rechtsentwicklung im Laufe der Jahrhunderte: Acta Academiae universalis jurisprudentiae comparativae III P 1/2, Rom 1953, 413—442 (= Acta)
Seremetis, Demetrios G., I dikaiosyni epi Kapodistria [Die Rechtspflege unter Kapodistrias]. Thessaloniki 1959
ders., Prospatheiai perisyllogis ethimon en Elladi kata tous neoterous chronous [Versuche zur Sammlung von Gewohnheitsrechten in Griechenland in neuerer Zeit]: Arm. 1959, 653—662 und 774—782
Sevastakis, Alexis D., To dimosion dikaion en Samo kata tin Tourkokratian, tin Espanastasin kai to Igemonikon Kathestos [Das öffentliche Recht auf Samos während der Türkenherrschaft, des Befreiungskampfes und des Fürstenregimes]. Diss. Thessaloniki 1959
Simantiras, Const. J., Das Personenrecht im griechischen Entwurf: RabelsZ 11 (1937) 761—785
ders., Das Erbrecht im griechischen Entwurf: RabelsZ 12 (1938/1939) 734—771
Simitis, Spyros, R.: Sontis, Ai periorismenai prosopikai douleiai [Die beschränkten persönlichen Dienstbarkeiten]: AcP 157 (1958) 429—435
Simonetos, Georgios P., Das Recht der Leistungsstörungen nach dem Entwurf eines griechischen Zivilgesetzbuches und nach dem Entwurf der Akademie für Deutsches Recht, Ein rechtspolitischer Vergleich. Stuttgart 1938
ders., Tina peri ton anomalion tis parochis kata ton Ellinikon Astikon Kodika [Einiges über die Leistungsstörungen nach dem griechischen Zivilgesetzbuch]: AID 1940, 333—360
Sinogowitz, Bernhard, R: Tomos Konstantinou Armenopoulou epi ti exakosietiridi tis Exabiblou avtou (1345—1945) [Festschrift Konstantin Armenopoulos zur 600-Jahrfeier seiner Hexabiblos (1345—1945)], hrsg. von der Rechts- und wirtschaftswissenschaftlichen Fakultät, Thessaloniki 1952: ZSS Rom. Abt. 71 (1954) 505—509
Soergel, Bürgerliches Gesetzbuch III. 8. Aufl. Stuttgart-Köln 1955
Soergel-Siebert, Bürgerliches Gesetzbuch I. 9. Aufl. Stuttgart 1959
Sontis, Johannes M., I peri tou Nomikou Syntagmatiou tou Ypsilanti pragmateia tou yphigitou P. I. Zepou [Die Abhandlung von P. Zepos über das Syntagmation Nomikon des Ypsilanti]: AID 1938, 70—142
ders., Schedion tou peri pragmaton kefalaiou tou Astikou Kodikos [Entwurf des Kapitels über Sachen des Zivilgesetzbuches]: EEN 1946, 81—95
ders., I simasia tou «Dikaiou ton Pandekton» meta tin eisagogin tou Astikou Kodikos [Die Bedeutung des „Pandektenrechts“ nach der Einführung des Zivilgesetzbuches]: ND 1946, 223—234
ders., To romaikon dikaion kai i ermineia tou Astikou Kodikos [Das römische Recht und die Auslegung des Zivilgesetzbuches]: ND 1948, 191—200
ders., Das griechische Zivilgesetzbuch im Rahmen der Privatrechtsgeschichte der Neuzeit: ZSS Rom. Abt. 78 (1961) 355—385
Spiropoulos, J., Kritikai paratiriseis epi tou idiotikou diethnous dikaiou tou Schediou Astikou Kodikos [Kritische Bemerkungen zum internationalen Privatrecht im Entwurf des Zivilgesetzbuches]: EEN 1937, 817—823

ders., O Ellinikos Astikos Kodix epharmozetai en Aigypto [Das griechische Zivilgesetzbuch wird in Ägypten angewandt]: Vradyni (Tageszeitung) vom 16. 1.45
Stamatiadis, Epam. J., Samiaka, itoi Istoria tis nisou Samou apo ton panarchaion chronon mechri ton kath' imas [Samiaka, nämlich Geschichte der Insel Samos von der ältesten bis auf unsere Zeit]. Samos 1881—1887
Stasinopoulos, M. D., Astiki Eythyni tou kratous, ton dimosion ypallilon kai ton nomikon prosopon dimosiou dikaiou kata ton Astikon Kodika [Zivilrechtliche Haftung des Staates, der Beamten und der juristischen Personen des öffentlichen Rechts nach dem Zivilgesetzbuch]. Athen 1950
ders., Ta koinochrista pragmata kata to arthron 967 tou Astikou Kodikos [Die Sachen des Gemeingebrauchs nach Art. 967 des Zivilgesetzbuches]: AID 1940, 447—474
Staudinger-Weber, Kommentar zum BGB, Band II 1b, § 242. 11. Aufl. Berlin 1961
Steinwenter, Arthur, R: Mantzouphas, I ermineia Zeiller protypon tou Kodikos Kallimachi [Der Zeillersche Kommentar als Vorlage des Kodex Kallimachis]: ZSS Rom. Abt. 73 (1956) 494 f.
Stefanopoulos, Kon. G., To dikaion tis mnisteias kata ton neon Astikon Kodika [Das Verlöbnisrecht nach dem neuen Zivilgesetzbuch]: EEN 1935, 92—96
ders., Das Recht der Mitgift in Griechenland: AcP 157 (1958) 494—511
ders., Die Ehescheidung in Griechenland: RabelsZ 24 (1959) 470—488
ders., Die Eheschließung nach griechischem Recht: ÖstJZ 1959, 451—457
ders., Die rechtliche Stellung der außerehelichen Kinder in Griechenland: ÖstJZ 1960, 57—63
ders., Die Adoption im griechischen Recht: ÖstJZ 1960, 421—428
ders., Die Testamentserrichtung in Griechenland: ÖstJZ 1961, 376—383
Stoll, Heinrich, Die Lehre von den Leistungsstörungen, Denkschrift des Ausschusses für Personen-, Vereins- und Schuldrecht (Schriften der Akademie für Deutsches Recht). Tübingen 1936
Streit-Vallindas, Idiotikon Diethnes Dikaion [Internationales Privatrecht] I. Athen 1937
Süss, Theodor, Das Traditionsprinzip, Ein Atavismus des Sachenrechts: Festschrift für Martin Wolff, Tübingen 1952, 141—165
Synchronos, Nomikos, I kritiki epexergasia ton syntagenton kodikon [Die kritische Bearbeitung der abgefaßten Gesetzbücher]: Dik. 1934, 647 f.
Tambakopoulos, Agis P., I istoria tis apoperatoseos tou Astikou Kodikos [Die Geschichte der Vollendung des Zivilgesetzbuches]. Athen 1943
ders., To koinonikon periechomenon tou Astikou Kodikos [Der soziale Gehalt des Zivilgesetzbuches]: Them. 1940, 369—374 (auch in deutscher und französischer Übersetzung als Sonderdruck)
Tarchow, V. A., Vorlesungen über das sowjetische Zivilrecht (übersetzt von A. Walter). Berlin 1955
Therapos, P., To arthron 281 (katachrisis dikaiomatos) tou Astikou Kodikos [Der Art. 281 (Rechtsmißbrauch) des Zivilgesetzbuches]. Athen 1951
Thiväos, Christos G., Ethimogenis koinochrisia woskis [Gewohnheitsrechtlicher Gemeingebrauch einer Weide]: AID 1936, 485—500
Thiväos, Nikolaos P., I anatheoritiki epitropi tou Schediou Astikou Kodikos [Die Revisionskommission des Entwurfs des Zivilgesetzbuches]: EEN 1938, 272
ders., Kodix ek synarpagis [Gesetzbuch aus Überleitung]: ND 1946, 40
Titze, Heinrich, Vom sogenannten Motivirrtum, Darmstadt 1956 (Erstmals erschienen in der Festschrift zum 70. Geburtstag von Ernst Heymann, Weimar 1940, 72—111)

ders., R: Simonetos, Das Recht der Leistungsstörungen nach dem Entwurf eines griechischen Zivilgesetzbuches und nach dem Entwurf der Akademie für Deutsches Recht: RabelsZ 13 (1940/1941) 287—289

Tousis, Andreas Chr., Oikogeneiakon Dikaion [Familienrecht]. 2. Aufl. Athen 1957

Trambos, Georgios J., I pauliani agogi kai to Schedion tou neou Astikou Kodikos [Die actio Pauliana und der Entwurf des neuen Zivilgesetzbuches]: AID 1937, 106—121

von der Trenck, Gisela, R.: Mantzouphas, I ermineia Zeiller protypon tou Kodikos Kallimachi [Der Zeillersche Kommentar als Vorlage des Kodex Kallimachis]: RabelsZ 23 (1958) 338—342

Triantaphyllopoulos, Konstantinos D., Le droit civil grec de 1869 à 1919: Les transformations du droit dans les principaux pays depuis cinquante ans (1889—1919) I. Paris 1922

ders., To ellinikon idiotikon dikaion kata ton dekaton ennaton aiona [Das griechische Privatrecht im 19. Jahrhundert]. Athen 1924 (Sonderdruck aus Band III Epistimai tou Panelliniou Leukomatos tis Ethnikis Ekatontaetiridos).

ders., Ai metarrythmiseis tou oikogeneiakou dikaiou kata tin periodon 1910—1926 [Die Änderungen des Familienrechts in der Periode 1910—1926] Sonderdruck aus Epetiris tou Dikigorikou Syllogou Athinon [Jahrbuch der Anwaltskammer Athen] 1 (1928) 207 ff. (= Familienrecht)

ders., To nomoschedion peri Armenopoulou kai ethimon kai i ekthesis tis nomothetikis epitropis [Der Gesetzentwurf über Armenopoulos und Gewohnheitsrechte und die Begründung der gesetzgebenden Kommission]: Proton Synedrion ton dikigorikon syllogon tou kratous, Episima praktika [Erste Tagung der Anwaltskammern des Staates, Amtliche Protokolle] Athen 1928, 286—298 (= Protokolle)

ders., s. v. Ethimon [Gewohnheitsrecht]: ELE V, 68 f.

ders., Simeioma peri ton ellinikon en Roumania kodikopoiiseon [Notiz über die griechischen Kodifikationen in Rumänien]: JG VIII, S. IX—XVI

ders., Sur les sources du Code Callimaque: Revista istorică Română 1931, 32 ff.

ders., Der griechische Entwurf eines Obligationenrechts: RabelsZ 10 (1936) 53—66

ders., I proistoria tou Astikou mas Kodikos [Die Vorgeschichte unseres Zivilgesetzbuches]: EEN 1937, 1—3

ders., I istoria ton Schedion tou Ellinikou Astikou Kodikos [Die Geschichte der Entwürfe des griechischen Zivilgesetzbuches]: AID 1937, 433—449

ders., R: Visvizis, I politiki diakiosyni kata tin ellinikin epanastasin mechri tou Kapodistriou [Die Zivilrechtspflege während des griechischen Aufstandes bis zu Kapodistrias]: AID 1942, 370—374

ders., I proti elliniki metaphrasis tou gallikou emporikou kodikos kai ta ex avtis didagmata [Die erste griechische Übersetzung des französischen Code de commerce und die daraus zu ziehenden Lehren]: AID 1943, 361—383

ders., To zitima tou Astikou Kodikos [Die Frage des Zivilgesetzbuches]: ND 1945, 108 f.

ders., To zitima ton dyo astikon kodikon [Das Problem der zwei Zivilgesetzbücher]: ND 1946, 159—182

ders., Periorismos diapherontos kai byzantinai antilipseis [Beschränkung des Schadenersatzes und byzantinische Auffassungen]: AID 1946, 137—164

ders., I ikanopoiisis di' ithikin wlawin kata ton Astikon Kodika [Die Genugtuung für immateriellen Schaden nach dem Zivilgesetzbuch]: ND 1950, 1—6

ders., I proti dekaetia tou Astikou Kodikos [Das erste Jahrzehnt des Zivilgesetzbuches]: NB 1956, 227—230

ders., I exabiblos tou Armenopoulou kai i nomiki skepsis en Thessaloniki kata ton dekaton tetarton aiona [Die Hexabiblos des Armenopoulos und das Rechtsdenken in Thessaloniki während des 14. Jahrhunderts]: Arm. 1960, 765—782 und 829—845

Tripler, Fritz, Die Haftung für fremde Personen im französischen und deutschen Recht in vergleichender Darstellung. Diss. Halle-Wittenberg 1933

Trude, P., Der Begriff der Gerechtigkeit in der aristotelischen Rechts- und Staatsphilosophie, Berlin 1955

von Tuhr, Andreas, Der Allgemeine Teil des deutschen bürgerlichen Rechts I (Unveränderter Nachdruck der 1. Aufl.) Berlin 1957

Tzelepidis, M., Ta pronomia tis ekklisias en Tourkia [Die Privilegien der Kirche in Türkei]. Athen 1906

Vallindas, Georgios S., Astikos Kodix kai Eisagogikos Nomos, Ermineia kat' arthron [Zivilgesetzbuch und Einführungsgesetz, Kommentar] II. Athen 1946

Vallindas, Petros G., To ellinikon idiotikon diethnes dikaion kata to proton imisy tou 19ou aionos [Das griechische internationale Privatrecht in der ersten Hälfte des 19. Jahrhunderts]. Athen 1935

ders., Vorbereitungsarbeiten und Bedeutung der zivilrechtlichen Kodifikation Griechenlands: RabelsZ 7 (1933) 161—163

ders., Demetrios Pappoulias: Mnemosyna Pappoulia, Athen 1934, 5—15

ders., Ai theoritikai archai tou idiotikou diethnous dikaiou tou Ellinikou Astikou Kodikos [Die theoretischen Grundsätze des internationalen Privatrechts des griechischen Zivilgesetzbuches]: AID 1942, 170—224

ders., Le droit international privé dans le Code civil Hellénique: RIDC 1949, 1 ff.

ders., Das Zivilgesetzbuch der Moldau von 1817: Gegenwartsprobleme des internationalen Privatrechts und der Rechtsphilosophie, Festschrift für Rudolf Laun, Hamburg 1952, 681—692

ders., La traduction allemande du Code civil Hellénique: RHDI 1954, 267—269

Valticos, Nicolas, Le nouveau Code civil Hellénique: Bulletin de la société de législation comparé 70 (1946—1947) 50—77

Varvaressos, Anast. J., O thesmos ton ktimatikon biblion kai o tropos tis en Elladi eisagogis ton [Das Institut der Grundbücher und die Art ihrer Einführung in Griechenland]. Athen 1940

Vasiliev, A. A., Histoire de l'Empire Byzantin, traduit du russe par P. Brodin et A. Bourguina II. Paris 1932

Vasiliou, K., I komodia tou Astikou Kodikos [Die Komödie des Zivilgesetzbuches]: Athinai (Tageszeitung) vom 28. November 1909

Vasiliu, C. G., Le problème de l'unification du droit dans les Balkans: AID 1935, 585—591

Vatimbellas, N. A., I epharmogi tou neou Astikou Kodikos en Elladi [Die Anwendung des neuen Zivilgesetzbuches in Griechenland]: Them. 1945, 113 f.

Viforeanu, Pierre C., Constribution à l'étude du contrat dans le projet franco-italien et en droit comparé. Paris 1932

Visvizis, Jakobos T., I politiki dikaiosyni kata tin Ellinikin Epanastasin mechri tou Kapodistriou, met' anekdoton engraphon [Die Zivilrechtspflege während des griechischen Aufstandes bis zu Kapodistrias, mit unveröffentlichten Urkunden]. Athen 1941

Wagner, Albrecht, Der Richter. Karlsruhe 1959

Westermann, Harry, Sachenrecht, Ein Lehrbuch. 4. Aufl. Karlsruhe 1960

Wieacker, Franz, Privatrechtsgeschichte der Neuzeit. Göttingen 1952

Wolff, Hans Julius, R: Michelakis, Platons Lehre von der Anwendung des Gesetzes und der Billigkeit bei Aristoteles: ZSS Rom. Abt., 72 (1955) 383

Xanthouridis, Stephanos A., Epitomos istoria tis Kritis apo ton archaiotaton chronon mechri ton kath' imas [Kurze Geschichte Kretas von der ältesten bis auf unsere Zeit]. Athen 1909

Zachariae (von Lingenthal), Karl Eduard, Ai ropai oder die Schrift über die Zeitabschnitte. Heidelberg 1836

ders., Geschichte des griechisch-römischen Rechts. Neudruck der 3. Aufl. Aalen 1955 (= Geschichte)

Zajtay, Imre, Rechtsvergleichende Bemerkungen über den Code civil und das Bürgerliche Gesetzbuch: AcP 157 (1958) 479—494

Zakythinos, Dion. A., To Byzantion metaxy Anatolis kai Dyseos [Byzanz zwischen Osten und Westen]: Jahrbuch der Gesellschaft für byzantinische Studien (Athen) 1958, 367—400

Zepos, I. und P., Jus Graecoromanum VIII. Athen 1931

Zepos, Panagiotis J., To neoteron ellinikon dikaion (1821—1934) kai i nomiki epistimi par' Ellisi [Das neuere griechische Recht (1821—1934) und die Rechtswissenschaft bei den Griechen]. Athen 1934 (Sonderdruck aus MEE X) (= Griechisches Recht)

ders., Syntagmation Nomikon Alexandrou Ioannou Ypsilanti Woewoda pasis Ungrowlachias [Syntagmation Nomikon des Alexander Johannes Ypsilanti, Wojwode, Fürst der gesamten Ungrowalachei]. Athen 1936 (= Syntagmation Nomikon)

ders., Synoptiki istoria tis Nomikis Scholis tou Panepistimiou Athinon kata tin protin avtis ekatontaetirida [Kurze Geschichte der Juristischen Fakultät der Universität Athen im ersten Jahrhundert ihres Bestehens). Athen 1937 (= Geschichte)

ders., Enochikon Dikaion (Kata ton Kodika) [Schuldrecht (nach dem ZGB)]. Athen I 1947, II 1953 (= Schuldrecht)

ders., I neotera elliniki epistimi tou astikou dikaiou [Die neuere griechische Zivilrechtswissenschaft]. Athen 1954 (= Zivilrechtswissenschaft)

ders., Michail Photeinopoulou Nomikon Procheiron (Boukourestion 1765) [Nomikon Procheiron des Michael Photeinopoulos, Bukarest 1765]: AID XVII, 1954 bis 1959 (= Nomikon Procheiron)

ders., s. v. Ethimon (Nom.) [Gewohnheitsrecht]: MEE IX, 719 f.

ders., I simasia tou Ioniou Politikou Kodikos os topikou ellinikou dikaiou [Die Bedeutung des Ionischen Zivilgesetzbuches als griechisches Lokalrecht]: AID 1938, 556—561

ders., O peri proikoon pragmaton titlos tou Nomikou Procheirou tou Michail Photeinopoulou [Der Titel Dotalsachen im Nomikon Procheiron des Michael Photeinopoulos): AID 1942, 54—69

ders., I apokatastasis tis ithikis zimias os prostasia tis prosopikotitos [Die Wiedergutmachung des immateriellen Schadens als Schutz der Persönlichkeit]: AID 1943, 314—360

ders., La théorie de l'imprévision dans les contrats et de la «frustration of contracts»: RHDI 1950, 27—30

ders., Der Schadenersatz nach Ermessen des Richters im griechischen Zivilgesetzbuch: Festschrift für Martin Wolff, Tübingen 1952, 167—173

ders., L'influence du droit Byzantin sur la législation roumaine de la période des princes phanariotes: Studi in Memoria di Paolo Koschaker I, Mailand 1954, 427—437

ders., Der Einfluß des schweizerischen Privatrechts auf das griechische Zivilgesetzbuch: SchwJZ 1960, 358—360

Ziegenfuss-Jung, Philosophen-Lexikon, I, Berlin 1949
Ziegler, A., Die Rechtsprechung des Schweizerischen Bundesgerichts auf dem Gebiete des Zivilrechts im Jahre 1930: RabelsZ 5 (1931) 660—700
Zweigert, Konrad, Die Einwirkung des Krieges auf Verträge in der französischen Rechtsprechung (Sonderabdruck aus Beiträge zum ausländischen und internationalen Privatrecht 17). Berlin 1941
ders., Neue Systeme und Lehrmittel der Rechtsvergleichung: RabelsZ 17 (1952) 397—406
ders., Zur Lehre von den Rechtskreisen: XXth Century Comparative und Conflicts Law, Legal Essays in honor of Hessel E. Yntema, Leyden 1961, 42—55 (= Legal Essays)

Kolibri 360 GmbH
Ferdinand-Jühlke-Straße 7
99095 Erfurt, Deutschland
produktsicherheit@kolibri360.de